KB265055

OPIc 실전
모의고사 22회
+ 주제별 답변 훈련

OPIc 실전 모의고사 22회＋주제별 답변 훈련 2nd Edition

저자 | LTS 영어연구소
초판 1쇄 발행 | 2014년 6월 2일
개정 1쇄 발행 | 2015년 8월 10일

발행인 | 박효상
총괄이사 | 이종선
편집장 | 김현
편집 | 박혜민
디자인 | 손정수
마케팅 | 이태호, 이전희
디지털콘텐츠 | 이지호
관리 | 김태옥

종이 | 월드페이퍼
인쇄 · 제본 | 현문자현

출판등록 | 제10-1835호
발행처 | 사람in
주소 | 121-839 서울시 마포구 양화로11길 14-10(서교동) 4F
전화 | 02) 338-3555(代) 팩스 | 02) 338-3545
E-mail | saramin@netsgo.com
Homepage | www.saramin.com

:: 책값은 뒤표지에 있습니다.
:: 파본은 바꾸어 드립니다.

ⓒ LTS 영어연구소 2014, 2015

ISBN 978-89-6049-564-7 18740

사람이 중심이 되는 세상, 세상과 소통하는 책 **사람in**

New 최신 출제 경향을 반영한

2nd Edition

OPIc
실전

LTS 영어연구소 지음

모의고사 22회
+ 주제별 답변훈련

사람in
saram
in.com

Preface

1 *Why*왜 **OPIc**일까?

말하기 영어 테스트의 대세!

아직까지도 국민 영어 시험이 TOEIC이다. 그러나 이제 말하기 영어 시험에 서서히 자리를 내주는 추세다. 그 현상 중 하나가 4대 기업에서 신입사원에게 요구하는 자격요건으로 영어 말하기 시험인 OPIc이나 토익스피킹 점수를 본다는 것이다. 대기업 채용 시에 어학 시험이 관건이라는 기사도 눈에 띈다. 그 중에서도 삼성의 경우 오픽(OPIc) 점수를 제출해야 한다는 것만 봐도 OPIc은 단연 주목 받는 영어 말하기 테스트로 떠올랐음을 알 수 있다. 생소한 시험이라고, 막연히 어려울 거라고 외면하고만 있을 수만은 없다는 얘기다. 용기를 가지고 도전해보자!

2 *Why*왜 **OPIc**일까?

수험자에게 실질적인 도움이 되는 테스트, OPIc

수험자 입장에서 한번 따져보자. 어떤 시험을 준비하는 것이 좋을까? TOEIC은 기본인데 말하기 시험도 준비해야 할 것 같고, 실제로 영어 한 마디 못하는 것도 걱정이다. 시험을 오직 점수 따기로만 준비하기엔 들이는 공이나 시간이 너무 아깝다. 굳이 예를 들지 않더라도 잘 알 것이다. 실제 수험자들의 이야기를 들어보면 말하기 시험이라고 해서 평소 실력만 믿고 가면 안 된다는 것을 알 수 있다. 그렇지만 어느 정도 대비를 해서 가면 등급은 물론, 영어를 사용해 의사소통을 할 수 있다는 성취감을 느낄 수 있다. 영어로 나만의 이야기를 만들어 조리 있게 전달한다는 것이 바로 영어를 배우는 궁극적인 목표이기 때문이다. 시험도 보고 영어 말하기 실력도 늘리고. 이런 걸 '일거양득', '일석이조', '도랑치고 가재 잡는 것'이라고 할 수 있지 않을까?

3 How 어떻게 **OPIc** 공부할까?

무작정 모의고사를 풀면 된다?

무작정 문제를 풀어본다고 되는 것이 아니다. 모의고사 1회분을 풀어본다고 해도 내가 고른 항목 12개 소주제가 모두 나오는 것도 아니다. 운이 좋아 돌발 문제가 하나도 안 나왔다고 하면, 자기소개를 제외한 14문제 중, 콤보로 묶었을 때 5개의 소주제가 나오는 것이다. 12개 중에 겨우 5개만 다뤄보게 된다. 그러면 모의고사를 무한정 많이 풀어볼 것인가? 그것도 노력만큼 도움이 되지 않는다. 중복되는 문제 조합이 생길 수 있고, 답변만 다른 모의고사를 계속 별 효과 없이 풀게 될 수 있다.

4 How 어떻게 **OPIc** 공부할까?

원리를 알고, 문제를 조합하여 풀고, 실전답게 연습한다!

창의적인 학습을 제안한다. 실전 모의고사도 3단계 학습법. 1단계 모의고사로 문제 구성의 원리를 배우고, 2단계 모의고사로 문제 조합을 통해 그물망 학습을 한 후, 3단계 모의고사로 문제 구성에 대한 사전 정보 없이 진짜 실전처럼 풀어봄으로써 학습을 마무리한다. OPIc 시리즈를 기획하면서 일관성 있게 강조해온 것이 바로 '조합의 원리'이다. 바쁜 수험자의 시간과 노력은 줄여주되, 효과는 배가 될 수 있도록 하는 학습법이다. 〈OPIc 문장조합 답변공식〉에서는 문장을 조합해서 주제가 바뀌어도 말할 수 있도록 도왔고, 〈OPIc 표현사전〉에서는 문장조합을 위해 재료가 되는 OPIc 주제별 모든 문장을 제시했으며, 마지막으로 〈OPIc 실전 모의고사〉에서는 문장뿐만 아니라 문제의 조합을 통해 내가 선택한 모든 주제를 촘촘히 다루어볼 수 있도록 했다. 이제 조금씩 알려지고 있는 OPIc이라는 생소한 시험을 준비할 수험자들에게 도움이 되기를 바란다.

OPIc 경험자 인터뷰

자기소개를 빵빵하게 준비해 가라

처음 시험을 보고 나서 든 생각은 첫 번째 답변부터 버벅거리면 나머지 답변도 망칠 확률이 높다는 거였다. 특히 나 같은 초보자의 경우, 뒤로 갈수록 마인드 컨트롤이 어렵고 자포자기하게 된다. 간혹 중간에 쉽게 답할 수 있는 문제가 나오면 잠깐 답변하고 다시 멍하게 앉아만 있다가 나오는 기분이었다. 시험을 처음 보는 사람도 그냥 시험장에 가지 말고 어느 정도 전략을 세워서 가라고 조언하고 싶다. 예상 문제와 답변도 중요하지만 문제를 못 알아들었거나 대비하지 못한 문제가 나와서 답변할 내용이 생각나지 않을 때도 할 말이 있어야 한다. 문제와 별로 상관 없는 문장이라도 할 말 없을 때 써먹을 수 있는 문장을 준비해가면 좋을 것 같다.

대학생(21세)

준비 없이 그냥 가지 마라

말하기 시험, 특히 OPIc은 특정한 형식에 맞춰 말하는 것이 아니므로 그냥 시험장에 가벼운 마음만 갖고 가는 경우가 많다. 나 역시 그랬는데, 결과는 별로 좋지 않았다. 물론 영어를 원어민처럼 익숙하게 쓰는 사람이 아닌 이상, 그냥 가게 되면 10명 중 반 이상은 후회하면서 돌아오지 않을까. 오픽은 알다시피 수험료가 비싸다. 돈 자랑하느라 시험을 여러 번 보는 게 아니라면 적어도 내가 선택할 주제 정도는 답변을 준비해가자.

직장인(32세)

돌발 주제도 준비하라

자기소개는 기본, 회사 소개 등 직장 생활은 물론이고 선택 주제를 모두 조금씩은 답변을 준비해서 암기해갔다. 그런데 자기소개 이후 나온 첫 문제부터 돌발 주제가 나와서 적잖이 당황하니까 이후 문제는 뭐였고 내가 뭐라고 대답했는지 하나도 기억나지 않았다. 그냥 땀만 열심히 흘리고 나온 것 같다. 더 당황스러웠던 것은 선택 주제 문제는 두어 개 콤보로 나온 것 같고 (잘 기억이 안 나지만) 돌발 주제 문제가 꽤 나왔다는 것이다. 그냥 “내가 선택하는 주제 범위를 벗어나지 않겠지?”라고 생각했다가 큰 코 다친 격이다. 반드시 돌발 주제에 대한 준비도 해가기를 당부하고 싶다.

직장인(36세)

OPIc 5분 전 *TIP*

수험자가 직접 전하는, "나는 5분 전에 뭐했나?"

긴장도 풀고 자연스럽게 말하기 위해 입을 풀었다. '아에이오우~' 그런데 버벅거렸는데, 영어로 '에이비씨디'라고 입을 풀었어야 했나보다.

시끄럽게 답변을 암기하는 사람들이 많은데, 나는 도무지 머리에 들어오지도 않고 생각나는 것도 없어 그냥 멍 때렸다. 아마 첫 시험이라서 그랬으리라. 다음에 볼 때는 좀 더 준비도 해오고 암기한 답변을 점검할 수 있도록 해야겠다.

나만의 팁이라 알려주기 싫지만…^^ 단어장을 봤다. 긴 문장을 암기해보거나 할 시간도 없거니와 긴장되어서 엄두가 안 난다. 그래서 그냥 주제별로 정리한 단어나 봐야겠다 생각하고 정리해갔다. 핵심 단어나 문장이라도 빨리빨리 생각나면 문장 만들기는 훨~ 씬 쉽다. 단어장이나 표현 정리를 활용해보라.

그냥 우리말로 답변의 스토리만 되짚어봤다. 영문 답변을 준비해 갔지만 그것보다 긴장해서 스토리가 기억나지 않으면 할 말도 없을 거라고 생각했다. 차근차근 내가 준비한 이야기의 간단 스토리만 떠올려봐도 효과가 좋다. 그러나 내가 예상 못한 문제가 나올 가능성이 높다는 게 함정. ㅋ

모의고사 문제집의 문제를 쭉 훑어봤다. 혹시 운이 좋으면 나올지 모르니, 모의고사의 15문제가 어떤 식으로 묶이는지를 다시 한번 눈도장 찍었다.

옆 사람들 구경했다. 그나마 정신줄 안 놓은 게 다행. 가볍게 몸만 와서 많이 뻘쭘했다. 어차피 오늘은 경험 한번 해보자고 갔으니 아마 다음에 또 가야 할 거다. 다른 사람들 준비가 장난 아닌데 나도 저렇게 철저하게 공부하고 와야겠다고 생각했다. 신기했다.

Contents

How to 활용법

① 나만의 배경설문 작성&전략

12개 주제를 선택하고 예상 문제를 정리한다!
효과적인 시험 대비를 위한 배경 설문 작성 요령과 전략
철저히 준비하려면 12개 주제별 5~6개의 문제 유형, 즉 대략 60여
개의 문제에 대한 답변을 열심히 익혀야 함을 알 수 있다.

② Actual Test 1단계_12회분

출제 원리를 확실히 익힌다!
수험자 선호도가 높은 주제로 구성된 실전 훈련
수험자들의 선호도가 높은 주제로 구성된 12세트의 모의고사를 통해
실전 문제 구성 원리를 익힌다. 내가 선택한 주제 항목에 대한 예상 문
제에 따라 답변해보고 나의 취약점을 파악한다.

③ Topic Training_훈련북

한 번 풀고 끝나는 실전 문제집이 아니다!
주제별 답변 암송 훈련으로 Speaking 실력 굳히기
주제별로 답변을 모아서 한 가지 주제에 어떤 유형들이 나오는지 확인
할 수 있고, 같은 주제별로 모아 학습하기 때문에 기억에 오래 남는다.
Actual Test에 대한 모범 답변과 나머지 추가 답변을 소리내어 암기한다.

④ Actual Test 2단계_5회분

어떤 문제 조합도 두렵지 않다!
그물망 실전 대비, New 문제 조합 모의고사 5회분
+ 셀프 모의고사 훈련
주제별 문제 항목을 보다 촘촘히 다루기 위해 여분의 모의고사를 더
준비했다. 내가 선택한 주제 항목을 달리 조합하여 출제 가능한 모의고
사 조합으로 더욱 풍부하게 연습한다.

⑤ Actual Test 3단계_5회분

실전처럼 테스트한다!
OPIc 파이널 훈련, Blind Test
예상 출제 문제가 어떻게 조합되는가를 익히고 새롭게 조합되는 15문
제의 나열을 익혀야 한다. 미리 노출되지 않은 문제 조합으로 테스트하
는 것이 바로, 실전 대비 3단계 Blind Test.

주제 선택

실전 원리 입력

모범 답변 체화

문제 새조합 적용

3단계 OPIc 성공 전략

1단계 Actual Test 1-12회 출제 원리를 확실히 익힌다!

수험자 선호도가 높은 주제로 구성된 실전 훈련

OPIc 설문조사를 통해 4~7번까지 선택한 항목 12개 가운데, 상관 없지만 12개를 채워야 한다. 12개를 선택하지 않거나 더 적게 고를수록 돌발에서 출제될 가능성이 높아진다고 할 수 있다. 적어도 12개를 채워서 선택하면 이들 주제에서는 충분히 준비를 해갈 수 있는 것이다. OPIc 설문조사 주제 항목 중에서 수험자들의 선호도가 높은 주제 위주로 실전 예상 문제를 구성하였다.

2단계 Actual Test 13-17회 어떤 문제 조합도 두렵지 않다!

그물망 실전 대비, New 문제 조합 모의고사 + 셀프 모의고사 훈련

OPIc 설문조사를 작성할 때, 직업 및 사는 곳에 대한 기본 정보를 제외하고 4~7번까지 모두 12개 항목 선택. 하나의 항목으로도 문제 유형이 5~6가지 정도가 되므로 실전 한 세트인 15문제로는 이 주제 항목들을 촘촘히 다룰 수 없다. 모의고사 한 회분인 15문제 중에 돌발 주제까지 나온다면 내가 준비해간 문제와 답변이 훨씬 적게 나오므로 5회분을 준비해도 빠지는 문제가 많다. 그래서 새로운 조합 모의고사와 셀프 모의고사로 내가 선택한 주제 항목을 빠짐 없이 공부하면 어떤 문제 조합으로 시험이 출제되어도 두렵지 않게 된다.

3단계 Actual Test 18-22회 실전처럼 테스트한다!

오픽 파이널 훈련, Blind Test

아는 문제의 새로운 조합으로 보다 실전에 가까운 감각을 기른다. 앞서 살펴본 모의고사 17 회분의 문제 구성을 통해 콤보 문제 형태로 출제 원리를 익혔다. OPIc에서는 항상 새로운 문제가 나온다기보다 문제 조합이 달라지는 것! 실전 1단계에서 문제 조합의 원리를 익힌 후, 2단계를 통해 새로운 문제 조합으로 보다 촘촘하게 빈틈을 메우는 학습을 하고, 마지막 3단계에서 실전처럼 테스트를 한다. 중요한 점은 주제별로 노출되지 않은 문제로 연습한다는 것! 새롭게 조합된 15문제에 대한 정보 없이 모의고사를 치른다. 이른바 Blind Test로 실전답게 준비한다.

1단계 Actual Test *Contents Map*

1단계 모의고사 1회부터 12회까지의 문제 구성을 보여준다. 15개의 문제가 어떤 주제로 구성되어 있는지 살펴본다. 물론 주제간에 정해진 규칙대로 출제되는 것은 아니다. 내가 선택한 항목들로 어떻게 문제가 출제될 수 있는지 보여주는 예시라고 할 수 있다. 2단계 셀프 모의고사를 연습할 때 참고할 수 있다. 1~4회는 학생과 직장인이 공통으로 사용할 수 있는 답변 내용, 5~8회는 직장인 집중 공략 답변, 9~12회는 학생 집중 공략 답변 내용이지만 기본 주제 이외의 주제 항목에 대한 답변은 자유롭게 사용할 수 있다는 것도 염두에 두자.

2단계 Actual Test *Contents Map*

2단계 13~17회의 문제 구성을 보여준다. 1단계에서 학습한 12회분의 문제 조합에서 빠졌던 새로운 문제 조합이다. 12개 항목을 선택했을 때 돌발을 포함해 출제될 수 있는 문제 조합의 그물망 학습이다. 비어 있는 나머지 5회분은 스스로 문제를 조합해서 모의고사를 볼 수 있도록 했다. 내가 선택한 항목에서 지금까지 놓친 문제들이 분명히 있을 것이다. 이를 채워서 셀프 모의고사를 치른다. CD의 문제 음원을 나만의 모의고사 폴더를 만들어 모아서 연습해보자.

3단계 Actual Test *Contents Map*

3단계 18~22회에 대한 답변 구성을 채워보는 **Map**이다. 진짜 실전처럼 시험을 치르기 위해 모든 문제는 노출하지 않은 상태로 모의고사를 먼저 본다. 그런 다음, 훈련을 하면서 빈칸을 채워보고 자신에게 더욱 유용한 회차를 선택해 학습하거나, 셀프 모의고사를 볼 때 참고하도록 한다.

OPIc 유형별 출제 경향

OPIc의 문제 유형은 다음과 같이 4~5가지로 나눌 수 있다. 각 주제별로 4~5가지 유형으로 문제가 출제될 수 있다는 의미이다.

> ① 단순/세부 묘사 유형　　② 과거 경험 유형
> ③ 롤플레이–질문하기 유형　　④ 롤플레이–문제 상황 해결하기 유형

유형이라고 해서 어렵게 생각할 필요는 없다. 예를 들어, 내가 '여가 활동'에서 영화 보기를 선택해서 그 주제에서 문제가 출제된다면 4~5가지 유형의 문제 중에서 출제되는데 예상 문제를 보면, 단순/세부 묘사 유형으로 '좋아하는 영화에 대한 묘사' 또는 '영화 보기 전후에 하는 일 설명' 등을 요구하는 문제가 출제될 수 있고, 과거 경험 유형으로는 '최근에 영화를 본 경험 설명' 또는 '인상적인 영화를 보았던 경험 설명'을 요구하는 문제가 출제될 수 있다는 것이다. 또한 롤플레이 문제도 '상대방이 좋아하는 영화에 대해 질문'하는 문제나 '영화 티켓 예매 문의 상황'에 대한 연기를 요구하는 문제 등을 예상하고 대비할 수 있다. 따라서 각각의 주제에 대해 유형별로 대비하면 출제 예상 문제를 좀 더 완벽하게 대비할 수 있다. OPIc 문제 유형에 대해 숙지하고 주제별로 전략적으로 대비해두면 더욱 효과적인 시험대비가 가능하다.

콤보 구성

OPIc에서 문제는 설문 조사(Background Survey)를 통해 수집한 개인 정보를 바탕으로 문제가 선별될 뿐 아니라 문제 간에도 유기적으로 연관되어 두세 문제가 하나의 주제로 연속해서 출제된다. 이렇게 연속해서 같은 주제의 문제가 출제되는 것을 콤보 문제라고 한다. 예를 들어, 첫 번째 문제인 자기소개 이후에 출제되는 문제 중에서, 만약 영화 보기에 대한 질문이 이어서 나온다면 영화 관련 질문이 딱 하나 나오고 다른 주제 질문이 나오는 것이 아니라는 얘기다. 좋아하는 영화에 대해 물었으면, 그 다음 문제는 최근 영화를 본 경험에 대해 물어보거나 영화 티켓을 예약해보라고 요구하는 문제가 연속해서 나온다. 이런 식으로 같은 주제의 문제가 2~3문제 연속해서 나오므로 첫 번째 문제를 듣고 다음 콤보 문제를 어느 정도 예상할 수 있다.

단순/세부 묘사

OPIc의 첫 번째 유형이자 가장 쉬운 유형이기도 한 것이 바로 단순/세부 묘사 유형이다. 말 그대로 어떠한 대상, 주제 등에 대해 묘사하는 것이다. 단순 묘사와 세부 묘사의 차이는 별 것 없다. 예를 들이, 첫 번째 문제로 '좋아하는 어떤 것에 대해 묘사하시오.'리고 요구해서 열심히 설명했는데, 두 번째 문제로 '앞에서 설명한 것에 대해 좀 더 자세히 설명하시오. ~는 어떻고 ~는 어떻습니까? 가능한 자세히 설명하시오.'와 같은 문제가 연속해서 나오는 것이다. 이렇게 같은 주제에 대해 두세 문제가 연속해서 출제되는 경우를 대비해 전략적으로 대비를 해두어야 한다. 답변을 준비할 때는 하나의 답변으로 준비해서 연습해두고 문제 유형에 따라 필요한 설명만 사용하면 된다.

과거 경험

과거 경험을 묻는 문제 유형으로 각 주제별로 처음 어떤 것을 시작한 계기를 묻는 문제, 단순히 과거 경험을 묻는 문제, 최근 경험을 묻는 문제, 인상적인 경험을 묻는 문제가 출제된다. 이 모든 문제를 주제별로 준비해두기란 쉽지 않다. 여가 활동만 해도 설문 조사에서 적어도 세 항목 이상 선택한다고 하면 세 항목(ex, 영화 보기, 공연 보기, 스포츠 관람)에 대한 처음 경험, 최근 경험, 인상적인 경험을 묻는 문제를 각각 준비해야 하므로 총 9개의 답변을 준비해야 한다는 얘기가 되기 때문이다. 따라서 하나의 과거 경험 답변을 준비해서 응용할 수 있도록 하는 것이 좋다.

롤플레이 – 질문하기/문제 상황 해결하기

롤플레이 문제는 크게 질문하기와 문제 상황 해결하기 유형으로 나눌 수 있다. 첫 번째 질문하기 유형은 주제에 맞춰 단순히 질문만 하면 되는 유형이고, 두 번째 질문하기 유형은 주어진 상황에 맞춰 연기를 하라고 요구하는 것이다. 문제에서 제시한 조건에 맞춰서 상대방이 있다고 가정하고 질문을 해야 한다. 롤플레이 유형이자 OPIc 유형 가운데 가장 어려운 문제가 바로 문제 상황 해결하기 유형이다. 구체적인 상황이 주어지는데 대부분 문제가 발생한 상황이다. 각 주제마다 이러한 유사한 상황과 해결에 대한 문제가 등장하므로 답변에서 '문제 상황 설명 → 대안 제시'의 큰 틀을 잘 익혀두면 어렵지 않다.

OPIc 소개

OPIc은 Oral Proficiency Interview-computer의 약자로, 컴퓨터를 통해 진행되는 말하기 능력 평가입니다. OPIc은 외국어로 당면 과제를 잘 수행하는가에 대한 측정을 하게 됩니다. 특정 장소, 사람, 사물에 대한 묘사, 평소에 하는 일이나 활동에 대한 묘사, 과거 경험 설명, 질문하기와 질문에 대답하기 등으로 실생활에서 영어를 얼마나 효과적이고 적절하게 구사할 수 있는지, 실생활의 다양한 상황과 목적에 맞게 언어를 사용할 수 있는지에 대한 언어 활용 능력(Proficiency)을 총체적으로 평가하는 시험입니다. 국내에서는 2007년 시작되어 현재 약 1,000여 개 기업 및 기관에서 OPIc을 채용과 인사고과 등에 활발하게 활용하고 있습니다.

수험자별로 12~15문제를 40분 동안 풀게 되는데, 시험 진행에 앞서 수험자의 관심도와 개별 사항을 조사해 기본적으로 수험자에게 '익숙한' 분야의 문제를 냅니다. 또한 사전 조사에 제시된 항목 이외에 돌발 상황의 문제와 Role-playing 형태의 문제도 출제됩니다. 다른 말하기 시험과는 달리 문항별 답변시간에 제한이 없고, 문제를 절반 풀고 나서 쉬운 질문, 비슷한 질문, 어려운 질문으로 수험자가 난이도를 조절할 수 있는 것이 특징입니다.

시험 시간	• 40분	문항수	• 12~15문항 (개인별 차등)
문항 유형	• Background Survey를 통한 개인 맞춤형 문제 출제 • 직업, 여가 생활, 취미, 관심사 스포츠, 여행 등에 대한 주제	시험 특징	• 개인 맞춤형 평가 • 실제 인터뷰와 근접하여 응시자 긴장 완화 • 문항별 성취도 측정이 아닌 종합적 • 회화 능숙도 평가 • 신속한 성적 처리
평가 기준	• ACTFL OPIc기준 (Holistic) • OPIc level 1~7 (Novice Low ~Advanced)	평가 영역	• Function/Global Tasks • Text Type • Contents/Context • Comprehensibility • Language Control

OPIc의 특징

총체적 평가 방식: OPIc은 수험자의 말하기 능력을 총체적으로 평가합니다. 언어적 요소(Accent, Grammar, Vocabulary, Fluency)뿐만 아니라 기능적 측면(Language Control, Global Tasks and Functions, Text type, Context/Contents, Comprehensibility)을 모두 평가합니다. 그렇기 때문에 단순히 문법과 발음만 중요한 것이 아니라 실생활에서의 실제 발화 능력, 말의 논리성, 문장성이 중요하므로 꾸순히 말하는 연습과 준비가 요구되는 시험입니다.

개인 맞춤형 평가: OPIc은 시험 전에 배경 설문 조사(Background Survey)를 통해 수험자 개개인의 관심사에 맞춘 문제가 출제됩니다. 따라서 나와 관련된 주제에 대해서 준비할 수 있지만 문제 형식이 일정하게 정해진 것은 아니기 때문에 자신의 관심사와 관련된 문제에 대해서 다양하게 준비해야 합니다.

문항별 답변 시간 조절 가능: OPIc 시험에는 문항별 답변의 제한 시간이 없습니다. 40분 동안 12~15문제 정도를 풀게 되지만 한 문제당 정해진 답변 시간은 없기 때문에 스스로 시간 조절을 하면서 더 자신 있는 문제는 길게 답변하고, 자신이 없는 문제는 조금 짧게 답변할 수도 있습니다. 하지만 한 문항당 30초 이하로 너무 짧은 답변이 되지 않도록 주의하는 것이 좋고, 전체 문항에 걸쳐 주어진 40분이라는 시간을 최대한 활용하는 것이 중요합니다.

OPIc의 시험 방식

오리엔테이션 (약 20분)	01 Background Survey	: 시험 문항 출제를 위한 사전 설문
	02 Self Assessment	: 시험의 난이도 결정을 위한 자가 평가
	03 Overview of OPIc	: 화면 구성, 문항 청취 및 답변 방법 안내
	04 Sample Question	: 실제 답변 방법 연습
본 시험 (약 40분)	**1 1st Session** ▶ 개인별 맞춤형 문항 (질문 청취 2회 가능)	**2 난이도 재조정** ▶ 2차 Self Assessment (쉬운 질문, 비슷한 질문 어려운 질문 중 택1)	**3 2nd Session** ▶ 1st와 동일 ▶ 언어의 정확성
평가 및 결과 통보	**1 답변 전송** ▶ 인터넷을 통한 실시간 답변 전송	**2 평가** ▶ ACTFL 공인 Rater ▶ 신뢰도, 객관성 유지	**3 시험 결과** ▶ 근무일 기준 5일 내외의 신속한 평가 결과 통보

Background Survey, Self Assessment란?

Background Survey		– 평가 문항에 일부 반영 – 응시자와 유관한 문항을 통해 시험에 대한 안정감을 제공하고 최소한의 발화량을 확보하는 기능
Self Assessment		– 말하기 수준에 대한 내용 보기와 샘플 답변 듣기를 통해 본인의 문항 수준 결정
Overview of OPIc		– 시험 절차 체험

OPIc 평가 등급 체계

레벨		레벨별 요약 설명
Advanced	AL (Advanced Low)	사건을 서술할 때 일관적으로 동사 시제를 관리하고 사람과 사물을 묘사할 때 다양한 형용사를 사용한다. 적절한 위치에서 접속사를 사용하기 때문에 문장 간의 결속력도 높고 문단의 구조를 능숙하게 구성할 수 있다. 익숙하지 않은 복잡한 상황에서도 문제를 설명하고 해결할 수 있다.
Intermediate	IH (Intermediate High)	개인에게 익숙하지 않거나 예측하지 못한 복잡한 상황을 만날 때, 대부분의 상황에서 사건을 설명하고 문제를 효과적으로 해결할 수 있다. 발화량이 많은 편이고 다양한 어휘를 사용한다.
	IM (Intermediate Mid)	일상적인 소재뿐만 아니라 개인적으로 익숙한 상황에서 문장을 나열하며 자연스럽게 말할 수 있다. 다양한 문장 형식이나 어휘를 실험적으로 사용하려고 하며 상대방이 조금만 배려해주면 오랜 시간 대화가 가능하다.
	IL (Intermediate Low)	일상적인 소재에서는 문장으로 말할 수 있다. 대화에 참여하고 선호하는 소재에서는 자신감을 가지고 말할 수 있다.
Novice	NH (Novice High)	일상적인 대부분의 소재에 대해서 문장으로 말할 수 있다. 개인 정보라면 질문을 하고 응답을 할 수 있다.
	NM (Novice Mid)	이미 암기한 단어나 문장으로 말하기를 할 수 있다.
	NL (Novice Low)	제한적인 수준이지만 외국어 단어를 나열하면 말할 수 있다.

▶Intermediate Mid의 경우 Fluency, Delivery, Production을 기준으로 Mid3(상), Mid2(중), Mid1(하)로 세분화하여 제공됩니다.

OPIc 배경설문조사(Background Survey) 미리보기

● 이 Background Survey 응답을 기초로 개인 맞춤형 문항이 출제됩니다.
질문을 자세히 읽고 답변해주시기 바랍니다.

1. 현재 귀하는 어느 분야에 종사하고 계십니까?

   ○ 사업/회사   ○ 가사

   ○ 교사/교육자   ○ 일 경험 없음

(사업/회사, 가사를 선택할 경우)

1.1 현재 귀하는 직업이 있으십니까?

   ○ 네   ○ 아니오

1.1.1 귀하의 근무 기간은 얼마나 되십니까? (위 질문에 '네'를 선택할 경우)

   ○ 첫직장 – 2개월 미만

   ○ 첫직장 – 2개월 이상

   ○ 첫직장 아님 – 경험 많음

1.1.1.1 귀하는 부하직원을 관리하는 관리직을 맡고 있습니까?

(위 질문에 2번과 3번을 선택할 경우)   ○ 네   ○ 아니오

(교사/교육자를 선택할 경우)

1.1 현재 귀하는 어디에서 학생을 가르치십니까?

   ○ 고등학교/대학교   ○ 초등학교/중학교

   ○ 평생교육

1.1.1 현재 귀하는 직업이 있으십니까?

   ○ 네   ○ 아니오

1.1.1.1 귀하의 근무 기간은 얼마나 되십니까? (위 질문에 '네'를 선택할 경우)

   ○ 2개월 미만 – 첫직장

   ○ 2개월 이상 – 첫직장이지만 다른 직업을 가진 적 있음

   ○ 2개월 이상

2. 현재 귀하는 학생이십니까?

   ○ 네   ○ 아니오

2.1 현재 귀하가 강의를 듣는 목적은 무엇입니까? (위 질문에 '네'를 선택할 경우)

   ○ 학위 취득   ○ 전문 기술을 향상시키기 위한 평생 학습

   ○ 어학 수업

3. 현재 귀하는 어디에 살고 계십니까?

   ○ 독신자로서 개인 주택이나 아파트에 거주

   ○ 친구나 룸메이트와 함께 주택이나 아파트에 거주

   ○ 가족(배우자/자녀/기타 가족 일원)과 함께 주택이나 아파트에 거주

   ○ 학교 기숙사

   ○ 군대 막사

– 아래의 4~7번 문항에서 12개 이상을 선택해주시기 바랍니다.

4. 귀하는 여가 활동으로 주로 무엇을 하십니까? (두 개 이상 선택)

- ◯ 영화 보기
- ◯ 공연 보기
- ◯ 박물관 가기
- ◯ 캠핑하기
- ◯ 스포츠 관람
- ◯ 술집/바에 가기
- ◯ 게임하기(비디오, 카드, 보드, 휴대폰 등)
- ◯ 체스하기
- ◯ 친구들에게 문자 보내기
- ◯ 뉴스를 보거나 듣기
- ◯ 차로 드라이브하기
- ◯ 구직활동하기
- ◯ 클럽/나이트클럽 가기
- ◯ 콘서트 보기
- ◯ 공원 가기
- ◯ 해변 가기
- ◯ 집안일 거들기
- ◯ 카페/커피전문점 가기
- ◯ 당구치기
- ◯ SNS(페이스북, 트위터, 싸이월드 등)에 글 올리기
- ◯ 시험대비 과정 수강하기
- ◯ 요리 관련 프로그램 시청하기
- ◯ 스파 가기
- ◯ 자원봉사하기

5. 귀하의 취미나 관심사는 무엇입니까? (한 개 이상 선택)

- ◯ 아이에게 책 읽어주기
- ◯ 악기 연주하기
- ◯ 춤추기
- ◯ 그림 그리기
- ◯ 애완동물 기르기
- ◯ 신문 읽기
- ◯ 사진 촬영하기
- ◯ 음악 감상하기
- ◯ 혼자 노래 부르거나 합창하기
- ◯ 글쓰기(편지, 단편, 시 등)
- ◯ 요리하기
- ◯ 주식투자하기
- ◯ 여행 관련 잡지나 블로그 읽기

6. 귀하는 주로 어떤 운동을 즐기십니까? (한 개 이상 선택)

- ◯ 농구
- ◯ 축구
- ◯ 하키
- ◯ 골프
- ◯ 테니스
- ◯ 탁구
- ◯ 자전거
- ◯ 아이스 스케이트
- ◯ 걷기
- ◯ 하이킹/트레킹
- ◯ 헬스
- ◯ 운동수업 수강하기
- ◯ 야구/소프트 볼
- ◯ 미식축구
- ◯ 크리켓
- ◯ 배구
- ◯ 배드민턴
- ◯ 수영
- ◯ 스키/스노보드
- ◯ 조깅
- ◯ 요가
- ◯ 낚시
- ◯ 태권도
- ◯ 운동을 전혀 하지 않음

7. 귀하는 어떤 휴가나 출장을 다녀온 경험이 있습니까? (한 개 이상 선택)

- ◯ 국내출장
- ◯ 집에서 보내는 휴가
- ◯ 해외여행
- ◯ 해외출장
- ◯ 국내여행

Actual
Test
실전 모의고사
1~12회 문제집

1단계 1~12회

출제 원리를 확실히 익힌다!
수험자 선호도가 높은 주제로 구성된 실전 훈련 12회분

2단계 13~17회

어떤 문제 조합도 두렵지 않다!
그물망 실전 대비,
New 문제 조합 모의고사 5회분 + 셀프 모의고사 훈련

3단계 18~22회

실전처럼 테스트한다!
펼치는 순간 바로 실전, Blind Test 5회분

1 단계

출제 원리를 확실히 익힌다!

수험자 선호도가 높은 주제로 구성된 실전 훈련

OPIc 설문조사를 작성할 때, 직업 및 사는 곳에 대한 기본 정보를 제외하고 4~7번까지는 모두 12개의 항목을 선택해야 한다. 4번에서 몇 개를 선택하든 상관 없지만 12개를 채워야 한다.

12개를 선택하지 않고, 그보다 적게 선택할수록 돌발에서 출제될 가능성이 높아진다고 할 수 있다. 적어도 12개를 채워서 선택하면 이들 주제에서는 충분히 준비를 해갈 수 있는 것이다.

OPIc 설문조사 주제 항목 중에서 수험자들의 선호도가 높은 주제 위주로 실전 예상 문제를 구성하였다.

Contents Map *Actual Test* 1단계

샘플로 작성한 설문에 따라 아래와 같은 문제가 출제됩니다. 어떤 문제들이 배치되어 있고 어떤 연관이 있는지 살펴보고 답변 연계 학습에 참고하세요.

Actual Test 1~12	Topic 1 기본 주제	Topic 2 여가 활동	Topic 3 취미/관심사	Topic 4 스포츠	Topic 5 휴가/출장	Topic 6 돌발 주제
1회 학생/직장인 공통	1 자기 소개 2~4 가정/이웃	8~10 영화 보기				5~7 쇼핑 11~13 명절 14~15 가구
2회 학생/직장인 공통	1 자기 소개 5~7 가정/이웃		11~12 음악 보기	8~10 야구		2~4 은행 13~15 식당
3회 학생/직장인 공통	1 자기 소개	5~7 음악 감상		11~13 축구	8~10 집에서 보내는 휴가	2~4 명절 14~15 신분증
4회 학생/직장인 공통	1 자기 소개	8~10 음악 감상	5~7 요리하기	11~13 헬스	2~4 해외 여행	14~15 건강
5회 직장인 집중 공략	1 자기 소개 5~7 직장 생활	8~10 스포츠관람 14~15 클럽/나이트클럽		2~4 걷기		11~13 건강
6회 직장인 집중 공략	1 자기 소개 5~7 직장 생활	8~10 공원 가기 11~13 드라이브	2~4 애완동물		14~15 국내외 출장	
7회 직장인 집중 공략	1 자기 소개 2~4 직장 생활	11~13 드라이브 14~15 영화보기	5~7 요리하기		8~10 국내외 출장	
8회 직장인 집중 공략	1 자기 소개 2~4 직장 생활 14~15 가정/이웃	5~7 SNS 8~10 공연 보기	11~13 음악 감상			
9회 학생 집중 공략	1 자기 소개 2~4 가정/이웃 5~7 학교 생활	14~15 클럽/나이트클럽		8~10 헬스	11~13 해외 여행	
10회 학생 집중 공략	1 자기 소개	2~4 카페/커피 전문점 5~7 자원봉사	8~10 애완동물	11~13 축구		14~15 신분증
11회 학생 집중 공략	1 자기 소개 2~4 학교 생활 13~15 가정/이웃		8~10 애완동물	5~7 조깅 11~12 헬스		
12회 학생 집중 공략	1 자기 소개 5~7 학교 생활	8~10 스포츠관람 14~15 박물관		11~13 자전거		2~4 쇼핑

실전 모의고사 01회 미리보기

- **인물 설정:** 대학생/직장인 공통
- **배경 설문조사 체크**

    거주지: 독신자로서 개인 주택이나 아파트에 거주

    여가 활동: 영화 보기, 공원 가기, 스포츠 관람

    취미나 관심사: 음악 감상하기, 악기 연주하기, 글쓰기, 요리하기

    스포츠: 농구, 야구, 축구

    휴가나 출장: 국내 여행, 해외 여행

Listen 질문 미리듣기

다음 질문을 듣고 질문의 핵심 내용을 적어보세요.

01 *Key Word*

02 *Key Word*

03 *Key Word*

04 *Key Word*

05 *Key Word*

06 *Key Word*

07 *Key Word*

08 *Key Word*

09 *Key Word*

10 *Key Word*

11 *Key Word*

12 *Key Word*

13 *Key Word*

14 *Key Word*

15 *Key Word*

Listen & Check 질문 확인하기 

다시 한번 들으며 질문 내용을 확인하고, 콤보 문제가 어떻게 구성되는지 살펴보세요.

01 Can you tell me about yourself?

02 Can you tell me about your family members?

03 What chores do you have to do at home? What responsibilities do you have?

04 I'm curious about your neighborhood. Where do you live? How long have you lived there? Please tell me as much information about it as you can.

05 Please tell me about your most memorable experience when you went shopping. What happened? Why was it so memorable to you?

06 You got invited to a sale from your favorite shop. Call the shop and leave a message asking some questions to get information about the sale.

07 You bought a shirt and when you got home you found out that there was a stain on the shirt. Call the clothing store and describe the problem and suggest other alternatives to the problem.

08 You indicated that you like to watch movies. What kind of movies do you like to watch? Tell me about your favorite movie genre in detail.

---

01 자기 소개

가정과 이웃
02 가족 소개
03 가정에서의 책임 – 솔로
04 사는 동네

돌발 주제(쇼핑)
05 쇼핑 경험
06 쇼핑 정보 요청
– 롤플레이
07 쇼핑 문제 상황
– 롤플레이

여가 활동(영화 보기)
08 좋아하는 영화 장르

09 Tell me about your favorite movie. What is it and what's the storyline? Who stars in the movie? Why do you like it?

10 Who is your favorite movie star or character from any movie or TV show? Why do you like him or her? Please describe him or her in detail.

11 Tell me about holidays in your country. What kinds of holidays are there? Which holiday is the biggest? What do people do on that day? Is there any special food for the day?

12 Just pick one of the holidays, and describe it to me in detail. What activities do you usually do with your family during the holiday? Please tell me about all the activities from the beginning to the end.

13 Ask me three or four questions about holidays in my country.

14 Describe the furniture in your house. What are they? What do they look like? Tell me in as much detail as possible.

15 Identify your favorite piece of furniture in your house. What is it and why do you like that particular piece?

09 좋아하는 영화 예시
10 좋아하는 배우

돌발 주제(명절)
11 한국 명절들 일반
12 명절 중 하나 – 설
13 명절 단순 질문
    – 롤플레이

돌발 주제(가구)
14 가구 묘사
15 좋아하는 가구 설명

Model *Answer* 01회

답변 전략

직장인이나 대학생 어떤 신분이든 공통으로 활용할 수 있는 답변으로 구성했다. 자기소개에서 신분을 정확하게 드러내지 않고 나이, 이름, 사는 곳이나 가족 위주의 설명으로 진행한다. 이 답변을 활용하면서 직업이나 학생 신분임을 추가로 밝혀도 상관 없다. 단, 함께 사는 사람이나 가족 소개 등에서 일관성을 유지하도록 한다. 답변 내용의 진실성을 따지는 시험은 아니지만 앞에서는 부모님과 산다고 했다가 바로 다음 답변에서는 아내와 아이들과 산다고 말바꾸기를 하면 아무래도 답변의 일관성 측면에서 좋지는 않다. 거주지의 경우 가장 일반적이고 답변하기 쉬운 가족과 함께 개인 주택이나 아파트에 거주를 선택했다. 답변 이용 시에 가족 구성원을 바꿔 말할 수 있다. 이번 테스트는 쇼핑, 명절, 가구의 돌발 주제가 많이 나오는 것이 특징이다. 이렇게 실제 시험에서도 내가 선정한 주제 항목과 상관 없는 돌발 주제 위주로 출제되어, 철저하게 준비한 답변이 쓸모 없어지는 경우도 허다하다. 당황하지 않고 차근차근 설명할 수 있도록 대비해두자.

---

01 Can you tell me about yourself?

A My name is Kim Suhyun. I'm twenty seven years old. I usually cook my meals by myself and clean my house every day. I am a good cook and really enjoy trying new recipes. I was born in Busan and grew up there. When I entered university, I moved to Seoul. Since then, I have lived in Seoul for five years. Seoul seems like my hometown now and my life here is so comfortable that I am very satisfied. I like to watch movies, so on the weekends, I usually go to a movie theater with my close friends. We always pick romantic comedies and never regret it. We sometimes watch sports on TV, and when we need some fresh air, we go to the park nearby and take a walk to release stress. Oh, going to a health club is very important to me. The reason is that I have to stand a lot of stress, so I need to keep myself healthy. That's it.

01 자신에 대해 말씀해주시겠어요?

A 제 이름은 김수현입니다. 저는 스물 일곱 살이고요. 주로 식사를 스스로 요리하고 매일 집안 청소를 하죠. 저는 요리를 잘하고 새로운 요리법을 시도해보는 것을 정말 즐깁니다. 저는 부산에서 태어나 자랐습니다. 대학에 입학하면서 서울로 이사 왔죠. 그때 이후로 서울에서 5년 동안 살았습니다. 서울은 이제 제 고향 같고 이곳에서의 생활은 매우 편해서 저는 만족합니다. 저는 영화 보는 것을 좋아해서 주말에는 주로 친한 친구들과 함께 극장에 갑니다. 우리는 항상 로맨틱 코미디 영화를 고르고 절대 후회하는 일이 없죠. 우리는 가끔 텔레비전으로 스포츠 경기를 보고 신선한 공기를 쐬고 싶으면 가까운 공원에 가서 산책을 하면서 스트레스를 풉니다. 아, 헬스클럽에 가는 것은 제게 매우 중요한 일인데요. 저는 많은 스트레스를 견뎌야 하기 때문에 건강을 유지할 필요가 있습니다. 이상입니다.

02 Can you tell me about your family members?

A I live with my brother. My father is retired now and living in rural Kyounggi-do. His hair is flecked with gray. He is surprisingly energetic and looks much younger than he is. He is a big man, but very light on his feet for his age. My mother is an ordinary housewife. She really cares about other people and is a talented listener. My brother has curly hair like my mother. He is very big, 185 cm tall, weighs about 90 kilos and he is muscular. I try to spend my valuable time with my family, but these days I'm so busy with many things.

03 What chores do you have to do at home? What responsibilities do you have?

A I have lived with my brother in a small apartment since I was financially independent of my family. I am used to single life. I usually cook my meals by myself. Actually, I do not like to do chores. But I do very basic housework including cleaning, cooking, and sweeping the floors. I do odd jobs around the house every weekend. I launder my clothes at the laundromat each week because I'm not used to ironing them. Sometimes, I wash my drip-dry shirt and hang it to dry. I always do the dishes after I watch the news on TV. It seems that I should be a jack-of-all-trades in a way to live single.

02 가족들에 대해 말씀해주시겠어요?

A 저는 남동생과 함께 살고 있습니다. 현재 아버지는 퇴직하여 경기도의 어느 시골에 살고 계십니다. 아버지의 머리에 흰머리가 듬성듬성 나 있습니다. 아버지는 놀랄 정도로 활동적이시고 실제 연세보다 젊어 보이십니다. 아버지는 연세에 비해 체구는 크셔도 매우 민첩하십니다. 저희 어머니는 평범한 주부입니다. 어머니는 정말 다른 사람들을 배려하며 남의 말을 매우 잘 들어주십니다. 제 동생은 어머니처럼 곱슬머리입니다. 그는 키가 185cm로 큰 편이고 몸무게는 90kg 정도 나가며 근육질입니다. 가족들과 소중한 시간을 가지려고 노력하는데, 요즘은 공부와 많은 일로 바쁩니다.

03 집에서 꼭 해야 하는 일들은 무엇입니까? 어떤 책임을 맡고 있나요?

A 저는 경제적으로 집에서 독립한 이후로 작은 아파트에서 남동생과 같이 살고 있습니다. 저는 싱글 생활에 익숙합니다. 보통 혼자 식사 준비를 하죠. 사실 저는 집안일 하는 것을 좋아하지 않습니다. 그렇지만 저는 청소하고 요리하고 바닥을 쓰는 것 같은 아주 기본적인 집안일을 합니다. 저는 매주 주말에 이런저런 집안일을 합니다. 저는 매주 빨래방에서 옷을 세탁하는데 다림질에 익숙하지 않아서죠. 가끔 다림질할 필요가 없는 셔츠를 빨아서 널어 말리기도 합니다. 저는 항상 TV 뉴스를 본 다음, 설거지를 합니다. 싱글로 살기 위해선 어느 정도 팔방미인이 되어야 할 것 같아요.

04 I'm curious about your neighborhood. Where do you live? How long have you lived there? Please tell me as much information about it as you can.

A Since I live on the outskirts of Seoul, my apartment has beautiful views. My apartment is located in a residential district and I live on the 5th floor. The neighborhood is relatively new, so most of the people who lived here moved here in the past few years. There were no convenience facilities in the neighborhood, so we roughed it for a few years. But now there are many convenience facilities that we can use any time and transportation is convenient around this area. Houses in my neighborhood have appreciated since the new subway was built. Our neighborhood is becoming larger day after day. Overall, it is a very good place to live, I think.

05 Please tell me about your most memorable experience when you went shopping. What happened? Why was it so memorable to you?

A The new clothes I bought last week had a considerable color change after the first wash. Moreover, the clothes' cuffs sagged and lost their shape after washing. I couldn't believe it because the manufacturer said it is machine washable. I thought they should be responsible for any damages, of course. I called the store and I explained the situation and complained about it. The store owner said he would have given me a better deal if I had changed it for another one. But I wanted to return it, and he accepted it. There were no major problems with the service, so I will certainly do business with the store again.

04 당신의 동네에 대해 궁금합니다. 어디에 살고 있나요? 그곳에서 얼마나 오래 살았나요? 가능한 많은 정보를 얘기해주세요.

A 저는 서울 외곽에 살고 있어서 아파트 전경이 아름답습니다. 제 아파트는 주거 지역에 위치해 있고 저는 5층에 살아요. 비교적 새로 지어진 동네라서 대부분의 사람들이 몇 년 사이에 새로 이사를 왔습니다. 몇 년 전에는 이 근방에 편의시설이 없어서 몇 년 동안 생활이 불편했습니다. 하지만 지금은 언제든 이용할 수 있는 편의시설도 많고 인근 교통도 편리합니다. 지하철이 개통된 후 우리 동네 집 값이 뛰었습니다. 우리 동네는 나날이 커져가고 있습니다. 전반적으로 이곳은 살기 좋은 곳인 것 같습니다.

05 쇼핑할 때 일어난 가장 기억에 남는 일을 이야기해주세요. 어떤 일이었나요? 왜 기억에 남나요?

A 지난주에 새로 산 옷이 첫 세탁 후 심하게 변색되었습니다. 뿐만 아니라, 그 옷은 세탁한 후에 소매 단이 늘어지고 변형되었습니다. 제조사에서는 그것이 세탁 가능한 것이라 했기 때문에 저는 이것을 믿을 수 없었습니다. 저는 당연히 제조사에서 손상에 대해 책임을 져야 한다고 생각했습니다. 저는 상점에 전화해서 이 상황을 설명하고 불만을 이야기했습니다. 가게 주인은 제가 다른 것으로 바꾸면 더 좋은 가격으로 주겠다고 말했어요. 하지만 저는 그것을 반품하고 싶었고 그가 받아들였습니다. 서비스에 큰 문제는 없어서 분명 그 가게를 다시 이용할 겁니다.

06
You got invited to a sale from your favorite shop. Call the shop and leave a message asking some questions to get information about the sale.

A Hello. I got a message saying you're having a big ten-year anniversary sale. I was actually planning on buying a shirt this month and your sale is happening at the right time. I'm really interested, but I'd like to ask you some questions. I guess the main thing I'm wondering is what popular brands you carry, and if the brands are on sale. How much of a discount is it off the regular price? One last thing, how long does the sale last? Thanks!

07
You bought a shirt and when you got home you found out that there was a stain on the shirt. Call the clothing store and describe the problem and suggest other alternatives to the problem.

A Hi. I bought a shirt at your store yesterday, but I realized there's a stain on the shirt after I got home. Unfortunately, this is the shirt I really like because it fits me well. So what should I do? I believe you didn't mean to sell this defective product to me. Listen, I have a couple of suggestions. Can you check your stock first? If you have it in stock, can I exchange this for a new one? I think it's for the best. You can send it by courier service, for overnight delivery, or I can pick it up this afternoon. Otherwise, either you can give me my money back, or you can pay for dry cleaning.

---

06 당신이 좋아하는 가게의 세일에 초대 받았습니다. 그 가게에 전화를 걸어 세일에 관한 정보를 얻기 위한 몇 가지 질문을 하는 메시지를 남기세요.

A 안녕하세요. 거기서 10주년 기념 대규모 세일을 하고 있다는 메시지를 받았습니다. 저는 사실 이번 달에 셔츠를 사려고 계획하고 있었는데 세일을 제 때 하네요. 저는 정말 관심이 있는데 몇 가지 질문을 하고 싶습니다. 제가 주로 궁금한 것은 어떤 유명 브랜드를 파는지, 그리고 그 제품들을 세일하는지입니다. 원래 가격에서 얼마나 할인이 되나요? 마지막으로 세일이 얼마 동안 지속되나요? 감사합니다!

07 당신이 셔츠를 사서 집에 왔는데 셔츠에 얼룩이 있는 것을 발견했습니다. 옷 가게에 전화해서 문제를 설명하고 문제에 대한 다른 대안을 제시하세요.

A 안녕하세요. 어제 거기서 셔츠를 하나 샀는데요. 집에 와서 셔츠에 얼룩을 발견했어요. 공교롭게도 이게 저한테 잘 맞아서 정말 마음에 드는 옷이었는데요. 어떻게 하면 좋을까요? 이런 결함 있는 제품을 제게 팔 의도가 아니었다고 믿습니다. 자, 저한테 몇 가지 생각이 있어요. 먼저 제고를 확인해주실래요? 재고가 있으면 이것을 새것으로 교환해주시겠어요? 그게 제일 좋을 것 같습니다. 택배 회사를 통해 익일 배달로 보내주셔도 좋고요, 혹은 제가 오늘 오후에 가지러 가도 됩니다. 아니면 제 돈을 돌려주시거나, 드라이클리닝 비용을 지불해주시는 건 어때요?

08 **You indicated that you like to watch movies. What kind of movies do you like to watch? Tell me about your favorite movie genre in detail.**

A I like to watch romantic comedies. The *Twilight Saga* series and *Just Married* are my favorites. The writing is excellent and draws me in even without a lot of action. These movies offer us an experience of love we can never have in the real world. I had such a great time watching these movies; I became immersed in the storyline. I can relax by laughing and watching some beautiful scenes. Whenever I am down, I go see a romantic comedy movie and then I feel better after that. I can feel happy since they always have a happy ending.

08 영화 보는 것을 좋아한다고 했습니다. 어떤 종류의 영화를 좋아합니까? 좋아하는 영화 장르에 대해 자세히 얘기해 주세요.

A 저는 로맨틱 코미디 영화 보기를 좋아합니다. 〈트와일라잇〉 시리즈와 〈우리 방금 결혼했어요〉는 제가 가장 좋아하는 영화들이에요. 시나리오가 훌륭하여 많은 액션이 없어도 저를 몰입시킵니다. 그런 영화들은 우리가 현실에서는 할 수 없는 사랑 경험을 제공해줍니다. 이 영화들을 보면서 정말 즐거웠고, 줄거리에 완전히 빠져버렸습니다. 웃고 아름다운 장면을 보면서 긴장이 풀리거든요. 기분이 가라앉아 있을 때, 로맨틱 코미디 영화를 보러 가는데 보고 나면 기분이 나아집니다. 그 영화들은 항상 해피엔딩으로 끝나기 때문에 기분이 좋아져요.

09 **Tell me about your favorite movie. What is it and what's the storyline? Who stars in the movie? Why do you like it?**

A My favorite movie is *Mamma Mia*. The plot serves as a background for a wealth of ABBA songs. A young woman is about to be married and discovers that any one of three men could be her father. She invites all three to the wedding without telling her mother, Donna. Donna was once the lead singer of Donna and the Dynamos. Meryl Streep plays Donna and Amanda Seyfried plays her daughter, Sophie. This was a lighthearted and quite enjoyable movie of its own style. I love this movie for the trio of older women characters; they were all so funny.

09 당신이 가장 좋아하는 영화에 대해 말해주세요. 그것은 무엇이고 스토리는 어떻습니까? 누가 출연하나요? 왜 좋아하나요?

A 제가 좋아하는 영화는 〈맘마미아〉입니다. 이야기는 풍부한 ABBA 노래를 배경으로 펼쳐집니다. 젊은 여자가 결혼을 앞두고 세 남자 중 한 명이 아버지일지 모른다는 사실을 알게 됩니다. 그녀는 어머니 도나에게 말하지 않은 채 세 명을 모두 결혼식에 초대합니다. 도나는 한때 도나와 다이나모스의 리드 싱어였습니다. 메릴 스트립은 도나를 연기하고 아만다 사이프리드는 그녀의 딸인 소피를 연기합니다. 이 영화는 밝고 꽤 흥겨운 고유한 스타일을 보여줍니다. 저는 중년의 세 여성 캐릭터 때문에 이 영화가 좋습니다. 그들은 매우 재미있습니다.

10 Who is your favorite movie star or character from any movie or TV show? Why do you like him or her? Please describe him or her in detail.

A My favorite movie star is Song Kangho. Song is one of Korea's leading actors. I heard that he never professionally trained as an actor. He was cast in several supporting roles before his high-profile appearance in the blockbuster thriller *Shiri*. Song became a star with his first leading role in *The Foul King*. Song also starred in *Sympathy for Mr. Vengeance*. It was directed by Park Chanwook and described a father's pursuit of his daughter's kidnappers. The following year he played a leading role as an incompetent rural detective in *Memories of Murder*. He doesn't disappoint us.

11 Tell me about holidays in your country. What kinds of holidays are there? Which holiday is the biggest? What do people do on that day? Is there any special food for the day?

A I will explain two traditional holidays: New Year's Day and Chuseok. New Year's Day, on the 1st of January, is a very important day. On the day of Lunar New Year, we receive money after traditionally greeting our parents or elders. Our household hosts ancestral rites because my father is the eldest son. This is done only at memorial rites for the dead. Chuseok is like Thanksgiving Day in the United States. One similarity between Chuseok and Thanksgiving is giving thanks for the harvest. Families visit tombs to pay their respects to ancestors on the occasion of Chuseok. Songpyun is the special food that Koreans eat on Chuseok, Korea's Thanksgiving Day.

10 좋아하는 영화 배우나 영화 또는 TV 프로그램에 나오는 가장 좋아하는 인물은 누구인가요? 그 특정 배우를 좋아하는 이유는 무엇입니까? 그/그녀에 대해 자세히 설명해주세요.

A 제가 가장 좋아하는 영화배우는 송강호입니다. 송강호는 한국을 내표하는 배우 중의 한 명입니다. 그는 배우로 전문적인 훈련을 받은 적이 없다고 들었습니다. 그는 블록버스터 스릴러 〈쉬리〉에서 두각을 나타내기 전까지 여러 가지 조연을 맡아왔습니다. 송강호는 〈반칙왕〉에서 처음으로 주연을 맡았습니다. 송강호는 또한 〈복수는 나의 것〉에 출연했습니다. 그것은 박찬욱이 감독했고 납치된 딸을 추적하는 아버지를 그렸습니다. 다음 해에 그는 〈살인의 추억〉에서 무능한 시골 형사로 주연으로 출연했습니다. 그는 우리를 실망시키지 않습니다.

11 당신이 살고 있는 나라의 명절에 대해 말해주세요. 어떤 종류의 명절이 있나요? 가장 큰 명절은 무엇인가요? 사람들은 그날 무엇을 하나요? 그날에 먹는 특별한 음식이 있나요?

A 두 가지 명절에 대해 설명하겠습니다: 설날과 추석입니다. 1월 1일인 설날은 매우 중요한 날입니다. 음력 설날 우리는 전통적으로 부모님과 어른들께 세배를 드린 후에 세뱃돈을 받아요. 아버지가 장남이라 저희 집에서 제사를 모십니다. 그것은 죽은 사람을 위한 제사를 지낼 때에만 하는 행위입니다. 추석은 미국의 추수감사절과 같습니다. 한 가지 추석과 추수감사절의 유사점은 수확에 대한 감사입니다. 가족들은 추석 명절에 즈음하여 조상의 묘를 찾아 성묘를 합니다. 송편은 한국인들이 추석에 먹는 특별한 음식이에요.

12 Just pick one of the holidays, and describe it to me in detail. What activities do you usually do with your family during the holiday? Please tell me about all the activities from the beginning to the end.

A New Year's Day on the 1st of January is a very important day. Most importantly, I can start anew on New Year's Day! One of the first things to do to welcome in the New Year is to bow to one's ancestors in a ceremony called 'chesa.' I have to spend many hours preparing food. We feast on rice cake soup on New Year's Day. Rice cake soup is very delicious! I like New Year's Day because I can eat many delicious foods and get together with my relatives. On New Year's Day, many children wear Hanbok, the traditional dress of Korea. Grandma and Grandpa give words of blessing to the children.

13 Ask me three or four questions about holidays in my country.

A I'd like to know about holidays in your country. What kind of holidays are there? Which holiday is the biggest? What do people do on that day? Oh, we have a holiday similar to yours in my country. What do you do with your family on that day? Is there any special food for the day? That's very interesting. Have you had some memorable experience on the holiday? Then, what did you do?

---

12 명절을 하나 골라서 자세히 설명해주세요. 명절에 가족들과 함께 주로 어떤 활동을 하나요? 명절에 하는 모든 활동들을 처음부터 끝까지 이야기해주세요.

A 1월 1일인 설날은 매우 중요한 날입니다. 무엇보다도 설날에는 새 출발을 할 수 있잖아요! 설날을 맞이하기 위해 하는 가장 첫 번째 일 중의 하나는 제사라고 불리는 의식에서 조상들에게 절을 하는 것입니다. 음식 장만하는 데 많은 시간을 보내야 합니다. 저희는 설날에 떡국을 끓여 먹습니다. 떡국은 매우 맛이 있습니다! 저는 맛있는 음식을 많이 먹을 수 있고, 친척들을 만날 수 있어서 설날이 좋습니다. 설날에, 많은 어린이들은 한국의 전통 옷인, 한복을 입습니다. 할머니와 할아버지께서는 아이들에게 덕담을 해주십니다.

13 우리 나라의 명절에 대해 3~4가지 질문을 해보세요.

A 당신이 살고 있는 나라의 명절에 대해 알고 싶습니다. 어떤 종류의 명절이 있나요? 가장 큰 명절은 무엇인가요? 사람들은 그날 무엇을 하나요? 아, 우리 나라에도 그런 비슷한 명절이 있어요. 당신은 그날 가족들과 무엇을 하나요? 그날에 먹는 특별한 음식이 있나요? 매우 흥미롭군요. 명절에 있었던 기억에 남는 경험이 있나요? 그렇다면 무엇을 했나요?

14 Describe the furniture in your house. What are they? What do they look like? Tell me in as much detail as possible.

A We don't have much furniture in the house. We have a desk, chair, and bookshelf in the study, a bed and a desk and chair in the bedroom, and a couch in the living room. Whenever our family eats, we always eat at the big table, which has eight chairs. The table holds a lot of food, and there is enough space around the table where seven or eight of us can sit comfortably. The desk in the bedroom has a glass top. And the chair that it's with is really nice. It is not an expensive chair, which is kind of strange, because it's really comfortable.

14 집에 있는 가구에 대해 묘사해주세요. 무엇이 있습니까? 어떻게 생겼습니까? 가구들에 대해 자세히 얘기해주세요.

A 우리 집에는 가구가 많이 없습니다. 서재에는 책상과 의자 그리고 책장이, 침실에는 침대와 책상과 의자가, 거실에는 소파가 있습니다. 저희 가족은 식사를 할 때면 언제나 여덟 개의 의자가 있는 큰 식탁에서 먹습니다. 음식도 많이 놓을 수 있고 식탁에 우리 일곱, 여덟 명이 편하게 앉을 수 있을 정도로 충분한 공간이 있습니다. 침실에 있는 책상에는 위에 유리가 있습니다. 그리고 그 책상과 같이 있는 의자는 정말 멋집니다. 이 의자는 비싼 의자는 아닌데 이상하게도 매우 편안합니다.

15 Identify your favorite piece of furniture in your house. What is it and why do you like that particular piece?

A I love the couch in the living room. It's long and orange and really great to sit in and sleep on. I bought this couch real cheap at a furniture store in Ahyundong. It's not very good quality, but it's okay. When my friends come over, they very often go to sleep on that couch. It is not an expensive couch, which is kind of strange, because it's really comfortable.

15 집에서 가장 좋아하는 가구를 말해보세요. 가장 좋아하는 가구는 무엇이고 왜 그 가구를 좋아합니까?

A 저는 거실에 있는 소파를 정말 좋아합니다. 소파는 길고 오렌지 색인데 자거나 앉아 있기 정말 좋습니다. 저는 아현동에 있는 가구점에서 이 소파를 싸게 구입했습니다. 질이 좋지는 않지만 괜찮은 편입니다. 친구들이 오면 자주 그 소파에서 잡니다. 비싼 제품은 아닌데 이상하게도 매우 편안합니다.

Actual Test

02

Listen 질문 미리듣기

다음 질문을 듣고 질문의 핵심 내용을 적어보세요.

01 *Key Word*

02 *Key Word*

03 *Key Word*

04 *Key Word*

05 *Key Word*

06 *Key Word*

07 *Key Word*

08 *Key Word*

09 *Key Word*

10 *Key Word*

11 *Key Word*

12 *Key Word*

13 *Key Word*

14 *Key Word*

15 *Key Word*

Listen & *Check* 질문 확인하기

01 Can you tell me about yourself?

02 Tell me what you normally do at a bank. What steps are required in order to open a savings account? What particular procedures do you need to follow? Please tell me the procedures in detail.

03 What steps are required in order to take out a mortgage? What particular procedures do you need to follow? Please tell me the procedures in detail.

04 Tell me about the last experience you had at a bank. Tell me when it was and who you went with and everything that happened at the bank that day.

05 What chores do you have to do at home? What responsibilities do you have?

06 I'm curious about your neighborhood. Where do you live? How long have you lived there? Please tell me as much information about it as you can.

07 Can you recall a memorable event that happened in the area where you live? Tell me as many details about that event from start to finish in particular the elements that made the event so memorable.

08 You indicated in the survey that you like to play baseball. I'd like to know about the rules of baseball games. Please tell me about baseball and explain the rules in detail.

---

01 자기 소개

돌발 주제(은행)
02 은행 업무
　－ 통장 만드는 과정
03 은행 업무
　－ 대출 받는 방법
04 은행 경험

가정과 이웃
05 가정에서의 책임
　－ 가족과 거주
06 사는 동네
07 동네에서 생긴 일

스포츠(야구)
08 야구 규칙

---

09 You indicated in the survey that you like to play baseball. I'd like to know where you usually play baseball. Describe that place in as much detail as possible.

10 Have you had any memorable experience when playing baseball? If so, start by telling me when it was and where you were playing. Then tell me all of the things that made the experience so memorable to you.

11 You indicated that you like to watch movies. What kind of movies do you like to watch? Tell me about your favorite movie genre in detail.

12 Tell me in detail about the last movie you watched. What was the genre of the movie? Who was in the movie? Did you like the movie?

13 Tell me about a place you especially like to go to to eat out. Who do you usually go with? Tell me what you normally eat there.

14 Please tell me about your most memorable experience when you went to a restaurant. What happened? Why was it so memorable to you?

15 Pretend that you want to get some information before you buy some kitchen supplies for your restaurant. Call the shop and ask some questions to get information about the products you want to buy.

09 야구장 시설 묘사
10 야구 경험

여가 활동(영화 보기)
11 좋아하는 영화 장르
　 – 액션/SF
12 최근에 본 영화

돌발 주제(식당)
13 좋아하는 식당
14 식당에서의 경험
15 식당 물품 구입 전화
　 – 롤플레이

Model *Answer* 02회

답변 전략

역시 학생이나 직장인 어떤 신분이든 공통으로 활용할 수 있는 답변이다. 기본 주제 항목인 이웃/동네 관련 문제와 가장 많이 선호하는 문제 항목인 스포츠 분야의 야구, 여가 활동 분야의 영화 관람이 배치되어 있다. 이들은 수험자들이 가장 기본적으로 준비해야 하는 문제/답변이라 할 수 있다. 또한 돌발 주제로 식당 관련 문제가 배치되어 있는데, 이는 취미/관심사 분야 중에 요리와 관련이 깊으므로 연계해서 답변을 준비할 수 있는 문제이기도 하다. (ex. 좋아하는 요리, 삼겹살 ↔ 자주 가는 식당 삽겹살집) 따라서 필수적으로 대비해야 하는 주제 영역에서 크게 벗어나지 않는 문제 구성이라고 할 수 있다.

---

01 Can you tell me about yourself?

A My family consists of my father, my mother, my brother, and me. I'm the eldest son. My father is an office worker. He always gives me good advice. When I have trouble I usually talk to him and ask for some advice. My mother is a house wife. She's very sweet and also an excellent cook. My favorite food is bulgogi, one of the foods that my mother cooked for my family. Actually, I like all kinds of meat, especially marinated ones. And my brother is a college student. He is a junior. He is getting busy preparing for jobs. He wants to work for a financial company. I get along with him well. I love them so much.

01 자신에 대해 말씀해주시겠어요?

A 저희 가족은 아버지와 어머니, 남동생 그리고 저입니다. 저는 장남입니다. 아버님은 일반 사무 직원이십니다. 그는 언제나 제게 조언을 해주십니다. 문제가 생기면 보통의 경우 저는 아버님께 상의를 드리고 조언을 구합니다. 어머니는 전업주부이십니다. 매우 다정다감하시며, 훌륭한 요리사이십니다. 제가 가장 좋아하는 음식은 불고기입니다. 어머니가 저희 가족을 위해 요리해주셨던 음식 중 하나죠. 실은 저는 고기류는 다 좋아해요. 특별히, 양념에 절인 고기류는요. 또한, 제 남동생은 대학생입니다. 3학년이죠. 그는 취업 준비로 바쁩니다. 그는 금융회사에서 일하고 싶어 합니다. 저랑은 사이가 매우 좋아요. 저는 가족을 무척 사랑합니다.

02 Tell me what you normally do at a bank. What steps are required in order to open a savings account? What particular procedures do you need to follow? Please tell me the procedures in detail.

A At a bank, you can make quick transactions by using the bank's ATM or seeing the teller. But you have to open a bank account first so that you can make these transactions. When you want to open a savings account, you need to get service from tellers. At a bank, you take a number and wait. When it's your turn, you go to the teller and you fill out the form and then she collects your identification and form. You should create your user ID and password to access your account online. After that, you can make a deposit, make a withdrawal, write personal checks on the account, or use the ATM card with it. When you use the ATM at a bank, it can be a lot quicker to make a transaction than doing it with a teller.

03 What steps are required in order to take out a mortgage? What particular procedures do you need to follow? Please tell me the procedures in detail.

A At a bank, I can make quick transactions by using the bank's ATM or seeing the teller. Of course, I can make them by using the phone banking or the Internet banking system through my smartphone these days. But when you want to take out a mortgage, you need to get service from tellers. You go to a bank with all the necessary documents and take a number and wait. When it's your turn, you go to the teller and you fill out the form and then she collects your identification and form. The teller checks your credit rating and other things and then she tells you the maximum mortgage you can get. Of course, you should check the current interest rate and the amount of mortgage. After you sign all the forms, the loan service is processed.

02 은행에 가면 주로 하는 일을 설명하세요. 예금 통장을 만들기 위해 어떤 절차가 요구되나요? 어떤 특정 절차를 따라야 하나요? 그 과정을 자세히 설명해주세요.

A 은행에서 ATM을 이용하거나 은행 직원을 통해 간단한 거래를 할 수 있습니다. 하지만 이런 거래를 하기 위해서는 먼저 은행 계정을 만들어야 합니다. 예금 통장을 만들 때는 은행원의 서비스를 받아야 합니다. 은행에서 번호표를 받고 기다립니다. 차례가 와서 직원에게 가면, 서류를 작성하고 직원이 신분증과 서류를 가지고 갑니다. 구좌에 온라인으로 접속하려면 온라인 사용자 ID와 암호를 만들어야 합니다. 그런 후에는 예금할 수도 있고 인출할 수도 있고 계좌를 가지고 개인 수표를 작성할 수도 있고 또는 ATM 카드를 사용할 수도 있습니다. 은행에 있는 현금자동인출기(ATM)를 이용하면 창구에서 하는 것보다 거래를 훨씬 빠르게 처리할 수 있습니다.

03 은행 대출을 받기 위해 어떤 절차가 요구되나요? 어떤 특정 절차를 따라야 하나요? 그 과정을 자세히 설명해주세요.

A 저는 은행에서 ATM을 이용하거나 은행 직원을 통해 간단한 거래를 할 수 있습니다. 물론 요즈음에는 스마트폰으로 폰뱅킹이나 인터넷 뱅킹 시스템을 이용해 거래를 할 수 있지요. 하지만 담보 대출을 받을 때는 은행원의 서비스를 받아야 합니다. 필요한 서류를 지참하고 은행에 가서 번호표를 받고 기다립니다. 차례가 와서 직원에게 가면, 서류를 작성하고 직원이 신분증과 서류를 가지고 갑니다. 은행원은 신용 등급과 기타 사항을 확인한 후 받을 수 있는 최대 대출 금액을 알려줍니다. 물론 현재 연이율과 대출 금액을 확인해야겠지요. 모든 서류에 사인을 끝내면 대출 업무가 완료됩니다.

04 Tell me about the last experience you had at a bank. Tell me when it was and who you went with and everything that happened at the bank that day.

A I went to the bank to open a savings account. The procedure was far more complicated than it needed to be. The teller asked me to show her my photo ID. I didn't have any ID including national registration card or driver's license. But she told me I had to come back with valid ID to fill out the application form. Fortunately, I found my passport in my briefcase. I filled out the form and brought it to her.

05 What chores do you have to do at home? What responsibilities do you have?

A My brother and I are supposed to help my parents with chores. My family members take turns doing the housework. We do housework including cleaning, cooking, and sweeping the floors. I help out with dishes and clean my room every week. My brother will scrub the bathroom and water the plants. In our neighborhood, we separate the trash before throwing it away. Food waste is to be thrown out separately. The garbage pickup is on Tuesdays. Separating the used paper is my brother's job.

04 은행에서 있었던 가장 최근의 경험에 대해 말해주세요. 언제 누구와 은행에 갔었는지 말해주시고, 그날 은행에서 있었던 일을 모두 말씀해주세요.

A 저는 통장을 개설하려고 은행에 갔습니다. (발급) 절차가 필요 이상으로 너무 복잡했습니다. 은행 직원은 그녀에게 사진이 있는 신분증을 보여달라고 저에게 요청했습니다. 저는 주민등록증이나 운전면허증을 포함해 신분증이 아무것도 없었습니다. 하지만 유효한 신분증을 다시 가지고 와야 신청서를 작성할 수 있다고 직원이 말해주었습니다. 다행히 저는 서류가방에서 여권을 찾아냈습니다. 저는 양식을 작성해 그녀에게 가져다주었습니다.

05 집에서 꼭 해야 하는 일들은 무엇입니까? 어떤 책임을 맡고 있나요?

A 저와 제 동생은 부모님을 도와 집안일을 해야 합니다. 우리 가족은 집안일을 돌아가면서 합니다. 우리는 청소하고 요리하고 바닥을 쓰는 것 같은 집안일을 합니다. 저는 설거지를 돕고 매주 제 방을 청소합니다. 제 동생은 욕실을 청소하고 화분에 물을 줍니다. 저희 동네에서는 쓰레기를 버리기 전에 분리 수거를 합니다. 음식물 쓰레기는 분리해서 버려야 합니다. 화요일마다 쓰레기 수거 차가 옵니다. 사용한 종이를 분리수거 하는 일은 제 동생이 맡아 하지요.

06 I'm curious about your neighborhood. Where do you live? How long have you lived there? Please tell me as much information about it as you can.

A I live in a duplex located in a commercial district. I live on the top floor of a triple-decker. This house is on the corner of a road that turns onto the main road. The main roads are especially crowded with cars during rush hours. A few apartment buildings are interspersed among the houses. Two years ago, we didn't have a bookstore in our neighborhood, so we had to go downtown to buy books. But when the new subway line was built through our neighborhood, a major business district developed. The local amenities became better than before, but this neighborhood is very crowded. So, I'm moving to a house on the outskirts of town.

06 당신의 동네에 대해 궁금합니다. 어디에 살고 있나요? 그곳에서 얼마나 오래 살았나요? 가능한 많은 정보를 얘기해주세요.

A 저는 상업 지구에 위치한 연립 주택에 살고 있습니다. 저는 3층집의 꼭대기 층에 살고 있습니다. 이 연립은 큰길로 이어지는 모퉁이에 있습니다. 큰 도로들은 출퇴근 시간에 특히나 더 차량으로 붐빕니다. 주택 사이에 아파트 건물 몇 채가 드문드문 있습니다. 2년 전에는 동네에 서점이 없어서 책 살 일이 있으면 시내로 나가야 했습니다. 그런데 우리 동네에 지하철이 생기면서 큰 상권이 형성되었습니다. 동네 편의시설은 전보다 좋아졌지만 동네가 너무 붐빕니다. 그래서 시내 외곽에 있는 집으로 이사할 거예요.

07 Can you recall a memorable event that happened in the area where you live? Tell me as many details about that event from start to finish in particular the elements that made the event so memorable.

A We moved here in 2002. We went through a house and decided to buy it. We were planning to repaper the walls, redo the floors, and repaint the cabinets in the kitchen. However, a water main burst, and the entire house was a mess. We found out that the drainpipe under the sink was leaking and needed repair. We had to replace the whole plumbing system. The plumber came to our house to plumb in the area. We updated the image of my house. We could paint, fix up, and rearrange the furniture. Our neighbors gave us a housewarming gift when we moved in.

07 당신이 사는 곳에서 생긴 잊지 못할 일을 기억합니까? 처음부터 끝까지 그 일에 대해, 특히 그 기억이 그토록 잊을 수 없게 된 요소에 대해 자세히 이야기해주세요.

A 우리는 2002년에 이곳으로 이사 왔습니다. 우리는 집안을 둘러보고 그 집을 매입하기로 결정했습니다. 우리는 도배도 새로 하고 마루도 새로 깔고 부엌 싱크대 색깔도 바꾸려고 했었죠. 그런데 수도관이 터져 온 집 안이 난리가 났었습니다. 개수대 아래 배수관이 새서 수리해야 한다는 것을 알게 되었습니다. 배관 전체를 다시 바꿔야 했습니다. 배관공이 집에 와서 그곳에 배관을 해주었습니다. 우리는 집안 분위기를 새롭게 했습니다. 페인트칠을 다시 하고 수리도 해서 가구를 다시 배치할 수 있었습니다. 우리가 이사 왔을 때 이웃 사람들이 집들이 선물을 주었습니다.

08 You indicated in the survey that you like to play baseball. I'd like to know about the rules of baseball games. Please tell me about baseball and explain the rules in detail.

A Baseball is played between two teams with nine players in the field on each team. In the infield, you have a first baseman, second baseman, shortstop, and third baseman. In the outfield, you have a right fielder, center fielder, and left fielder. The game is played in innings, and an inning is a period of time when each team gets a chance to bat. In baseball, the defense always has the ball — a fact that differentiates it from most other team sports. The pitcher throws the ball to a batter, and he tries to hit the ball so the opposing players can't get it and he can get on base. Once on base, the batter tries to run around the diamond and score at home plate. The teams switch every time the defending team gets three players of the batting team out. The winner is the team with the most runs after nine innings.

09 You indicated in the survey that you like to play baseball. I'd like to know where you usually play baseball. Describe that place in as much detail as possible.

A My friends and I play baseball in a recently built stadium. It was constructed for the past 4 years, and officially opened last year. The stadium is located right next to the subway station, so it's easy to get there. The stadium's outstanding feature is its roof that is shaped like a traditional Korean kite. It is part of a complex which includes parks and amusement rides, and the stadium itself houses a large cinema and discount shopping center. There is an infield and an outfield on the playing field. The stadium has the biggest field in the city and has seating space of great amplitude. Furthermore, its field is well maintained, so we often use the stadium.

08 설문조사에 야구를 좋아한다고 하셨습니다. 야구 경기의 규칙에 대해 알고 싶습니다. 야구와 그 규칙에 대해 자세히 설명해주세요.

A 야구는 각 팀 9명의 선수로 이루어진 두 팀 간의 경기입니다. 내야에는 1루수, 2루수, 유격수 그리고 3루수가 있습니다. 외야에는 우익수, 센터, 그리고 좌익수가 있습니다. 게임은 이닝으로 되어 있는데, 1이닝에는 각 팀이 타석에 설 수 있는 차례를 갖습니다. 야구에서 방어팀은 항상 공을 가지고 있는데, 대부분의 다른 팀 경기와 다른 점입니다. 투수가 타자에게 공을 던지고 타자는 공을 쳐서 상대방 선수가 공을 잡지 못하게 하고 베이스로 갈 수 있도록 합니다. 타자는 베이스에 가면 내야를 돌아 본루에서 득점합니다. 방어팀이 세 명의 타자를 아웃시킬 때마다 팀의 역할이 바뀝니다. 9이닝이 끝나고 가장 많은 점수를 낸 팀이 승리합니다.

09 설문조사에 야구를 좋아한다고 표시하셨는데, 주로 어디서 야구를 하는지, 그 장소에 대해 최대한 자세히 설명해주세요.

A 저와 친구들은 최근에 지은 야구장에서 경기를 합니다. 이곳은 지난 4년 동안 건축되었고, 작년에 공식 오픈되었습니다. 경기장은 지하철역 바로 옆에 위치해 있어서 접근성이 좋습니다. 이 경기장의 두드러진 특징은 한국의 전통 연처럼 생긴 지붕입니다. 이곳은 공원과 놀이시설이 포함되어 있는 복합시설이며 경기장 건물에 대형 영화관과 할인 쇼핑센터가 들어 있습니다. 경기장에는 내야와 외야가 있습니다. 그 경기장은 도시에서 가장 큰 필드를 가지고 있고, 거대한 규모의 좌석 공간이 있습니다. 더욱이 경기장의 필드가 잘 관리되어, 저희는 자주 이 경기장을 이용합니다.

10 Have you had any memorable experience when playing baseball? If so, start by telling me when it was and where you were playing. Then tell me all of the things that made the experience so memorable to you.

A I played baseball for the first time when I was in high school. I was in awe of a famous baseball player at that time. My first year in high school, I tried out for the school baseball team. Students cheered the team on with drums beating and colors flying. I was very competitive in baseball; I wanted to win. The moment I swung the bat, I was hit by a ball right in my face. I received six stitches from the corner of my eye to the bridge of my nose. After all, we won, and then I was taken to the hospital. When I think of that time, it still hurts sometimes.

11 You indicated that you like to watch movies. What kind of movies do you like to watch? Tell me about your favorite movie genre in detail.

A I like to watch science fiction films and action films. The *Alien* and the *Star Wars* series are my favorites. Besides, I like all kinds of action series like *James Bond 007* and *Mission Impossible*. These movies offer us an experience we can never have in the real world and the special effects are so good they make the action on the screen look like it's really happening. I guess I like to watch movies that allow me to escape from real life. I can relax by laughing and watching some surprising action scenes. I suppose I see about a film a month. Whenever I am down, I go see an action movie and then I feel better after that.

10 야구를 한 기억에 남는 경험이 있었나요? 그렇다면 언제 어디서 했는지 말씀해주세요. 그리고 왜 잊을 수 없는지 그 이유도 말해주세요.

A 저는 고등학교 때 야구를 처음 시작했습니다. 저는 당시 유명한 야구 선수를 경외하고 있었죠. 고등학교 1학년 때에는 학교 야구팀 선발 심사에 참가했었습니다. 학생들은 북 치고 깃발을 휘날리며 우리를 응원했습니다. 저는 야구를 할 때 승부욕이 아주 강하여 이기기를 원했습니다. 방망이를 휘두르려는 순간 볼에 얼굴을 정통으로 맞았습니다. 눈가에서 코등까지 6바늘을 꿰맸습니다. 결국 우리는 이겼고 그리고 나서 저는 병원으로 이송되었습니다. 그때를 생각하면 지금도 때로는 아픕니다.

11 영화 보는 것을 좋아한다고 했습니다. 어떤 종류의 영화를 좋아합니까? 좋아하는 영화 장르에 대해 자세히 얘기해주세요.

A 저는 SF 영화와 액션 영화 보기를 좋아합니다. 〈에일리언〉와 〈스타워즈〉 시리즈는 제가 가장 좋아하는 영화들이에요. 그 외에 저는 〈제임스 본드 007〉과 〈미션 임파서블〉과 같은 모든 액션 시리즈를 좋아합니다. 그런 영화들은 우리가 현실에서는 할 수 없는 경험을 제공해주지만 특수효과를 사용하여 현실이라고 생각하게 만듭니다. 아마 저는 현실에서 벗어날 수 있게 해주는 영화를 좋아하는 것 같아요. 웃고 놀라운 액션 장면을 보면서 긴장이 풀리거든요. 한 달에 한 번쯤 영화를 본다고 생각합니다. 기분이 가라앉아 있을 때, 액션 영화를 보러 가는데, 보고 나면 기분이 나아집니다.

12 Tell me in detail about the last movie you watched. What was the genre of the movie? Who was in the movie? Did you like the movie?

A Not so long ago, I watched an action movie, *Iron Man*. The plot is pretty generic as there's nothing new about it. I know that Iron Man will not win that battle, and I know that he will continue to strive to win, but I still have a lot to root for him. In the beginning, I wonder "Will he be able to overcome these obstacles?" He escapes several life threatening situations. But, at the end of the movie, all the bad guys kick the bucket. Films like this can sometimes be really funny, while other times they can be bad.

13 Tell me about a place you especially like to go to to eat out. Who do you usually go with? Tell me what you normally eat there.

A My favorite restaurant is called Seoul Family Restaurant. We can enjoy the food on the outside patio there. So we can have dinner in a romantic atmosphere. We can enjoy a variety of Western dishes. Their service is good and we can feel free to refill salad or side dishes. In addition, we can be served the chef's special. The special thing is that they have a vegetarian alternative and a special meal for children. So, this restaurant is my favorite place to take my family.

12 최근에 본 영화에 대해 자세히 얘기해 주세요. 어떤 장르의 영화였습니까? 영화 출연자는 누구입니까? 영화는 좋았습니까?

A 얼마 전에는 액션 영화, 〈아이언맨〉을 보았어요. 줄거리는 새로울 것이 없는 상식적인 이야기입니다. 아이언맨이 그 전투에서 승리하지 못하고 승리하기 위해 계속 분투할 것임을 알지만 저는 여전히 그를 응원합니다. 처음에는 "그가 이 난관을 극복할 수 있을까?" 하는 의구심이 듭니다. 그는 몇 번이나 죽을 뻔한 위기를 넘깁니다. 그렇지만 영화 마지막에 악당들이 모두 죽습니다. 이와 같은 영화는 때로는 진짜 재미있는 영화가 될 수도 있는 반면 다른 때에는 나쁜 영화가 될 수 있습니다.

13 특별히 외식하러 가기 좋아하는 곳에 대해서 말씀해주세요. 보통 누구와 함께 가나요? 보통 그곳에서 무엇을 먹는지 말씀해주세요.

A 제가 가장 즐겨 찾는 음식점은 서울 패밀리 레스토랑이라는 곳입니다. 그곳에서는 옥외 테라스에서 음식을 먹을 수 있습니다. 그래서 로맨틱한 분위기에서 저녁식사를 할 수 있습니다. 다양한 서양 요리를 즐길 수 있습니다. 서비스가 좋아서 샐러드나 반찬을 부담 없이 더 시킬 수 있습니다. 또한, 주방장 특별 요리를 서비스 받을 수 있습니다. 채식주의자가 선택할 수 있는 음식과 아이들을 위한 특별 음식이 있다는 점이 특별합니다. 그래서 이 식당은 제가 가족을 데리고 가는 가장 좋아하는 장소입니다.

14 Please tell me about your most memorable experience when you went to a restaurant. What happened? Why was it so memorable to you?

A I spent the evening with my old school friends at the restaurant called "Seoul Samgyeopsal," which I often go to. We roasted pork belly over a hot grill right at the table. We began drinking in the evening and did not stop until early next morning. All of us were under the table by midnight. One of my friends, Joonil, kept on saying the same thing ass-backwards and that made me crazy. I was intoxicated and acted very aggressive, so I had an argument with him there. It was not too serious a situation, but I was very sorry for the restaurant owner.

15 Pretend that you want to get some information before you buy some kitchen supplies for your restaurant. Call the shop and ask some questions to get information about the products you want to buy.

A Hi, is this Alice Store? I'm planning to open a new Italian restaurant next month. I heard you have new commercial ovens for my store and I'm wondering if you can tell me about the products you have. Oh, you have the Viking's combination oven which combines a convection oven with a steamer. Are the customers satisfied with its performance and versatility? Are you offering a free trial for their products? Can I test it out before making a purchase decision? That sounds good. Do you believe it actually helps to shorten cooking time? My restaurant will be busy during the lunch hour, so I really need a good one. Thank you for your help.

14 식당에 갔을 때 일어난 가장 기억에 남는 일을 이야기해주세요. 어떤 일이었나요? 왜 기억에 남나요?

A 저는 제가 자주 가는 식당 '서울 삼겹살'에서 옛 동창들과 그날 저녁 시간을 보냈습니다. 우리들은 테이블에 앉아 삼겹살을 불판에 바로 구워 먹었죠. 우리는 저녁에 술을 마시기 시작했고 다음 날 이른 아침까지도 술자리를 끝내지 않았습니다. 자정 무렵이 되자 다들 술에 취해 뻗어버렸습니다. 제 친구 중 한 명인 준일은 술에 취하여 계속해서 같은 말을 했기 때문에 저는 짜증이 났습니다. 저는 식당에서 술에 취해 매우 공격적으로 행동했고 그와 말다툼을 했습니다. 그렇게 심각한 상황은 아니었지만 식당 주인에게 정말 미안했습니다.

15 당신의 식당을 위한 주방용품을 사려고 한다고 가정해보세요. 그 가게에 전화를 걸어 사려고 하는 제품에 관한 정보를 얻기 위한 몇 가지 질문을 하세요.

A 안녕하세요. 엘리스 스토어죠? 저는 다음 달에 이탈리안 식당을 새로 열 계획입니다. 저는 당신이 우리 가게에 적당한 새 업소용 오븐을 가지고 있다고 들었습니다. 그래서 그 가게에 있는 제품에 대해서 말해줄 수 있는지 궁금합니다. 아, 바이킹 사에서 나온 전기 오븐과 증류기가 함께 결합된 종합 오븐을 가지고 계시는군요. 고객들은 그것의 성능과 다기능에 만족해하나요? 무료 체험을 제공하시나요? 구매를 결정하기 전에 테스트를 해볼 수 있나요? 그거 좋네요. 이게 정말로 조리 시간을 단축시키는 데 도움이 된다고 생각하세요? 저희 식당은 점심시간에 매우 바쁠 거라서 정말 좋은 것이 필요해요. 도움 주셔서 감사합니다.

Actual Test
03

실전 모의고사 03회 미리보기

● 인물 설정: 대학생/직장인 공통

● 배경 설문조사 체크

거주지: 가족과 함께 개인 주택이나 아파트에 거주

여가 활동: 영화 보기, 공연 보기, 공원 가기

취미나 관심사: 음악 감상하기, 악기 연주하기, 요리하기

스포츠: 자전거, 조깅, 걷기

휴가나 출장: 집에서 보내는 휴가, 국내 여행, 해외 여행

01 *Key Word*

02 *Key Word*

03 *Key Word*

04 *Key Word*

05 *Key Word*

06 *Key Word*

07 *Key Word*

08 *Key Word*

09 *Key Word*

10 *Key Word*

11 *Key Word*

12 *Key Word*

13 *Key Word*

14 *Key Word*

15 *Key Word*

Listen & Check 질문 확인하기 

다시 한번 들으며 질문 내용을 확인하고, 콤보 문제가 어떻게 구성되는지 살펴보세요.   Test 03_Q01~15

01 Can you tell me about yourself?

02 Just pick one of the holidays, and describe it to me in detail. What activities do you usually do with your family during the holiday? Please tell me about all the activities from the beginning to the end.

03 Tell me in detail about the last holiday that you had. Tell me when it was, who you were with, and everything that happened on that holiday.

04 Tell me about one of the most memorable holidays that you've had. Also tell me why it was so memorable to you.

05 You indicated in the survey that you like to listen to music. What kind of music do you like and when do you usually listen to it? Where do you get your music? Give as many details as you can.

06 What kind of musical devices do you use when you listen to music? When and where do you listen to music using them?

07 Please tell me about when you usually listen to music and how you listen to music. Do you buy CDs or download them?

08 You indicated in the survey that you stay at home while on vacation. Who are the people you like to see and spend time with on your vacation? What do you usually do?

---

01 자기 소개

돌발 주제(명절)
02 명절 중 하나 – 추석
03 명절 과거 경험
04 명절 과거 경험

취미/관심사(음악 감상)
05 음악 감상 단순 설명
06 음악 기기 단순 설명
07 음악을 다운 받는 사이트에 대한 설명

휴가/출장
08 집에서 보내는 휴가 일반

09 Tell me about a special experience while you were staying home during a vacation. What happened? Please describe it in detail.

10 I'd like to know about the last vacation that you stayed at home. Please explain in detail about the things you did from the first day to the last day.

11 You indicated in the survey that you like to play soccer. I'd like to know where you usually play soccer. Describe that place in as much detail as possible.

12 I'd like to know about your favorite sport to play. Please tell me what it is and explain the rules in detail.

13 Upon arriving at the stadium, you discover that another group of people is already playing on the field. Call the Adminstration Department to explain the situation and then suggest some possible solutions to resolve this problem.

14 Please tell me about the identification card you have. What does it look like? When and where do you use it?

15 What steps are required in order to acquire an identification card? What particular procedures do you need to follow? Do you need other items such as a birth certificate, etc. in order to get the card?

답변 전략

역시 학생이나 직장인 어떤 신분이든 공통으로 활용할 수 있는 답변이다. 음악, 축구, 휴가 등 대표 항목을 비롯해, 신분증, 명절의 돌발 주제가 고루 분포되어 있다. 실제 시험에서는 어떤 문제들로 15문제가 배치되어 있는지 미리 정보를 주지 않는다. 따라서 설문조사에서 선택한 항목과 돌발 주제를 골고루 빠짐 없이 대비해야 한다는 것을 알 수 있다. 스포츠를 선택할 때 특히 주의가 필요하다. 잘하거나 배우기 시작한 스포츠가 하키나 수상스키 같은 특이한 종목이더라도 영어로 답변을 준비하기 손쉬운 축구나 야구와 같은 기본 종목을 선택하는 것이 답변 준비에 유리하다. 3회 답변 구성도 필수 주제/문제들 위주로 되어 있으므로 훈련북을 통해 답변을 잘 암기해두는 것이 좋다.

---

01 Can you tell me about yourself?

A My name is Kim Suhyun. I'm thirty years old. I am a good sportsman and really enjoy trying new sports. I was born in Seoul and grew up here. Seoul is my hometown now and my life here is so comfortable that I am very satisfied. I like to dance, so on the weekend, I usually go to a club to enjoy live music. I also like soccer and belong to a local soccer team. My friends and I sometimes watch soccer games on TV.

01 자신에 대해 말씀해주시겠어요?

A 제 이름은 김수현입니다. 저는 서른 살이고요. 저는 만능 스포츠맨이고 새로운 운동을 시도해보는 것을 정말 즐깁니다. 저는 서울에서 태어나 자랐습니다. 서울은 제 고향이고 이곳에서의 생활은 매우 편해서 저는 만족합니다. 저는 춤추는 것을 좋아해서 주말에는 주로 라이브 음악을 즐기러 클럽에 갑니다. 저는 또한 축구를 좋아하고 지역 축구팀에 소속되어 있습니다. 제 친구들과 저는 가끔 텔레비전으로 축구 경기를 봅니다.

02 Just pick one of the holidays, and describe it to me in detail. What activities do you usually do with your family during the holiday? Please tell me about all the activities from the beginning to the end.

A In Korea, there are four traditional holidays: New Year's Day, Hansik, Dano, and Chuseok. Of them, Chuseok is like Thanksgiving Day in the United States. One similarity between Chuseok and Thanksgiving Day is giving thanks for the harvest. Chuseok in Korea, like Thanksgiving Day in America, is a time for families to get together. Chuseok is one of the traditional Korean moon festivals. On Chuseok, we have to spend many hours preparing food. Songpyeon is the special food that Koreans eat on Chuseok, Korea's Thanksgiving Day. Families visit tombs to pay their respects to ancestors on the occasion of Chuseok. We make a wish on the full moon and dance Gang-gang-sul-rae at night.

03 Tell me in detail about the last holiday that you had. Tell me when it was, who you were with, and everything that happened on that holiday.

A Chuseok is one of the traditional Korean moon festivals. When I was young, Chuseok was a very important day for my family. Last year, families visited tombs to pay their respects to ancestors on the occasion of Chuseok. I liked Chuseok because I could get together with my relatives and had a lot of things to do with them. Last Chuseok, my cousins and I had an eating songpyun contest and I was the winner. Songpyun is the special food that Koreans eat on Chuseok, Korea's Thanksgiving Day. At night, we made a wish on the full moon. We also went outside and danced Gang-gang-sul-rae. That was the most recent experience of Chuseok.

02 명절을 하나 골라서 자세히 설명해주세요. 명절에 가족들과 함께 주로 어떤 활동을 하나요? 명절에 하는 모든 활동들을 처음부터 끝까지 이야기해주세요.

A 한국에는 4개의 명절이 있습니다: 설날, 한식, 단오 그리고 추석입니다. 그 중에서 추석은 미국의 추수감사절과 같습니다. 한 가지 추석과 추수감사절의 유사점은 수확에 대한 감사입니다. 미국의 추수감사절과 마찬가지로, 한국의 추석 역시 가족들이 모두 한자리에 모이는 명절입니다. 추석은 한국의 전통적인 달맞이 명절 중의 하나입니다. 추석에, 우리는 음식을 장만하는 데 많은 시간을 보내야 합니다. 송편은 한국인들이 추석에 먹는 특별한 음식이에요. 가족들은 추석 명절에 즈음하여 조상의 묘를 찾아 성묘를 합니다. 밤에는 보름달에 소원을 빌고 강강술래 춤을 춥니다.

03 가장 최근에 있었던 명절 경험에 대해 자세히 말해주세요. 언제였고, 누구와 함께 있었는지, 그리고 그날 무슨 일이 있었는지 모두 말해주세요.

A 추석은 한국의 전통적인 달맞이 명절 중의 하나입니다. 어렸을 때 추석은 저희 가족에게 매우 중요한 날이었습니다. 지난 해 가족들은 추석 명절에 즈음하여 조상의 묘를 찾아 성묘를 했습니다. 저는 친척들을 만날 수 있고 그들과 같이 할 일이 많아서 추석이 좋았습니다. 지난 추석에는 저와 사촌들이 송편 많이 먹기 게임을 했는데 제가 이겼어요. 송편은 한국인들이 추석에 먹는 특별한 음식이에요. 밤에, 우리는 보름달에 소원을 빌었습니다. 밖에 나가서 강강술래 춤을 추기도 했습니다. 그것이 추석에 대한 가장 최근 경험이었습니다.

04 Tell me about one of the most memorable holidays that you've had. Also tell me why it was so memorable to you.

A The most memorable experience I have is spending time with my cousins when I was ten years old. My cousins, whose father was my father's older brother, lived on Jeju Island and my family lived in Seoul. So we only could see each other once a year on New Year's Day. We planned to tour the zoo in Seoul. Unfortunately, it snowed a lot on that day, so our parents didn't allow us to go out. To our terrible disappointment, we made a scene by crying and asking our parents to take us there, but it was useless. Instead, my mother made us delicious food and taught us the rules of a board game. Forgetting the zoo, we fell into the game in a short time. At the end of the day, we ate a lot of food and played the whole day, so no one complained. That day was too good to be true for us little kids.

05 You indicated in the survey that you like to listen to music. What kind of music do you like and when do you usually listen to it? Where do you get your music? Give as many details as you can.

A Listening to music is my favorite spare time activity. I enjoy radio programs which play music all day. To release stress, I play loud music at home. When I am totally worn out after a long hard day, it works for me. Sometimes, I pick some dance music, rock music, or hip-hop and play them with my desktop computer. My parents are always telling me to turn the speakers down. But because my ears ring when I listen to music with headphones on at full volume, it is vital to be alone in a private place without being disturbed. I like to listen to music with my smartphone on the move, and I have my headphones on because the headphones block out almost all outside noise.

04 인상 깊었던 명절에 대해서 이야기해 보세요. 그리고 왜 기억에 남는지 그 이유도 말해보세요.

A 제가 겪은 가장 기억에 남는 경험은 제가 10살 때 사촌과 보낸 것입니다. 큰아버지의 자녀들인 사촌들은 제주도에 살고 저희 가족은 서울에 살았습니다. 그래서 저희는 오직 일 년에 한 번 설날에만 서로 볼 수 있었습니다. 저희는 서울의 동물원에 갈 계획이었습니다. 불행하게도 그날 눈이 엄청나게 많이 와서 부모님들은 저희가 나가는 것을 허락하지 않으셨습니다. 너무 실망한 나머지 저희는 울고불고 난리를 치면서 데려가 달라고 졸랐습니다. 그러나 소용이 없었죠. 대신에 어머니가 맛있는 음식도 만들어주고 보드놀이를 가르쳐주셨습니다. 저희는 동물원 따위는 까맣게 잊고 금방 게임에 빠져들었습니다. 결국 하루종일 신나게 먹고 놀아서 아무도 불평을 하지 않았습니다. 그날은 저희 꼬마들에게는 너무나 좋은 날이었습니다.

05 음악 감상하는 것을 좋아한다고 하셨습니다. 어떤 음악을 좋아하고 언제 음악을 듣나요? 그 음악들을 어디서 얻나요? 가능한 자세히 얘기해주세요.

A 음악 감상은 제가 가장 좋아하는 여가 활동입니다. 저는 하루 종일 음악을 틀어주는 라디오 방송을 즐겨 듣습니다. 저는 스트레스를 풀기 위해 집에서 음악을 크게 틀어 놓고 듣습니다. 힘든 하루를 보내서 완전히 지쳐버렸을 때 그것은 효과가 있습니다. 가끔은 댄스 음악이나 락, 힙합 등을 골라 컴퓨터로 틀어 놓습니다. 저희 부모님은 언제나 제게 스피커 볼륨을 줄이라고 말씀하십니다. 그렇지만 헤드폰을 끼고 음악을 크게 들으면 귀가 멍멍하기 때문에 혼자만의 장소에서 방해 받지 않는 것이 중요합니다. 저는 이동 중에 스마트폰으로 음악을 듣는 것을 좋아하는데, 헤드폰을 씁니다. 헤드폰을 끼면 바깥 소음이 거의 안 들리니까요.

06 What kind of musical devices do you use when you listen to music? When and where do you listen to music using them?

A When I listen to music, I use my smartphone because it is very convenient on the move. When I am at home, I like to listen to music using my computer. When I listen to these songs with the good audio system of my computer, it seems much better than without it. When I listen to music somewhere else, I usually listen to music on my smartphone with headphones. I like to listen to it this way while I am doing something because it helps me concentrate. My smartphone can hold more than 1,000 songs, and can store and play video as well as music. It is convenient.

07 Please tell me about when you usually listen to music and how you listen to music. Do you buy CDs or download them?

A When I am at home, I like to listen to music using my computer. I also listen to my smartphone, or sometimes I tune into the radio. I get my music online, usually by downloading it from one of the music sites. For unlimited downloads, it will cost 5,000 won a month for people who want to listen to music on their computers. Sometimes I get a streaming service from the music sites instead of downloading music. These are convenient and easy to use.

06 음악을 들을 때 어떤 종류의 기기를 사용하나요? 그것을 사용해 언제, 어디에서 음악을 듣나요?

A 저는 음악을 들을 때 스마트폰을 이용하는데, 이동 중에 매우 편리하기 때문입니다. 집에서 음악을 들을 때는 컴퓨터를 이용합니다. 제 컴퓨터의 좋은 오디오 시스템으로 이 노래들을 들으면 그렇지 않을 때보다 훨씬 좋습니다. 다른 데서 음악을 들을 때는 보통 스마트폰과 헤드폰을 쓰고 음악을 듣습니다. 저는 무언가 할 때 이런 식으로 음악 듣는 것을 좋아하는데, 집중하는 데 도움이 되기 때문입니다. 스마트폰에는 1천 곡 이상의 노래를 담을 수 있고, 음악뿐만 아니라 영상도 저장, 재생할 수 있습니다. 이것은 편리합니다.

07 주로 언제 음악을 듣고 어떻게 음악을 듣는지 말씀해주세요. CD를 사나요, 아니면 다운로드를 받나요?

A 저는 집에서 음악을 들을 때는 컴퓨터를 이용하는 걸 좋아합니다. 또한 스마트폰으로 듣거나 가끔은 라디오를 청취하기도 합니다. 온라인에서 음악을 받을 때는 주로 음악 사이트 중 한 곳에서 다운 받습니다. 무제한 서비스를 이용하면 한 달에 5,000원을 내고 원하는 음악을 컴퓨터로 다운로드 받을 수 있습니다. 저는 음악을 다운로드 받는 대신 음악 사이트에서 스트리밍 서비스를 받기도 합니다. 이것들은 편리하고 이용이 쉽습니다.

08 You indicated in the survey that you stay at home while on vacation. Who are the people you like to see and spend time with on your vacation? What do you usually do?

A When I have vacation time, I really like to stay home. I usually hang out with my family. We don't do anything special. During my vacation, a typical day for me is very lazy. I get up late in the morning, usually around 10 a.m. Then I make breakfast. We usually eat at home, but sometimes we go to a restaurant. Sometimes, I go to the bookstore and look for books for me. Once in a while, I call some friends and invite them out for a drink. I have a snack, and I watch TV until I go to bed.

09 Tell me about a special experience while you were staying home during a vacation. What happened? Please describe it in detail.

A During my last vacation, our family had a very special experience. My uncle who lived in New York visited in Seoul on business. And he called us and said he wanted to come over. Within 20 minutes, he was standing in the doorway, his arms full of presents. My uncle looked good. He hadn't changed much, but he looked tired. It was really good to see him. He always told such funny stories, and made us all laugh. He left that night, and was back in the States a couple of days later. I miss him sometimes, and wish I could see him more often.

08 당신은 설문조사에서 휴가를 집에서 보낸다고 하셨습니다. 휴가 때 만나거나 시간을 같이 보내고 싶은 사람은 누구인가요? 주로 무엇을 하나요?

A 휴가 때 저는 정말 집에 있는 것을 좋아합니다. 저는 보통 가족들과 시간을 보냅니다. 우리는 특별한 것을 하지는 않습니다. 휴가 동안 저의 전형적인 하루는 매우 게으릅니다. 아침에 보통 늦게, 10시 정도에 일어납니다. 그리고는 아침을 준비합니다. 우리는 보통 집에서 밥을 먹지만 가끔은 식당에 갑니다. 가끔은 서점에 가서 책을 찾습니다. 때로는 친구 몇몇에게 전화를 걸어 술 마시러 나오라고 할 때도 있습니다. 간식을 먹고 잠자리에 들 때까지 텔레비전을 봅니다.

09 집에서 휴가를 보내는 동안 생긴 특별한 경험에 대해 말해주세요. 무슨 일이 일어났나요? 자세히 설명해보세요.

A 지난번 휴가 동안 저희 가족은 매우 특별한 경험을 했습니다. 뉴욕에 거주하시는 삼촌께서 사업차 서울을 방문하셨습니다. 그리고 삼촌은 전화하셔서 저희를 방문하고 싶다고 하셨습니다. 그는 20분 후에 저희 집 앞에서 팔에 한 가득 선물을 들고 계셨습니다. 삼촌께서는 좋아 보이셨습니다. 그렇게 늙지는 않으셨는데 피곤해 보이셨습니다. 삼촌을 봬서 너무 좋았습니다. 삼촌께서는 계속 재밌는 얘기를 해주셨고 저희를 웃게 하셨습니다. 그날 저녁 떠나셨고 이틀 후 미국으로 돌아가셨습니다. 가끔 삼촌이 그립고 더 자주 뵐 수 있으면 좋겠습니다.

10 I'd like to know about the last vacation that you stayed at home. Please explain in detail about the things you did from the first day to the last day.

A I did little errands during my last vacation. For the first week of vacation, I stayed home most of the time. I went to the grocery store on Monday. On Tuesday, I went to the post office to mail a letter. Next day, I went to the E-mart to buy some clothes for my cousin. I met a friend and we had beers after his work. On Saturday, we went to my friend's house and hung out with the friend's family. On Sunday, the last day, I went to church, and had dinner at a samgyeopsal restaurant.

10 당신이 집에서 보낸 최근의 휴가에 대해 알고 싶습니다. 첫째 날부터 마지막 날까지 한 일에 대해 자세히 설명해주세요.

A 지는 최근 휴가 때 시소한 볼일을 봤습니다. 첫 주에는 거의 대부분 집에 있었습니다. 월요일에는 슈퍼에 가고, 화요일에는 편지를 붙이러 우체국에 갔습니다. 다음 날 저희 사촌에게 줄 옷을 사러 이마트에 갔습니다. 친구가 퇴근한 후 같이 맥주를 마셨습니다. 토요일에는 친구 집에 가서 친구네 가족과 함께 어울렸습니다. 일요일 마지막 날에는 교회에 가고, 저녁엔 삼겹살 식당에 가서 저녁을 먹었습니다.

11 You indicated in the survey that you like to play soccer. I'd like to know where you usually play soccer. Describe that place in as much detail as possible.

A I go to play soccer in the stadium near my house about three times a week. The stadium has freshened up its looks with the recent remodeling. It is clean and pleasant, so it is a good place to play soccer. The field is a large rectangle, and it is made of sand and grass. All the seats in the stadium are numbered. The stadium has seating space of great amplitude. The rectangular stadium is especially for soccer where the stadium has four distinct and very different stands on the four sides of the stadium. The soccer field in the stadium is well maintained, so I often use the field with my friends.

11 설문조사에 축구를 좋아한다고 표시하셨는데, 주로 어디서 축구를 하는지, 그 장소에 대해 최대한 자세히 설명해주세요.

A 저는 보통 일주일에 3번 정도 집 근처 경기장으로 축구를 하러 갑니다. 그 경기장은 최근 보수 공사를 통해 새단장을 했습니다. 깨끗하고 쾌적해서 축구를 하기에 좋은 장소입니다. 필드는 커다란 직사각형이고, 모래와 잔디로 만들어져 있습니다. 경기장에 있는 의자들에는 모두 번호가 붙어 있습니다. 그 경기장에는 거대한 규모의 좌석 공간이 있습니다. 이 사각형의 경기장은 주로 축구장용으로 경기장에는 사면에 4개의 독립된 자리가 있습니다. 그곳의 축구장은 관리가 잘 되어 있어서, 저는 친구들과 그곳을 자주 이용합니다.

12 I'd like to know about your favorite sport to play. Please tell me what it is and explain the rules in detail.

A I'd like to play soccer, so let me tell you about soccer's rules. Each team consists of a maximum of eleven players. There are a variety of positions. Goalkeepers are the only players allowed to play the ball with their hands or arms. A player can get a free kick out of the opposite team's foul. The player takes a free kick, while the opposition forms a "wall" to try to block the ball kick-off. A player of the attacking team can take a corner kick when the ball has wholly crossed the goal line without a goal having been scored and the goal has last been touched by a player of the defending team. A penalty kick is awarded to the attacking team after a foul within the penalty area by a member of the defending team. Only the goalkeeper is allowed to defend against it.

13 Upon arriving at the stadium, you discover that another group of people is already playing on the field. Call the Adminstration Department to explain the situation and then suggest some possible solutions to resolve this problem.

A Hello. This is Kim Suhyun. A week ago, I reserved the soccer field at your stadium on May 15th. We were supposed to use the field from 1 p.m. to 2 p.m. Unfortunately, another group of people is playing soccer there. We asked one of the staff to check our record but he said there's no record of my reservation. I wanted to talk with the one who I made the reservation with. I'm sure my reservation was cancelled by your mistake, so I think you should recommend another place we can play. Or if you can arrange a time for us to play, please tell me what you can do to help us.

12 운동하기 가장 좋아하는 종목에 대해 알고 싶습니다. 그 종목은 무엇이며, 그것의 규칙에 대해 자세히 설명해주세요.

A 저는 축구하기를 좋아하므로 축구 룰에 대해 설명하겠습니다. 각 팀은 최대 11명의 선수로 구성됩니다. 다양한 포지션이 있습니다. 골키퍼는 공을 손과 팔로 다룰 수 있는 유일한 선수입니다. 선수 한 명은 상대 팀의 반칙으로 프리킥을 얻을 수 있습니다. 상대 팀이 골킥을 막기 위한 '벽'을 만들었을 때 선수 한 명이 프리킥을 넣을 수 있습니다. 골을 완전히 골라인 밖으로 차냈는데, 득점 없이 수비팀 선수가 마지막으로 공을 터치한 것일 때 공격측 선수에게 코너킥이 주어집니다. 패털티 킥은 패널티 구역 안에서 수비팀 선수의 반칙이 있은 후 공격팀에 주어집니다. 골키퍼만이 방어할 수 있습니다.

13 당신이 경기장에 도착하자, 다른 사람들이 이미 축구장에서 축구를 하고 있는 것을 알게 됐습니다. 관리 담당부서에 전화해서 상황을 설명하고 그 다음에 이 문제를 해결하기 위한 가능한 해결책을 몇 가지 제시하세요.

A 여보세요. 김수현입니다. 제가 일주일 전에 경기장의 축구장을 5월 15일에 예약했습니다. 오후 1시에서 2시까지는 축구장을 사용하기로 되어 있었어요. 유감스럽게도 다른 사람들이 그곳에서 축구를 하고 있습니다. 직원 한 분에게 확인을 부탁했더니 그분이 저희 기록이 없다고 하십니다. 예약할 때 통화한 분과 이야기하고 싶습니다. 그쪽 실수로 예약이 취소되었다고 확신해요. 따라서 우리가 경기를 할 수 있는 다른 장소를 추천해주셔야 한다고 생각해요. 아니면 저희가 경기할 수 있도록 해주실 수 있다면 무엇을 도와주실 수 있는지 말씀해주세요.

14 Please tell me about the identification card you have. What does it look like? When and where do you use it?

A I have a resident identity card and a driver's license. Let me tell you about my driver's license. I can drive a car with my driver's license and it can be used as an ID card. My driver's license is a rectangle and it is made of hard plastic. My picture is on the left hand side and next to the picture is my personal information. At the top are the words "Driver's License" written in Korean. Under the words "Driver's License" is my driver's license number.

14 당신이 갖고 있는 신분증에 대해 말해 주세요. 어떻게 생겼나요? 그것을 언제, 어디서 사용하나요?

A 주민등록증과 운전면허증을 가지고 있습니다. 신분증 중에서 운신면허증에 대해 말씀 드리겠습니다. 면허증이 있어야 차를 운전할 수 있고 이것은 신분증 대용으로도 사용할 수 있습니다. 제 운전면허증은 네모 모양이고 딱딱한 플라스틱으로 만들어져 있습니다. 사진은 왼편에 있고 사진 옆에는 저의 개인 정보가 있습니다. 위에는 '운전면허증'이라고 한글로 적혀 있습니다. '운전면허증'이라는 단어 아래에는 운전면허증 번호가 적혀 있습니다.

15 What steps are required in order to acquire an identification card? What particular procedures do you need to follow? Do you need other items such as a birth certificate, etc. in order to get the card?

A You get your card made at the community center. This is how it's done. First, you need a picture and another piece of identification, like a birth certificate or passport. So you go to the community center and go to the registration office. You take a number and wait. When it's your turn, you go to the clerk, and she takes your fingerprints, and collects your picture and forms. An identification order is not processed immediately upon submission of application. The office will send you a card within two weeks. You can pick it up at the office or the office will mail it to your house.

15 신분증을 받기 위해 어떤 절차가 요구되나요? 어떤 특정 절차를 따라야 하나요? 신분증을 받기 위해 출생 증명서와 같은 다른 것들이 필요한가요?

A 신분증은 주민센터에서 발급 받습니다. 만드는 방법은 이렇습니다. 우선, 사진과 출생증명서나 여권과 같은 다른 신분증명서가 필요합니다. 그래서 주민센터로 가서 등록하는 사무실로 갑니다. 번호표를 받고 기다립니다. 차례가 와서 직원에게 가면 직원이 지문을 찍어가고 사진과 서류를 가지고 갑니다. 신분증 발급은 신청서를 제출하는 즉시 처리되지 않습니다. 2주 이내로 사무실에서 신분증을 발급해줍니다. 본인이 와서 가져가거나 자택으로 우편 송부하기도 합니다.

Actual Test
04

실전 모의고사 04회 미리보기

● 인물 설정: 대학생/직장인 공통

● 배경 설문조사 체크

거주지: 가족과 함께 개인 주택이나 아파트에 거주

여가 활동: 영화 보기, 공연 보기, 콘서트 보기, 공원 가기

취미나 관심사: 음악 감상하기, 요리하기, 사진 촬영하기

스포츠: 조깅, 걷기, 헬스

휴가나 출장: 국내 여행, 해외 여행

Listen 질문 미리듣기
Test 04_Q01~15
다음 질문을 듣고 질문의 핵심 내용을 적어보세요.

01 Key Word
02 Key Word
03 Key Word
04 Key Word
05 Key Word
06 Key Word
07 Key Word
08 Key Word
09 Key Word
10 Key Word
11 Key Word
12 Key Word
13 Key Word
14 Key Word
15 Key Word

01 Can you tell me about yourself?

01 자기 소개

02 Please describe one of your favorite trips overseas. Where did you go and where did you stay? Why was it so memorable?

03 Pretend that you want to reschedule your trip to Europe. Please call the travel agency and explain your situation and three or four things that you want to change.

04 Please describe some of the steps that you take and the things that you have to do from departure to arrival when you travel (abroad).

휴가/출장(해외 여행)
02 기억에 남는 해외 여행지
03 여행 일정 조정 전화
　　- 롤플레이
04 여행 가는 과정

05 You indicated that you cook. Please describe the kinds of dishes you like to cook and why you like cooking them.

06 Please tell me about the best dish you can cook and explain how you make it and the steps that you use to cook it.

07 Please tell me about an experience you had when something unexpected happened while cooking.

취미/관심사(요리하기)
05 좋아하는 요리 - 비빔밥
06 요리 과정 - 김치 볶음밥
07 기억에 남는 요리 경험

08 You indicated in the survey that you like lisetening to music. How has your taste in music changed throughout the years?

취미/관심사(음악 감상하기)
08 음악 취향 변화

09 Please tell me about your favorite singer. What kind of music does he or she sing? Why do you like him or her?

10 How and when did you first become interested in listening to music? How did music influence you? Tell me about it with a lot of details.

11 You indicated that you go to a gym to work out. What is the main purpose of going to a gym? When you go to a gym, what do you do? Please tell me everything you do there.

12 Please describe an experience when you went to a health club or to a gym that you remember clearly.

13 I also go to a gym to exercise. Ask me some questions about it.

14 Have you ever had a health problem? What caused your health to deteriorate? What were the symptoms of your illness? How did you overcome it? Please describe it in detail.

15 What do you do to keep yourself healthy? Tell me the things you do for your health in detail.

09 좋아하는 가수 – 외국
10 음악 관련 과거 경험

스포츠(헬스)
11 헬스 일반 활동/목적
12 헬스클럽 경험
13 헬스클럽 단순 질문
    – 롤플레이

돌발 주제(건강)
14 건강 관련 과거 경험
15 건강을 위한 활동 설명

답변 전략

역시 학생이나 직장인 어떤 신분이든 공통으로 활용할 수 있는 답변이다. 자기소개에서 전공과 관심 분야를 설명하면서 신분을 확실히 드러내지는 않았다. 주로 취미생활 위주로 자기소개를 한 후, 일반적으로 많이 선택하는 주제인 여행, 요리에 대한 답변이 포함되었다. 스포츠 항목으로는 헬스에 관련된 문제가 포함되었다. 배경 설문조사에서 12개의 항목을 선택해야 하므로 각 주제별로 골고루 선택할 수밖에 없지만 특별히 하는 스포츠가 없을 경우 헬스클럽을 선택하면 좋다. 헬스클럽의 경우 남녀노소 모두 선택하기 좋고 문장 표현도 평이해 답변을 외우는 데 부담이 없으므로 도전해보자.

---

01 Can you tell me about yourself?

A First of all, I majored in international trade. So above all, I have a great passion for the field of overseas marketing. My true strength lies in my good personality. I've been told that I'm a very optimistic and positive person. I always try to listen to others and respect their opinions. My favorite hobby is mountain biking. It's very helpful to remove stress. It makes me sweat a lot and burns a lot of calories. So it's good for health and staying in shape. In addition, I like travelling. Actually, I have a big plan which is, I will backpack in Europe by myself for my vacation. Especially, I want to see many beautiful structures designed by Gaudi, a famous Spanish architect.

01 자신에 대해 말씀해주시겠어요?

A 먼저, 저는 국제통상을 전공했고, 그래서 무엇보다도 저는 해외 마케팅 분야에 큰 열정이 있습니다. 저의 진정한 장점은 저의 좋은 성격에 있습니다. 예전부터, 매우 낙천적이고, 긍정적인 사람이라는 말을 많이 들었습니다. 저는 항상 남의 말에 귀를 기울이고 그 의견을 존중하려고 노력합니다. 제가 가장 좋아하는 취미는 산악자전거 타기입니다. 스트레스 해소에 매우 좋아요. 산악자전거 타기를 하면 땀을 많이 흘리게 되고 칼로리 소모도 많습니다. 그래서 건강에도 좋고 몸매 관리에도 도움이 되죠. 또한 여행도 좋아합니다. 사실 큰 계획이 있는데, 휴가 동안 혼자서 유럽 배낭 여행을 할 계획입니다. 특히 스페인의 유명한 건축가인 가우디의 아름다운 건축물을 보고 싶습니다.

02 Please describe one of your favorite trips overseas. Where did you go and where did you stay? Why was it so memorable?

A I went to Europe with a few friends of mine last summer. There are four World Heritage Sites in London including the Tower of London and the historic settlement of Greenwich. I absolutely loved visiting there. A day trip to Oxford from London is easy for overseas visitors. But there's so much to see and do in London that an overnight stay or a weekend break is even better. No London walk would be complete without some historic London pubs. We followed historic footsteps through the streets of London's East End. I had fun with my friends there.

03 Pretend that you want to reschedule your trip to Europe. Please call the travel agency and explain your situation and three or four things that you want to change.

A Hello. I'm calling to change my itinerary for a trip to Paris. I want to extend my stay because on my original return date, there will be a musical performance I am eager to see. Could you change the flight schedule and hotel reservations? And could you reschedule the taxi to take me to and from the hotel? Actually, now I think it will be better for me to rent a car at the airport. It will be easier for me to travel if I have my own vehicle. Then, would you reserve a car, not a taxi for me? Also, it would be appreciated if you help me get my ticket for the performance.

---

02 가장 좋았던 해외 여행 중 하나를 묘사해주세요. 어디에 갔으며, 어디에 머물렀나요? 왜 그렇게 기억에 남나요?

A 저는 작년 여름에 친구 몇 명과 유럽에 갔습니다. 런던에는 런던 타워, 그리니치 유적지를 포함해서, 네 곳의 세계 유산이 있습니다. 그곳을 방문해서 정말 좋았습니다. 런던에서 옥스포드로 하루 여행을 가는 것은 해외 관광객들에게 쉬운 일입니다. 하지만 밤을 보내거나 주말 휴식이 더 나은 런던에서는 보고 할 것이 아주 많이 있습니다. 역사적인 런던의 술집이 없으면 런던 여행은 완벽하다고 할 수 없습니다. 우리는 런던 동쪽 끝의 거리 도처에 역사적으로 유명한 발자취를 따라갔습니다. 그곳에서 친구들과 함께 즐거운 시간을 보냈습니다.

03 유럽 여행 일정을 조정한다고 가정해보세요. 여행사에 전화를 걸어 상황을 설명하고 변경하려는 내용에 대해 몇 가지 설명하세요.

A 안녕하세요. 파리 여행에 대한 제 일정을 바꾸기 위해 전화했습니다. 저는 좀 더 머무르고 싶습니다. 왜냐하면 제가 원래 돌아가려던 날에 제가 정말 보고 싶은 뮤지컬 공연을 하기 때문입니다. 비행 일정과 호텔 예약을 바꾸고 호텔에서 타고 다닐 택시도 다시 조정해주시겠어요? 사실, 제 생각에는 지금 공항에서 차를 빌리는 것이 더 낫다고 생각합니다. 차가 있다면 여행하기 더 편리할 테니까요. 그러면 택시 대신 차를 예약해주시겠어요? 공연을 위한 티켓 예매도 도와주시면 감사하겠습니다.

04 Please describe some of the steps that you take and the things that you have to do from departure to arrival when you travel (abroad).

A I prefer preparing for my trip by myself if I'm free. First, I plan my budget and make an itinerary. I read some travel guidebooks to search for information about my destination. After deciding where I will visit, I call the travel agent and ask what the cheapest way to travel there is. And then, I make a list of things to pack and I pack all the things that I need. Before I leave home, I also charge my cell phone and I double-check my luggage. At the airport, I check in for the flight and get a boarding pass on the day I travel. When I arrive at my destination, I take a taxi to the hotel and check in. I put my luggage in my room, and then I go to the hotel information center to see if I can get a map showing tourist spots. The main purpose of my trip is usually to visit the foremost tourist attractions and the famous restaurants there.

04 (해외) 여행을 갈 때 취하는 단계와 출발에서 도착까지 무엇을 해야 하는지 묘사하세요.

A 저는 바쁘지 않으면 제가 스스로 하는 것을 선호합니다. 먼저 예산을 계획하고 여행 일정표를 만듭니다. 여행지에 대한 정보를 찾기 위해 여행 안내책자를 읽어봅니다. 어디를 갈지 결정한 다음에는 여행사에 전화를 걸어 가장 싼 방법을 알아봅니다. 그리고 나서, 저는 싸야 할 것의 목록을 만들고, 필요한 모든 짐을 쌉니다. 집을 떠나기 전에 휴대전화도 충전하고, 짐을 다시 한 번 확인합니다. 출발하는 날 공항에서 체크인을 하고 탑승권을 받습니다. 목적지에 도착하면 택시를 타고 호텔에 가서 체크인을 합니다. 짐을 방에 놓고 관광지가 나와 있는 지도를 얻을 수 있는지 확인하러 호텔 안내 데스크에 갑니다. 여행의 주된 목적은 보통 그곳에 있는 주요 관광지와 맛집을 탐방하는 것입니다.

05 You indicated that you cook. Please describe the kinds of dishes you like to cook and why you like cooking them.

A I often read many cookbooks and study the unique recipes. But the best dish that I can make is bibimbab. It is not only easy to make, but delicious. Bibimbap is served as a bowl of warm white rice topped with seasoned vegetables and chili pepper paste. A raw or fried egg and sliced beef are common additions. The ingredients are stirred together thoroughly just before eating. I really enjoy the food.

05 요리를 한다고 하셨습니다. 만들기 좋아하는 요리의 종류와 함께 왜 그것을 만드는 것을 좋아하는지 그 이유도 말씀해주세요.

A 저는 자주 여러 가지 요리책을 찾아보고 독특한 요리법을 연구해봅니다. 그렇지만 제가 가장 잘 만들 수 있는 음식은 비빔밥입니다. 그것은 만들기 쉬울 뿐만 아니라 맛도 있습니다. 비빔밥은 따뜻한 흰밥에 양념이 된 야채와 고추장을 얹어 제공됩니다. 날계란이나 계란 프라이 그리고 저민 소고기가 보통 추가됩니다. 먹기 바로 전에 재료들을 섞습니다. 저는 그 음식을 정말 잘 먹습니다.

06 Please tell me about the best dish you can cook and explain how you make it and the steps that you use to cook it.

A My favorite food I really like to cook is kimchi fried rice. I buy ingredients including onions, potatoes, eggs, and mushrooms at a supermarket. Put kimchi in a frying pan with oil and saute for five minutes. Next, put other ingredients in the pan, and stir well. Then add steamed rice and continue to saute until the potatoes and kimchi are golden brown. Finally, transfer it to a plate and enjoy.

07 Please tell me about an experience you had when something unexpected happened while cooking.

A I wanted to cook a foreign dish for my family, so I was making a steak. I prepared all the ingredients and seasonings the day before. All I had to do was to put it on the stove. I put it on the gas stove. But I failed to get it off the stove in time. I overcooked the meat and it was dry. My mother said, "The decoration of this dish is great but the only thing it lacks is taste."

---

06 당신이 가장 잘 만들 수 있는 음식에 대해 말하고, 어떻게 만드는지 그리고 요리할 때의 단계를 설명해주세요.

A 제가 요리하기 가장 좋아하는 음식은 김치 볶음밥입니다. 저는 슈퍼비켓에서 양파, 감자, 계란, 버섯 등의 재료를 삽니다. 그 다음 기름을 누른 프라이팬에 김치를 넣고 5분간 볶으세요. 다음으로 다른 재료를 팬에 넣으세요. 그리고 잘 섞이게 저으세요. 그런 다음 밥을 넣고 감자와 김치가 갈색으로 변할 때까지 계속 볶아주세요. 마지막으로 그것을 접시에 담아서 먹으면 됩니다.

07 요리를 하다가 예기치 않게 겪은 경험에 대해 말해주세요.

A 저는 저희 가족을 위해 외국 음식을 만들고 싶어서 스테이크를 만들고 있었습니다. 하루 전에 모든 재료와 양념을 준비했습니다. 이제 가스레인지 위에 올리기만 하면 되었습니다. 저는 그것을 가스렌지에 올렸습니다. 그런데 저는 시간 맞춰 불고기를 스토브에서 꺼내지 못했습니다. 고기를 너무 오래 익혀서 말라버렸습니다. 어머니는 "이 음식의 장식은 훌륭해. 그런데 유일하게 부족한 것은 맛이야."라고 말했습니다.

08 You indicated in the survey that you like listening to music. How has your taste in music changed throughout the years?

A In the past, I used to love classical music and movie themes. When I was younger, I listened to a lot of ballads because I grew up playing piano. I practiced the piano all the time and naturally came to love classical music. When I entered the university, I got interested in heavy metal because of my brother. He used to listen to heavy metal CDs all the time in his room. I listened to his CDs too, and I became a fan of heavy metal music.

08 설문조사에서 음악감상을 좋아한다고 하셨습니다. 당신의 음악 취향이 어떻게 바뀌었나요?

A 전에는 클래식 음악과 영화 배경 음악을 좋아했습니다. 저는 어렸을 때 피아노를 연주했기 때문에 더 어렸을 때는 발라드를 많이 들었습니다. 항상 피아노 연습을 했고 자연스럽게 클래식 음악을 좋아하게 되었습니다. 대학에 입학하면서 저희 형 때문에 헤비메탈에 관심을 갖게 되었어요. 그의 방에서 항상 헤비메탈 CD를 듣곤 했지요. 저 역시 그의 CD를 들었고, 헤비메탈 음악의 팬이 되었습니다.

09 Please tell me about your favorite singer. What kind of music does he or she sing? Why do you like him or her?

A My favorite singer is Michael Jackson. Michael Jackson was the most successful entertainer in the world. He was one of the most famous American singer-songwriters. His music, dance, and fashion style made him a global figure in popular culture. I liked his music and performances, too. These are why I like him. He debuted on the professional music scene as a member of The Jackson 5 in 1964. As you know, The Jackson 5 consisted of the Jackson brothers. He began his solo career in 1971. His music and dance, including those of *Beat It*, *Billie Jean*, and *Thriller*, became international hits and he became a legend. I can't believe that I cannot see his great live performances any more.

09 당신이 가장 좋아하는 가수에 대해 이야기해주세요. 어떤 종류의 음악을 부르나요? 왜 그 또는 그녀를 좋아하나요?

A 제가 가장 좋아하는 가수는 마이클 잭슨입니다. 마이클 잭슨은 세계에서 가장 성공한 엔터테이너였습니다. 그는 가장 유명한 미국의 싱어송 라이터 중의 한 명입니다. 그의 음악, 댄스, 패션 스타일로 인해 그는 대중 문화계의 세계적인 인물이 되었습니다. 저도 그의 음악과 공연을 좋아했어요. 그것이 제가 그를 좋아하는 이유지요. 그는 1964년에 잭슨5의 멤버로 프로 음악계에 데뷔했습니다. 아시겠지만, 잭슨5는 잭슨가의 형제들로 구성되어 있었습니다. 그는 1971년에 솔로 활동을 시작했습니다. 〈빗잇〉, 〈빌리 진〉, 〈스릴러〉와 같은 그의 음악과 춤은 세계적으로 히트했고 전설이 되었습니다. 그의 라이브 무대를 더 이상 볼 수 없다는 것을 저는 믿을 수가 없습니다.

10 How and when did you first become interested in listening to music? How did music influence you? Tell me about it with a lot of details.

A When I was 8 years old, I started listening to my parents' Scorpions CDs. I loved the harmonies that they sang. Some of the songs were funny and some were sad. I got tickets for their concert when I was in high school. Their concert was really amazing. Their song gave me a sudden impulse to stand up and sing. When I listened to their song, I was moved and almost cried. My taste in music has changed many times, but I still love to listen to the Scorpions.

11 You indicated that you go to a gym to work out. What is the main purpose of going to a gym? When you go to a gym, what do you do? Please tell me everything you do there.

A The reason I go to the gym is to exercise regularly. The first thing I do when I get to the gym is stretches. And then I spend half an hour on the rowing machine to warm up. I lift heavy weights in order to build muscle. Sometimes I have to wait for equipment when the gym is busy. Also I do exercise to strengthen the abdominal muscles. I follow this with 100 sit-ups, and 20 chinups. Finally, I get on the exercise bike and ride for twenty minutes.

10 언제, 어떻게 처음으로 음악 감상에 관심을 갖게 되었습니까? 그 음악은 당신에게 어떤 영향을 주었나요? 자세히 얘기해보세요.

A 저는 8살 때 부모님이 듣던 스콜피언스 CD를 듣기 시작했습니다. 그들이 부르던 하모니를 정말 좋아했어요. 어떤 노래는 재미있고 또 어떤 노래는 애잔했습니다. 저는 고등학생일 때 그들의 콘서트 티켓을 얻게 되었습니다. 그들 콘서트는 정말 놀라웠어요. 그들의 노래는 갑자기 일어나 노래를 부르고 싶은 충동을 느끼게 했습니다. 저는 그들의 노래를 듣고, 감동을 받아 거의 울 뻔했습니다. 제 음악 취향은 시간이 가면서 바뀌었지만 여전히 스콜피언스의 음악을 정말 잘 듣습니다.

11 당신은 운동을 하기 위해 헬스클럽에 다닌다고 했습니다. 헬스클럽에 가는 주요 목적은 무엇인가요? 당신은 체육관에 가면 무엇을 합니까? 그곳에서 하는 일에 대해 모두 말해보세요.

A 제가 헬스클럽에 가는 이유는 규칙적으로 운동을 하기 위해서입니다. 헬스장에서 제일 먼저 하는 것은 스트레칭입니다. 준비 운동을 위해 로잉 머신에서 1시간을 보냅니다. 근육을 키우기 위해 무거운 웨이트를 들어올립니다. 때로 체육관이 붐빌 때는 장비를 기다려야 합니다. 또한 복근을 강화하는 운동도 합니다. 그 다음에는 윗몸 일으키기 100회와 턱걸이 운동 20회를 합니다. 마지막에는 자전거에 올라 20분 정도 탑니다.

12 Please describe an experience when you went to a health club or to a gym that you remember clearly.

A I went to the gym about a week ago. First, I started warming up with some stretches. Then on the treadmill, I walked for 30 minutes at a fast speed and then ran for 20 minutes. But, the floor at the gym was wet and very slippery. The moment I came down from the machine, I fell, striking my head on the edge of the machine. I was so embarrassed! The next day, I was so sick that I had to take a rest all day.

12 헬스클럽이나 체육관 갔을 때 확실히 기억하는 경험 하나를 묘사해보세요.

A 저는 약 일주일 전에 체육관에 갔었습니다. 먼저, 스트레칭을 해서 몸을 풀어주었습니다. 그리고 나서 러닝머신에서 빠른 속도로 30분 정도 걷고 20분 동안 달리기를 했습니다. 그런데 체육관 바닥이 젖어서 매우 미끄러웠습니다. 기계에서 내려오는 순간, 저는 넘어지면서 러닝머신 모서리에 머리를 부딪쳤습니다. 너무 창피했습니다! 다음 날 저는 너무 아파서 하루종일 쉬어야 했습니다.

13 I also go to a gym to exercise. Ask me some questions about it.

A I heard you go to the gym to exercise. Can I ask you some questions? What are the monthly membership fees? Do they have any special offers? What kind of equipment and machines are there at the gym? Are there a lot of weights and exercise machines? When is usually busy at the gym? I don't want to wait to use a machine, and how about you? Oh, you also avoid busy times. Are there personal trainers available for customized fitness routines? If they have those programs, I would be happy to join you and exercise there with you.

13 저도 운동하러 헬스클럽에 갑니다. 그것에 대해 3~4가지 질문을 해보세요.

A 헬스클럽에 다니신다고 들었어요. 몇 가지 물어봐도 될까요? 특별 할인 같은 것이 있나요? 어떤 운동기구와 기계들이 있나요? 웨이트와 운동 기계들이 많이 있나요? 보통 언제 붐비나요? 저는 운동기구를 이용하려고 기다리는 걸 싫어하는데 당신도 그런가요? 당신도 붐비는 시간은 피하시는군요. 맞춤형 운동을 위한 개인 트레이너를 쓸 수 있나요? 그런 프로그램이 있으면 저도 거기서 당신과 함께 운동하고 싶네요.

14 Have you ever had a health problem? What caused your health to deteriorate? What were the symptoms of your illness? How did you overcome it? Please describe it in detail.

A I know that excessive drinking is bad for my health. But quitting drinking is not easy for me. It seems that my dissipated lifestyle has destroyed my health. Maybe it was not good for my health to drink a lot of alcohol at a time. That's why my health grew worse. My doctor said it may cause gastric bleeding and stomach ulcers and suggested quitting drinking alcohol. So this year, I made a New Year's resolution. "I will not drink alcohol." But my New Year's resolution didn't last three days and it weakened. I changed it; "I will not drink alcohol to excess." But, anyway I drink less than before. I was able to overcome my health problem this way.

15 What do you do to keep yourself healthy? Tell me the things you do for your health in detail.

A I was worried about my health quite a bit. I hoped to lose some weight and also become healthier. My doctor suggested exercise at the gym at least once a week. So there are several activities I do for keeping my health. First, I walk on the treadmill every day so that I can stay healthy. Walking and jogging are healthy activities. I spend a lot of money each year on health spas and fitness clubs to stay fit. Second, when I stopped smoking, it had a beneficial effect on my health. In addition, good sleep and good food are essential to health. Proper nutrition is also essential to maintain my health.

14 건강상의 문제가 있었던 적이 있나요? 무엇 때문에 건강이 악화되었나요? 어떤 증상이 있었나요? 그 문제를 어떻게 극복했나요? 그것에 관해 자세히 묘사해주세요.

A 지나친 음주는 건강에 나쁘다는 것을 알고 있습니다. 그렇지만 술을 끊는 것은 어렵습니다. 방탕한 생활 습관으로 건강을 해친 것 같습니다. 술을 한 번에 많이 마셨던 것이 건강에 좋지 않았겠지요. 그래서 제 건강이 나빠졌습니다. 의사 선생님께서 과음으로 인해 위출혈과 위궤양이 생길 수도 있다고 말씀하시며 술을 끊으라고 권하셨습니다. 그래서 올해 저는 새해 결심을 했습니다. "술을 마시지 않는다."였습니다. 그렇지만 새해 결심이 사흘도 못 갔습니다. 제 결심이 흔들렸습니다. "지나치게 술을 마시지 않는다."로 바꿨습니다. 그렇지만 어쨌든 저는 전보다 술을 덜 마십니다. 이런 방식으로 저는 건강 문제를 극복할 수 있었습니다.

15 당신은 당신의 건강을 지키기 위해 무엇을 합니까? 건강을 위해 하는 일들을 자세히 얘기해주세요.

A 저는 건강에 대해 꽤 염려가 됐습니다. 살도 빼고 더 건강해지기를 바랐습니다. 의사 선생님께서 적어도 일주일에 하루는 체육관에서 운동을 하라고 권하셨습니다. 그래서 제가 건강을 유지하기 위해 하는 활동이 몇 가지 있습니다. 먼저 저는 건강을 유지하기 위해 매일 런닝머신에서 걷기를 합니다. 걷기와 조깅은 건강에 좋은 활동입니다. 저는 체격을 유지하기 위해 건강 사우나, 헬스 클럽에 매년 많은 돈을 지출합니다. 둘째로, 금연이 건강에 도움이 됐습니다. 또한 숙면과 좋은 음식은 건강에 필수입니다. 적당한 영양 섭취도 건강 유지에 필수입니다.

실전 모의고사 05회 미리보기

- **인물 설정:** 직장인
- **배경 설문조사 체크**

  거주지: 독신자로서 개인 주택이나 아파트에 거주

  여가 활동: 영화 보기, 공연 보기, 콘서트 보기, 스포츠 관람, 클럽/나이트클럽 가기

  취미나 관심사: 음악 감상하기, 애완동물 기르기

  스포츠: 자전거, 조깅, 걷기

  휴가나 출장: 국내 여행, 해외 여행

Listen 질문 미리듣기

다음 질문을 듣고 질문의 핵심 내용을 적어보세요.

01 *Key Word*

02 *Key Word*

03 *Key Word*

04 *Key Word*

05 *Key Word*

06 *Key Word*

07 *Key Word*

08 *Key Word*

09 *Key Word*

10 *Key Word*

11 *Key Word*

12 *Key Word*

13 *Key Word*

14 *Key Word*

15 *Key Word*

01 Can you tell me about yourself?

02 You indicated in the survey that you like walking. What kind of activities do you usually do when you go to walk? How often do you go walking? When and where do you walk? Tell me about it in as much detail as possible.

03 Have you had any walking experience that is memorable? If so, start by telling me when it was and where you were walking. Then tell me all of the things that made the experience unforgettable.

04 When was the first time you started walking? Tell me why you decided to start.

05 You indicated you're currently working. Describe the company you work for. Tell me as many details about the company as possible. What's the company's name? Where is it located? What kind of business is it?

06 Tell me about your daily routine at work. What do you do at the office? What are some of your responsibilities?

07 Discuss the software, computer equipment, and technologies you work with.

08 What sport do you like to watch the most on television? Please talk about why you like this sport the most.

---

01 자기 소개

스포츠(걷기)
02 걷기 단순 설명
03 걷기 경험
04 걷기 시작 계기

직장 생활
05 회사 소개
06 직장에서의 일과
07 회사 기술 – 테블릿 PC, 소프트웨어

여가 활동(스포츠 관람)
08 즐겨 시청하는 스포츠

09 Please tell me about your favorite sports player. What sport does he or she play? Why do you like him or her? Describe him or her in as much detail as possible.

10 What was the most memorable sporting event you have watched? Describe the game in as much detail as possible.

11 What kind of people do you think are healthy people? What do they usually do for their health?

12 Some people quit smoking and some people exercise to stay healthy. What do you do to keep yourself healthy? Tell me the things you do for your health in detail.

13 Have you ever had a health problem? What caused your health to deteriorate? What were the symptoms of your illness? How did you overcome it? Please describe it in detail.

14 Please tell me about your favorite nightclub. What is it like? Where is it located? What makes that place different from other nightclubs? Describe that place in as much detail as possible.

15 Tell me about an experience when you went to a nightclub recently. Where did you go and who did you go with? Give me all the details.

Model *Answer* 05회

---

01 Can you tell me about yourself?

A My name is Kim Suhyun. I'm thirty-two and I'm still single. I was born in Busan and grew up there. Busan is a port city which is famous for beaches like Heawoondea and local markets like Jagalchi. If you visit Busan, you will fall in love with this city. When I entered university, I moved to Seoul. And I have lived in Seoul for six years. Seoul seems like my hometown now and life is so comfortable that I am very satisfied. I work for ABC Co. My official job title is Manager of Accounting. Keeping the accounts is part and parcel of my job. On the weekends, I go to see a movie or go to a club with my friends or girlfriend to release stress. Then, I can start a brand new week.

---

01 자신에 대해 말씀해주시겠어요?

A 제 이름은 김수현입니다. 저는 서른 두 살인데 아직 미혼입니다. 저는 부산에서 나고 자랐습니다. 부산은 항구 도시인데 해운대와 같은 해변과 자갈치 시장 같은 지역 시장으로 유명합니다. 부산에 한번 와보시면 반하실 거예요. 저는 그곳에서 자랐는데 6년 전에 대학에 입학하면서 서울로 이사 왔습니다. 6년 동안 서울에서 살고 있어요. 이제 서울은 제 고향 같고 생활하기 편해서 저는 만족합니다. 저는 ABC 사에서 근무하고 있습니다. 제 공식 직책은 회계팀 과장이며 회계 업무가 제 일의 핵심적인 부분입니다. 주말에는 친구들이나 여자 친구와 함께 스트레스를 풀기 위해 영화를 보러 가거나 클럽에 갑니다. 그러면 새로운 한 주를 시작할 수 있습니다.

02 You indicated in the survey that you like walking. What kind of activities do you usually do when you go to walk? How often do you go walking? When and where do you walk? Tell me about it in as much detail as possible.

A I take exercise every morning to build up my body. I don't really care for organized sports or games of any kind. So I walk every morning in the park near my house. I really enjoy walking because it's a peaceful time to enjoy the fresh air. I wear running shorts when I walk. Usually I walk about 1 kilometer or so. Walking is more effective for relieving stress from work than drinking alcohol. It seems that walking is a really healthy activity.

03 Have you had any walking experience that is memorable? If so, start by telling me when it was and where you were walking. Then tell me all of the things that made the experience unforgettable.

A One time I was walking at the park near my house. I was wearing shoes that were totally unsuitable for walking. While I was constantly wearing about my shoes, I lost my wallet. Moreover, I didn't see a bike when I was walking on the road. I stumbled and ended up falling down on the road. I got up and tried to continue, but it hurt. I could barely walk. That's because I fell on my knee and scraped it really badly. It never rains but it pours; I think that day was the day.

02 설문조사에서 걷기를 좋아한다고 했습니다. 걷기 하러 가면 주로 어떤 종류의 활동을 하나요? 얼마나 자주 걷기를 하러 가나요? 언제, 어디서 걷기를 하나요? 자세하게 이야기해주세요.

A 저는 몸을 만들기 위해 매일 아침 운동합니다. 저는 어떤 종류든 조직화된 운동이나 경기는 별로 좋아하지 않습니다. 그래서 저는 매일 아침 집 근처 공원에서 걷기를 합니다. 맑은 공기를 즐기는 평화로운 시간이기 때문에 저는 걷기를 아주 즐깁니다. 저는 걷기를 할 때 육상 반바지를 입습니다. 보통 약 1킬로미터 정도 걷기를 합니다. 걷기는 일로부터 받은 스트레스를 푸는 데 술을 마시는 것보다 더 효과적입니다. 걷기는 정말 건강에 좋은 활동인 것 같습니다.

03 기억에 남는 걷기 경험이 있었나요? 그렇다면 언제 어디서 걷기를 했는지 말씀해주세요. 그리고 왜 잊을 수 없는지 그 이유도 말해주세요.

A 한 번은 집 근처 공원에서 걷기를 하고 있었습니다. 저는 걷기에 전혀 적합하지 않은 신발을 신고 있었습니다. 신발에 계속 신경을 쓰다가, 지갑을 잃어버렸습니다. 게다가 길에서 걸으면서 자전거를 보지 못했습니다. 비틀거려 길에 넘어지고 말았죠. 저는 일어나 계속하려 했지만 아팠습니다. 걸을 수가 없었습니다. 제가 무릎으로 넘어져서 심하게 긁혔기 때문입니다. 안 좋은 일은 한꺼번에 온다더니, 그날이 그런 날이었나 봅니다.

04 When was the first time you started walking? Tell me why you decided to start.

A I started walking two years ago when I heard about the beneficial effects of it. I decided to start walking every day. Walking does not require great displays of gymnastic strength. While walking, I think about a plan for my day. What I do while walking depends on who I'm with. Sometimes we just walk around the park and chat. I love exercising and do long distance walking. Walking is more effective for relieving stress from work than drinking alcohol.

05 You indicated you're currently working. Describe the company you work for. Tell me as many details about the company as possible. What's the company's name? Where is it located? What kind of business is it?

A I work for the ABC Co., a food company, in Seoul. We sell many different kinds of instant food. We sell over 1 billion dollars worth of cereal every year. The company has developed a new line of merchandise this year, so the company moved ahead of its rivals in the first quarter earnings. Our company's branches are located all over the country and there are 100 people working on production lines. This year, we are increasing our workforce to 100 employees to increase productivity. The analysts made a positive valuation for the company's outlook. I am proud to be a staff member of this company.

---

04 걷기를 처음 시작했을 때는 언제인가요? 왜 그것을 시작하게 되었는지 말씀해주세요.

A 저는 걷기의 긍정적인 효과에 대해 듣고 2년 전에 그것을 시작했습니다. 저는 매일 걷기로 마음먹었습니다. 걷기는 엄청난 신체적인 힘을 필요로 하지는 않습니다. 걸으면서 하루의 계획에 대해 생각합니다. 걸을 때 무엇을 하는지는 제가 누구와 함께 가는지에 달렸습니다. 가끔은 그냥 공원 주변을 걷고 이야기를 합니다. 저는 운동하기를 좋아해서 먼 곳까지 (운동 삼아) 걸으러 다닙니다. 걷기는 일로부터 받은 스트레스를 푸는 데 술을 마시는 것보다 더 효과적입니다.

05 일을 한다고 했습니다. 당신이 일하는 회사에 대해 얘기해보세요. 회사에 관해 최대한 자세히 얘기해보세요. 회사의 이름은 무엇인가요? 어디에 있나요? 어떤 사업을 하나요?

A 저는 서울에 있는 ABC 식품 회사에서 근무합니다. 저희는 다양한 인스턴트 식품을 판매합니다. 저희는 매년 10억 달러 이상의 시리얼을 팝니다. 저희 회사는 올해 새 상품을 개발해서 1사분기 수익에서 경쟁사들을 앞섰습니다. 저희 회사 지점들은 전국에 걸쳐 위치해 있고 100명의 사람들이 생산 라인에서 일합니다. 올해 우리는 생산성을 높이기 위해 100명의 직원을 더 고용할 것입니다. 분석가들은 저희 회사의 전망에 대해 긍정적인 가치평가를 했습니다. 저는 이 회사의 직원으로서 자부심을 느낍니다.

06 Tell me about your daily routine at work. What do you do at the office? What are some of your responsibilities?

A I am in the Accounting Department. As soon as I arrive at the office, all the employees first have a meeting. There's a lot that has to be taken care of in my office. I handle the company's billing and accounting. During business hours, we give materials that show current numbers to the sales people. It is too much paperwork for me. We are tied up at work, doing the budget report at the end of the month. Furthermore, I have to finish the company payroll by the close of business at the end of the month. After work, to release stress, I usually have a pleasant drink in the company of my co-workers.

07 Discuss the software, computer equipment, and technologies you work with.

A It is very important to know how to use the computer and its important software at my work. The technology used now at my work is mainly a tablet PC because I organize many meetings and presentations due to the nature of my job. If I don't know how to use the tablet computer and its important software, it is impossible to get my project completed. I prepare PowerPoint presentations for a meeting with my computer. It shows many figures and graphs effectively. HWP(Hangul Word Processor) is important as well for paper work. I also use the tablet PC to access the Internet, and to research some information that I need.

06 회사에서의 일과에 대해 얘기해주세요. 사무실에서 당신은 무엇을 합니까? 당신의 책임은 무엇입니까?

A 저는 회계부서에서 근무합니다. 사무실에 도착하자마자 모든 직원들은 먼저 회의를 합니다. 사무실에서는 처리해야 할 일이 많습니다. 저는 회사에서 청구서 작성과 회계 업무를 담당합니다. 업무를 보는 동안 우리는 판매량을 보여주는 자료를 영업사원들에게 전달합니다. 그것은 너무나 손이 많이 가는 문서 업무입니다. 월말이 되면 우리는 결산 보고서 때문에 회사에서 바쁩니다. 더욱이 월말이 되면 업무시간 끝날 때까지 회사 급료 지불 명부를 작성해야 합니다. 퇴근 후에 저는 스트레스를 풀기 위해 자주 직장동료들과 함께 즐거운 술자리를 갖습니다.

07 일할 때 사용하는 프로그램과 컴퓨터 장비, 그리고 기술에 대해 이야기해보세요.

A 직장에서 컴퓨터와 중요한 소프트웨어 사용법을 아는 것은 아주 중요합니다. 저는 업무 특성상 회의와 프레젠테이션을 많이 조직해야 하기 때문에 요즘 직장에서 주로 사용하는 기술은 테블릿 PC입니다. 테블릿 컴퓨터와 중요한 소프트웨어 사용하는 법을 잘 모르면 프로젝트를 완수하기 어렵습니다. 저는 컴퓨터로 회의에서 쓸 파워 포인트 프리젠테이션을 준비합니다. 그것은 수치와 그래프를 효과적으로 보여줍니다. 문서 작업을 위해서 아래한글도 중요합니다. 인터넷에 접속해서 필요한 정보를 찾아볼 때도 테블릿 PC를 사용합니다.

08 **What sport do you like to watch the most on television? Please talk about why you like this sport the most.**

A I'm crazy about soccer; I never miss a game. After I watched the Korean team playing in the World Cup, I came to love watching soccer on TV. Watching a soccer game on TV is not the same as seeing it live. But I don't like going to a stadium to see a soccer game; it's too crowded. I like to buy some snacks and drinks and watch it at home. I'm a big fan of European soccer because many young Korean players are now in the world of big-time soccer. They are highly active on the world stage these days. It is so exciting to watch these Korean players.

08 TV로 어떤 스포츠를 가장 많이 즐겨 보십니까? 그 스포츠를 왜 가장 좋아하는지 이야기해보세요.

A 저는 축구에 미쳐서 경기를 빼놓지 않고 봅니다. 저는 한국 팀이 월드컵에서 뛰는 것을 본 후로 축구를 TV로 즐겨 봅니다. 텔레비전으로 축구를 보는 것은 실제로 보는 것하고는 다릅니다. 하지만 저는 축구 경기를 보러 경기장에 가는 것을 좋아하지 않습니다. 너무 붐비거든요. 저는 간식과 음료를 사서 집에서 축구 경기를 보는 것을 좋아합니다. 저는 유럽 축구의 열혈 팬인데, 젊은 한국 축구 선수들이 세계 최고의 축구 무대에서 활약하고 있기 때문이죠. 그들은 오늘날 세계무대에서 맹활약하고 있습니다. 이들 한국 선수들을 지켜보는 것은 정말 흥분됩니다.

09 **Please tell me about your favorite sports player. What sport does he or she play? Why do you like him or her? Describe him or her in as much detail as possible.**

A I'm a big fan of figure skating queen Yuna Kim because she rewrote the world's skating history. She is the 2010 Olympic champion and 2014 silver medalist in ladies' singles. She is the current record holder for ladies in the short program, the free skating, and the combined total under the ISU Judging System. She broke the world record scores many times. After I watched Yuna Kim win the gold medal in the Olympics, I came to love watching figure skating on TV. Watching all of the athletes' diverse performances is really exciting. Especially, with Yuna Kim, the harmony of her performance, costumes, and music is incredibly beautiful. I am really proud of her.

09 당신이 좋아하는 스포츠 선수에 대해 말해주세요. 어떤 스포츠를 합니까? 왜 그 선수를 좋아하나요? 그/그녀에 대해 가능한 자세히 말해주세요.

A 저는 피겨의 여왕 김연아의 팬인데, 그녀는 세계의 스케이팅 역사를 새로 썼기 때문입니다. 김연아는 2010 올림픽 챔피언이며 2014 올림픽 여자 부문 싱글 은메달리스트입니다. 김연아는 ISU 평가 체계에서 쇼트 프로그램, 프리 스케이팅, 합산 점수 여자 부문 신기록 보유자입니다. 김연아는 수 차례 세계 신기록을 경신했습니다. 김연아가 올림픽에서 금메달을 따는 것을 본 후로는 피겨 스케이팅을 TV로 시청하는 것을 좋아하게 되었습니다. 선수들이 펼치는 모든 다채로운 연기를 보는 것은 정말 재미있습니다. 특히, 김연아를 보면, 그녀의 연기와 의상, 음악이 만들어내는 조화는 매우 아름답습니다. 저는 김연아가 정말 자랑스럽습니다.

10 What was the most memorable sporting event you have watched? Describe the game in as much detail as possible.

A My friends and I watched a baseball game in a stadium last Saturday. The Samsung Lions played against the LG Twins and I rooted for the LG Twins. The atmosphere at the sports stadium was electric with excitement. The people cheered the players with drums beating and colors flying. The two teams were neck and neck and no one could predict the result of the game. The game was a slugfest with numerous hits and homeruns. The Samsung team only focused on defense throughout the entire game. The LG Twins failed to pierce Samsung's defense. A player hit a walk-off home run in the bottom of the 9th inning and Samsung team won the tournament in the end. We were bitterly disappointed at the result of the game.

11 What kind of people do you think are healthy people? What do they usually do for their health?

A I think, healthy people are the ones who live well-regulated lives. Those people are healthy because they avoid overworking and getting sick. Usually, average people drink too much though they know it is bad for their health. But healthy people avoid drinking heavily because it can cause all sorts of trouble regarding health. For their health, it is also important never to overdo exercise. They know excessive exercising may produce a negative effect and harm their bodies. And they never regret eating too much. All in all, the key to being a healthy person is proper food intake, regular exercise, and most importantly the attitude to be moderate in everything.

10 가장 기억에 남는 스포츠는 무엇이었습니까? 가능한 자세하게 경기를 설명해보세요.

A 제 친구들과 저는 지난 토요일에 경기장에서 야구 경기를 보았습니다. 삼성 라이언스와 LG가 경기를 했는데, 저는 LG를 응원했습니다. 경기장 분위기는 아주 흥분되어 있었습니다. 사람들은 북 치고 깃발을 휘날리며 선수들을 응원했습니다. 두 팀 모두 백중지세라 이 경기의 결과를 아무도 예측할 수 없었습니다. 경기는 많은 홈런과 안타를 주고받는 난타전이었습니다. 삼성 팀은 경기 내내 수비에만 치중했습니다. LG는 삼성의 수비를 뚫는 데 실패했습니다. 한 선수가 9회 말에 끝내기 홈런을 쳤고, 결국 삼성이 시합에서 우승했습니다. 우리는 그 경기 결과에 몹시 낙담했습니다.

11 어떤 사람들이 건강한 사람들이라고 생각하십니까? 그들은 건강을 위해 보통 무엇을 하나요?

A 제 생각에 건강한 사람은 규칙적인 생활을 하는 사람들입니다. 그런 사람들은 과로해서 병이 나는 일을 피하기 때문에 건강합니다. 보통 일반적인 사람들은 건강에 나쁘다는 것을 알면서도 과음하기 일쑤입니다. 하지만 건강한 사람들은 건강과 관련해 모든 종류의 문제를 야기할 수 있기 때문에 과음을 피합니다. 건강을 위해서 운동을 할 때도 절대로 무리하지 않는 것 또한 중요합니다. 그들은 무리한 운동이 역효과를 가져와 몸을 해칠 수 있다는 것을 압니다. 그리고 그들은 과식해서 후회하는 법이 없습니다. 정리하면, 건강한 사람이 되는 데 있어 열쇠는 적당한 음식 섭취, 규칙적인 운동, 그리고 가장 중요하게는 모든 것에 있어 절제하는 태도입니다.

12 Some people quit smoking and some people exercise to stay healthy. What do you do to keep yourself healthy? Tell me the things you do for your health in detail.

A I try to eat healthy food because food is the most important thing for keeping me healthy. I try not to eat greasy foods like fries and hamburgers as much as possible. Also, I put milk instead of white sugar and cream in my coffee. I try not to have snacks between meals. I also try to exercise at a gym regularly. I usually spend 1-2 hours running or doing yoga. In addition to that, I also try to walk almost every day of the week. I don't smoke, but I do have a glass of red wine in the evening before I go to sleep.

13 Have you ever had a health problem? What caused your health to deteriorate? What were the symptoms of your illness? How did you overcome it? Please describe it in detail.

A I worked too hard; I built up stress and ruined my health. I worked in an office from early in the morning until night, so I didn't have time to keep myself active. I sat down at the desk and hardly moved all day. At that time, I hurt all over and I had a splitting headache. Sometimes my legs or lower back hurt, probably because I was not in good shape. This disease was caused by overwork. My doctor suggested prolonged exercise at the gym or outside before work in order to reduce stress and strengthen my heart. Since then, I've made a conscious effort to keep myself healthy. The secret to my health was very simple. I was able to overcome my health problem by exercising regularly and not overworking myself.

12 건강을 지키기 위해 어떤 사람들은 금연을 하고 어떤 사람들은 운동을 합니다. 당신은 당신의 건강을 지키기 위해 무엇을 합니까? 건강을 위해 하는 일들을 자세히 얘기해주세요.

A 건강을 유지하는 데 가장 중요한 것은 음식이기 때문에 저는 건강식을 하려고 노력합니다. 저는 튀김이나 햄버거 같은 기름진 음식을 먹지 않으려고 노력합니다. 또한 설탕과 크림 대신 커피에 우유를 넣습니다. 저는 식사 사이에 간식을 먹지 않으려고 노력합니다. 저는 또한 체육관에서 정기적으로 운동하려고 노력합니다. 보통 한두 시간 달리거나 요가를 합니다. 덧붙여, 일주일 동안 매일 걸으려고 노력합니다. 담배는 피우지 않지만, 밤에 잠이 들기 전에 레드 와인을 한 잔 마십니다.

13 건강상의 문제가 있었던 적이 있나요? 무엇 때문에 건강이 악화되었나요? 어떤 증상이 있었나요? 그 문제를 어떻게 극복했나요? 그것에 관해 자세히 묘사해주세요.

A 저는 일을 지나치게 해서 스트레스가 쌓여 건강을 해쳤습니다. 전 아침 일찍부터 밤까지 일을 해서 움직일 시간이 없었습니다. 하루 종일 책상 앞에 앉아서 거의 움직이지도 않았죠. 그 당시 온몸이 아팠고 머리가 터질 듯이 아팠습니다. 때로는 다리나 허리가 아팠는데 아마도 자세가 좋지 않아서 그랬을 겁니다. 이 병은 과로 때문에 생긴 것이었습니다. 의사 선생님이 스트레스를 줄이고, 심장 기능을 강화하기 위해 근무 시작 전 체육관 또는 야외에서 오랜 시간 운동을 하도록 권하셨습니다. 그때 이후로, 저는 스스로 건강을 유지하려고 의식적으로 노력했습니다. 제 건강의 비결은 간단했어요. 규칙적으로 운동하고 과로하지 않음으로써 건강 문제를 극복할 수 있었습니다.

14 Please tell me about your favorite nightclub. What is it like? Where is it located? What makes that place different from other nightclubs? Describe that place in as much detail as possible.

A There are two different night clubs I like to visit. One of the clubs that I really like to go to is Sue in Kangnam. Club Han is not in the heart of the city, but it's popular and packed. There is always a line of people waiting to get in, and sometimes the line stretches down the street. They are huge, and have several floors. Club Sue has VIP rooms, so a lot of celebrities hang out there. It's kind of expensive to get in, as the cover charge is 30,000 won, but it's worth it. Whenever I go there, I always have a good time.

15 Tell me about an experience when you went to a nightclub recently. Where did you go and who did you go with? Give me all the details.

A I went clubbing the other night with a few mates for the first time. I would have liked to see a movie, but my friend rather wanted to go dancing at a nightclub. It was a small club around the Hongdae area. The music and laughter were audible from the street outside the nightclub. Before we got there, I was a bit nervous because the nightclub bouncer gave a drunk customer the heave-ho. However, this went away when we met up with some people we knew and started dancing, drinking, etc. My friends and I were there for a couple of hours.

14 가장 좋아하는 나이트클럽에 대해 이야기해주세요. 어떤가요? 어디에 있나요? 어떤 점이 그곳을 다른 곳과 다르게 만드나요? 그 장소에 대해 최대한 자세히 설명해주세요.

A 제가 가기 좋아하는 다른 두 곳의 나이트클럽이 있습니다. 제가 좋아하는 클럽 중의 하나는 강남에 있는 수입니다. 한 클럽은 도심에 있지는 않지만 인기가 많아 사람들로 가득 차 있습니다. 항상 들어가려고 기다리는 줄이 있고 그 줄은 길 아래쪽까지 길게 연결됩니다. 이 클럽들은 크고 여러 층으로 되어 있습니다. 수 클럽에는 VIP룸이 있어서 많은 유명인들이 거기에서 어울립니다. 입장료가 30,000원이라 좀 비싼 편이지만 그럴 만한 가치가 있습니다. 그곳에 갈 때마다 항상 좋은 시간을 갖습니다.

15 최근에 나이트클럽에 갔던 경험에 대해서 설명해주세요. 어디에 갔으며 누구와 함께 갔었나요? 자세하게 말씀해주세요.

A 얼마 전 밤에 몇몇 친구들과 처음으로 클럽에 갔습니다. 저는 영화를 보고 싶었는데, 제 친구는 나이트클럽에 가서 춤추고 싶어했습니다. 그것은 홍대에 있는 작은 클럽이었습니다. 그 나이트클럽 밖 거리에서도 음악과 웃음소리가 들렸습니다. 나이트클럽 문지기가 술 취한 손님의 입장을 거부했기 때문에 들어가기 전에 저는 좀 긴장했습니다. 하지만 아는 사람들도 만나고 춤도 추고 술도 마시면서 긴장감은 사라졌습니다. 친구들과 저는 그곳에서 두세 시간 정도 있었습니다.

Actual Test 06

Listen 질문 미리듣기

다음 질문을 듣고 질문의 핵심 내용을 적어보세요.

01 *Key Word*

02 *Key Word*

03 *Key Word*

04 *Key Word*

05 *Key Word*

06 *Key Word*

07 *Key Word*

08 *Key Word*

09 *Key Word*

10 *Key Word*

11 *Key Word*

12 *Key Word*

13 *Key Word*

14 *Key Word*

15 *Key Word*

Listen & *Check* 질문 확인하기 

다시 한번 들으며 질문 내용을 확인하고, 콤보 문제가 어떻게 구성되는지 살펴보세요.

01 Can you tell me about yourself?

02 You indicated in the survey that you have a pet. How did you get to keep your pet? Tell me about when you first got your pet. What kind of pet was it?

03 You indicated in the survey that you have a pet. Can you describe a memorable experience you had with your pet?

04 Tell me about what you do for your pets. Do you feed and clean them? What else do you do for your pets?

05 Discuss the software, computer equipment, and technologies you work with.

06 What was the most memorable thing that happened to you while using technology at work? Tell me what happened and what you did. And why was that particular experience memorable to you?

07 You discover that some electronic devices need repairing in your office. Contact the office manager, explain the situation, and ask him or her three to four questions.

08 Please tell me about your favorite park. What is it like? Where is it located? What makes that park different from other parks?

---

01 자기 소개

취미/관심사(애완동물 기르기)
02 애완동물 관련 경험 – 고양이
03 애완동물 관련 경험 – 개
04 애완동물과 하는 일/관리

직장 생활
05 회사 기술 – 인터넷
06 회사 기술 이용 경험
07 회사 기술 고장 수리 신청 – 롤플레이

여가 활동(공원 가기)
08 자주 가는 공원 묘사

09 You indicated that you like to go to parks. Please explain to me what kind of activities you do in the park.

10 You indicated in the survey that you like going to a park. What do you usually do before going to the park? What kind of activities do you do in the park? And what do you do after you return home. Please tell me about your typical day when you go to the park.

11 You indicated in the survey that you like to drive a car. When do you like driving and where do you usually go? What do you usually do there?

12 Please tell me about a recent driving experience. When did you have this experience and where did you drive to? What did you do there?

13 I also like to drive a car. Ask me three to four questions about it.

14 Please describe the things you have to do from departure to arrival when you travel (abroad) for business. And what do you usually do while you are on a business trip?

15 You indicated that you go on business trips (overseas). Please describe what you do usually and what you do in your free time while you are on a business trip?

09 공원에서 하는 일
10 공원 가기 전후에 하는 일

여가 활동(차로 드라이브하기)
11 드라이브 일반
12 드라이브 과거 경험
13 드라이브 단순 질문
　　 – 롤플레이

휴가/출장(해외 출장)
14 국내외 출장 가는 과정
15 국내외 출장 가서 하는 일

Model *Answer* 06회

답변 전략

직장인을 위한 답변 구성이다. 자기소개에서 직장 관련 내용이 나오면 이에 관련한 내용상의 일관성을 유지해서 이어지는 답변을 준비하는 것이 좋다. 예를 들어 자기소개에서 회계 부서에서 일한다고 했으면, 뒤에서 느닷없이 마케팅 전략 프로젝트를 이끌었다든지 하는 얘기를 피하는 것이다. 물론 답변의 진실성은 중요하지 않지만 말하기의 일관성 유지라는 측면에서 좋지 않을 수 있다. OPIc은 말을 많이 오랫동안 잘 할 수 있다고 등급이 높게 나오는 시험이 아니다. 가끔 말을 많이 했는데도 등급이 예상만큼 나와주지 않았다고 불평하는 수험생이 있는데, 돌이켜보면 말의 내용에 문제가 있었을 가능성이 있다. 중언부언한다든지, 논리적이지 않으면 좋은 등급을 받을 수 없다는 사실을 명심하자.

---

01 Can you tell me about yourself?

A My name is Kim Suhyun. I am from Incheon. I grew up there and I moved to Seoul for my work a year ago. My parents still live in Incheon with my brother and sister, who are in university now. I work in the Sales Department. It is a very competitive job, so I have to be able to stand high pressure. On the weekend, I attend an English institute to prepare for a promotion test, and after that, I usually meet my friends. I also read a lot regarding my job whenever time allows.

01 자신에 대해 말씀해주시겠어요?

A 제 이름은 김수현입니다. 저는 인천 출신입니다. 인천에서 자랐는데 일 년 전에 직장 때문에 서울로 이사 왔죠. 부모님은 여전히 남동생, 여동생과 함께 인천에 살고 계십니다. 동생들은 현재 대학생입니다. 저는 영업 부서에 근무하고 있습니다. 매우 경쟁이 심한 직업이라 높은 업무 압박을 견딜 수 있어야 합니다. 주말에는 승진 시험에 대비해 영어 학원에 다니고 학원이 끝나면 보통 친구들을 만납니다. 또한 시간이 날 때마다 일과 관련된 책을 많이 읽습니다.

02 You indicated in the survey that you have a pet. How did you get to keep your pet? Tell me about when you first got your pet. What kind of pet was it?

A I've always said that I loved cats and wanted to have one. One day, I went to a pet shop and chose a cat. When I first saw the cat at the pet store, he was with his brothers and sisters. The cat began licking the tiny face of the kitten. After he came to my home, I petted him. I fed and took care of the cat every day. One day, I found my skin broke out in a rash. It was intensely itchy and prickly. It turned out that I am allergic to cats. I couldn't keep him any longer and one of my relatives decided to adopt him.

02 애완동물을 키운다고 하셨습니다. 어떻게 해서 애완동물을 키우게 되셨습니까? 처음 애완동물을 키웠을 때에 대해서 말씀해주세요. 어떤 동물이었나요?

A 저는 항상 고양이를 너무 좋아해서 한 마리 기르고 싶다고 말해왔습니다. 어느 날, 저는 애견 동물 센터에 가서 고양이 한 마리를 골랐습니다. 그 고양이를 애완 동물 센터에서 처음 보았을 때 그는 형제, 자매들과 함께 있었습니다. 그 고양이는 새끼 고양이의 작은 얼굴을 핥기 시작했습니다. 그가 저희 집에 온 후 저는 그 고양이를 귀여워했습니다. 저는 매일 고양이에게 먹이를 주고 돌봐주었습니다. 어느 날, 제 피부에 발진이 생긴 것을 발견했습니다. 극심한 가려움과 두드러기가 생겼습니다. 제가 고양이에 알레르기가 있었던 거였어요. 저는 더 이상 그를 키울 수 없었고 친척 중 한 집에서 그를 데려다 키우기로 했습니다.

03 You indicated in the survey that you have a pet. Can you describe a memorable experience you had with your pet?

A I have a dog that is stubborn as a mule. My dog really likes sitting in front of my computer because of the heat from it. So I always make sure not to leave something important on the desk. One day, I was up all night working on a report, but my dog upset the ink and made a mess on my report. There lay my cellphone broken in two pieces, and near at hand there lay brushes, an overturned inkwell and papers. It was my dog, Mini. I understood that any evil the dog commits is part of its nature. And I had to write my report again.

03 애완동물을 키운다고 하셨습니다. 당신의 애완동물과의 기억에 남는 경험에 대해 설명해주시겠습니까?

A 저는 고집쟁이 개를 한 마리 키우고 있습니다. 제 개는 컴퓨터 앞에 앉아 있기를 좋아하는데 컴퓨터에서 나오는 열 때문인 것 같습니다. 그래서 항상 중요한 것은 책상 위에 두지 않으려고 합니다. 어느 날 저는 보고서를 작성하느라 밤을 샜는데 제 개가 잉크를 뒤엎고 제 보고서를 망쳤습니다. 핸드폰이 두 동강이 나 있었고 붓과 엎질러진 잉크병, 종이들이 주위에 흩어져 있었습니다. 제 개 미니의 짓이었습니다. 저는 개가 저지른 어떤 나쁜 짓도 본성에 의한 것이라는 것을 이해했습니다. 그래서 저는 제 보고서를 다시 써야 했습니다.

04 Tell me about what you do for your pets. Do you feed and clean them? What else do you do for your pets?

A I think even a small pet can be a lot of work. I have to feed my dog twice a day. I like to take my dog out for a walk. I clean up the feces left by my dog in public places. When I return home from a walk, I rinse him. After I rinse him, I pat and dry his hair using paper towels. Not only do I take care of him, but I have to feed and clean him; I feel needed by him. I think that keeping pets teaches us responsibility.

04 당신의 애완동물을 위해서 하는 일에 대해 말해주세요. 애완동물에게 먹이를 주고 목욕시키나요? 애완동물을 위해 다른 것은 또 무엇을 하시나요?

A 작은 애완 동물조차도 큰 일거리가 될 수 있는 것 같습니다. 저는 개에게 하루에 두 번 먹이를 줍니다. 저는 개를 산책시키는 것을 좋아합니다. 저는 공공장소에서 개가 쌌던 배설물을 치웁니다. 산책에서 돌아오면 목욕을 시킵니다. 린스한 후에 애완동물을 종이 타월로 톡톡 두드려 말립니다. 저는 개를 돌볼 뿐만 아니라 먹이를 주고 목욕도 시켜줘야 하므로, 그가 저를 필요로 한다고 느낍니다. 애완동물을 기르는 것은 우리에게 책임감을 느끼게 하는 것 같습니다.

05 Discuss the software, computer equipment, and technologies you work with.

A The technology used now at my work is the Internet. I think using the Internet at work increases my productivity. Today people buy and sell things on the Internet. The Internet is changing the way people shop. Accordingly, the Internet is becoming integral to the company's operations. Using the Internet is also very important for meetings in my company. I prepare presentations for meetings using the Internet. I can't imagine doing research without the Internet. I can also download pictures and videos using the Internet. I love to watch what I downloaded at work during my lunch hour. It seems there is nothing we can't do through the Internet today.

05 일할 때 사용하는 프로그램과 컴퓨터 장비, 그리고 기술에 대해 이야기해보세요.

A 직장에서 요즘 사용하는 기술은 인터넷입니다. 직장에서 인터넷을 사용하는 것은 일의 생산성을 높여준다고 생각합니다. 오늘날 사람들은 인터넷에서 물건들을 사고 팝니다. 인터넷은 사람들이 쇼핑하는 방법을 바꾸고 있는 것이죠. 그래서 인터넷은 회사의 영업 활동에 필수적이게 되었습니다. 인터넷 사용은 회사에서 회의할 때도 매우 중요합니다. 인터넷을 사용해 회의용 프레젠테이션을 준비하기도 합니다. 인터넷 없이 조사를 한다는 것은 상상할 수 없습니다. 저는 인터넷을 이용해서 사진과 비디오를 다운 받을 수 있습니다. 저는 점심시간에 제가 다운 받은 것을 보는 것을 좋아합니다. 요즘은 인터넷으로 못하는 게 없는 것 같습니다.

06 What was the most memorable thing that happened to you while using technology at work? Tell me what happened and what you did. And why was that particular experience memorable to you?

A Last summer, I was working on a project. The project was to find ways to increase sales. The project ran into unforeseen difficulties on the day when we had a presentation in front of the management. I went to the conference room with all my files on a memory stick. When I tried to plug in the memory stick, it wouldn't work. There was something wrong with the computer's USB ports. Fortunately, the technical team fixed the problem. If I had messed up my presentation, my boss would have been really angry.

06 직장에서 기술을 이용할 때 생긴 가장 기억에 남는 일은 무엇이었습니까? 무슨 일이 일어났고 당신은 무엇을 했는지 얘기해주세요. 그 일이 당신에게 왜 기억에 남는 특별한 경험이었나요?

A 지난 여름, 저는 프로젝트를 진행하고 있었습니다. 그 프로젝트는 판매 촉진을 위한 방안을 찾는 것이었습니다. 그 프로젝트는 우리가 경영진 앞에서 발표를 하는 날 예상치 못한 난관에 부딪쳤습니다. 저는 모든 파일이 있는 메모리 카드를 가지고 회의실로 갔습니다. 메모리카드를 꽂았으나 작동하지 않았습니다. 컴퓨터의 USB 포트에 문제가 있었습니다. 다행히 기술팀에서 그 문제를 해결했습니다. 제가 그 발표를 망쳤으면 저희 상사는 정말 화가 났었을 것입니다.

07 You discover that some electronic devices need repairing in your office. Contact the office manager, explain the situation, and ask him or her three to four questions.

A Hi, this is Kim Suhyun in the Sales Department on the third floor. We have a problem with the air conditioner in the conference room. Whenever we turn it on, it starts leaking water after a couple of minutes. I cleaned the unit carefully before today's meeting, but it keeps happening. If it's possible, can you come and take a look at it right now? It is a CoolAir 123 unit. What do you think the problem is? Then, what should we do? Do we have to send it to the service center? Oh, I see. It has to be sent to the CoolAir service center to have its parts inspected and replaced. How long will it take to do that? Thank you, anyway.

07 당신 사무실에 전자기기가 고장 나서 수리가 필요하다는 것을 알게 되었습니다. 사무실 관리인에게 연락해서 상황을 설명하고 3∼4가지 질문을 하세요.

A 안녕하세요. 저는 3층에 있는 영업 부서의 김수현이에요. 회의실에 있는 에어컨에 문제가 생겼어요. 전원을 켤 때마다 몇 분 후에 물이 새기 시작해요. 오늘 회의 시작 전에 에어컨을 꼼꼼히 청소했는데도 계속 그러네요. 괜찮으시다면 지금 와서 확인해주시겠어요? 이건 쿨에어 123이에요. 이 에어컨이 무슨 문제가 생긴 걸까요? 그럼, 어떻게 해야 하죠? 서비스 센터에 보내야 하나요? 아, 부품을 검사하고 교체하기 위해 쿨에어 서비스 센터에 보내야 하는군요. 그렇게 하는 데 얼마나 걸릴까요? 어쨌든 감사해요.

08 Please tell me about your favorite park. What is it like? Where is it located? What makes that park different from other parks?

A I go to the park located near my house. The park is 50 meters to the west of Seocho subway station, so it is very convenient. The exits are located in the north and west ends of the park. The park has beautiful views with many statues and trees. Because it has many facilities like training machines, tracks, and a court, you can exercise, relax, or have fun. At the center of the park is a basketball court. There is also a convenience store next to the court. Opposite the convenience store, there is also a small public library. I often walk in the park after lunch.

09 You indicated that you like to go to parks. Please explain to me what kind of activities you do in the park.

A I often go to the park near my house because it has fantastic areas to sit and read books or meditate. If it's sunny day, I love to go to a park, sit on the bench, and enjoy the great weather. I also like to eat some snacks sitting on a bench under the trees. So, before I leave for the park, I always take a water bottle and some snacks. I change into comfortable and light clothes, and then, take my bicycle. When I go there, I sit on the grassy lawns with a blanket spread. Bicycling around the park is also good. I can hike or play or just sit and think in the park which makes it special.

08 가장 좋아하는 공원에 대해 이야기해 주세요. 어떤가요? 어디에 있나요? 어떤 점이 그 공원을 다른 공원과 다르게 만드나요?

A 저는 집 근처에 있는 공원에 갑니다. 공원은 서초 지하철역에서 서쪽으로 50미터 떨어져 있어서 아주 편리하죠. 출구는 공원의 북쪽과 서쪽 끝에 위치해 있습니다. 그 공원에는 조각상들과 나무들이 많아서 풍경이 아름답습니다. 공원에는 운동 기구, 트랙, 코트 등과 같은 시설이 많아서 운동하고 휴식하거나 재미있게 즐길 수 있습니다. 공원 중심에는 농구 코트가 있습니다. 코트 옆에는 편의점도 있고요. 편의점 반대쪽에는 작은 공공 도서관도 있습니다. 저는 점심 식사 후 자주 공원을 산책합니다.

09 당신은 공원에 가는 것을 좋아한다고 하셨습니다. 공원에 가서 하는 활동에 대해 저에게 자세하게 설명해주세요.

A 저는 집 근처에 있는 공원에 자주 가는데, 앉아서 책을 읽거나 명상을 하기에도 아주 환상적인 장소이기 때문이죠. 맑은 날이면 저는 공원에 가서 좋은 날씨를 즐기는 것을 좋아합니다. 저는 또한 나무 아래 있는 벤치에 앉아서 간식 먹는 것도 좋아합니다. 그래서 집을 나오기 전에 저는 항상 물 한 병과 간식을 챙깁니다. 저는 편안하고 가벼운 옷으로 갈아입고 자전거를 꼭 챙겨 갑니다. 그곳에 가면 잔디에 돗자리를 깔고 앉습니다. 공원에서 자전거를 타는 것 역시 좋아요. 공원에서 하이킹 또는 놀이를 즐기거나, 그냥 앉아 사색에 잠기기도 하는데 그 자체가 특별한 경험이 됩니다.

10 You indicated in the survey that you like going to a park. What do you usually do before going to the park? What kind of activities do you do in the park? And what do you do after you return home. Please tell me about your typical day when you go to the park.

A Before I leave for the park, I change into comfortable and light clothes. And then, I take water and some snacks. At the park, I take a long walk or sometimes I take my bicycle to ride along the track. After arriving at the park, I ride my bicycle along the track three or four times. It takes about an hour. And then I go to the bench. I like to eat some snacks sitting on a bench under the trees. After a big sweat, a sip of water and a snack are enough to satisfy me and give me the energy to prepare for another week. After I finish bike riding and get back from the park, I make sure to wash my hands. And I get changed again and watch TV or whatever.

11 You indicated in the survey that you like to drive a car. When do you like driving and where do you usually go? What do you usually do there?

A If I have a rough week, then I get in my car alone, roll down the windows, and just drive. When I'm stressed out, I get in my car and I drive to one of my favorite places: Seorak Mountain Resort. Driving gives me that little break from the noise and distraction of the world around me to ground and recharge. After all the driving, I reward myself with a tasty meal at the restaurant there. Some of the trails extend into the surrounding Seorak Mountain Resort. I take a long walk along the track and it takes about an hour. Then next day, after a good meal and some hot drinks, I'm ready to return home.

10 설문조사에서 공원에 가는 것을 좋아 한다고 했습니다. 공원에 가기 전에 주로 무엇을 하나요? 공원에서는 어떤 활동을 하나요? 공원에서 돌아와서는 무엇을 하나요? 공원에 가는 전형적인 하루에 대해 말해주세요.

A 저는 집을 나오기 전에 편안하고 가벼운 옷으로 갈아입습니다. 그 다음 물과 간식을 꼭 챙겨갑니다. 공원에서 저는 오래 걷거나 때로는 트랙을 따라 돌기 위해 자전거를 가져갑니다. 공원에 도착한 후에 트랙을 따라 자전거로 서너 바퀴를 돕니다. 한 시간 가량 걸리죠. 그런 다음 벤치로 갑니다. 저는 나무 아래 있는 벤치에 앉아서 간식 먹는 것이 좋습니다. 땀 흘려 운동하고 나서 한 모금의 물과 간식은 만족을 주기에 충분하죠. 그리고 또 다른 한 주를 살아갈 힘을 줍니다. 자전거를 다 타고 나서 저는 공원에서 돌아와 꼭 손을 씻습니다. 그리고 옷을 갈아입고 TV를 보거나 합니다.

11 드라이브를 좋아한다고 하셨습니다. 당신은 언제 드라이브 하는 것을 좋아하며, 주로 어디로 갑니까? 거기서 보통 무엇을 하나요?

A 만약 힘든 한 주를 보냈다면, 저는 차에 홀로 올라 창을 내리고 그저 달립니다. 저는 스트레스 받을 때 차에 올라 제가 가장 좋아하는 곳 중의 하나인 설악산 리조트로 갑니다. 드라이브는 시끄럽고 어지러운 세상으로부터 떠나 재충전하는 그런 작은 휴식을 제공합니다. 운전을 모두 마치고 그곳 식당에서 맛있는 식사를 합니다. 설악산 리조트 주변으로 뻗은 몇 개의 산책로가 있습니다. 트랙을 따라 긴 산책을 하는데, 한 시간 가량 걸립니다. 다음 날, 맛있는 식사와 뜨거운 음료를 마시고 나서 집으로 돌아올 준비가 됩니다.

12 Please tell me about a recent driving experience. When did you have this experience and where did you drive to? What did you do there?

A I was planning a two night road trip to the East Sea last August. My family was visiting friends in Sokcho and wanted to take in Busan as well. But it was too far to get from Sokcho to Busan in one day. So we had to spend a night somewhere in between but closer to Busan. Some very nice towns worth considering were Pohang, Kyungju, and Ulsan. We chose Kyungju. It took four solid hours of driving to get from Sokcho down to Kyungju. Next day, after all the driving, I rewarded myself with a tasty meal at the restaurant there. Driving was very hard; on the other hand, it was very rewarding because I was able to return home with great memories.

12 최근의 드라이브 여행 경험에 대해 이야기해주세요. 이 경험이 언제 있었으며, 어디로 운전해서 갔나요? 거기서 무엇을 했나요?

A 저는 지난 8월 동해로 떠나는 2일 간의 도로 여행을 계획했습니다. 제 가족은 속초에 사는 친구를 방문하려고 했고 부산도 들리고 싶어했습니다. 그렇지만 속초에서 부산을 하루 만에 가기에는 좀 멀었습니다. 그래서 우리는 부산 가까운 곳 어딘가 중간에서 하룻밤을 묵어야 했습니다. 고려해볼 만한 아주 좋은 동네로 포항, 경주, 울산이 있었습니다. 우리는 경주를 골랐죠. 속초에서 경주로 가기 위해 네 시간 동안 달렸습니다. 다음 날, 운전을 모두 마치고 그곳 식당에서 맛있는 식사를 했습니다. 운전은 힘들었지만 반면에 좋은 기억을 가지고 돌아왔기 때문에 보람 있었어요.

13 I also like to drive a car. Ask me three to four questions about it.

A I heard you enjoy driving when you are free. I guess you like driving your car very much. Or maybe you really like to travel. You seem to drive very well, right? I think I know your feeling when you drive away after a tough week. Do you have some places you visit often? Have you ever driven on the coast road of the East Sea? I heard that the scenery there is really good. I really envy you. I wish I could drive a car so that I could drive away like you do. When do you usually get away? Probably when you are stressed out or exhausted, right? Do you have any plan to drive away in the near future? Really? Can I go with you? I would love to, and thank you for inviting me.

13 저도 드라이브하는 것을 좋아합니다. 그것에 대해 3~4가지 질문을 해보세요.

A 시간이 나면 운전을 즐기신다고 들었습니다. 운전하는 것을 매우 좋아하시는 것 같습니다. 혹은 여행하는 것을 좋아할지도 모르겠군요. 운전을 잘 하실 것 같아요, 그렇죠? 힘든 한 주를 보내고 운전하실 때의 기분을 알 것 같아요. 자주 가시는 장소가 있나요? 동해안의 해안도로를 달려보셨어요? 그곳의 경치가 굉장하다고 들었어요. 정말 부럽네요. 저도 당신처럼 운전을 할 수 있어서 차를 타고 떠날 수 있었으면 좋겠어요. 주로 언제 떠나세요? 아마 스트레스를 받거나 지쳤을 때겠죠, 그렇죠? 가까운 미래에 떠날 계획이 있으신가요? 정말이요? 저도 같이 가도 되나요? 좋죠, 초대해주셔서 감사합니다.

14 Please describe the things you have to do from departure to arrival when you travel (abroad) for business. And what do you usually do while you are on a business trip?

A On the day I travel, I take the airport shuttle or subway to the airport. And at the airport, I check in for the flight and get a boarding pass. When I arrive at my destination, I take a taxi to the hotel and check in. I usually call my clients after that, and confirm meetings. The main purpose of my business trip is usually to inspect our factories there. I visit clients' factories there regularly. I make a report about the results after inspecting the factories. Sometimes I need to persuade the clients to shut down some facilities that they don't need to run so that they can cut costs.

15 You indicated that you go on business trips (overseas). Please describe what you do usually and what you do in your free time while you are on a business trip?

A What I do while I'm on a business trip is different according to the main purpose of my business trip. I usually call my clients, and confirm meetings. I make a report about the results after inspecting factories. I attend scheduled meetings, and after I'm finished, I go out for dinner with clients. After dinner and drinks, I usually go back to my hotel room and go to sleep early. I like to call my friends before I go to bed. There isn't a lot of free time on business trips. When I go on business and I have extra time, I hang out at the hotel and relax. Or I attend more meetings until I have completed my business. Once I'm finished my business trip schedule, I take a taxi back to the airport and get on the flight back home.

14 (해외로) 출장을 갈 때 출발에서 도착까지 무엇을 해야 하는지 묘사하세요. 그리고 출장 중에는 보통 무슨 일을 하나요?

A 출발하는 날. 공항 셔틀버스나 지하철을 타고 공항에 갑니다. 그리고 공항에서 체크인을 하고 탑승권을 받습니다. 목적지에 도착하면 택시를 타고 호텔에 가서 체크인을 합니다. 보통 그리고 나서 고객에게 전화를 하고 회의 일정을 확인합니다. 출장의 주된 목적은 보통 그곳에 있는 저희 공장을 점검하는 것입니다. 저는 정기적으로 그곳 고객사의 공장을 방문합니다. 저는 공장을 점검한 후에 결과에 대해 보고서를 작성합니다. 때로는 불필요한 설비를 폐쇄해서 비용을 줄일 수 있도록 그들을 설득해야 합니다.

15 (해외) 출장을 가신다고 표시하셨습니다. 출장 중에 보통 무슨 일을 하는지 그리고 시간이 나면 무엇을 하는지 말씀해주세요.

A 출장 중에 하는 일은 출장의 주된 목적에 따라 달라집니다. 보통 고객에게 전화를 하고 회의 일정을 확인합니다. 저는 공장을 점검한 후에 결과에 대해 보고서를 작성합니다. 예정된 회의에 참석하고 회의가 끝나면 보통 고객과 저녁을 먹으러 갑니다. 저녁을 먹고 술을 마신 다음에는 보통 호텔로 돌아와 일찍 잠을 잡니다. 잠을 자기 전에 친구들과 통화하는 것을 좋아합니다. 출장 중에는 보통 여가시간이 많지 않습니다. 출장에 가서 여가시간이 생기면 저는 호텔에서 시간을 보내고 휴식을 취합니다. 아니면 일이 끝날 때까지 다른 회의에도 참석합니다. 출장 일정을 다 마치면, 택시를 타고 공항으로 와서 집으로 돌아오는 비행기를 탑니다.

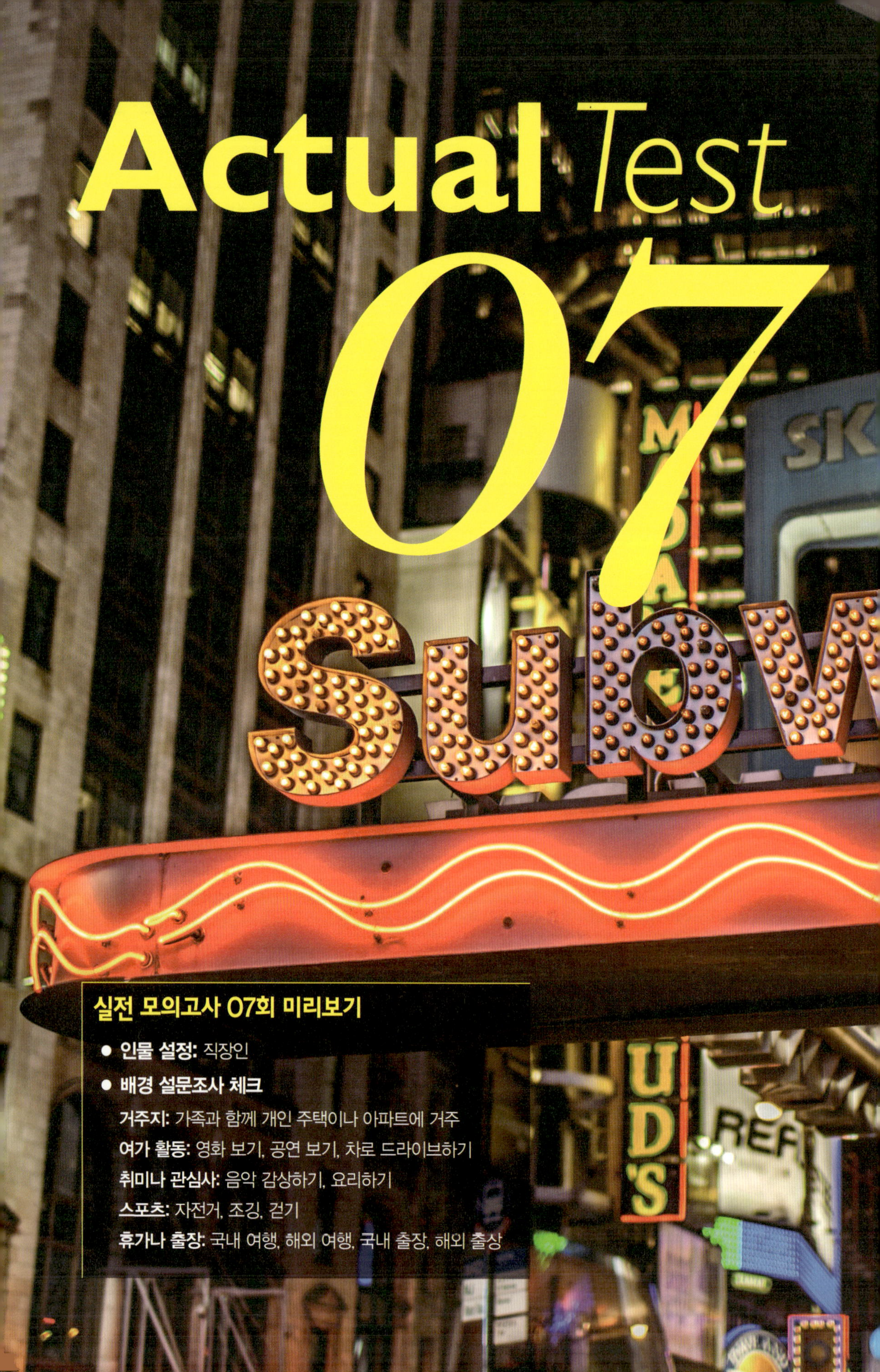

Actual Test 07

실전 모의고사 07회 미리보기

- **인물 설정:** 직장인
- **배경 설문조사 체크**

  거주지: 가족과 함께 개인 주택이나 아파트에 거주

  여가 활동: 영화 보기, 공연 보기, 차로 드라이브하기

  취미나 관심사: 음악 감상하기, 요리하기

  스포츠: 자전거, 조깅, 걷기

  휴가나 출장: 국내 여행, 해외 여행, 국내 출장, 해외 출상

Listen 질문 미리듣기

다음 질문을 듣고 질문의 핵심 내용을 적어보세요.

01 *Key Word*

02 *Key Word*

03 *Key Word*

04 *Key Word*

05 *Key Word*

06 *Key Word*

07 *Key Word*

08 *Key Word*

09 *Key Word*

10 *Key Word*

11 *Key Word*

12 *Key Word*

13 *Key Word*

14 *Key Word*

15 *Key Word*

01 Can you tell me about yourself?

02 You indicated in the survey that you are currently working. Tell me about the number of employees in your company. Are there branch offices? How many workers are there?

03 Please explain your company building or your office to me. What does it look like? Where is it located? Give me all the details.

04 What was the most memorable project at work that you were involved in? Tell me what the project was and why that particular project was memorable.

05 You indicated that you cook. Please describe the kinds of dishes you like to cook and why you like cooking them.

06 Please tell me about the best dish you can cook and explain how you make it and the steps that you use to cook it.

07 Please describe a recent cooking experience. What did you cook? Who did you cook it for? Was it good? Tell me about the experience in detail.

08 You indicated in the survey that you travel for business (internationally). Describe all the things you pack in your suitcase for the trip and how you prepare for it.

---

01 자기 소개

직장 생활
02 회사 소개
03 사무실 묘사
04 기억에 남는 프로젝트

취미/관심사(요리하기)
05 좋아하는 요리
   – 스파게티
06 요리 과정 – 불고기
07 요리 경험

휴가/출장(해외 출장)
08 국내외 출장 갈 때 챙기는
   물건

09 Please describe the things you have to do from departure to arrival when you travel (abroad) for business. And what do you usually do while you are on a business trip?

10 When you go to the airport for a flight, you see that your flight's departure will be two hours late. Please ask several questions about the problem at the airport's service center.

11 You indicated in the survey that you like to drive a car. When do you like driving and where do you usually go? Who do you go with?

12 How and when did you first become interested in driving a car? Who taught you how to drive? Please describe it in detail.

13 Pretend that you want to rent a car from a rental agency for your driving trip. Call the agency and ask some questions to get information about the car you want to rent and its rates.

14 Who is your favorite movie star or character from any movie or TV show? Why do you like him or her? Please describe him or her in detail.

15 What do you usually do before you go to a movie theater? What do you do after watching a movie? Please tell me about your typical day when you go to the movies.

Model *Answer* 07회

답변 전략

직장인을 위한 답변 구성이다. 직장인으로 설정했지만 자기소개에 과거 학생 시절 이야기를 중심으로 풀어나갔다는 점이 특이하다. 특히 졸업한 지 얼마 되지 않아 학생에 대한 이야기가 편한 경우에는 이런 식으로 답변할 수 있다. 단, 시제는 과거시제로 유지해야 한다. 그런데 자기소개 이후에 여기에서처럼 회사 관련 문제가 출제되는 경우도 있으므로 졸업한 지 얼마 안 되거나 직장생활에 익숙하지 않은 경우는 아예 학생 신분으로 통일해서 내용을 준비하고 배경 설문조사도 학생으로 선택하여 직장 관련 문제가 나오지 않게 하는 것이 좋다. 요리, 출장, 영화에 대한 내용은 일반적으로 많이 선택하는 주제이지만 드라이브는 2014년부터 여가 활동에 새로 추가된 주제 항목이므로 관심이 있다면 눈여겨봐둘 만하다.

---

01 Can you tell me about yourself?

A My name is Kim Suhyun. I majored in business administration at Hanil University. I am a sort of active person, so I joined many club activities. Through the club activities, I learned many good things, like how to cooperate with others and how to lead my team members. Also, I enjoy travelling. After fully finishing my military service, I backpacked in Russia. My time there taught me how to adapt to new situations and how to get along with new people. And the best thing is that I could make many nice pals there. Speaking about my personal philosophy, I regard flexibility as the most important thing in life because we must always change to match the environment. Our world changes quickly and I think only flexible people can survive.

01 자신에 대해 말씀해주시겠어요?

A 저는 김수현입니다. 저는 한일 대학교에서 경영학을 전공했습니다. 저는 활동적인 부류의 사람이라 많은 동호회 활동에 가입했습니다. 이 동호회 활동을 통해서, 저는 많은 좋은 것들을 배웠습니다. 예컨대, 다른 사람들과 협동하는 법 그리고 팀 멤버들을 잘 이끄는 리더십 등이지요. 여행도 좋아합니다. 군복무를 만기 전역 후, 저는 러시아로 배낭여행을 떠났습니다. 그곳에서의 경험과 시간들을 통해, 새로운 상황에 대한 적응력과 새로운 사람들과 잘 어울리는 법을 배울 수가 있었습니다. 그곳에서 가장 좋았던 것은 좋은 친구들을 많이 사귈 수 있었다는 것입니다. 저의 가치관에 대해 말씀 드리자면, 저는 '유연성'을 삶에 있어서 가장 중요한 것으로 여깁니다. 왜냐하면, 사람은 환경에 적응하기 위해 항상 변화해야 하기 때문입니다. 우리가 사는 세계는 급변하고, 오로지 유연한 사람만이 살아남을 수 있다고 생각합니다.

"

02 You indicated in the survey that you are currently working. Tell me about the number of employees in your company. Are there branch offices? How many workers are there?

A I work for the ABC Co., an international trading company, in Seoul. My company imports raw materials and exports farm machinery. The office in Seoul has about 30 people and they handle exports and imports. It has many branches all over the world. The company started business in Europe and has a factory in Belgium. But the largest factory is in China because the Asian market is very important to us. The branch office in China has 100 people working on production lines. Next year, we are hiring 100 more employees to increase its productivity.

03 Please explain your company building or your office to me. What does it look like? Where is it located? Give me all the details.

A Our company took occupancy of a new highrise building last month. Our company building is beautified with small carvings. Since it is located in a commercial district, our building is also surrounded by other office buildings. So we can see many buildings and the streets from our windows. It is 15 stories high and our office is next to the elevator on the 6th floor. I share an open-air office space with 30 other coworkers. The floors are gray and the walls are light blue. The office I work in is very bright as there are windows everywhere and everything is well organized. Recently, the company enforced no-smoking rules inside the building. So I can see many people gathering to smoke behind the building.

02 설문조사에서 현재 직장에 다니신다고 하셨습니다. 당신이 다니는 회사의 직원 수는 얼마나 됩니까? 지사가 있습니까? 직원들이 몇 명입니까?

A 저는 서울에 있는 ABC 국제 무역 회사에서 근무합니다. 저희 회사는 천연 원료를 수입하고 농업 기계류를 수출합니다. 서울에 있는 사무실에는 대략 30명의 직원이 있고 수출과 수입을 다루고 있습니다. 전 세계에 지사가 있습니다. 회사는 유럽에서 사업을 시작했고 벨기에에 공장이 있습니다. 그러나 아시아가 우리에게 있어 가장 중요한 시장이어서 중국에 가장 큰 공장이 있습니다. 중국에 있는 부서에는 100명의 직원들이 생산 라인에서 일하고 있습니다. 내년에는 생산성을 높이기 위해 100명의 직원을 더 고용할 것입니다.

03 회사 건물이나 사무실에 대해 저에게 설명해주세요. 어떻게 생겼습니까? 어디에 위치해 있나요? 모두 자세히 설명해주세요.

A 저희 회사는 지난 달에 새 고층 건물에 입주했습니다. 저희 회사 건물은 조각물로 장식이 되어 있습니다. 회사는 상업 지구에 위치해 있어서 저희 빌딩은 다른 사무 빌딩들에 둘러싸여 있습니다. 그래서 창문에서는 많은 빌딩들과 거리를 볼 수 있죠. 이 건물은 15층이며 저희 사무실은 6층 엘리베이터 옆에 있습니다. 저는 30여명의 동료들과 함께 트인 사무실 공간을 사용합니다. 바닥은 회색이지만 벽은 옅은 파란색입니다. 제가 근무하는 사무실은 여기저기 창이 많아서 매우 밝고 모든 것이 잘 정돈되어 있습니다. 최근에 저희 회사는 건물 내 금연 규정을 시행했습니다. 건물 뒤에는 항상 담배 피우는 사람들이 많이 모여 있는 것을 볼 수 있죠.

04 What was the most memorable project at work that you were involved in? Tell me what the project was and why that particular project was memorable.

A Last summer, my company had a big meeting for three days at the headquarters in Seoul. My responsibility was to help my boss organize meetings. I had to contact our clients and find out how many people were going to attend. It was very important because I had to book flights and hotel rooms for them. I also had to schedule the conference room. There was a lot of work to do. I was so exhausted that I got sick from fatigue. Nearly collapsing, I managed to take care of all the work. After the meeting, I had to call in sick. Fortunately, it turned out the conference was successful and I received a bonus. I was flattered, but it was cold comfort because I didn't sleep because of headache for a week.

05 You indicated that you cook. Please describe the kinds of dishes you like to cook and why you like cooking them.

A I like to try to make fusion dishes made with Korean food and European food. And when I want a unique recipe, I use pasta. It never lets me down. For example, I make kimchi spaghetti. Kimchi is also delicious and goes well with any food. Pasta is not only easy to make, but can be made with any ingredients. If you want meat pasta, you can add chicken or beef. Pasta is a delightful food because you can show your creativity when you cook it. Some of the basic ingredients you need are spaghetti strands, ground beef, bell peppers, onions, and minced garlic. And you can make a recipe special by adding kimchi to it.

---

04 회사에서 당신이 참여한 일 중 가장 기억에 남는 프로젝트는 무엇이었습니까? 그 프로젝트가 무엇이었는지, 왜 인상 깊었는지 얘기해주세요.

A 지난 여름, 저희 회사는 서울의 본사에서 3일간 큰 회의를 했습니다. 제 임무는 제 상사가 회의를 조직하는 것을 돕는 것이었습니다. 저는 우리의 고객들에게 연락해서 몇 명이나 참석할 것인지 알아내야 했습니다. 고객들을 위해 비행기와 호텔 객실을 예약해야 했기 때문에 그것은 중요한 일이었습니다. 저는 또한 회의실 일정을 잡아야 했죠. 할 일이 많았습니다. 저는 매우 지쳐서 피로로 아팠습니다. 거의 쓰러질 정도였지만 겨우 모든 일을 처리했습니다. 회의가 끝난 다음 아파서 결근해야 했습니다. 운 좋게도 회의 결과가 성공적이어서 저는 보너스를 받았습니다. 기분이야 좋았시만 일주일 동안 머리가 아파 잠을 제대로 못 잤기 때문에 그렇게 큰 위안이 못 됐습니다.

05 요리를 한다고 하셨습니다. 만들기 좋아하는 요리의 종류와 함께 왜 그것을 만드는 것을 좋아하는지 그 이유도 말씀해주세요.

A 저는 주로 한국 음식과 유럽 음식의 퓨전 요리를 해보는 것을 좋아합니다. 그리고 독특한 요리법을 원할 때 파스타를 이용합니다. 그것들은 절대 실망시키지 않죠. 예를 들면 김치 스파게티 같은 것을 만드는 것이죠. 김치 역시 맛있고 어떤 음식에도 어울리죠. 파스타는 만들기 쉽고 어떤 재료도 이용할 수 있습니다. 미트 파스타를 만들고 싶다면 닭고기나 돼지고기를 넣을 수 있습니다. 파스타는 만드는 과정에서 창의성을 발휘할 수 있는 매우 매력적인 음식입니다. 필요한 기본 재료는 스파게티 면, 소고기 간 것, 파프리카, 양파와 잘게 빻은 마늘입니다. 그리고 김치를 요리에 첨가함으로써 요리를 독특하게 만들 수 있죠.

06 Please tell me about the best dish you can cook and explain how you make it and the steps that you use to cook it.

A My favorite food I really like to cook is bulgogi, which is a Korean traditional food. I buy ingredients including onions, radish, and mushrooms at a supermarket. Make sure you defrost the beef completely before cooking. And marinate it at least 2 hours before cooking. Next, put other ingredients in the pan, and stir well. When you are ready to cook the beef, preheat the grill. Cook slowly until the beef is tender. Finally, transfer it to a plate and enjoy.

06 당신이 가장 잘 만들 수 있는 음식에 대해 말하고, 어떻게 만드는지 그리고 요리할 때의 단계를 설명해주세요.

A 제가 요리하기 가장 좋아하는 음식은 한국 전통 음식인 불고기입니다. 저는 슈퍼마켓에서 양파, 무, 버섯 등의 재료를 삽니다. 쇠고기를 요리하기 전에 반드시 완전히 해동을 시키세요. 그리고 그것을 요리하기 전에 적어도 두 시간 양념에 재워둡니다. 다음으로 다른 재료를 팬에 넣고 잘 섞이게 저으세요. 쇠고기를 요리할 준비가 되었을 때, 석쇠를 예열하세요. 쇠고기가 부드러워질 때까지 천천히 요리하세요. 마지막으로 그것을 접시에 담아서 먹으면 됩니다.

07 Please describe a recent cooking experience. What did you cook? Who did you cook it for? Was it good? Tell me about the experience in detail.

A There was nothing to eat in the refrigerator, so I decided to make fried rice. It's easy and quick to do and quite tasty. Some food was cooking on the gas stove. I mixed up sugar with salt, and mistakenly I put in a spoon of sugar instead of salt. Sounds weird, but it was delicious. I felt like I was eating at a 5-star hotel. Maybe I must have been very hungry.

07 최근에 요리한 경험에 대해 얘기해주세요. 무엇을 요리했나요? 누구를 위해 요리했나요? 맛있었나요? 그 경험에 대해 자세히 얘기해주세요.

A 냉장고에 먹을 것이 없어서 볶음밥을 만들기로 했습니다. 이것은 쉽고 빠르며 꽤 맛이 있습니다. 음식이 가스렌지 위에서 조리되고 있었습니다. 설탕과 소금을 혼동하여 실수로 소금 대신 설탕 한 스푼을 넣었습니다. 이상하게 들리겠지만, 맛은 있었습니다. 저는 5성급 호텔에서 식사를 하는 것 같았습니다. 아마도 제가 너무 배가 고팠나 봅니다.

08 You indicated in the survey that you travel for business (internationally). Describe all the things you pack in your suitcase for the trip and how you prepare for it.

A I like to travel light and I know how to pack light. First, I make a list of things to pack and I pack all the things that I need. I try not to over-pack my clothing. I usually pack one shirt, one pair of pants, one pair of socks, and one pair of underwear per day. I also bring toiletries and necessities like a toothbrush and toothpaste. Also, I need to pack my laptop and documents relevant to the business trip. If I am supposed to be in a business meeting, I need a suit. I try to focus on what is absolutely necessary for my business there, so I do not pack more than I need.

09 Please describe the things you have to do from departure to arrival when you travel (abroad) for business. And what do you usually do while you are on a business trip?

A On the day I travel, I take the airport shuttle or subway to the airport. And at the airport, I check in for the flight and get a boarding pass. When I arrive at my destination, I take a taxi to the hotel and check in. I put my luggage in my room, and then I go to the hotel business center to see if I can receive any faxes or messages while I am traveling. I usually call my clients after that, and confirm meetings. I attend trade shows there and I also participate in conferences with our clients. I study the local consumers' spending habits to better understand the industry there. I make a report about the results after inspecting industry trends there.

08 당신은 설문조사에서 (해외로) 출장을 간다고 했습니다. 출장을 갈 때 꾸리는 물건들과 출장을 어떻게 준비하는지 자세히 설명해주세요.

A 저는 가벼운 여행을 좋아하고 가볍게 짐 싸는 법을 알고 있어요. 먼저 저는 싸야 할 것의 목록을 만들고, 필요한 모든 짐을 쌉니다. 저는 옷도 너무 많이 가져가지는 않으려고 노력합니다. 보통 셔츠 한 장, 바지 한 벌, 양말 한 켤레, 하루씩 입을 속옷 정도를 챙깁니다. 또 칫솔이나 치약과 같은 세면도구들도 챙깁니다. 노트북과 출장 관련 서류들도 챙겨야 합니다. 비즈니스 미팅에 참석해야 한다면 양복도 필요합니다. 출장지에서 정말로 필요한 것에 집중하기 위해 필요 이상의 짐을 싸지 않습니다.

09 (해외로) 출장을 갈 때 출발에서 도착까지 무엇을 해야 하는지 묘사하세요. 그리고 출장 중에는 보통 무슨 일을 하나요?

A 출발하는 날, 공항 셔틀버스나 지하철을 타고 공항에 갑니다. 그리고 공항에서 체크인을 하고 탑승권을 받습니다. 목적지에 도착하면 택시를 타고 호텔에 가서 체크인을 합니다. 짐을 방에 놓고 여행 동안 팩스나 메시지를 받을 수 있는지 확인하러 호텔 비즈니스 센터에 갑니다. 보통 그리고 나서 고객에게 전화를 하고 회의 일정을 확인합니다. 저는 그곳에서 무역 박람회에 참석하고 고객들과의 컨퍼런스에도 참석합니다. 그곳의 업계 동향을 더 잘 파악하기 위해서 현지 소비자들의 소비 습관을 연구합니다. 저는 현지 동향을 분석한 후에 결과에 대해 보고서를 작성합니다.

10 When you go to the airport for a flight, you see that your flight's departure will be two hours late. Please ask several questions about the problem at the airport's service center.

A Hello, this is Kim Suhyun. I booked a flight with your company going to London from Seoul, this afternoon at 3:00 p.m., on Asiana Airlines. But I heard my flight wouldn't leave at 3. The airline did not give an explanation. So, what should I do? This is a very important business trip, and I have to attend the conference on time. Would you let me know what time I can get on the flight? Is there a possibility to be delayed for over a couple of hours or to be canceled? If so, I think I need to contact my company to inform them of this matter and discuss with your manager in charge how to handle this matter. Once again, would you hurry up and let me know? Thanks for your help.

11 You indicated in the survey that you like to drive a car. When do you like driving and where do you usually go? Who do you go with?

A One of my favorite stress relieving activities is to get in my car and drive. When I end up driving away, it is usually when I need to calm and center myself. I refer to these drives as "clicking the reset button." These road trips give me time to think about everything. During these road trips, I think nothing at all, clearing my head. On my drives, it is just me, the road, and the music. I never have a destination in mind when I embark, but I always end up in one place: Sokcho. How wonderful would it be to just get up and go!

10 비행기를 타러 공항에 가서 탑승이 두 시간 늦어질 것을 알았습니다. 공항 서비스 센터에 이 문제에 대한 질문을 몇 가지 해보세요.

A 여보세요. 김수현입니다. 아시아나 항공으로 서울에서 런던으로 가는 3시 항공편을 예약했습니다. 그런데 제 비행기가 3시 정각에 출발하지 못한다고 들었습니다. 항공사에서는 아무런 설명이 없었습니다. 어떻게 해야 할까요? 이것은 아주 중요한 출장이고 제시간에 회의에 참석해야 해요. 몇 시에 탑승할 수 있는지 알려주시겠어요? 두어 시간 이상 늦어지거나 취소될 가능성도 있나요? 그렇다면 저희 회사에 연락해서 이 문제를 알리고 이곳에 책임 있는 매니저와 이 문제를 어떻게 처리할지 의논해야 할 것 같습니다. 다시 한 번, 서둘러서 알려주시겠어요? 도와주셔서 감사합니다.

11 드라이브를 좋아한다고 하셨습니다. 당신은 언제 드라이브 하는 것을 좋아하고, 주로 어디로 운전해서 가나요? 누구와 함께 가나요?

A 제가 스트레스를 푸는 가장 좋아하는 활동 중 하나는 차에 올라 운전하는 것입니다. 저는 보통 제 자신을 진정시키고 집중해야 할 때 차를 몰고 떠납니다. 저는 이런 드라이브를 '리셋 버튼 클릭하기'라고 부릅니다. 이런 드라이브 여행은 제게 모든 것을 생각할 시간을 줍니다. 이런 드라이브 여행을 하면서 저는 아무 것도 생각하지 않는데, 머리를 깨끗이 비웁니다. 운전을 하면서는 그냥 저와, 길 그리고 음악만이 있을 뿐입니다. 저는 목적지를 염두에 두지 않고 떠나지만 항상 한 곳 속초로 가게 됩니다. 그냥 일어나서 갈 수 있다는 것이 얼마나 좋습니까!

12 How and when did you first become interested in driving a car? Who taught you how to drive? Please describe it in detail.

A When I was young, my father really liked driving, so I wasn't scared or intimidated by cars at all. He was really patient and taught me how to drive a car. I'm a defensive driver because I learned to take things slow in the beginning. Learning how to drive is a lot easier than it looks. I had watched my father and elder brothers drive a car, so I sort of knew what to do. Once I got behind the wheel and put my foot on the pedal, the process becomes very intuitive. Since then, I'd say that I've became quite a car maniac. Years ago, before I found peace and balance in my life, I would drive on the road and find myself to be delighted with myself. Driving allows me freedom.

13 Pretend that you want to rent a car from a rental agency for your driving trip. Call the agency and ask some questions to get information about the car you want to rent and its rates.

A I'm calling to get information about renting a car. I'm planning a two night road trip to the East Sea in August. So, I'd like to ask you some questions. What kinds of cars are available from your agency? Just my friend and me. But we have a lot of things to pack, so I think a van will be good for us. How much do you charge a day? Are you offering any discount? Oh, I almost forgot. If you have a navigation system, that would be great. That's good. I'll make a booking for that one. My name is Kim Suhyun. And do you need my driver's license number? OK. Then, I will call you back on that day. Thank you for your help.

---

12 언제, 어떻게 처음으로 드라이브에 관심을 갖게 되었습니까? 누가 운전을 가르쳐줬나요? 자세히 설명해주세요.

A 제가 어렸을 때 아버지께서 운전을 좋아하셨기 때문에 차에 대해 전혀 두려워하거나 겁내지 않았어요. 아버지께서는 정말 참을성 있게 어떻게 운전을 하는지에 대해 가르쳐주셨습니다. 처음에 운전을 천천히 하도록 배웠기 때문에 저는 방어 운전을 합니다. 운전을 배우는 것은 보기보다 훨씬 쉽습니다. 저는 아버지, 그리고 형들이 운전하는 것을 봤기 때문에 뭘 해야 하는지 아는 그런 식이었습니다. 일단 운전석에 앉아 발을 페달에 놓으면 운전은 매우 직관적인 과정이 됩니다. 그 이후로 저는 상당한 운전 전문가가 되었습니다. 몇 년 전, 제 인생에서 안정과 균형을 찾기 전에 도로를 달릴 때면 기쁨에 차 있는 제 자신을 발견하곤 했습니다. 드라이브는 저에게 자유를 줍니다.

13 드라이브 여행을 위해 렌탈 에이전시에서 차를 빌리려고 한다고 가정해보세요. 에이전시에 전화해서 원하는 차와 요금에 대한 정보를 얻기 위한 몇 가지 질문을 해보세요.

A 자동차 렌트에 대한 정보를 얻으려고 전화했습니다. 저는 8월에 동해로 떠나는 2일간의 도로 여행을 계획하고 있습니다. 그래서 몇 가지 질문을 하고 싶습니다. 당신의 회사에 어떤 차들이 있나요? 제 친구와 저만 가는데요. 챙길 짐이 많아서요. 밴이면 좋을 것 같아요. 하루에 얼마인가요? 할인이 있나요? 아, 그리고 잊을 뻔했는데, 네비게이션도 있으면 좋을 것 같습니다. 좋군요. 그걸로 예약할게요. 제 이름은 김수현입니다. 제 운전면허증 번호가 필요하세요? 좋아요. 그럼 차가 필요한 날 다시 전화할게요. 도와주셔서 감사합니다.

14 Who is your favorite movie star or character from any movie or TV show? Why do you like him or her? Please describe him or her in detail.

A My favorite movie star is Brad Pitt. Brad Pitt is an American actor and a film producer. He has been described as one of the world's most attractive men. I guess since his role in the road movie *Thelma & Louise*. Brad Pitt first gained recognition as a cowboy hitchhiker in *Thelma & Louise*. His first leading roles in big-budget productions came with *A River Runs Through It* and *Legends of the Fall*. His acting was very impressive in the films. He doesn't disappoint us. His greatest commercial successes have been *Troy*, and *Mr. & Mrs. Smith*. Pitt owns a production company and he lives with actress Angelina Jolie and their six children.

14 좋아하는 영화 배우나 영화 또는 TV 프로그램에 나오는 가장 좋아하는 인물은 누구인가요? 그 특정 배우를 좋아하는 이유는 무엇입니까? 그/그녀에 대해 자세히 설명해주세요.

A 제가 가장 좋아하는 영화 배우는 브래드 피트입니다. 브래드 피트는 미국 배우이자 영화 프로듀서입니다. 그는 세계에서 가장 매력적인 남자 중 한 명으로 묘사되어 왔습니다. 아마도 로드 무비 〈델마와 루이스〉에서 그의 역할 이후인 것 같습니다. 〈델마와 루이스〉에서 카우보이 히치하이커로 등장한 브래드 피트는 확실히 각인되었습니다. 대형 프로덕션에서 그의 첫 번째 주연은 〈흐르는 강물처럼〉과 〈가을의 전설〉이었습니다. 영화에서 그의 연기는 매우 인상적이었죠. 그는 우리를 실망시키지 않습니다. 그의 가장 큰 상업적인 성공은 〈트로이〉, 〈미스터 앤 미세스 스미스〉에서였습니다. 그는 프로덕션 회사를 가지고 있고 여배우 안젤리나 졸리, 그리고 여섯 아이들과 함께 살고 있습니다.

15 What do you usually do before you go to a movie theater? What do you do after watching a movie? Please tell me about your typical day when you go to the movies.

A First, one of my friends contacts the others. Next, we choose which movie to see. We usually decide on an action movie. Then we book tickets online before we leave for the theater, because we can avoid waiting in line at the theater. We always go to the movie theater located downtown. Before we enter the theater, we also make sure to buy some snacks. Before the movie starts, we make sure to drop by the bathroom. When the movie starts, we concentrate on the movie. After the movie finishes, we go to a café to drink coffee and talk about it.

15 영화관에 가기 전에 주로 무엇을 하나요? 영화 관람 후에는 무엇을 합니까? 영화를 보러 갈 때 전형적인 하루에 대해 이야기해주세요.

A 우선 친구 중 한 명이 다른 친구들에게 연락을 합니다. 다음에는 볼 영화를 고릅니다. 보통 액션 영화로 결정합니다. 그런 다음 우리는 극장으로 출발하기 전에 온라인으로 미리 티켓을 예매하죠. 그렇게 하면 영화 보는 극장 앞에서 줄 서서 기다리지 않아도 됩니다. 우리는 항상 시내에 있는 영화관에 갑니다. 극장에 들어가기 전에 꼭 군것질거리도 삽니다. 영화가 시작되기 전에는 반드시 화장실에 다녀옵니다. 영화가 시작되면 그것에 집중합니다. 영화가 끝나면 카페에 가서 커피를 마시면서 그것에 관해 이야기를 합니다.

Actual Test
08

실전 모의고사 08회 미리보기

● 인물 설정: 직장인
● 배경 설문조사 체크

거주지: 가족과 함께 개인 주택이나 아파트에 거주
여가 활동: 공연 보기, 콘서트 보기, SNS
취미나 관심사: 음악 감상하기, 악기 연주하기
스포츠: 자전거, 조깅, 걷기
휴가나 출장: 국내 여행, 해외 여행, 국내 출장, 해외 출장

Listen 질문 미리듣기

다음 질문을 듣고 질문의 핵심 내용을 적어보세요.

01 *Key Word*

02 *Key Word*

03 *Key Word*

04 *Key Word*

05 *Key Word*

06 *Key Word*

07 *Key Word*

08 *Key Word*

09 *Key Word*

10 *Key Word*

11 *Key Word*

12 *Key Word*

13 *Key Word*

14 *Key Word*

15 *Key Word*

01 Can you tell me about yourself?

02 Tell me about your daily routine at work. What do you do before leaving your home, and when arriving at work? What do you do at the office? What are some of your responsibilities?

03 What was the most memorable thing that happened at your work? Tell me what happened and what you did. And why was that particular experience memorable to you?

04 It seems that you will be late for the meeting you had arranged with your business partner. Make a telephone call so that you can explain what has happened. Suggest a few alternative ways of fixing the problem.

05 You indicated in the survey that you like to use SNSs. What kind of SNS do you usually use? When and where do you usually use it?

06 You indicated in the survey that you like to use SNSs. Please explain what you usually do with an SNS in detail.

07 Please tell me about your most memorable experience you had when you used SNS. What happened? Why was it so memorable to you?

08 You indicated in the survey that you go to concerts. What kind of concerts do you usually go to? How often do you go to concerts and with whom do you usually go? How do you pick which concert you will go to?

---

01 자기 소개

직장 생활
02 직장에서의 일과
03 기억에 남는 직장 경험
04 업무 관련 약속에 늦는 상황 – 롤플레이

여가 활동(SNS)
05 SNS 일반 1
06 SNS 일반 2
07 SNS 과거 경험

여가 활동(공연 보기)
08 공연 가기 일반 설명

09 Pretend that you want to order some concert tickets on the phone. Ask some questions about the concert in order to reserve some tickets.

10 Unfortunately, you realize that you can't make it on the day of watching a performance with your friends. Make a telephone call to your friend, and tell him or her what has happened. Offer two solutions for this situation.

11 Please tell me about your favorite singer. What kind of music does he or she sing? Why do you like him or her?

12 You borrowed an MP3 player from your friend, but you unfortunately broke it. Contact your friend and describe this situation. Suggest two or three ways that you can get another working MP3 player for your friend as quickly as possible.

13 I also like to listen to music. Ask me three to four questions about it.

14 Can you recall a memorable event that happened in the area where you live? Tell me as many details about that event from start to finish in particular the elements that made the event so memorable.

15 A window at your house is broken, so you call the repair shop. Unfortunately, the repairman won't be able to fix it until later this week. Explain to the repairman why it needs to be fixed right away.

09 공연장 입장권 예약 문의
 – 롤플레이
10 공연 날 갈 수 없는 상황
 해결 – 롤플레이

취미/관심사(음악 감상하기)
11 좋아하는 가수 – 한국
12 음악 기기 고장 문제 해결
 – 롤플레이
13 음악 감상 단순 질문
 – 롤플레이

가정과 이웃
14 동네에서 생긴 일
15 집안 물품 수리 요청하기
 – 롤플레이

답변 전략

직장인을 위한 답변 구성이다. 30대 초반의 5년차 직장인의 내용이므로 비슷한 연령대의 사람들 누구에게나 부담 없는 내용으로 구성했다. 직장 생활과 관련된 문제가 배치되어 있어 직장인이라면 꼭 이러한 문제/답변 구성을 학습해두기를 권한다. 또한 2014년부터 여가 활동 분야에 새로 추가된 항목인 SNS 활용에 대한 문제가 배치되었으므로 관심 있는 주제라면 눈여겨봐두는 것이 좋다. 돌발 문제가 출제되지 않은 대신, 공연, 음악, 가정/이웃에 대한 기본적인 문제들이 다양하게 배치되어 있으므로 답변 활용도가 높다. 철저히 학습해두자.

---

01 Can you tell me about yourself?

A My name is Kim Suhyun from Seoul. I am a 33-year-old office worker and I'm the father of three children. I work in a bank as an investment counselor. I have worked for 5 years at the company. I'm usually on the go all day long at work. When I have free time on the weekends, I either take a nap or watch TV. I have an incredibly laid-back personality. I never do anything around the house. I'm so sorry for my wife. So, I will help her with the housework in many ways.

01 자신에 대해 말씀해주시겠어요?

A 제 이름은 김수현이고 서울 출신입니다. 저는 33살의 회사원입니다. 저는 세 아이의 아버지입니다. 저는 투자 상담사로 은행에 근무하고 있습니다. 저는 회사에서 5년간 근무해오고 있습니다. 저는 근무 중에는 대개 하루종일 바쁩니다. 주말에 시간이 나면 낮잠을 자거나 TV를 봅니다. 저는 아주 느긋한 성격입니다. 저는 집안일을 도대체 하지 않습니다. 아내에게 아주 미안한 마음이 듭니다. 그래서 아내를 도와 여러 가지 집안일을 해야겠어요.

02 Tell me about your daily routine at work. What do you do before leaving your home, and when arriving at work? What do you do at the office? What are some of your responsibilities?

A I usually get up around 6 a.m. Then I make breakfast. I take the bus and transfer to the subway on my way to work every day. I arrive at the office at eight thirty. As soon as I arrive at the office, my boss assigns tasks to each man and checks the performances. During business hours, I offer counselling to my clients and check the marketing plans. One of my core business areas is producing comprehensive investment plans for my clients. All day, I am usually busy talking on the phone with the clients.

03 What was the most memorable thing that happened at your work? Tell me what happened and what you did. And why was that particular experience memorable to you?

A Last month, we upgraded our client's investment plans. Our client required too much time from us. They always required us to do everything in a rush. Besides, they forced us to cut prices and lower our standards. I sighed and reluctantly had to pass the cost of changing the plans on to my boss. After reviewing it, he told me to keep my hands off this project. The whole project ended up right back where it started. I was disappointed, but there was nothing I could do.

02 회사에서의 일과에 대해 얘기해주세요. 집을 떠나기 전과 회사에 도착해서 무엇을 합니까? 사무실에서 당신은 무엇을 합니까? 당신의 책임은 무엇입니까?

A 아침에 보통 6시 정도에 일어납니다. 그리고는 아침을 준비합니다. 저는 매일 회사에 오는 길에 버스를 타고 지하철로 갈아탑니다. 저는 8시 반에 사무실에 도착합니다. 사무실에 도착하자마자 상사가 각자에게 업무를 배정하고 성과를 확인합니다. 업무를 보는 동안 저는 고객을 상담해주고 마케팅 계획을 점검합니다. 저희 핵심 사업 분야 중 하나는 고객을 위한 포괄적인 투자 전략을 세워주는 것입니다. 하루종일 저는 항상 고객들과 통화하느라 바쁩니다.

03 직장에서 가장 기억에 남는 일은 무엇이었습니까? 무슨 일이 일어났고 당신은 무엇을 했는지 얘기해주세요. 그 일이 당신에게 왜 기억에 남는 특별한 경험이었나요?

A 지난 달, 고객사의 투자 전략의 업그레이드가 있었습니다. 우리의 고객은 우리에게 과도한 요구를 했습니다. 그들은 언제나 모든 것을 서둘러서 처리할 것을 요구했습니다. 더욱이, 그들은 비용 절감과 기준을 낮춰줄 것을 강요했습니다. 저는 한숨을 쉬며 어쩔 수 없이 계획 변경에 따른 비용을 상사에게 넘겨야 했습니다. 그것을 검토한 후, 그는 나에게 이 프로젝트에서 손을 떼라고 말했습니다. 프로젝트가 원점으로 돌아가버렸습니다. 매우 실망스러웠지만, 제가 할 수 있는 일이 없었습니다.

04 It seems that you will be late for the meeting you had arranged with your business partner. Make a telephone call so that you can explain what has happened. Suggest a few alternative ways of fixing the problem.

A Hello. Mr. Kim? I'm sorry that I have to say this, but I have a problem. Actually, I don't feel so well and I had to see a doctor. I know we have an important presentation at 2 p.m. but I think I will be late. Can you be ready to start it for me? I put a package of materials on my desk. The handout will explain the approach that I think you need to take on the project. I'm on the way back to the office, so as soon as I arrive there, I'll call you right away. I'm sorry again about what happened.

04 당신의 업무 파트너와의 약속에 늦을 것 같습니다. 전화를 해서 상황을 설명하세요. 그리고 이 문제를 해결하기 위해 몇 가지 대안을 제시하세요.

A 여보세요, 김 대리님? 이렇게 말씀 드려야 해서 죄송한데요, 저한테 문제가 생겼어요. 사실 몸이 좀 안 좋아요. 그래서 병원에 들러야 했어요. 오후 2시에 중요한 프레젠테이션이 있는 건 알고 있는데 늦을 것 같아요. 저 대신 프레젠테이션을 시작할 준비를 해주시겠어요? 자료를 제 책상에 두었어요. 유인물을 보시면 당신이 그 프로젝트를 진행하는 데 필요하다고 생각하는 방법이 설명되어 있습니다. 저는 지금 회사로 들어가고 있으니 도착하자마자 바로 전화할게요. 이런 일이 생겨서 죄송해요.

05 You indicated in the survey that you like to use SNSs. What kind of SNS do you usually use? When and where do you usually use it?

A I use social networking sites for meeting new friends and finding old friends. I usually use several social networking services such as Facebook, Twitter, and Cacao Talk. I can use the service with a smartphone anywhere and anytime. With a touch of the screen, I can find myself connected to the latest news, social networks, online games, and entertainment. I especially use social networking sites for locating people who have the same problems or interests as me. Put simply, for me social networking is a way to meet up with other people on the Internet.

05 설문조사에서 SNS를 이용하신다고 표시하셨습니다. 어떤 SNS를 주로 이용하나요? 주로 언제, 어디에서 SNS를 하나요?

A 저는 소셜 네트워킹 사이트를 이용해서 새로운 친구들을 만나고 옛날 친구들을 찾습니다. 저는 보통 페이스북, 트위터, 카카오톡 같은 여러 종류의 SNS를 이용합니다. 스마트폰이 있으면 어느 곳, 어느 때라도 SNS 서비스를 이용할 수 있습니다. 화면 터치만으로 최신 뉴스, SNS, 온라인 게임, 엔터테인먼트 등을 접할 수 있습니다. 저는 특히 소셜 네트워킹 사이트를 이용해서 저와 같은 문제와 흥미를 가진 사람들을 찾습니다. 간단히 말해서, 저에게 있어서 소셜 네트워킹은 인터넷을 통해서 다른 사람을 만나는 방법입니다.

06 You indicated in the survey that you like to use SNSs. Please explain what you usually do with an SNS in detail.

A Social networking sites play a vital role in my life as well. There are many social networking services, but especially I often use the Facebook service. I can publish content myself and connect with others to share our interests on my Facebook page. I can share interests and activities with my friends. These days, I never miss the opportunity to photograph or video something as soon as it happens and then post it online. Friends have left messages on my Facebook page. Those are the reasons I log on to Facebook. These days, I log on to Facebook more and more often.

06 설문조사에서 SNS를 이용하신다고 표시하셨습니다. 어떤 SNS를 주로 이용하나요? SNS로 주로 무엇을 하는지 자세히 설명해보세요.

A 소셜 네트워킹 사이트는 제 삶에 있어서도 중요한 역할을 합니다. 많은 SNS 서비스가 있지만, 저는 특히 페이스북을 자주 사용합니다. 저는 페이스북에 콘텐츠를 공개할 수 있고 다른 사람들과 연결해 관심사를 나눌 수 있습니다. 저는 제 친구들과 흥미와 활동을 공유합니다. 요즘 저는 어떤 일이 일어나면 놓치지 않고 바로 사진을 찍거나 영상으로 담아 인터넷 상에 올립니다. 친구들은 제 페이스북 페이지에 메지시를 남깁니다. 이것이 단지 제가 페이스북에 로그인하는 이유입니다. 요즘은 더욱 자주 페이스북에 로그인합니다.

07 Please tell me about your most memorable experience you had when you used SNS. What happened? Why was it so memorable to you?

A I posted a video on my Facebook page last week. The video file has stirred controversy since then. Within hours of putting up the webpage, I received hundreds of email messages from people. Many Internet users believed the event was real and posted encouraging messages online. I was shocked and right away I told them it was not a fact and sincerely apologized to them. I think a more mature attitude is required before Internet users are allowed to post whatever they want.

07 SNS를 하면서 일어난 가장 기억에 남는 일을 이야기해주세요. 어떤 일이었나요? 왜 기억에 남나요?

A 저는 지난주에 페이스북에 동영상을 하나 게시했습니다. 그 후 그 동영상은 논란을 불러일으켰습니다. 웹페이지를 게시한 지 몇 시간 안에, 저는 사람들로부터 수백 통의 이메일을 받았습니다. 많은 인터넷 이용자들은 그 사건이 진짜였다고 믿고 온라인상으로 격려의 메시지를 게시했습니다. 저는 깜짝 놀라 바로 그것이 사실이 아님을 밝히고, 많은 인터넷 이용자들에게도 진심으로 사과했습니다. 인터넷 이용자들은 원하는 것을 무엇이든 게시하려 하기 전에 좀 더 성숙한 태도가 요구된다고 생각합니다.

08 You indicated in the survey that you go to concerts. What kind of concerts do you usually go to? How often do you go to concerts and with whom do you usually go? How do you pick which concert you will go to?

A I prefer attending concerts to just listening to music on my MP3 player. I go to a concert once or twice a month with my friends. We prefer a rock concert that is filled with exciting rhythms. There are so many reasons why I like to go to concerts. At the concerts, I can see all the band members on the stage at the same time. The audience at concerts is very enthusiastic. For these reasons, I always check that the music is the main attraction and it is live.

09 Pretend that you want to order some concert tickets on the phone. Ask some questions about the concert in order to reserve some tickets.

A Hello, is this ABC Theater? Can I ask you some questions? What is the address of your website? I can't find the website that I need to access for ticketing. Can I make a reservation over the phone? Oh, thank you. I'd like to reserve tickets for the 8 o'clock concert on Saturday, May 15th. I want to reserve the tickets under the name of Kim Suhyun. I want to reserve four seats in front. Do you have any front row seats left? Oh, that's good. General seats, please. How much would the tickets be? Do you offer any discount? Thank you. You were very helpful.

08 콘서트에 간다고 하셨습니다. 주로 어떤 콘서트에 가시나요? 콘서트는 얼마나 자주 가고 보통 누구와 함께 갑니까? 어떤 콘서트를 갈지는 어떻게 고르나요?

A 저는 그냥 MP3로 음악을 듣는 것보다 콘서트에 가는 것을 좋아합니다. 저는 한 달에 한두 번 친구들과 함께 콘서트에 갑니다. 우리는 신나는 리듬으로 가득한 락 콘서트를 선호합니다. 제가 콘서트에 가는 것을 좋아하는 데에는 여러 가지 이유가 있습니다. 콘서트에서 저는 무대 위의 모든 밴드 멤버들을 동시에 볼 수 있습니다. 콘서트의 청중들은 매우 열정적입니다. 이런 이유들로 저는 항상 음악이 주가 되고 라이브인지를 확인합니다.

09 전화로 콘서트 티켓을 주문한다고 가정해보세요. 티켓을 예매하기 위해 콘서트에 대해 질문을 3~4가지 하세요.

A 안녕하세요, ABC 극장인가요? 몇 가지 질문 좀 해도 될까요? 웹사이트 주소가 어떻게 되죠? 예매하기 위해 접속해야 할 웹사이트를 못 찾겠어요. 전화 예약이 가능합니까? 아, 고마워요. 5월 15일 토요일 8시 콘서트 입장권을 예약하고 싶습니다. 김수현이라는 이름으로 예약하고 싶습니다. 저는 앞자리로 네 자리 예약하고 싶어요. 앞쪽 좌석에 자리가 남아 있나요? 아, 잘됐네요. 일반석으로 해주세요. 티켓 가격은 얼마인가요? 할인을 해주나요? 고마워요. 큰 도움이 됐어요.

10 Unfortunately, you realize that you can't make it on the day of watching a performance with your friends. Make a telephone call to your friend, and tell him or her what has happened. Offer two solutions for this situation.

A Hello, this is Suhyun speaking. I know you guys want to go to a concert together tonight. I'm afraid I can't make it because I have food poisoning. I have to go see a doctor. It's actually kind of an emergency situation. So, why don't you guys meet and watch the concert without me? If you don't want to, can we go to the concert next weekend? Is there any chance you could call the others and explain this situation? Let me know what is best for you.

11 Please tell me about your favorite singer. What kind of music does he or she sing? Why do you like him or her?

A My favorite group is Girls' Generation. Girls' Generation is a South Korean girl group formed by SM Entertainment. The group consists of nine members; Taeyeon, Jessica, Sunny, Tiffany, Hyoyeon, Yuri, Sooyoung, Yoona, and Seohyun. They have definitely got what it takes to be something incredible. The group started gaining attention with songs such as *Into the New World* and *Kissing You*. They gained significant popularity with their hit single *Gee*. It's very cute and lovely. They solidified their place in the Korean music industry with *Genie*, and *Oh!*. I sometimes practice their songs in order to sing and look cool at a company dinner. If they are at the concert, definitely that would be my choice. At their concert, I always watch the concert with my mind empty.

10 불행히도 친구들과 공연을 보기로 한 날에 갈 수 없다는 것을 알게 됩니다. 친구에게 전화를 걸어서 무슨 일이 생겼는지 말하세요. 이 상황을 해결할 다른 두 가지 해결책을 제시하세요.

A 여보세요, 나 수현이야. 너희들이 오늘 밤 음악 콘서트를 함께 보러 가기를 원한다는 것을 알아. 미안하지만 나 식중독에 걸려서 못 갈 것 같아. 병원에 가야 해. 진짜 좀 위급한 상황이야. 그래서, 너희들끼리 만나서 나 빼고 그냥 콘서트를 보는 게 어때? 그게 싫으면 다음 주말에 갈래? 다른 아이들한테 전화해서 이 상황을 알려줄래? 뭐가 가장 좋은지 알려줘.

11 당신이 가장 좋아하는 가수에 대해 이야기해주세요. 어떤 종류의 음악을 부르나요? 왜 그 또는 그녀를 좋아하나요?

A 제가 가장 좋아하는 그룹은 소녀시대입니다. 소녀시대는 SM 엔터테인먼트에 의해 결성된 한국의 걸그룹입니다. 그룹은 9명의 멤버들인 태연, 제시카, 써니, 티파니, 효연, 유리, 수영, 윤아, 서현으로 구성되어 있습니다. 그들은 대형 스타가 되는 데 필요한 자질을 전부 갖추고 있어요. 그룹은 〈다시 만난 세계〉, 〈키싱유〉와 같은 곡으로 관심을 끌기 시작했습니다. 그들은 〈지〉라는 싱글로 엄청난 인기를 모았습니다. 그 곡은 매우 귀엽고 사랑스럽습니다. 그들은 〈소원을 말해봐〉와 〈오!〉라는 곡으로 한국 음악 산업에 자리매김했습니다. 저는 회식에서 불러서 멋져 보이려고 가끔 그들의 노래를 연습합니다. 저는 그들이 콘서트에 나오면 꼭 보러 갑니다. 그들의 콘서트에서 저는 항상 얼이 빠져서 공연을 봅니다.

12 You borrowed an MP3 player from your friend, but you unfortunately broke it. Contact your friend and describe this situation. Suggest two or three ways that you can get another working MP3 player for your friend as quickly as possible.

A I've been using your MP3 player for the past few days and the sound on it is just phenomenal. Your MP3 player had an accident though. The headphones accidentally slipped out of my ears and the player fell on the street. The screen has a big crack running down the middle. Even worse, it doesn't work properly. I am planning to call the store where you bought it. I'll check first to see if they can repair it, and if it's not possible, I'll pay you for another one, of course. Until then, you can use mine if you like.

13 I also like to listen to music. Ask me three to four questions about it.

A Please tell me about your favorite singer. What kind of music does he or she sing? And why do you like him or her? How and when did you first become interested in listening to music? How did the music influence you? Tell me about it with a lot of detail. Do you have any memorable event related to your favorite singer? How has your taste in music changed throughout the years? I'd love to hear all about the songs that you like to listen to.

---

12 당신이 친구에게 MP3 플레이어를 빌렸는데 운이 없게도 고장을 냈습니다. 친구에게 연락해서 이 상황을 설명하세요. 가능한 빨리 친구에게 작동 가능한 다른 MP3 플레이어를 구해줄 2~3가지 방안을 제시하세요.

A 요 며칠 네 MP3 플레이어를 사용했는데 그거 사운드가 아주 놀랍더라. 그런데 네 MP3 플레이어에 문제가 생겼어. 헤드폰이 귀에서 빠지면서 플레이어가 땅에 떨어졌어. 화면 한가운데 쭉 큰 금이 생겼어. 더 안 좋은 건, 기기가 제대로 작동을 안 해. 네가 산 곳에 전화를 걸어보려고 해. 먼저 고칠 수 있는지 확인해보고, 불가능하면 새로 하나 사주려고. 그 전에 괜찮으면 내 걸 써도 돼.

13 저도 음악 듣는 것을 좋아합니다. 그것에 대해 3~4가지 질문을 해보세요.

A 당신이 가장 좋아하는 가수에 대해 이야기해주세요. 어떤 종류의 음악을 부르나요? 그리고 왜 그/그녀를 좋아하나요? 언제, 어떻게 처음으로 음악 감상에 관심을 갖게 되었습니까? 그 음악은 당신에게 어떤 영향을 주었나요? 자세히 얘기해보세요. 가장 좋아하는 가수와 관련한 기억에 남는 경험이 있나요? 당신의 음악 취향이 어떻게 바뀌었나요? 당신이 듣기 좋아하는 음악에 대한 모든 것을 듣고 싶습니다.

14 Can you recall a memorable event that happened in the area where you live? Tell me as many details about that event from start to finish in particular the elements that made the event so memorable.

A There was a fire in my apartment complex. We all had to go outside and even the fire trucks came. The pump trucks were throwing water on the fire. Acrid smoke from the fire burned my throat and eyes. Fortunately, the fire brigade successfully extinguished the blaze. The man who lives opposite to my apartment lost all his possessions in the fire. Then I realized for the first time how horrible a fire was. After that, I tested all my fire-fighting equipment. When I was young, I almost started a fire playing with matches. I realized once again that fire and water may be good servants, but bad masters.

15 A window at your house is broken, so you call the repair shop. Unfortunately, the repairman won't be able to fix it until later this week. Explain to the repairman why it needs to be fixed right away.

A Hello, is this the glass repair shop? I'm calling to have a window fixed. Let me explain my situation; the window of my house has been smashed and I need it repaired right away. Last time I called, I heard that you were busy, and you couldn't do it until later this week, but I'm going to freeze to death in my house. To make matters worse, my heater is broken too and I have a toddler, just seven months old. If you don't come and fix the window, I don't know what to do. Is there any chance you could contact another repairman who's available right away? I would be very thankful for it if you could do that for me.

14 당신이 사는 곳에서 생긴 잊지 못할 일을 기억합니까? 처음부터 끝까지 그 일에 대해, 특히 그 기억이 그토록 잊을 수 없게 된 요소에 대해 자세히 이야기 해주세요.

A 우리 아파트 단지에 불이 났었습니다. 모두 바깥으로 대피해야 했고 심지어 소방차도 왔습니다. 펌프차는 화재 현장에 물을 뿜고 있었습니다. 그 화재에서 발생한 매운 연기로 목과 눈이 화끈거렸어요. 다행히 소방대는 그 불길을 성공적으로 진화했습니다. 우리 건너편 아파트에 사는 남자는 화재로 전 재산을 다 잃었습니다. 저는 그제야 화재의 무서움을 깨달았습니다. 그 후에 저는 모든 소방 장비를 점검했습니다. 저도 어릴 때 성냥을 가지고 놀다가 불을 낼 뻔 했거든요. 불과 물은 잘 쓰면 유익하지만, 잘못 쓰면 해를 입힐 수 있다는 것을 다시 한번 깨달았지요.

15 당신 집의 창문이 고장 나서 수리점에 전화를 했습니다. 불행히도 수리공은 이번 주말까지 고칠 수 없다고 합니다. 수리공에게 왜 창을 바로 고쳐야 하는지 그 이유를 설명하세요.

A 여보세요, 유리 수리점 맞나요? 창문을 수리해야 해서 전화했어요. 제 상황을 설명해드릴게요. 저희 집에 창문이 완전히 깨졌는데 지금 바로 수리가 되어야 해요. 지난번 전화했을 때 바쁘셔서 이번 주말까지 고칠 수 없다고 들었지만, 전 얼어 죽을 거예요. 엎친 데 덮친 격으로 난방기도 고장 났는데, 겨우 7개월 된 갓난 아이가 있어요. 와서 창문을 고쳐주시지 않으면 전 어떻게 해야 할지 모르겠어요. 지금 바로 올 수 있는 다른 수리공에게 연락하실 수는 없나요? 그렇게 해주시면 정말 감사할 거예요.

Actual *Test* 09

01 *Key Word*

02 *Key Word*

03 *Key Word*

04 *Key Word*

05 *Key Word*

06 *Key Word*

07 *Key Word*

08 *Key Word*

09 *Key Word*

10 *Key Word*

11 *Key Word*

12 *Key Word*

13 *Key Word*

14 *Key Word*

15 *Key Word*

Listen & Check 질문 확인하기

01 Can you tell me about yourself?

02 What chores do you have to do at home? What responsibilities do you have?

03 Provide some details about one of your neighbors. What is he or she like? Tell me what kind of person he or she is.

04 I'd like to give you a situation and ask you to act it out. You are asked to help one of your family members with the preparation for a party. Call him or her and leave a message by asking three or four questions about the party.

05 I would like to know what your school looks like. Please describe your school's campus for me in as much detail as possible.

06 Tell me about your first visit to your school. When was it? Who were you with? What did you do and what were your first impressions?

07 Please describe your school's buildings and classrooms. What do the buildings and classrooms look like? Please describe your school and its classrooms for me in as much detail as possible.

08 You indicated that you go to a gym to work out. What is the main purpose of going to a gym? When you go to a gym, what do you do? Please tell me everything you do there.

01 자기 소개
가정과 이웃
02 가정에서의 책임 　　– 가족과 거주
03 이웃 묘사
04 파티 준비 질문하기 　　– 롤플레이
학교 생활
05 캠퍼스 묘사
06 학교 처음 방문
07 강의실 묘사
스포츠(헬스)
08 헬스 일반 활동/목적

09 What does your health club or gym look like? What do the facilities there look like? Please describe your health club and its facilities in detail.

10 Please describe an experience when you went to a health club or to a gym that you remember clearly.

11 You indicated that you travel overseas. Tell me about the countries you have visited and explain about the local people you met while traveling. Who were you with? What did you do there? Why do you particularly like that country or that city?

12 Please describe one of your favorite trips overseas. Where did you go and where did you stay? Why was it so memorable?

13 Please describe some of the steps that you take and the things that you have to do from departure to arrival when you travel (abroad).

14 Please tell me about your favorite nightclub. What is it like? Where is it located? What makes that place different from other nightclubs? Describe that place in as much detail as possible.

15 Please tell me about a memorable event you had at a nightclub. What happened? Why was it so memorable to you?

09 헬스클럽 시설 묘사
10 헬스클럽 경험

휴가/출장(해외 여행)
11 해외 여행을 갔던 도시/나라 설명
12 기억에 남는 해외 여행지
13 해외 여행 가는 과정

여가 활동(클럽/나이트클럽 가기)
14 좋아하는 나이트클럽
15 나이트클럽 경험

Model *Answer* 09회

답변 전략

학생을 위한 답변 구성이므로, 이러한 내용이 자기소개 및 가정 생활에 대한 이야기에 반영되어 있다. 특히 학교 생활에 관련된 문제를 포함시켜 학생 신분으로 OPIc을 준비하는 수험생들이라면 반드시 이번 회차를 대비해둘 것을 권한다. 그러나 여행 관련해서는 다양한 해외 여행 관련 답변이 포함되어 있으므로 해외 여행을 다녀온 경험이 있다면 신분에 상관없이 누구나 이용해볼 수 있으므로 12개의 선택 항목이 부담스러운 수험자라면 여행 항목(집에서 보내는 휴가, 국내 여행, 해외 여행, 국내 출장, 해외 출장) 5개를 모두 선택해서 비슷비슷한 답변으로 준비해두면 전혀 새로운 항목을 5개 선택하는 것보다 부담이 줄어든다는 것도 염두에 두자.

---

01 Can you tell me about yourself?

A My name is Kim Suhyun. I'm double majoring in business administration and Russian at Hankuk University. I hope to go to graduate school when I finish school next year. I am a member of a Latin dance club. Through the club activities, I learned many good things, like how to cooperate with others and how to lead my team members. Also, I enjoy travelling. Speaking about my personal philosophy, I regard flexibility as the most important thing in life because we must always change to match the environment. Our world changes quickly and I think only flexible people can survive.

01 자신에 대해 말씀해주시겠어요?

A 저는 김수현입니다. 저는 한국 대학교에서 경영학과 러시아어를 복수전공하고 있습니다. 내년에 학교를 마치면 대학원에 입학하고 싶습니다. 저는 라틴 댄스 동아리 멤버입니다. 이 동아리 활동을 통해서, 저는 많은 좋은 것들을 배웠습니다. 예컨대, 다른 사람들과 협동하는 법 그리고 팀 멤버들을 잘 이끄는 리더십 등이지요. 여행도 좋아합니다. 저의 가치관에 대해 말씀 드리자면, 저는 '유연성'을 삶에 있어서 가장 중요한 것으로 여깁니다. 왜냐하면, 사람은 환경에 적응하기 위해 항상 변화해야 하기 때문입니다. 우리가 사는 세계는 급변하고, 오로지 유연한 사람만이 살아남을 수 있다고 생각합니다.

02 What chores do you have to do at home? What responsibilities do you have?

A I am supposed to help my mother with chores. My mother is currently working, so I have to take care of chores while she goes to work. I do housework including cleaning, cooking, and sweeping the floors. I also do the dishes after I watch the news on TV. I have a ton of shirts I really need to get done every weekend. I wash the colored clothes in cold water and the white clothes in hot. I will scrub the bathroom, separate the used paper, and water the plants. I am willing to help my mother with chores, but sometimes I don't want to be bothered with doing them.

03 Provide some details about one of your neighbors. What is he or she like? Tell me what kind of person he or she is.

A People in my town barely know each other or who lives next door. The man, who belongs to the same health club as me, lives next door, but we didn't know each other for a long time. He has been asking me over for a cup of coffee for weeks now and I never find the time. I have basically ignored the guy thinking that I had my own troubles. But I will accept his invitation and go over for coffee after workng out this Sunday. He told me he started to study business administration. I just realized that he might be looking for my support.

02 집에서 꼭 해야 하는 일들은 무엇입니까? 어떤 책임을 맡고 있나요?

A 저는 어머니를 도와 집안일을 해야 합니다. 저희 어머니께서 지금 직장에 다니고 계셔서 어머니께서 회사에 가시면 제가 집안일을 해야 합니다. 저는 청소하고 요리하고 바닥을 쓰는 것 같은 집안일을 합니다. 저는 또한 TV 뉴스를 본 다음, 설거지를 합니다. 주말이면 세탁할 셔츠들이 산더미 같습니다. 색깔 있는 옷은 찬물에, 흰 옷은 뜨거운 물에 세탁합니다. 저는 욕실을 문지르고, 사용한 종이를 분리수거하고 화분에 물을 줍니다. 저는 어머니를 도와 기꺼이 집안일을 하지만 가끔 집안일이 귀찮을 때도 있습니다.

03 이웃 중 한 명에 대해 자세하게 이야기 해보세요. 어떤 사람입니까? 어떤 사람인지 말해보세요.

A 우리 동네 사람들은 서로에 대해 거의 알지 못하거나 누가 옆집에 사는지도 몰라요. 저와 같은 헬스클럽에 다니는 남자가 우리 옆집에 사는데 우리는 오랫동안 서로 잘 몰랐습니다. 한번은 그가 저에게 커피 한 잔 하자고 물어왔는데 저는 도통 시간이 나질 않았습니다. 저도 제 문제로 골치 아프다고 생각하면서 무시했습니다. 그렇지만 저는 그의 제안을 받아들여서 이번 주 일요일에는 운동을 하고 나서 그와 커피 한잔 하러 가려고 합니다. 그가 경영학 공부를 시작했다고 했습니다. 저는 그가 제 조언이 필요한지도 모른다는 것을 깨달았습니다.

04 I'd like to give you a situation and ask you to act it out. You are asked to help one of your family members with the preparation for a party. Call him or her and leave a message by asking three or four questions about the party.

A Hello, Junyoung. This is Suhyun calling. I've got some questions about the party you're planning. What exactly should I do to help you? Have you decided on where the best place is? I want to recommend my favorite fusion restaurant to you. I know a good restaurant downtown. They have great Italian food and Chinese food on the menu. Do you like Italian and Chinese food? How many people are coming? Do you want me to make a reservation at the restaurant for you? Well, please let me know what you want me to do. Call me later. Bye.

04 상황을 하나 드릴 테니 과제를 수행해 보시기 바랍니다. 당신은 가족이 파티 준비하는 것을 돕기로 했습니다. 가족에게 전화를 걸어 파티에 대해 3~4가지 질문을 하는 메시지를 남겨보세요.

A 안녕, 준영아. 나 수현이야. 네가 준비하는 파티에 대해 질문이 좀 있어. 내가 너를 돕기 위해 해야 할 일이 정확히 뭐야? 어디가 가장 좋은 장소인지 정했니? 내가 좋아하는 퓨전 레스토랑을 추천하고 싶은데. 내가 시내 근처의 좋은 레스토랑을 알고 있어. 메뉴에 훌륭한 이탈리아 음식과 중국 음식이 있어. 너 이탈리아 음식과 중국 음식 좋아하니? 몇 명이나 올 거야? 그 레스토랑을 예약해줄까? 그럼 내가 어떻게 할지 알려줘. 이따가 전화해. 안녕.

05 I would like to know what your school looks like. Please describe your school's campus for me in as much detail as possible.

A My school is located in the center of the city. The university has many big trees and many grassy areas. So it is easy to find students sitting and reading on the grass. The administration building is located on the north side of the campus. The library, where I go to often, is the oldest building on campus. And it is located in the west end of the campus. The main building where I am taking lessons is located on the north side of the campus. If you visit our school, you will be impressed by the large campus and many buildings.

05 당신의 학교가 어떻게 생겼는지 알고 싶습니다. 최대한 자세히 학교 캠퍼스를 묘사해주십시오.

A 저희 학교는 시의 중심부에 위치하고 있습니다. 우리 학교는 여기저기 나무가 많고 잔디가 깔린 곳이 많습니다. 그래서 풀밭에 앉아서 책을 읽고 있는 학생들을 많이 볼 수 있습니다. 행정관은 캠퍼스 북쪽에 위치해 있습니다. 제가 자주 가는 곳인 도서관은 학교에서 가장 오래된 건물입니다. 그리고 그것은 캠퍼스 서쪽 끝에 있습니다. 제가 강의를 듣는 본관은 캠퍼스의 북쪽에 있습니다. 우리 학교를 방문하시면 넓은 캠퍼스와 많은 건물들에 깊은 인상을 받으실 겁니다.

06 Tell me about your first visit to your school. When was it? Who were you with? What did you do and what were your first impressions?

A Since I knew that I had passed the entrance exam of Hankuk University, I visited my school for the first time. I was so excited to see where I was going to study. I visited many places on the campus. The most popular major at our school is economics and the most famous thing is the basketball team. So I was able to see many posters that give information about the basketball games that are held on campus. I was impressed by what I saw at the campus. It was full of energy and life!

06 학교에 처음 방문했던 이야기를 해주세요. 언제였습니까? 누구와 함께였습니까? 무엇을 했고 첫인상은 어땠습니까?

A 제가 한국 내 학교 입학 시험에 합격했다는 사실을 알고 나서 처음 학교를 방문했습니다. 제가 공부할 곳을 본다니 너무 흥분됐습니다. 저는 캠퍼스의 많은 곳을 돌아다녔습니다. 저희 학교에서 가장 인기 있는 전공은 경제학이고 가장 유명한 것은 농구팀입니다. 그래서 캠퍼스에서 열리는 농구 경기에 대해 알려주는 많은 포스터들을 볼 수 있었어요. 저는 캠퍼스에서 본 것들에 깊은 인상을 받았습니다. 에너지와 생동감이 넘쳤어요!

07 Please describe your school's buildings and classrooms. What do the buildings and classrooms look like? Please describe your school and its classrooms for me in as much detail as possible.

A I would like to describe classrooms on our campus. The classroom where I am taking lessons is located in the main building on the north side of the campus. The lecture halls in the main building have the most up-to-date technology. The students' laptops can display everything the teacher is writing on the white board on their own screens. The main building features a large and fully-wired seminar room. The amp system in that lecture hall is good. The classroom is configured for about 120 seats for students. As all classrooms are a comfortable medium in which to study, I really like to study there.

07 학교 건물과 강의실을 묘사해보세요. 건물과 교실들이 어떻게 생겼나요? 최대한 자세히 학교와 강의실을 묘사해 주십시오.

A 저희 학교 강의실에 대해 설명하고 싶습니다. 제가 강의를 듣는 교실은 캠퍼스 북쪽에 위치해 있는 본관에 있습니다. 본관의 강의실은 최신 기술 장비를 갖추고 있습니다. 학생들의 노트북 스크린에 선생님이 화이트보드에 쓰시는 내용을 보여줄 수도 있습니다. 본관은 넓고 완벽한 방송 시설을 갖춘 세미나실이 특징입니다. 그 강의실은 앰프 시설이 잘 되어 있습니다. 강의실은 120명 정도의 학생들을 수용할 수 있습니다. 모든 교실의 환경은 공부하기에 편해서 저는 거기서 공부하는 것이 좋습니다.

08 You indicated that you go to a gym to work out. What is the main purpose of going to a gym? When you go to a gym, what do you do? Please tell me everything you do there.

A The reason I go to the gym is to keep myself healthy. I'm constantly sitting to study in the library and I never have time to exercise. I've really put on weight. I really need to lose weight. I focus on exercising regularly. The first thing I do when I get to the gym is stretches. I ride a bike to warm up. Then I start my workout. Next, I run on a treadmill for thirty minutes. I do twenty push-ups every day. Finally, I get on the exercise bike and ride for twenty minutes. I'll work out harder and sweat it off.

09 What does your health club or gym look like? What do the facilities there look like? Please describe your health club and its facilities in detail.

A The first area you can see when entering the door has various equipment; benches, barbells, dumbbells, and racks. These are for people wanting to build up their muscles. On the opposite side, there are 20 treadmills lined up in front of the window and all the equipment is top of the line. Next to them, there are five bikes and three rowing machines. The trainers give advice on how to use machines. The next area is a separate area where classes are held. In this room, people do yoga and step aerobics. This gym is very good because it has a full range of sports equipment and the equipment is all brand-new.

08 당신은 운동을 하기 위해 헬스클럽에 다닌다고 했습니다. 헬스클럽에 가는 주요 목적은 무엇인가요? 당신은 체육관에 가면 무엇을 합니까? 그곳에서 하는 일에 대해 모두 말해보세요.

A 제가 헬스클럽에 가는 이유는 건강을 유지하기 위해서입니다. 계속해서 도서관에 앉아서 공부해야 하기 때문에 도통 운동할 시간이 없습니다. 체중이 많이 불었죠. 저는 정말로 살을 빼야 합니다. 저는 규칙적으로 운동하는 것에 초점을 맞춥니다. 헬스장에서 제일 먼저 하는 것은 스트레칭입니다. 준비 운동으로 자전거를 탑니다. 그리고는 운동을 시작합니다. 다음으로 30분 동안 러닝머신을 뜁니다. 저는 매일 팔굽혀 펴기를 20번씩 합니다. 마지막에는 자전거에 올라 20분 정도 탑니다. 더 열심히 운동해서 살을 뺄 것입니다.

09 당신이 다니는 헬스클럽이나 체육관은 어떤 모습입니까? 그곳의 시설은 어떤 모습입니까? 헬스 클럽과 그 시설에 대해 자세히 묘사해보세요.

A 문을 들어서면 벤치류와 역기류, 아령과 랙 등의 다양한 기계류가 먼저 보입니다. 이것들은 근육을 만들려고 하는 사람들을 위한 것입니다. 반대편에는 20대의 러닝머신이 창가에 줄지어 있는데, 전부 최신식 장비입니다. 그 옆에는 자전거 5대와 노 젓기 기계가 3대 있습니다. 트레이너들이 기계를 어떻게 사용하는지에 관해 조언을 해줍니다. 다음 코너는 강의를 하는 별도의 공간입니다. 이 공간에서는 요가와 스텝 에어로빅을 합니다. 이 체육관에는 운동 설비가 완비되어 있고 운동 기구들은 전부 새 것이라서 매우 좋습니다.

10 Please describe an experience when you went to a health club or to a gym that you remember clearly.

A I went to the gym about a week ago. I had to wait for equipment because the gym was busy. First, I started warming up with some stretches. Then on the treadmill, I ran for an hour at a fast speed. I finally managed to run 10 kilometers on the treadmill in less than an hour! I felt a little achy after a heavy workout, but I was happy with what I'd done. But, the next day, I was so sick that I had to take a day off.

11 You indicated that you travel overseas. Tell me about the countries you have visited and explain about the local people you met while traveling. Who were you with? What did you do there? Why do you particularly like that country or that city?

A I traveled abroad with my family when I was 18 years old. Our destination was Kuala Lumpur in Malaysia where my uncle's family lived. Kuala Lumpur is the capital city of Malaysia. I heard that nearly 55 percent of Malaysia is Muslim. I was favorably impressed by the fact that the Malaysians were extremely kind and the cities were very well cared for wherever we went. We visited the twin towers that became a new landmark in Malaysia. We also went to Sentosa Island. They say Sentosa is a Malaysian word for "peace." It was so peaceful out there just like the literal meaning of "Sentosa."

10 헬스클럽이나 체육관 갔을 때 확실히 기억하는 경험 하나를 묘사해보세요.

A 저는 약 일주일 전에 체육관에 갔었습니다. 체육관이 붐벼서 장비를 기다려야 했습니다. 지는 민지 스트레칭을 해서 몸을 풀어주었습니다. 그리고 나서 러닝머신에서 빠른 속도로 한 시간 동안 달리기를 했습니다. 저는 드디어 한 시간도 안 돼서 러닝머신에서 10킬로미터를 달리는 데 성공했습니다! 운동을 심하게 했더니 몸이 좀 뻐근했지만 제가 해낸 일에 뿌듯했습니다. 하지만, 다음 날 저는 너무 아파서 하루 쉬어야 했습니다.

11 해외 여행을 하신다고 표시하셨습니다. 당신이 방문했던 나라들에 대해 말해주세요. 그리고 여행 중에 만난 사람들에 대해 설명해보세요. 누구와 함께 갔었나요? 그곳에서 무엇을 했나요? 왜 그 나라나 도시가 특별히 기억에 남나요?

A 저는 18살 때 가족과 함께 해외여행을 했습니다. 우리의 목적지는 말레이시아의 쿠알라룸푸르였는데, 삼촌 가족이 그곳에 살고 있었어요. 쿠알라룸푸르는 말레이시아의 수도입니다. 말레이시아의 인구 중 55%는 이슬람 교도라고 들었습니다. 말레이시아 사람들은 매우 친절했고 어디를 가든 도시들이 잘 관리되어 있었던 것에 좋은 인상을 받았습니다. 우리는 말레이시아의 새로운 랜드마크가 된 쌍둥이 타워를 방문했습니다. 센토사 섬에도 갔었어요. 센토사는 말레이시아어로 '평화'라는 말이라고 합니다. '센토사'라는 말처럼 그곳은 너무 평화로웠습니다.

12 **Please describe one of your favorite trips overseas. Where did you go and where did you stay? Why was it so memorable?**

A Actually, it's been a while since I traveled alone somewhere. Last summer, I joined a group tour to Europe. I especially visited Middle and Southern Europe, including Paris and London. In London, I visited the remains of Winchester Palace, Southwark Catheral, etc. Especially, the Cathedral's Byzantine architecture was very impressive. The architecture, with towers, balconies, and domes made it stand out among London's famous landmarks. I traveled from London to Paris via Dover. People from everywhere travel to Paris to see the famous Eiffel Tower. I had a wonderful time in London and Paris. Next time, I hope to go there again by myself.

12 가장 좋았던 해외 여행 중 하나를 묘사해주세요. 어디에 갔으며, 어디에 머물렀나요? 왜 그렇게 기억에 남나요?

A 사실 혼자 어디로 여행을 다녀온 지 한참 지났습니다. 작년 여름에는 유럽에 단체 여행을 다녀왔습니다. 특히 파리와 런던을 포함한 중부와 남부 유럽을 여행했지요. 런던에서 윈체스터 성 유적지와 서더크 성당 등을 방문했지요. 특히 성당의 비잔틴 양식 건축물이 인상적이었습니다. 그 건축물은 탑과, 발코니와 둥근 천장을 가지고 있어, 런던의 유명한 유적지들 사이에서 두드러져 보였습니다. 저는 런던에서 도버를 거쳐 파리로 여행했습니다. 세계 곳곳에서 온 사람들이 유명한 에펠탑을 보려고 파리로 여행합니다. 저는 런던과 파리에서 멋진 시간을 보냈습니다. 다음에는 혼자서 다시 그곳에 가보고 싶습니다

13 **Please describe some of the steps that you take and the things that you have to do from departure to arrival when you travel (abroad).**

A I prefer preparing for my trip by myself if I'm free. First, I plan my budget and make an itinerary. I read some travel guidebooks to search for information about my destination. After deciding where I will visit, I call the travel agent and ask what the cheapest way to travel there is. And then, I make a list of things to pack and I pack all the things that I need. Before I leave home, I also charge my cell phone and I double-check my luggage. At the airport, I check in for the flight and get a boarding pass on the day I travel. When I arrive at my destination, I take a taxi to the hotel and check in. I put my luggage in my room, and then I go to the hotel information center to see if I can get a map showing tourist spots. The main purpose of my trip is usually to visit the foremost tourist attractions and the famous restaurants there.

13 해외 여행을 갈 때 취하는 단계와 출발에서 도착까지 무엇을 해야 하는지 묘사하세요.

A 저는 바쁘지 않으면 제가 스스로 여행을 준비하는 것을 선호합니다. 먼저 예산을 계획하고 여행 일정표를 만듭니다. 여행지에 대한 정보를 찾기 위해 여행 안내책자를 읽어봅니다. 어디를 갈지 결정한 다음에는 여행사에 전화를 걸어 가장 싼 방법을 알아봅니다. 그리고 나서, 저는 싸야 할 것의 목록을 만들고, 필요한 모든 짐을 쌉니다. 집을 떠나기 전에 휴대전화도 충전하고, 짐을 다시 한번 확인합니다. 출발하는 날 공항에서 체크인을 하고 탑승권을 받습니다. 목적지에 도착하면 택시를 타고 호텔에 가서 체크인을 합니다. 짐을 방에 놓고 관광지가 나와 있는 지도를 얻을 수 있는지 확인하러 호텔 안내 데스크에 갑니다. 여행의 주된 목적은 보통 그곳에 있는 주요 관광지와 맛집을 탐방하는 것입니다.

14 Please tell me about your favorite nightclub. What is it like? Where is it located? What makes that place different from other nightclubs? Describe that place in as much detail as possible.

A The club that I really like to go to is Ellui in Kangnam. It is very fancy, and it's in the heart of the city. It's popular and packed. It's huge, and has several floors. They have two distinct parts of the club: the White Zone and the Black Zone. The White Zone looks very space-age, like it could be from a science fiction movie set, and the Black Zone is dark and private. The cover charge to get in is more expensive than any other clubs, but it's worth it. Whenever I go there, I always have a good time.

15 Please tell me about a memorable event you had at a nightclub. What happened? Why was it so memorable to you?

A One evening, we made a rare outing to the local nightclub. It was a small club around the Hongdae area. After a band started to play, the nightclub was jumping. Eventually, one of my friends pulled a group of girls over to where we were sitting. I started a conversation with one of them by introducing myself. I asked her name and whether she wanted to dance or not. This was all fine up until then, but then we started dancing. I tried to talk to her on the dance floor, but she couldn't hear me. She kept shouting "What?" and pointing at her ear and shaking her head. I had a good time, but it doesn't seem like a good place to meet women. It's too hard to talk.

---

14 가장 좋아하는 나이트클럽에 대해 이야기해주세요. 어떤가요? 어디에 있나요? 어떤 점이 그곳을 다른 곳과 다르게 만드나요? 그 장소에 대해 최대한 자세히 설명해주세요.

A 제가 가기를 좋아하는 나이트클럽은 강남에 있는 엘루이입니다. 그곳은 화려하고 도심에 있습니다. 그 클럽은 인기가 많아 사람들로 가득 차 있습니다. 크고 여러 층으로 되어 있습니다. 클럽에는 두 개의 다른 구역이 있습니다. 화이트 존과 블랙 존입니다. 화이트 존은 공상과학 영화의 세트처럼 초현대적이고 블랙 존은 어둡고 사적입니다. 입장료가 다른 클럽보다 좀 비싼 편이지만, 그럴 만한 가치가 있습니다. 그곳에 갈 때마다 항상 좋은 시간을 갖습니다.

15 나이트클럽에서 일어난 가장 기억에 남는 일에 대해 이야기해주세요. 어떤 일이었나요? 왜 기억에 남나요?

A 어느 날 저녁, 우리는 동네 나이트클럽으로 좀처럼 가지 않는 나들이를 갔습니다. 그것은 홍대에 있는 작은 클럽이었습니다. 악단이 연주를 시작한 후 그 나이트클럽은 활기를 띠었습니다. 마침내 친구 중 하나가 여자 무리를 저희가 앉아 있는 곳으로 데리고 왔습니다. 저는 그 중 한 명에게 제 소개를 하며 대화를 하기 시작했습니다. 그녀의 이름을 묻고 저와 춤을 추고 싶은지 물었습니다. 춤을 추기 시작할 때까지는 좋았습니다. 저는 댄스 무대에서 그녀에게 얘기를 하려 했는데 그녀는 제가 하는 말이 들리지 않았습니다. 그녀는 계속 그녀의 귀를 가리키고 머리를 저으며 "네?"라고 소리질렀습니다. 재미 있었지만 여자를 만나는 데 좋은 장소는 아닌 것 같습니다. 얘기를 나누기가 어렵습니다.

Actual *Test*

10

01 *Key Word*

02 *Key Word*

03 *Key Word*

04 *Key Word*

05 *Key Word*

06 *Key Word*

07 *Key Word*

08 *Key Word*

09 *Key Word*

10 *Key Word*

11 *Key Word*

12 *Key Word*

13 *Key Word*

14 *Key Word*

15 *Key Word*

Listen & Check 질문 확인하기 

다시 한번 들으며 질문 내용을 확인하고, 콤보 문제가 어떻게 구성되는지 살펴보세요.   Test 10_Q01~15

01 Can you tell me about yourself?

02 You indicated in the survey that you like to go to cafés. When do you usually go to a café? Do you have some place you like to visit? And who do you go with?

03 Please tell me about your most memorable experience when you went to a café. What happened? Why was it so memorable to you?

04 I also like to go to cafés. Ask me three to four questions about it.

05 You indicated in the survey that you volunteer. When and where do you volunteer? What kind of activities do you do when you volunteer? Why do you do that?

06 Please tell me about the last experience you had when you volunteered. Tell me when it was and who you were with and everything that happened that day.

07 Please tell me about your most memorable experience when you volunteered. What happened? Why was it so memorable to you?

08 Have you ever had any problems with your pet? Please tell me a story about a problem you once had.

01	**자기 소개**

여가 활동(카페/커피전문점 가기)
02 커피숍 단순 설명
03 커피숍에서의 경험
04 커피숍 단순 질문
　　 – 롤플레이

여가 활동(자원봉사하기)
05 자원봉사 단순 설명
06 자원봉사 경험 1
07 자원봉사 경험 2

취미/관심사(애완동물 기르기)
08 애완동물 관련 경험
　　 – 고양이

09 Tell me about what you do for your pets. Do you feed and clean them? What else do you do for your pets?

10 While you are caring for a pet, it becomes sick. Contact your friend to explain what has happened. Provide a detailed explanation of what is wrong with the pet and discuss how to solve this problem.

11 You indicated in the survey that you like to play soccer. When and where do you play soccer? Who do you play with?

12 Have you had any memorable experience when playing soccer? If so, start by telling me when it was and where you were playing. Then tell me all of the things that made the experience so memorable.

13 When was the first time you played soccer? Tell me why you decided to play soccer.

14 Pick one of your ID cards and describe it in detail. What is it for? What does it look like? When and where do you use it?

15 What steps are required in order to acquire an identification card? What particular procedures do you need to follow? Do you need other items such as a birth certificate, etc. in order to get the card?

Model *Answer* 10회

답변 전략

학생을 위한 답변 구성이다. 여가활동에 새로 추가된 주제 항목인 커피숍 가기, 자원봉사에 대한 문제가 포함되어 있으므로 이러한 주제에 관심이 있을 경우 도전해볼 만하다. 또한 수험생이 일반적으로 많이 선택하는 주제 항목인 애완동물, 축구 관련 문항이 포함되어 있고, 돌발 주제로 신분증 관련 문제가 배치되었다. 학생 신분으로 설정하였으므로 신분증에 대해 설명하는 답변에 학생증을 포함시켰고 자원봉사 활동을 시작한 계기를 설명할 때도 취업 준비 일환으로 설명해 일관성을 잃지 않도록 했다는 것도 눈여겨봐두자.

---

01 Can you tell me about yourself?

A My name is Kim Suhyun from Busan. I'm 24 years old, and I'm a university student majoring in business. I hope to work for a bank when I finish school next year. I live with my parents and two brothers. I try to spend my valuable time with my family, but these days I'm so busy with my studies and my part-time job. Besides my major, I like to study English, so I try to watch English TV shows and movies in my free time. English is so essential in getting a better job. I have a positive attitude and a good sense of humor, so I generally get along well with my classmates.

01 자신에 대해 말씀해주시겠어요?

A 제 이름은 김수현이고 부산 출신입니다. 저는 24살이고 경영을 전공하는 대학생입니다. 내년에 졸업하면 은행에 입사하고 싶습니다. 저는 부모님과 두 남동생과 함께 살고 있습니다. 가족들과 소중한 시간을 가지려고 노력하는데 요즘은 공부와 아르바이트로 바쁩니다. 제 전공을 제외하고 저는 영어를 공부하는 것을 좋아해서, 시간이 생기면 영어로 나오는 TV 쇼와 영화를 보려고 합니다. 영어는 좋은 직업을 얻는 데 매우 중요하죠. 저는 긍정적인 태도와 유머 감각이 있어 일반적으로 학교 친구들과 잘 지냅니다.

02 You indicated in the survey that you like to go to cafés. When do you usually go to a café? Do you have some place you like to visit? And who do you go with?

A I always have coffee in the morning and after lunch. I can't explain why I find myself sitting more and more often in the café, but I really like it. I know a great café near my house and it is renowned for brewing coffee strong. I don't really care for tea; I like coffee better. When you enter the café, potted plants and flowers are positioned around the room. Various works of art hang on the wall. There is no table service; the visit begins with standing in the queue at the bar. I usually go there alone and order a cappuccino, my favorite coffee. And I usually sit by the window and enjoy bathing in sunlight and looking out.

02 설문조사에서 커피숍에 가는 것을 좋아한다고 표시하셨습니다. 당신은 언제 커피숍에 가나요? 가기를 좋아하는 곳이 있나요? 그리고 누구와 함께 가나요?

A 저는 늘 아침과 점심 식사 후에 커피를 마십니다. 왜 점점 더 자주 카페에 가는지를 설명할 수는 없습니다만 정말 좋아합니다. 저희 집 근처에 좋은 카페를 한 곳 아는데, 그곳은 커피를 진하게 타기로 유명합니다. 저는 차는 별로 좋아하지 않고, 커피를 더 좋아합니다. 카페에 들어서면, 식물과 꽃이 심어진 화분들이 커피숍 주변에 놓여져 있습니다. 벽에는 다양한 예술 작품이 걸려 있습니다. 테이블 서비스는 없습니다. 방문하면 바에 줄을 섭니다. 저는 보통 혼자 가서 제가 제일 좋아하는 커피인 카푸치노를 주문합니다. 그리고 저는 주로 창가에 앉아 햇볕을 쬐며 밖을 바라보는 것을 즐깁니다.

03 Please tell me about your most memorable experience when you went to a café. What happened? Why was it so memorable to you?

A I must have been a freshman in university at the time. At a café, I placed my order with the woman behind the counter. I found the woman behind the counter was really pretty, tall, and slim. She was definitely the coolest girl I've ever seen. Maybe because I was so nervous, I started to stammer when I ordered my coffee. I was so embarrassed. She made me the perfect blend of coffee and milk. I'll never forget her smile and the taste of the coffee.

03 커피숍에 갔을 때 일어난 가장 기억에 남는 일을 이야기해주세요. 어떤 일이었나요? 왜 기억에 남나요?

A 그때 저는 분명 대학교 1학년이었을 겁니다. 카페에서 저는 카운터 뒤에 있는 여자에게 주문을 했습니다. 그 카운터의 여자가 키 크고 날씬하고 정말 예뻤어요. 분명 그녀는 제가 본 사람들 중에 가장 예쁜 여자였어요. 아마 제가 너무 떨렸는지 주문하면서 말을 더듬었습니다. 너무 창피했습니다. 그녀는 커피와 우유를 완벽한 조화로 섞은 커피를 만들어줬습니다. 저는 그녀의 미소와 그 커피 맛을 잊지 못할 겁니다.

04 I also like to go to cafés. Ask me three to four questions about it.

A I heard you enjoy going to a café. I guess you like coffee very much. What kind of coffee do you like? Where do you usually go? Then, why do you go there? What is your favorite thing about the café? Is there a quiet place? I really don't like noisy places. When and how often do you go there? What do you do while you are there? Do you like to study in the café? Or do you read magazines or books? In my case, I usually enjoy my coffee at home. I make it myself. Do you know some nice and quiet place to recommend to me? I'd love to hear your answers.

05 You indicated in the survey that you volunteer. When and where do you volunteer? What kind of activities do you do when you volunteer? Why do you do that?

A My friends and I volunteer at the local community center in our town twice a week. Every day after school, children from the local community arrive at the center. Many of these children do not have the luxury of taking swimming, soccer, or Taekwando lessons like other children their age. There, volunteers like myself plan activities for them. We take care of them until they are ready to be picked up by their parents. We help the children with their homework, take them to the park, and organize various games and activities for them. And every time the children accomplish a task with success, it gives me a sense of accomplishment.

---

04 저도 커피숍에 가는 것을 좋아합니다. 그것에 대해 3~4가지 질문을 해보세요.

A 카페에 가는 것을 좋아하신다고 들었습니다. 커피를 많이 좋아하시는 것 같군요. 어떤 종류의 커피를 좋아하세요? 주로 어디로 가시나요? 그렇다면, 그곳에 왜 가시나요? 그 카페의 어떤 점을 좋아하시나요? 조용한 곳이 있나요? 저는 시끄러운 곳은 정말 싫어요. 언제 그리고 얼마나 자주 그곳에 가시나요? 카페에 가면 무엇을 하시나요? 카페에서 공부하는 것을 좋아하세요? 아니면, 잡지나 책을 읽으시나요? 제 경우에는 주로 커피를 집에서 마십니다. 제가 직접 만들죠. 제게 추천해주실 멋지고 조용한 곳을 알고 계세요? 대답을 듣고 싶군요.

05 자원봉사를 하신다고 하셨습니다. 당신은 언제, 어디에서 자원봉사를 하나요? 자원봉사할 때 어떤 일을 하나요? 왜 하시나요?

A 제 친구와 저는 우리 동네 주민 센터에서 일주일에 두 번 자원봉사를 합니다. 매일 방과후에 지역사회의 아이들은 센터로 모여듭니다. 그 아이들이 대부분은 또래의 다른 아이들처럼 수영을 배우거나 축구, 태권도 학원에 다닐 사치를 누릴 수 없습니다. 그곳에서 저와 같은 자원봉사자들은 아이들을 위한 활동을 계획합니다. 우리는 아이들의 부모들이 아이들을 데리러 올 준비가 될 때까지 돌봐줍니다. 우리는 아이들의 숙제를 봐주고 그들을 공원에 데려가거나 다양한 게임과 활동을 준비합니다. 그리고 아이들이 과제를 성공적으로 해낼 때마다 저는 성취감을 느낍니다.

06 Please tell me about the last experience you had when you volunteered. Tell me when it was and who you were with and everything that happened that day.

A I had an invaluable experience as a community volunteer. Last summer, I was asked to help organize an after-school program for children. For the most part, these children come from low-income families. That means their parents cannot afford expensive day care facilities. We take care of them until they are ready to be picked up by their parents. The kids responded well to the program we organized. Slowly I started to develop a bond with the kids. The more time I spent with them, the more I realized how much I loved them. Most of all, I came to know that they were also teaching me things.

07 Please tell me about your most memorable experience when you volunteered. What happened? Why was it so memorable to you?

A I started volunteering again this year so that I would have something to add to my job applications. In the local paper, I saw an ad looking for volunteers to help special education children and I applied without hesitation. Each volunteer was paired up with a special education child. The kids responded well to the program we organized, so I was happy. I have often heard people talk about the benefits of volunteering, of it being a way to touch the lives of others in a positive way. But I didn't fully understand the impact of volunteering until I started to volunteer myself. But suddenly I realized that volunteering has changed my life forever. It taught me that I can make a difference in another person's life.

---

06 자원봉사를 했었던 가장 최근의 경험에 대해 말해주세요. 언제였고, 누구와 함께 있었는지, 그날 있었던 일을 모두 말씀해주세요.

A 저는 지역 사회의 자원 봉사자로서 아주 값진 경험을 했습니다. 지난 여름, 저는 방과후 학교 프로그램에 참여해 보라는 요청을 받았습니다. 대부분 이 아이들은 저소득층 가정에서 옵니다. 그 의미는 그들의 부모들이 비싼 유아원에 보낼 여유가 안 된다는 의미이죠. 우리는 아이들의 부모들이 아이들을 데리러 올 준비가 될 때까지 돌봐줍니다. 아이들은 우리가 준비한 프로그램을 잘 따라줬습니다. 조금씩 저는 아이들과 유대가 높아지기 시작했습니다. 그들과 시간을 더 보낼수록 제가 그들을 얼마나 더 사랑하게 되었는지 깨달았습니다. 무엇보다 저는 그들도 역시 저에게 가르침을 주고 있다는 것을 알게 되었습니다.

07 자원봉사를 했을 때 일어난 가장 기억에 남는 일을 이야기해주세요. 어떤 일이었나요? 왜 기억에 남나요?

A 저는 취업 지원서에 쓸 것을 하나 보태 보려고 올해 다시 자원봉사를 시작했습니다. 지역 신문에서 장애 아동을 돕는 자원봉사자를 구하는 광고를 보고 망설임 없이 지원했습니다. 모든 지원자는 특수교육 아동과 짝을 이루었습니다. 아이들은 우리가 준비한 프로그램을 잘 따라줬고 그래서 기뻤습니다. 저는 종종 사람들이 자원봉사의 이점에 대해 이야기하는 것을 들었습니다. 다른 사람의 인생에 긍정적인 영향을 미치는 방식이라고 말이죠. 그러나 저는 제가 봉사활동을 시작할 때까지는 그 영향에 대해 완전히 이해하지는 못했습니다. 하지만 문득 자원봉사가 제 인생을 바꿨다는 것을 깨달았습니다. 그것은 제가 다른 사람의 인생에 변화를 만들 수 있다는 것을 가르쳐주었습니다.

08 Have you ever had any problems with your pet? Please tell me a story about a problem you once had.

A I have a cat that likes to follow my family all over the house. A pet store was having a sale on cat food. I bought the cat food on sale. One day, I found my cat's skin broken out in a rash. But I didn't know why and I was worried about his condition. It turned out that it was because my cat ate the pet food made with bad ingredients. He hasn't fully recovered yet, but he's much better now. Since then, when I buy pet food, I have checked the list of ingredients and expiration date on the side of the package.

09 Tell me about what you do for your pets. Do you feed and clean them? What else do you do for your pets?

A I think even a small pet can be a lot of work. I have to feed my cat twice a day. I like to play with my cat. I clean up the feces left by my cat in public places. Once a week, I rinse him. After I rinse him, I pat and dry his hair using paper towels. Not only do I take care of him, but I also have to feed and clean him; I feel needed by him. I think that keeping pets teaches us responsibility.

---

08 애완동물을 기를 때 문제가 발생했던 적이 있습니까? 문제가 있었던 이야기에 대해 말해주세요.

A 저는 온 집 안을 가족들을 따라 다니기를 좋아하는 고양이를 한 마리 키우고 있었습니다. 애완 동물 가게에서 고양이 사료를 할인 판매하고 있었습니다. 저는 할인 판매 중인 고양이 사료를 샀죠. 어느 날 고양이 피부에 발진이 생긴 것을 발견했습니다. 그렇지만 왜 그런지 몰랐고 그의 상태가 걱정됐어요. 나중에 부패한 재료로 만든 애완 동물 사료 때문인 것으로 드러났습니다. 완전히 회복되지는 않았지만 지금은 많이 좋아졌습니다. 그 후로 저는 사료를 살 때 포장 봉지 옆에 적힌 성분 목록과 유통기한을 확인합니다.

09 당신의 애완동물을 위해서 하는 일에 대해 말해주세요. 애완동물에게 먹이를 주고 목욕시키나요? 애완동물을 위해 다른 것은 또 무엇을 하시나요?

A 작은 애완 동물조차도 큰 일거리가 될 수 있는 것 같습니다. 저는 고양이에게 하루에 두 번 먹이를 줍니다. 저는 고양이와 노는 것을 좋아합니다. 저는 공공장소에서 고양이가 쌌던 배설물을 치웁니다. 일주일에 한 번 목욕을 시킵니다. 린스한 후에 고양이를 종이 타월로 톡톡 두드려 말립니다. 저는 그들을 돌볼 뿐만 아니라 먹이를 주고 목욕도 시켜줘야 하므로, 제 고양이가 저를 필요로 한다고 느낍니다. 애완동물을 기르는 것은 우리에게 책임감을 느끼게 하는 것 같습니다.

10 While you are caring for a pet, it becomes sick. Contact your friend to explain what has happened. Provide a detailed explanation of what is wrong with the pet and discuss how to solve this problem.

A Hi, this is Suhyun. I need your help. My cat is not itself today. I think he has a bug. My cat has a terrible fever and has been coughing and sneezing all night. And he vomited a couple of times. Today is Sunday, so I can't take him to an animal hospital. Should I give him some medicine? What should I do? OK. I will call 911 immediately and see if they can help me. I just hope he's all right. Thank you for your help.

10 당신이 애완동물 한 마리를 돌보는데, 아프게 되었습니다. 친구에게 연락을 해서 어떤 일이 생겼는지 설명하되 애완동물이 어떤 상태인지를 자세하게 설명하고, 이 문제의 해결을 위해 의논을 하세요.

A 안녕. 나 수현이야. 네 도움이 필요해. 내 고양이가 오늘은 평소와는 달라. 개가 아픈 것 같아. 내 고양이가 열이 심하게 나고 밤새 재채기를 했어. 그리고 몇 시간 동안 토했어. 오늘은 일요일이라 동물 병원에 데려갈 수가 없어. 약을 먹여야 할까? 내가 무엇을 해야 하니? 좋아. 당장 911에 전화해서 도움 받을 수 있는지 알아볼게. 괜찮기를 바랄 뿐이야. 도와줘서 고마워.

11 You indicated in the survey that you like to play soccer. When and where do you play soccer? Who do you play with?

A Soccer is one of the most popular sports. I also like playing it. I play soccer on the college team. I think I just live and breathe it. I am also a member of the soccer club in our community and we play a game twice a month. I usually play soccer at the community center after school. And our club members get together for actual matches once a month. But I can't do myself justice when it comes down to the real thing. I try to play soccer regularly to sooth my mind and body.

11 설문조사에서 축구를 좋아한다고 표시하셨습니다. 당신은 언제, 어디에서 축구를 하나요? 누구와 함께 경기를 하나요?

A 축구는 가장 인기 있는 운동 중 하나입니다. 저도 그것을 좋아합니다. 저는 대학 팀에서 축구를 합니다. 저는 축구와 함께 살고 숨쉬는 것 같습니다. 저는 또한 지역 축구 동아리 회원이고 우리는 한 달에 두 번 경기를 합니다. 저는 보통 방과 후에 커뮤니티 센터에서 축구를 합니다. 그리고 동아리 회원들과 함께 한 달에 한 번 실전 경기를 합니다. 하지만 막상 실전에서는 자신의 진가를 발휘하지 못합니다. 저는 몸과 마음을 단련시키기 위해 정기적으로 축구를 하려고 노력합니다.

12 Have you had any memorable experience when playing soccer? If so, start by telling me when it was and where you were playing. Then tell me all of the things that made the experience so memorable.

A I played soccer for the first time when I was in high school. Several of my buddies and I were huge soccer fans and we played it quite often. I was in awe of a famous soccer player, Park Jisung at that time. One day, my second year in high school, I tried out for the school soccer team. I was very competitive in soccer; I wanted to win. But unfortunately, we couldn't score a goal five times. After all, we got creamed 1 to 5. I was very frustrated at the result. It was an unforgettable moment in my soccer life. When I think of the game now, I am still very angry at myself.

12 축구를 한 기억에 남는 경험이 있었나요? 그렇다면 언제 어디서 했는지 말씀해주세요. 그리고 왜 잊을 수 없는지 그 이유도 말해주세요.

A 저는 고등학교 때 축구를 처음 시작했습니다. 제 친구들과 저는 축구를 매우 좋아했고 자주 했습니다. 저는 당시 유명한 축구선수인 박지성을 경외하고 있었죠. 고등학교 2학년 어느 날, 학교 축구팀 선발 심사에 참가했었습니다. 저는 축구를 할 때 승부욕이 아주 강하여 이기기를 원했습니다. 하지만 저희는 운이 없게도 5번이나 골을 넣을 찬스를 놓쳤습니다. 결국, 저희 팀은 1대 5로 지고말았습니다. 저는 경기 결과에 좌절했지요. 그 경기는 제 축구 인생에 있어 정말 잊지 못할 순간이었어요. 그 경기를 생각하면 지금도 제 자신에게 화가 납니다.

13 When was the first time you played soccer? Tell me why you decided to play soccer.

A In high school, soccer was a popular sporting event that many students liked to watch. I liked it, too. I was just a bench warmer on the soccer team when I was in the first grade. But I was captain of the soccer team as a third year student, so it was natural I liked it. At that time, I used to train for about six or seven hours a day, and six days a week. And it was really tough, but I liked it. I joined a soccer club when I was twenty three. Several of my buddies and I were huge soccer fans and we played it quite often. But, the next year I was injured and I couldn't play. That's a bad memory that I have about playing soccer.

13 축구를 처음 시작했을 때가 언제인가요? 왜 축구를 시작하게 되었나요?

A 고등학교에서 축구는 인기 있는 스포츠 종목이라 학생들이 많이 가서 보곤 했습니다. 저 역시 축구를 좋아했죠. 1학년 때 저는 축구팀 후보 선수였어요. 하지만 3학년 때는 축구 팀 주장이었기 때문에 제가 그것을 좋아했던 것은 자연스러운 일이었습니다. 그 당시에 하루에 6시간 내지 7시간씩, 일주일에 6일간 훈련을 했어요. 아주 혹독했죠. 그래도 좋았어요. 23살 때 축구 동호회에 가입했습니다. 제 친구들과 저는 축구를 매우 좋아했고 자주 했습니다. 하지만 그 다음 해에 저는 부상을 당해서 축구를 할 수 없었습니다. 그것은 제가 축구에 관해 가지고 있는 나쁜 기억입니다.

14 Pick one of your ID cards and describe it in detail. What is it for? What does it look like? When and where do you use it?

A I have a resident identity card, a driver's license, and my student card. Let me tell you about my student card. My student card is a rectangle and it is made of hard plastic. My picture is on the left hand side and next to the picture is my personal information. I can use my student ID for identification. This card also functions as the door and gate key. Students may use their student cards to access materials. I can get access to the library by showing my student card. There is no admittance without this card.

15 What steps are required in order to acquire an identification card? What particular procedures do you need to follow? Do you need other items such as a birth certificate, etc. in order to get the card?

A You get your card made at the community center. This is how it's done. First, you need a picture and another piece of identification, like a birth certificate or student ID. So you go to the community center and go to the registration office. You take a number and wait. When it's your turn, you go to the clerk, and she takes your fingerprints, and collects your picture and forms. An identification order is not processed immediately upon submission of the application. The office will send you a card within two weeks. You can pick it up or the office will mail it to your house.

14 신분증을 하나 골라 자세히 묘사해보세요. 어떤 신분증인가요? 어떻게 생겼나요? 그것을 언제, 어디서 사용하나요?

A 주민등록증과 운전면허증, 그리고 학생증을 가지고 있습니다. 학생증에 대해 말씀 드리겠습니다. 제 학생증은 네모 모양이고 딱딱한 플라스틱으로 만들어져 있습니다. 사진은 왼편에 있고 사진 옆에는 저의 개인 정보가 있습니다. 신분 증명으로 학생증을 사용할 수 있습니다. 이 신분증은 또한 출입구와 출입문 열쇠의 기능도 합니다. 학생들은 학생증을 이용하여 자료를 열람할 수 있습니다. 학생증을 보여줘서 도서관에 들어갈 수 있습니다. 이 카드 없이는 출입이 허용되지 않습니다.

15 신분증을 받기 위해 어떤 절차가 요구되나요? 어떤 특정 절차를 따라야 하나요? 신분증을 받기 위해 출생 증명서와 같은 다른 것들이 필요한가요?

A 신분증은 주민센터에서 발급 받습니다. 만드는 방법은 이렇습니다. 우선, 사진과 출생증명서나 학생증과 같은 다른 신분증명서가 필요합니다. 준비되면 주민센터로 가서 등록하는 사무실로 갑니다. 번호표를 받고 기다립니다. 차례가 와서 직원에게 가면 직원이 지문을 찍어가고 사진과 서류를 가지고 갑니다. 신분증 발급은 신청서를 제출하는 즉시 처리되지 않습니다. 2주 이내로 사무실에서 신분증을 발급해줍니다. 본인이 와서 가져가거나 자택으로 우편 송부하기도 합니다.

Actual Test 11

실전 모의고사 11회 미리보기

- **인물 설정:** 대학생
- **배경 설문조사 체크**

  거주지: 가족과 함께 개인 주택이나 아파트에 거주

  여가 활동: 공원 가기, 캠핑하기, 스포츠 관람

  취미나 관심사: 음악 감상하기, 요리하기, 애완동물 기르기

  스포츠: 조깅, 걷기, 하이킹/트레킹, 헬스

  휴가나 출장: 국내 여행, 해외 여행

Listen 질문 미리듣기 

다음 질문을 듣고 질문의 핵심 내용을 적어보세요.

01 *Key Word*

02 *Key Word*

03 *Key Word*

04 *Key Word*

05 *Key Word*

06 *Key Word*

07 *Key Word*

08 *Key Word*

09 *Key Word*

10 *Key Word*

11 *Key Word*

12 *Key Word*

13 *Key Word*

14 *Key Word*

15 *Key Word*

Listen & Check 질문 확인하기 

01 Can you tell me about yourself?

02 Provide some details about one of your classmates. What is he or she like? Tell me what kind of person he or she is.

03 Do you have any memorable experiences with your friends? Tell me about any challenging, unexpected, or interesting things that happened. What made this so memorable for you?

04 Unfortunately, you realize that you can't make an appointment with your friends. Make a telephone call to one of your friends, and tell him or her what has happened. Offer two solutions for this situation.

05 You indicated in the survey that you like to go jogging. What kind of activities do you usually do when you go to jog? How often do you go jogging? When and where do you jog? Tell me about it in as much detail as possible.

06 Tell me about a recent jogging experience you have had. Where did you go jogging? Were you with anyone?

07 A friend has asked you to go for a jog together. Ask your friend a few questions about his or her plan.

---

01 자기 소개

학교 생활
02 학교 친구 묘사
03 학교 친구와의 경험
04 친구와의 약속을 지키지 못하는 상황 – 롤플레이

스포츠(조깅)
05 조깅 단순 설명
06 조깅 경험
07 조깅 약속 잡기 위한 정보 요청 – 롤플레이

08 Tell me about your pet. What kind of pet is it? What does it look like? Give as many details as possible.

09 You indicated in the survey that you have a pet. Can you describe a memorable experience you've had with your pet?

10 How did you get to keep your pet? Tell me about when you first got your pet. What kind of pet was it?

11 Please describe an experience when you went to a health club or to a gym that you remember clearly.

12 Provide some details about one of your instructors in a health club or a gym where you go to. What is he or she like? Tell me what kind of person he or she is.

13 Please tell me about your favorite neighbor. Why is he or she your favorite?

14 Can you recall a memorable event that happened in the area where you live? Tell me as many details about that event from start to finish in particular the elements that made the event so memorable.

15 I now live in a brand new home. Ask me several additional questions to learn more about my home.

Model *Answer* 11회

답변 전략

학생을 위한 답변 구성이다. 학생으로서 친구와의 경험이 많이 반영된 문제와 답변이 들어 있다. 친구 묘사뿐 아니라 조깅 관련 롤플레이에서 친구에게 연락하여 문제를 해결하는 문제 등이 포함되어 있다. 또한 애완동물에 대한 답변이 배치되어 있으므로 관심 있으면 활용해볼 수 있다. 특히 각 주제별 다양한 롤플레이 문제가 배치되어 있으므로 롤플레이 집중 훈련을 하려고 한다면 유용한 회차이다. 이러한 롤플레이 답변도 신분을 나타내는 내용만 제거하면 직장인이라도 그대로 활용할 수 있으므로 많이 활용해보자.

---

01 Can you tell me about yourself?

A My name is Kim Suhyun and I'm a 23-year old university student. I live with my parents and two brothers. My mother is always busy with house chores. My father is retired now. My older brother is a teacher, and my younger brother works at a company. I'm majoring in chemistry and minoring in physics. I enjoy listening to music in my free time. I also read a lot regarding my major whenever time allows. I try to spend time listening to music and reading books, but these days I'm very busy with my studies and my part-time job.

01 자신에 대해 말씀해주시겠어요?

A 제 이름은 김수현입니다. 저는 23살이며, 대학생입니다. 저는 부모님과 두 남자 형제와 함께 살고 있습니다. 어머니는 언제나 집안일로 바쁘시죠. 현재 아버지는 퇴직하셨습니다. 큰 형은 교사이고 작은 형은 회사원입니다. 제 전공은 화학이고 부전공은 물리학입니다. 저는 시간이 날 때 음악 듣는 것을 즐깁니다. 또한 시간이 날 때마다 전공과 관련된 책을 많이 읽습니다. 음악도 듣고 독서도 하면서 시간을 가지려고 노력하는데 요즘은 공부와 아르바이트로 바쁩니다.

02 Provide some details about one of your classmates. What is he or she like? Tell me what kind of person he or she is.

A Let me tell you about one of my best friends, Kim Jin. He was in my club last year. He is my once-in-a-lifetime friend now. He is very big, 185 cm tall, weighs about 90 kilos and he is muscular. But he has curly hair. A big guy with a cute hair style. Because of his physical appearance, he is always an easy target for jokes among people. He is so energetic and sociable that everyone loves him and wants to talk to him. He really cares about other people and he is a talented listener. Needless to say, he is every girl's dream.

03 Do you have any memorable experiences with your friends? Tell me about any challenging, unexpected, or interesting things that happened. What made this so memorable for you?

A In my freshman year of university, I didn't have many friends. One day in March, a welcome party was held for freshmen at the student hall. We began drinking in the evening and did not stop until early next morning. Everyone was under the table by midnight. One of my friends, Youngsik, kept on saying the same thing ass-backwards and that made me crazy. I was intoxicated and acted very aggressive, so I had an argument with him. But I made up with him and I became better friends with him ever since.

---

02 학교 친구 중 한 명에 대해 자세하게 이야기해보세요. 어떤 사람입니까? 어떤 사람인지 말해보세요.

A 제 가장 친한 친구 김진에 대해서 말씀 드리겠습니다. 그는 작년에 저와 같은 동아리에 있었습니다. 이제 그는 저의 둘도 없는 친구입니다. 그는 키가 185cm로 큰 편이고 몸무게는 90kg 정도 나가며 근육질입니다. 그런데 그는 곱슬머리입니다. 귀여운 헤어스타일을 한 덩치 큰 사나이. 그의 신체적인 외모 때문에 그는 항상 사람들 사이에서 농담거리가 되곤 합니다. 그는 매우 활동적이고 사교적이라 모두가 그를 좋아하고 말을 걸고 싶어 하죠. 그는 정말 다른 사람들을 배려하며 남의 말을 매우 잘 들어줍니다. 말할 필요도 없이 그는 모든 여자들의 이상형입니다.

03 친구와 기억에 남는 경험이 있나요? 어려운 일, 예상하지 못한 일, 흥미로운 일이 일어난 것이 있다면 말해주세요. 왜 그렇게 기억에 남나요?

A 제가 대학교 신입생이었던 해에, 저는 친구가 많지 않았습니다. 3월의 어느 날, 신입생 환영 파티가 학생회관에서 열렸습니다. 우리는 저녁에 술을 마시기 시작했고, 다음 날 이른 아침까지도 술자리를 끝내지 않았습니다. 자정 무렵이 되자 다들 술에 취해 뻗어버렸습니다. 제 친구 중 한 명인 영식은 술에 취하여 계속해서 같은 말을 했기 때문에 저는 짜증이 났습니다. 저는 술에 취해 매우 공격적으로 행동했고 그와 말다툼을 했습니다. 하지만 저는 그와 화해했고 그때 이후로 그와 더 친해졌습니다.

04 Unfortunately, you realize that you can't make an appointment with your friends. Make a telephone call to one of your friends, and tell him or her what has happened. Offer two solutions for this situation.

A Hello, this is Suhyun speaking. I know you want to go to Jin's place and watch a movie together tonight. I have a package coming to my house between 6 p.m. and 8 p.m. so I have to wait in the house to receive it. So, why don't you guys meet and watch the movie without me? If this situation makes you feel burdened, could you suggest delaying our appointment until an hour later? Is there any chance you could call the others and explain this situation? Let me know what is best for you. I'm sorry again and I will call you later.

04 불행히도 친구들과의 약속을 지킬 수 없다는 것을 알게 됩니다. 친구들 중 한 명에게 전화를 걸어서 무슨 일이 생겼는지 말하세요. 이 상황을 해결할 다른 두 가지 해결책을 제시하세요.

A 여보세요, 나 수현이야. 네가 오늘 밤 진이네 집에 가서 영화를 함께 보기를 원한다는 것을 알아. 집에 오후 6시에서 8시에 소포가 집으로 올 거야. 그래서 집에서 기다렸다가 그걸 받아야 해. 그래서, 너희들끼리 만나서 나 빼고 그냥 영화를 보는 게 어때? 이 상황에 부담을 느낀다면 약속을 한 시간 뒤로 미루자고 제안할 수 있을까? 다른 아이들한테 전화해서 이 상황을 알려줄래? 뭐가 가장 좋은지 알려줘. 다시 한번 미안해. 나중에 전화할게.

05 You indicated in the survey that you like to go jogging. What kind of activities do you usually do when you go to jog? How often do you go jogging? When and where do you jog? Tell me about it in as much detail as possible.

A I don't really care for organized sports or games of any kind. I sometimes visit the park nearby and jog in the afternoon on the weekends. There is a rubberized running track around the park. It is much easier on my knees than running on pavement. I jog about 1 kilometer or so there. After that, I exercise for half an hour. I really enjoy jogging because it's a peaceful time to enjoy the fresh air. This year, I made a New Year's resolution: "I will jog every day." I'll work out harder and sweat it off.

05 설문조사에서 조깅을 좋아한다고 했습니다. 조깅 하러 가면 주로 어떤 종류의 활동을 하나요? 얼마나 자주 조깅을 하러 가나요? 언제, 어디서 조깅을 하나요? 자세하게 이야기해주세요.

A 저는 어떤 종류든 조직화된 운동이나 경기는 별로 좋아하지 않습니다. 저는 가끔 주말 오후에 근처의 공원에 가서 조깅을 합니다. 공원 주변에 고무 바닥의 트랙이 있습니다. 포장된 길을 달리는 것보다 무릎에 훨씬 좋습니다. 그곳에서 약 1킬로미터 정도 조깅을 합니다. 그런 다음, 저는 30분 동안 운동을 합니다. 맑은 공기를 즐기는 평화로운 시간이기 때문에 저는 조깅을 아주 즐깁니다. 올해 저는 새해 결심을 했습니다. "매일 조깅한다."입니다. 더 열심히 운동해서 살을 뺄 것입니다.

06 Tell me about a recent jogging experience you have had. Where did you go jogging? Were you with anyone?

A One time I was jogging at the park near my house. I didn't see the sign that said "Under Construction." But then I tripped over something and landed on my knee. I got up and tried to continue, but it hurt. I could barely walk. That's because I fell on my knee and scraped it really badly. I went into the restroom and washed off my wound. By the time I returned to my house, I was exhausted.

07 A friend has asked you to go for a jog together. Ask your friend a few questions about his or her plan.

A Hi. I got your message asking me to go for a jog together. That sounds good. But I have no idea about your plan, so I'd like to ask you some questions to get more information. Where are you planning to go jogging? Do you have a favorite place to go? When should we meet? I think you are going to drive there. Then can you pick me up on the way? Why don't you come over to my place at 4 o'clock? How long do you think we are going to jog for? I have to meet my mother at 7 o'clock. OK, see you then.

---

06 최근 조깅 경험에 대해 말해보세요. 어디에서 조깅을 했나요? 함께 했던 사람이 있습니까?

A 한번은 집 근처 공원에서 조깅을 하고 있었습니다. 저는 '공사중'이라는 표시를 보지 못했습니다. 그 순간 뭔가에 걸려 넘어졌고 무릎으로 떨어졌습니다. 저는 일어나 계속 하려 했지만 아팠습니다. 걸을 수가 없었습니다. 제가 무릎으로 넘어져서 심하게 긁혔기 때문입니다. 저는 화장실에 가서 상처를 씻어냈습니다. 집에 도착했을 때 저는 기진맥진한 상태였습니다.

07 한 친구가 함께 조깅을 가자고 요청했습니다. 그/그녀의 계획에 대해 친구에게 몇 가지 질문을 하세요.

A 안녕. 같이 조깅하러 가자는 네 메시지를 받았어. 좋은 생각인 것 같아. 그런데 네 계획에 대해서 아는 게 없어서 좀 더 알아보려고 몇 가지를 물어보고 싶어. 어디로 조깅을 갈 계획이야? 네가 즐겨 가는 곳이 있어? 우리 언제 만나야 하지? 내 생각에 넌 운전해서 갈 것 같은데. 그럼 가는 길에 나를 태워갈 수 있어? 4시에 우리 집으로 오는 게 어때? 조깅을 얼마 동안 할 것 같아? 나 7시에 엄마와 약속이 있거든. 그래, 그럼 그때 보자.

08 Tell me about your pet. What kind of pet is it? What does it look like? Give as many details as possible.

A I have a Shitzu named Moong. The dog has long fur, so she looks great. She is also as meek as a lamb. But she barks furiously at people she doesn't know. And she likes to follow my family all over the house. My dog is always curled up asleep. She looks very cute. I not only feed and bathe her, but also play with her. I feel like being with her all the time. But sometimes I feel sad thinking she is getting old faster than me.

09 You indicated in the survey that you have a pet. Can you describe a memorable experience you've had with your pet?

A I have a little dog named Moong. On my 15th birthday, my father bought me a puppy for my present. When I went to the pet shop and I scooped her up, she nuzzled my cheek. After she came to my home, I petted her and I took her everywhere I went. My dog had puppies 4 or 5 weeks ago. She is a mommy dog of 5 puppies now. When I think of her, many good memories come to mind. I didn't train her, but the smart dog started bringing small items like clothes, shoes, and socks to me. She is very smart as well as cute.

---

08 당신의 애완동물에 대해 설명해보세요. 어떤 동물입니까? 어떻게 생겼습니까? 가능한 한 자세히 말씀해보세요.

A 저는 '뭉'이라는 시츄를 한 마리 키웁니다. 뭉이는 털이 길어서 보기 좋습니다. 뭉이는 또한 매우 온순합니다. 그렇지만 낯선 사람을 보면 사납게 짖어 댑니다. 그리고 온 집 안을 가족들을 따라 다니기를 좋아합니다. 제 개는 항상 몸을 둥글게 하고 잡니다. 매우 귀엽습니다. 저는 먹이를 주고 목욕을 시킬 뿐 아니라 같이 놀아줍니다. 저는 항상 그의 곁에 있고 싶습니다. 하지만 때로는 뭉이가 저보다 더 빨리 나이가 드는 것 같아 슬퍼집니다.

09 애완동물을 키운다고 하셨습니다. 당신의 애완동물과의 기억에 남는 경험에 대해 설명해주시겠습니까?

A 저는 뭉이라는 작은 개를 키우고 있습니다. 15살 생일 때, 아버지께서 생일 선물로 강아지 한 마리를 사주셨지요. 애견 동물 센터에 가서 그 개를 들어 올리자 그는 코로 제 뺨을 부드럽게 비볐습니다. 그가 저희 집에 온 후 저는 그 강아지를 귀여워해주었고 제가 가는 곳마다 데리고 다녔습니다. 그 개는 4~5주 전에 새끼를 낳았습니다. 이제 다섯 마리 강아지의 어미 개입니다. 그에 대해 생각할 때, 많은 좋은 기억들이 떠오릅니다. 제가 그 개를 훈련시키지 않았지만, 그 영리한 개는 제게 옷, 신발 그리고 양말과 같은 작은 물건들을 가져다주기 시작했습니다. 저희 개는 귀여울 뿐만 아니라 영리합니다.

10 How did you get to keep your pet? Tell me about when you first got your pet. What kind of pet was it?

A I've always said that I loved dogs, and wanted to have one. On my 15th birthday, my mother allowed me to have a dog, so I went to a pet shop and chose a dog. When I first saw Moong at the pet store, she was with her brothers and sisters. She was a brown Shitzu, very small and cute. After she came to my home, I petted her. I promised my mother I'd wash the dog every weekend. When I stayed home, I was always with her.

10 어떻게 해서 애완동물을 키우게 되셨습니까? 처음 애완동물을 키웠을 때에 대해서 말씀해주세요. 어떤 동물이었나요?

A 저는 항상 개를 너무 좋아해서 한 마리 기르고 싶다고 말해왔습니다. 15살 제 생일에 어머니가 개 키우는 것을 허락해주셔서 저는 애견 동물 센터에 가서 개 한 마리를 골랐습니다. 뭉이를 애완 센터에서 처음 보았을 때 그는 형제, 자매들과 함께 있었습니다. 그것은 너무나 작고 귀여운 갈색 시츄였습니다. 그가 저희 집에 온 후 저는 그 강아지를 귀여워했습니다. 저는 주말마다 강아지를 씻기겠다고 어머니와 약속했습니다. 제가 집에 있는 날이면 항상 함께 있어주었습니다.

11 Please describe an experience when you went to a health club or to a gym that you remember clearly.

A Because I decided to exercise in the gym for an hour once or twice a week, I headed to the gym. It was not easy to refuse dinner plans with my friends and go to the gym. When I went to the gym, it was absolutely packed. It smelled unpleasant and I really wanted to leave there. But I chewed over the saying "All the hard work is going to pay off!" I had to wait for equipment because the gym was busy. Then I got in an argument with a big guy who was hogging the equipment. In the end, I was so displeased with his rude behavior that I couldn't exercise in the gym and I returned home.

11 헬스클럽이나 체육관 갔을 때 확실히 기억하는 경험 하나를 묘사해보세요.

A 일주일에 한두 번 체육관에 가서 1시간 정도 운동하려고 마음 먹었기 때문에 체육관으로 향했습니다. 친구들과의 저녁 약속을 거부하고 체육관에 가는 것은 쉬운 일이 아니었습니다. 제가 체육관에 도착했을 때, 체육관은 꽉 차 있었습니다. 땀냄새는 불쾌했고 정말 그곳을 벗어나고 싶었습니다. 하지만 '고생 끝에 낙이 온다!'는 말을 되새겼습니다. 체육관이 붐벼서 저는 장비를 기다려야 했습니다. 그때 기구를 독차지하고 있는 덩치 큰 남자와 말다툼을 했습니다. 결국 저는 그의 무례한 행동에 기분이 상해 체육관에서 운동도 하지 못하고 집으로 돌아왔습니다.

12 Provide some details about one of your instructors in a health club or a gym where you go to. What is he or she like? Tell me what kind of person he or she is.

A At the gym I go to, personal fitness advisors help me work out a proper routine. They assign you a personal trainer, if you want one. Just make an appointment with one of the trainers, and you'll learn exactly how to use any machine you want. My aerobics instructor is able and experienced. She is also really funny and smart. She put me on the way to achieving my goals. She said "A few weeks of aerobics will firm up that flabby stomach." I hope that is true.

13 Please tell me about your favorite neighbor. Why is he or she your favorite?

A Let me introduce my neighbor, Mr. Kim. He is the owner of the grocery store in our town. He lives next door, but we didn't know each other for a long time. Since we belonged to an amateur baseball team, we met and have become close friends. He is a cheerful outgoing man, and that's why I like him. He is kind and likes to talk to neighbors passing by his store, as well as the customers shopping at his store. If you talk with him, you will find out that he is fun and brings people together.

12 당신이 다니는 체육관의 강사들 중 한 명에 대해 자세하게 이야기해보세요. 어떤 사람입니까? 어떤 사람인지 말해 보세요.

A 제가 다니는 체육관에는 자신에게 맞는 운동을 할 수 있도록 지도해주는 개인 코치들이 있습니다. 원하는 사람에게는 전용 트레이너를 배정해줍니다. 트레이너들 중 한 사람과 약속만 하면 하고 싶은 운동 기구 사용법을 정확히 다 배울 수 있어요. 제 에어로빅 강사는 유능하고 경험이 많습니다. 그 분은 또 재미있고 재치도 있습니다. 그 강사는 내가 목표를 달성하도록 도와주었습니다. 그는 "몇 주만 에어로빅을 하면 그 흐물흐물한 뱃살이 탄탄해질 거예요."라고 했습니다. 그의 말이 진짜였으면 좋겠습니다.

13 가장 좋아하는 이웃에 대해 이야기해 주세요. 그 사람이 왜 좋습니까?

A 제 이웃 김 씨를 소개하겠습니다. 그는 우리 동네 슈퍼마켓 주인입니다. 그는 저희 옆집에 사는데 우리는 오랫동안 서로 잘 몰랐습니다. 우리가 아마추어 야구팀에 소속된 이후로 처음 만났고 친한 친구가 되었습니다. 그는 활달하고 외향적인 성격의 남자인데 저는 그래서 그가 좋습니다. 그는 친절하고 가게에 물건을 사러 오는 손님들은 물론, 가게를 지나가는 이웃들에게도 말을 거는 걸 좋아해요. 그와 이야기를 나눠 보면 그가 재미있고 사람들을 하나로 만들어준다는 것을 알 수 있을 겁니다.

14 Can you recall a memorable event that happened in the area where you live? Tell me as many details about that event from start to finish in particular the elements that made the event so memorable.

A One day, I was cooking in the kitchen when the telephone rang. I went to answer immediately. While I was talking on the phone, the fire alarm sounded. I ran back to the kitchen. The room was full of smoke and the beef was badly burnt. I quickly turned off the gas, opened all the windows, and then went out of the house. To my surprise, people in the town had to go outside and even the fire trucks came. I told the firemen it was my careless cooking that caused the heavy smoke. I apologized to them and the neighbors. It was so embarrassing.

14 당신이 사는 곳에서 생긴 잊지 못할 일을 기억합니까? 처음부터 끝까지 그 일에 대해, 특히 그 기억이 그토록 잊을 수 없게 된 요소에 대해 자세히 이야기 해주세요.

A 어느 날, 부엌에서 요리를 하고 있는데 전화가 울렸습니다. 즉시 전화를 받으러 갔습니다. 전화 통화를 하고 있는데, 화재 경보기가 울렸습니다. 부엌으로 달려갔어요. 방은 연기로 가득 찼고 쇠고기가 심하게 탔습니다. 재빨리 가스를 끄고, 창문을 모두 열고, 집 밖으로 나갔습니다. 놀랍게도 마을 사람들이 바깥으로 대피하고 심지어 소방차도 왔습니다. 저는 요리할 때 조심하지 않아서 심한 연기가 났다고 소방관들에게 말을 했습니다. 저는 소방관들과 이웃들에게 사과했습니다. 매우 창피했습니다.

15 I now live in a brand new home. Ask me several additional questions to learn more about my home.

A Would you mind answering a few questions about where you are living at the moment? Where do you live? Do you live in an apartment or in a house? Do you like your neighborhood? If so, why? If not, why not? How about your neighbors? How many people are there? Is the area cheap to rent housing in? How about the educational environment around your apartment? Please go ahead and answer my questions.

15 저는 지금 새 집에 삽니다. 제 집에 관해 더 알기 위한 질문을 몇 개 하세요.

A 지금 살고 계신 곳에 대한 질문 몇 가지에 답해주시겠습니까? 어디에 사시나요? 아파트에 사시나요, 주택에 사시나요? 동네가 마음에 드세요? 그렇다면 그 이유는? 동네가 싫다면 싫은 이유는 무엇인가요? 이웃들은 어떤가요? 주민은 몇 명이나 됩니까? 그 지역은 집세가 저렴한가요? 아파트 주변 교육환경은 어떤가요? 제 질문에 답해주세요.

Actual Test 12

실전 모의고사 12회 미리보기

- **인물 설정:** 대학생
- **배경 설문조사 체크**

  거주지: 가족과 함께 개인 주택이나 아파트에 거주

  여가 활동: 영화 보기, 박물관 가기, 공원 가기, 스포츠 관람

  취미나 관심사: 음악 감상하기, 요리하기, 애완동물 기르기

  스포츠: 자전거, 조깅, 걷기

  휴가나 출장: 국내 여행, 해외 여행

다음 질문을 듣고 질문의 핵심 내용을 적어보세요.

01 *Key Word*

02 *Key Word*

03 *Key Word*

04 *Key Word*

05 *Key Word*

06 *Key Word*

07 *Key Word*

08 *Key Word*

09 *Key Word*

10 *Key Word*

11 *Key Word*

12 *Key Word*

13 *Key Word*

14 *Key Word*

15 *Key Word*

01 Can you tell me about yourself?

02 When you go shopping, where do you usually go? How do you get there? What do you buy the most? How much money do you usually spend? Who do you shop with? Tell me all the details.

03 Please tell me about your most memorable experience when you went shopping. What happened? Why was it so memorable to you?

04 You decided to purchase a new electrical appliance for your house. Call the shop and ask some questions to get information about the products you want to buy.

05 Describe your school's buildings and classrooms. What do the buildings and classrooms look like? Please describe your school and its classrooms for me in as much detail as possible.

06 Please tell me about a favorite class you are taking at university. What kind of class is it? And why do you like it the best?

07 Students are asked to complete a project or assignment. What is a project or assignment that you have recently done? What was it about? How did you do it? Tell me everything about it.

08 What was the most recent sporting event you watched? Describe the game in as much detail as possible.

---

01 자기 소개

돌발 주제(쇼핑)
02 쇼핑 단순 설명
03 쇼핑 경험
04 쇼핑 정보 요청
   – 롤플레이

학교 생활
05 강의실 묘사
06 좋아하는 수업
07 학교 프로젝트 경험

여가 활동(스포츠 관람)
08 스포츠 관람 경험

09 Pretend that you want to order some game tickets on the phone. Ask some questions about the game in order to reserve some tickets.

10 Unfortunately, you realize that you are late for the appointment on the day of watching a sport's game with your friends. Make a telephone call to one of your friends, and tell him or her what has happened. Offer two solutions for this situation.

11 You indicated in the survey that you like riding a bike. What kind of activities do you usually do when you go to ride a bike? How often do you go riding a bike? When and where do you ride a bike? Tell me about it in as much detail as possible.

12 How do you think bike riding is different from working out at a gym? Please compare riding a bike to going to a gym.

13 When was the first time you started riding a bike? Tell me why you decided to start it.

14 Please tell me about a memorable event you've had in a museum. What happened? Why was it so memorable to you?

15 Pretend that you want to order some exhibition tickets on the phone. Ask some questions about the exhibition in order to reserve some tickets.

Model *Answer* 12회

답변 전략

학생을 위한 답변 구성이다. 졸업 예정자로 전공을 무난한 경영으로 선택했지만 자신의 경우에 맞춰 바꿔 말하면 된다. 쇼핑에 관한 일반적인 내용을 묻는 질문이 포함되어 있다. 스포츠 관람에 대한 문제가 배치되어 있는데 재미있는 과거 경험에 대한 답변이 눈에 띈다. 또한 박물관 관람 문의에 대한 롤플레이의 경우 스포츠 관람이나 영화, 공연 관람의 경우에도 출제될 수 있는 문제이므로 키워드만 주제에 맞춰서 변경하여 활용할 수 있다는 것을 알아두자. 이렇듯이 새로운 답변을 무한정 만들어둘 필요는 없다. 문제 유형에 따라 큰 틀을 정해놓고 키워드를 중심으로 바꿔 말하는 연습을 하는 것이 시험 준비에 효과적일 뿐 아니라 답변을 암기하는 데도 유리하다.

---

01 Can you tell me about yourself?

A My name is Kim Suhyun. I will be graduating from Hanguk University this semester. I'm majoring in Business. After graduating, I want to get a job in the field of marketing. One of my hobbies is bike riding. I began it when I was in university. Now I'm pretty good at it. It's a lot of fun and very helpful to remove stress. So I try to go riding a bike on the weekend if I can find time. I am a member of a cycle club and I am the team captain. In addition, I've joined some volunteer service activities since when I was in high school. Through these activities, I can learn an open mind and communication skills among people. My mother is very proud of me. But I think I have a long way to go still.

01 자신에 대해 말씀해주시겠어요?

A 저는 김수현이라고 합니다. 이번 학기에 한국 대학교를 졸업할 예정입니다. 저는 경영학을 전공하고 있습니다. 졸업 후에는 마케팅 분야에서 취업을 하고 싶습니다. 제 취미 중 하나는 자전거 타기입니다. 대학교 때 시작을 했죠. 그리고 지금은 꽤 잘하는 편이랍니다. 무척 재미있고, 스트레스 푸는 데도 매우 좋습니다. 그래서, 주말에 시간이 나면 자전거를 타러 가고자 합니다. 저는 자전거 동아리에 들어 있고, 동아리 회장을 맡고 있습니다. 게다가, 저는 고등학교 시절부터 몇몇 자원봉사 활동을 해오고 있습니다. 이런 활동을 통해서 열린 마음과 사람들 사이의 소통 기술을 배울 수가 있죠. 저희 어머니는 저를 매우 자랑스러워하십니다. 하지만 전 아직 갈 길이 멀다고 생각합니다.

02 When you go shopping, where do you usually go? How do you get there? What do you buy the most? How much money do you usually spend? Who do you shop with? Tell me all the details.

A When I go shopping, I like to go to Myeong-dong, one of the central districts of Seoul. I usually go there by subway with my friends. There are a lot of big shopping malls there. I've tried all the shopping malls around there. I enjoy looking around and hanging out with my friends in the shopping mall. When I shop, I usually like to look at clothes. I like casual style, but I also like dressy clothes. My friends like to try on blouses, shirts, shoes, etc. Sometimes I look at bags and jewelry. As far as money, I usually spend about 100,000 won, but sometimes I don't spend anything. Sometimes I only go window shopping.

03 Please tell me about your most memorable experience when you went shopping. What happened? Why was it so memorable to you?

A Last weekend, I went to Myeong-dong because there are a lot of big shopping malls there. I found the item that I was looking for there. But it was too much. It almost busted my budget. The staff member of the store said that he would give me a better deal if I paid in cash. But when I returned home, I found that there was something wrong with the accounts. That final total didn't add up. I thought the store should be responsible for this situation, of course. I called the store and I explained the situation and complained about it. The store owner said that he would give me a coupon. They apologized for the problem, so I will certainly do business with the store again.

02 쇼핑하러 갈 때 보통 어디로 가나요? 그곳에는 어떻게 가나요? 무엇을 많이 사나요? 돈은 얼마 정도 쓰나요? 누구랑 같이 가나요? 모든 자세한 사항에 대해 얘기해주세요.

A 쇼핑할 때, 저는 서울의 중심가인 명동에 가는 것을 좋아합니다. 보통 친구랑 같이 지하철을 타고 갑니다. 명동에는 큰 쇼핑몰이 많이 있습니다. 명동 주변의 쇼핑몰은 전부 다 가봤어요. 전 쇼핑몰에서 구경하며 친구들과 어울려 다니는 것을 좋아합니다. 저는 쇼핑할 때 보통 옷을 보는 것을 좋아합니다. 캐주얼한 옷들을 좋아하는데 화려한 옷들도 좋아합니다. 제 친구들은 블라우스나 스커트, 신발 등을 착용해보는 것을 좋아합니다. 저는 가끔 가방이나 보석을 봅니다. 돈은 보통 10만원 정도 씁니다. 하지만 가끔은 돈을 아예 쓰지 않습니다. 가끔은 그냥 구경만 합니다.

03 쇼핑할 때 일어난 가장 기억에 남는 일을 이야기해주세요. 어떤 일이었나요? 왜 기억에 남나요?

A 저는 지난주에 명동에 갔습니다. 명동에는 큰 쇼핑몰이 많아서요. 거기서 제가 찾던 물건을 발견했습니다. 하지만 너무 비쌌습니다. 저는 거의 예산 초과였어요. 가게 직원은 제가 현금으로 사면 더 좋은 가격으로 주겠다고 말했어요. 그런데 집에 와서 보니 뭔가 계산이 안 맞는 것 같았습니다. 최종 총계가 맞지 않았습니다. 저는 당연히 상점에서 이 상황에 대해 책임을 져야 한다고 생각했습니다. 저는 상점에 전화해서 이 상황을 설명하고 불만을 이야기했습니다. 가게 주인은 쿠폰을 주겠다고 말했어요. 그들이 그 문제에 대해 사과했기 때문에, 저는 분명 그 상점을 다시 이용할 겁니다.

04 **You decided to purchase a new electrical appliance for your house. Call the shop and ask some questions to get information about the products you want to buy.**

A I'm looking for a new computer. Can I get your catalog of computers? Which is your best-selling model? Can you please show me what you have at this store? What I have now, its monitor doesn't have very good picture quality because I bought it about seven years ago. Do you have any up-to-the-minute laptop computers as part of your sale? Do you have computers that are energy efficient, in the mid price range? Ah… That's good. What is the price of it? I heard you sell many products at the lowest price in the nation. And if so, how much of a discount is it off the regular price? It's perfect. I'll take it. I would like to know when it can be delivered.

05 **Describe your school's buildings and classrooms. What do the buildings and classrooms look like? Please describe your school and its classrooms for me in as much detail as possible.**

A I would like to describe the classrooms where I am taking lessons. I am usually taking lessons in the main building and a college building. The university's main building is located in the west end of the campus. Recently, the building has been remodeled, so it looks like a new building. All the classrooms in the building are square in shape. The desks in the classes are arranged in rows and these are all square in shape. All the classrooms are a comfortable medium in which to study. There are posters on the walls of the classrooms. Most of the classrooms are configured for about 120 seats for students.

04 당신이 집에서 사용할 전자제품을 구입하기로 결정했습니다. 그 가게에 전화를 걸어 사려고 하는 제품에 관한 정보를 얻기 위한 몇 가지 질문을 하세요.

A 새 컴퓨터를 찾고 있습니다. 컴퓨터가 나와 있는 카탈로그를 받아볼 수 있을까요? 가장 잘 팔리는 모델은 어떤 건가요? 이 가게에 가지고 계신 것을 보여주실 수 있습니까? 지금 제가 가지고 있는 것은 7년 전에 샀기 때문에 모니터의 화질이 좋지 않아요. 최신 휴대용 컴퓨터도 세일을 하나요? 에너지 효율이 좋고 중간 가격대인 컴퓨터가 있나요? 아, 그거 좋네요. 가격은 얼마입니까? 제가 듣기로 많은 제품들을 국내 최저가로 판매한다고 했는데요. 그렇다면 원래 가격에서 얼마나 할인이 되나요? 아주 좋네요. 그걸로 할게요. 언제 배달해주실 수 있는지 알고 싶습니다.

05 학교 건물과 강의실을 묘사해보세요. 건물과 교실들이 어떻게 생겼나요? 최대한 자세히 학교와 강의실을 묘사해 주십시오.

A 제가 수업을 듣는 강의실에 대해 설명하고 싶습니다. 저는 주로 본관과 단과 건물에서 수업을 듣고 있습니다. 대학 본관은 캠퍼스의 서쪽 끝에 있습니다. 최근에 본관은 개조 공사를 해서 이제 새 건물처럼 보입니다. 그 건물의 모든 교실은 정사각형 모양입니다. 강의실의 책상은 줄이 맞춰져 있고 모양이 모두 정사각형입니다. 모든 교실의 환경은 공부하기에 편합니다. 교실 벽에는 게시물이 있습니다. 대부분의 강의실은 120명 정도의 학생들을 수용할 수 있습니다.

06 Please tell me about a favorite class you are taking at university. What kind of class is it? And why do you like it the best?

A My favorite class this semester is English conversation class. For me, English skills are very important because I major in business. I like this class for several reasons. First, I have the chance to speak in English on various topics in this class. Secondly, I can learn how to develop my opinion logically in a limited time. Finally, by learning a language, I can better understand people who use it and their cultural background. Most of all, the professor is not strict in grading.

07 Students are asked to complete a project or assignment. What is a project or assignment that you have recently done? What was it about? How did you do it? Tell me everything about it.

A The recent project was an assignment that I did in my business class. Six students were put on a team. We had to prove that workers' satisfaction and motivation have a direct impact on productivity. At the start, we didn't have much to say. But the ice melted when we started building a list of positive and negative things about incentive systems. We visited different places of work to collect a lot of relevant data and went over them. We also went to a company that one of our members' fathers ran and got feedback from the workers. Our project was successful and we all got an A on it.

06 대학교에서 당신이 좋아하는 수업에 대해 이야기해보세요. 무슨 수업이고, 왜 가장 좋아하나요?

A 이번 학기 중 제가 가장 좋아하는 수업은 영어 회화 수업입니다. 제 전공이 경영학이다 보니 저한테는 영어 실력이 매우 중요합니다. 저는 이 수업을 몇 가지 이유로 좋아합니다. 첫 번째로, 수업 시간에 다양한 주제에 대해 영어로 얘기를 많이 할 수 있습니다. 두 번째로, 저는 제 생각을 제한된 시간 안에 논리적으로 발전시켜 말하는 법을 배울 수 있습니다. 마지막으로, 언어를 배우면서 저는 그것을 사용하는 사람들과 그것의 문화적인 배경에 대해 더 잘 이해할 수 있습니다. 무엇보다도 그 교수님은 학점이 짜지 않습니다.

07 학생들은 프로젝트나 과제를 완성해야 합니다. 최근에 한 과제나 프로젝트는 무엇인가요? 무엇에 관한 것이었나요? 어떻게 하였습니까? 자세히 얘기해보세요.

A 최근 프로젝트는 경영 수업에서 한 과제였습니다. 6명의 학생들이 한 팀을 이루었습니다. 저희는 근로자의 만족도와 동기 부여가 노동 생산성에 직접적인 영향을 미치는가를 증명해야 했습니다. 처음에는 할 말이 별로 없었습니다. 그러나 인센티브 시스템의 장단점에 대해 리스트를 만들면서 어색함이 사라졌습니다. 저희는 다양한 사업장을 방문해 관련 데이터를 모으고 그것들을 검토했습니다. 또한 저희 팀원의 아버지가 운영하는 회사에 찾아가 직원들로부터 피드백을 받았습니다. 저희 프로젝트는 성공적이었고 저희 모두 A를 받았습니다.

08 What was the most recent sporting event you watched? Describe the game in as much detail as possible.

A I watched a basketball game on TV a month ago with a few friends. We made popcorn and had some soft drinks. Samsung played against KT. At first, we just watched the game, sitting on the couch. As the game heated up, my friends began to cheer for KT loudly. I don't know why, but I decided to root for the opposite team. My clever, evil friends didn't miss a chance, and they insisted we bet on who was going to win. It was a close game that went into overtime. Finally KT won the game. Sure enough, my friends made me pay off the bet. I had to clean the living room alone. But it was a very exciting game.

09 Pretend that you want to order some game tickets on the phone. Ask some questions about the game in order to reserve some tickets.

A Hello, I'm calling to buy soccer season tickets. I heard that if I buy tickets for this season now, I can get them at the lowest price. Could I buy them over the phone with a credit card? Oh, you have only two payment options available. OK. I'd like to make a purchase by using my credit card at your website. How can I find a payment link on the main page? Oh, really? Could I get your website address? Is it true that passes are in limited supply and are available on a first come, first served basis? I'd better hurry then. Thank you for your help.

08 최근에 본 스포츠는 무엇이었습니까? 가능한 자세하게 경기를 설명해보세요.

A 저는 한 달 전 TV에서 친구들 여러 명과 농구 경기를 시청했습니다. 저희는 팝콘을 만들고 음료수를 준비했습니다. 삼성과 KT가 경기를 했습니다. 처음에는 소파에 앉아서 경기를 시청했습니다. 경기가 과열되자, 친구들은 KT를 큰소리로 응원하기 시작했습니다. 저는 왠지 상대팀을 응원하고 싶었습니다. 나의 영리하고 사악한 친구들은 이 기회를 놓치지 않고 누가 이길지 내기하자고 우겼습니다. 경기는 연장전까지 가는 박빙의 승부였습니다. 마침내 KT가 우승했습니다. 당연히 친구들은 저에게 벌칙을 내렸습니다. 저는 거실을 혼자 청소해야 했습니다. 그렇지만 꽤 재미있는 경기였습니다.

09 전화로 경기 티켓을 주문한다고 가정해보세요. 티켓을 예매하기 위해 경기에 대해 질문을 3~4가지 하세요.

A 안녕하세요, 저는 축구 시즌 티켓을 구매하고 싶습니다. 이번 시즌을 위한 티켓을 지금 구매한다면 가장 저렴한 가격에 구매할 수 있다고 들었습니다. 전화상으로 신용카드를 사용해 구매할 수 있을까요? 아, 이용 가능한 두 가지 지불 방법이 있다고요. 알겠습니다. 웹사이트에서 신용카드로 하고 싶습니다. 웹사이트 메인 화면에서 어떻게 결제 링크를 찾을 수 있나요? 정말요? 제가 웹사이트 주소를 알 수 있을까요? 티켓이 한정 수량이고 선착순이라는 게 사실인가요? 그럼 서둘러야겠네요. 도움 주셔서 감사합니다.

10 Unfortunately, you realize that you are late for the appointment on the day of watching a sport's game with your friends. Make a telephone call to one of your friends, and tell him or her what has happened. Offer two solutions for this situation.

A Hello, this is Suhyun speaking. I know that you want to go to the stadium and watch a soccer game together tonight. As you know, since I live far away from there, I have to use public transportation. I am taking both the bus and the subway this afternoon and it takes about 50 minutes to get there. It's bumper-to-bumper every day except weekends. I am now caught in a traffic bottleneck. I am not sure how long it will take to get there. So, why don't you guys meet and watch the game without me first? I will join you later. Or if I can't make it, maybe I'll take a rain check. Is there any chance you could call the others and explain this situation?

10 불행히도 친구들과 스포츠 경기를 보기로 한 날에 약속에 늦게 된다는 것을 알게 됩니다. 친구들 중 한 명에게 전화를 걸어서 무슨 일이 생겼는지 말하세요. 이 상황을 해결할 다른 두 가지 해결책을 제시하세요.

A 여보세요, 나 수현이야. 네가 오늘 저녁 경기장에 가서 축구 경기를 함께 보기를 원한다는 것을 알아. 너도 알겠지만 내가 멀리 살아서 대중 교통수단을 이용해야 해. 오늘 오후에 버스와 지하철 둘 다 타서 거기까지 가는 데 약 50분 정도 걸려. 주말만 제외하고 언제나 차가 심하게 막혀. 지금 병목 구간에 걸려 오도가도 못하고 있어. 거기까지 가는 데 얼마나 걸릴지 잘 모르겠어. 그래서, 너희들끼리 만나서 나 빼고 그냥 경기를 먼저 보는 게 어때? 내가 나중에 합류할게. 아니면 내가 못 가면, 다음에 만나자. 다른 아이들한테 전화해서 이 상황을 알려줄래?

11 You indicated in the survey that you like riding a bike. What kind of activities do you usually do when you go to ride a bike? How often do you go riding a bike? When and where do you ride a bike? Tell me about it in as much detail as possible.

A My favorite place to ride a bike is at a park near a university. I try to ride a bike regularly because it keeps me healthy. I exercise four days a week there. First, I do exercise for half an hour in the morning. I can walk, climb stairs, dance, and jog there. And then, I ride a bike a few kilometers for a workout. I'll work out harder and sweat it off.

11 설문조사에서 자전거 타기를 좋아한다고 했습니다. 자전거 타기를 하러 가면 주로 어떤 종류의 활동을 하나요? 얼마나 자주 자전거 타기를 하러 가나요? 언제, 어디서 자전거 타기를 하나요? 자세하게 이야기해주세요.

A 저는 대학교 옆 공원에서 자전거 타는 것을 제일 좋아합니다. 저는 자전거 타기가 건강을 유지시켜줘서 규칙적으로 그것을 하려고 노력합니다. 그곳에서 일주일에 4일 운동해요. 먼저 저는 아침에 30분 동안 운동을 합니다. 그곳에서 걸을 수 있고, 계단도 오르고, 댄스나 조깅도 할 수 있습니다. 그런 다음, 저는 운동 삼아 몇 킬로미터를 자전거로 달립니다. 더 열심히 운동해서 살을 뺄 것입니다.

12 How do you think bike riding is different from working out at a gym? Please compare riding a bike to going to a gym.

A We need sunlight on our bodies to make vitamin D, so I prefer to spend my time exercising outside. I go riding a bike at the park near my house because it is hard for me to exercise every day. I also prefer exercising in the fresh air outside to working out in a stuffy gym. Sometimes I ride my bicycle to school, so I get to exercise and get to school at the same time; I don't have to plan time in the gym. Working out outside is usually nicer, but sometimes the weather is not appropriate. In that case, I work out indoors.

12 자전거를 타는 것과 체육관에서 운동하는 것이 어떻게 다른가요? 자전거 타기와 체육관에서 운동하는 것을 비교하세요.

A 우리 몸은 비타민 D를 만들기 위해 햇빛이 필요합니다. 그래서 저는 야외에서 운동하는 것을 선호합니다. 매일 운동하는 것은 어렵기 때문에 시간이 날 때마다 집 근처 공원에 가서 자전거를 탑니다. 저는 또한 답답한 체육관에서 운동하는 것보다 공기가 신선한 바깥에서 운동하는 것을 선호합니다. 때때로 저는 자전거를 타고 등교합니다. 그래서 운동하면서 등교하는 것이 동시에 되죠. 체육관에 갈 계획을 따로 세울 필요가 없습니다. 야외에서 운동하는 것은 일반적으로 더 좋습니다. 그런데 가끔은 날씨가 적절하지 않기도 합니다. 그럴 때는 실내에서 운동합니다.

13 When was the first time you started riding a bike? Tell me why you decided to start it.

A I started riding a bike two years ago when I heard about the beneficial effects of it. I decided to start riding a bike every day. Riding a bike does not require great displays of gymnastic strength. While riding a bike, I think about a plan for my day. What I do while riding a bike depends on who I'm with. Sometimes we just walk around the park and chat. I love exercising and do long distance bike riding. Riding a bike is more effective for relieving stress from work than drinking alcohol.

13 자전거 타기를 처음 시작했을 때는 언제인가요? 왜 그것을 시작하게 되었는지 말씀해주세요.

A 저는 자전거 타기의 긍정적인 효과에 대해 듣고 2년 전에 그것을 시작했습니다. 매일 자전거를 타기로 마음먹었습니다. 자전거 타기는 엄청난 신체적인 힘을 필요로 하지는 않습니다. 자전거를 타면서 하루의 계획에 대해 생각합니다. 자전거를 탈 때 무엇을 하는지는 제가 누구와 함께 가는지에 달렸습니다. 가끔은 그냥 공원 주변을 걷고 이야기를 합니다. 저는 운동하기를 좋아해서 먼 곳까지 (운동 삼아) 자전거를 타러 다닙니다. 자전거 타기는 일로부터 받은 스트레스를 푸는 데 술을 마시는 것보다 더 효과적입니다.

14 Please tell me about a memorable event you've had in a museum. What happened? Why was it so memorable to you?

A I met an artist at the museum before. I found the famous artist and shook hands with him and told him how much I liked his pictures. He led me on a tour through the museum. He was very nice, and signed autographs for me. He owed a lot of his popularity to the controversy that his works had generated in recent years. His works provoked a lot of debate on what art actually is. Thanks to his explanation, I found that there's more to modern art than meets the eye.

14 박물관에서 있었던 가장 기억에 남는 일을 이야기해주세요. 어떤 일이었나요? 왜 기억에 남나요?

A 전에 박물관에서 한 예술가를 만난 적이 있습니다. 저는 그 유명한 예술가를 발견하고는 그와 악수를 하고 그의 그림을 얼마나 좋아했는지 말했습니다. 그는 저에게 박물관 전체를 안내해줬습니다. 그는 매우 친절했고 저에게 사인을 해주었습니다. 그는 최근 몇 년 동안 그곳에 전시된 작품들이 일으킨 논란으로 인하여 많은 인기를 얻게 되었습니다. 그의 작품들은 과연 예술이란 무엇인가에 대한 많은 논쟁을 일으켰습니다. 그의 설명 덕분에 현대미술이 보기보다 더 깊은 뜻이 있다는 것을 알게 되었습니다.

15 Pretend that you want to order some exhibition tickets on the phone. Ask some questions about the exhibition in order to reserve some tickets.

A Hello, is this the National Museum? Can I ask some questions about the Monet exhibition? What's the admission fee to the museum? And can I use a credit card to pay for the tickets or send money by phone banking? On what days is the museum closed? On which days does the museum close the latest? I want to know whether it's okay to bring my own food. Oh, I almost forgot. Where can I park my car near the museum? Thank you. You were very helpful.

15 전화로 전시회 티켓을 주문한다고 가정해보세요. 티켓을 예매하기 위해 전시회에 대해 질문을 3~4가지 하세요.

A 안녕하세요, 국립 미술관인가요? 모네 전시회에 대해 몇 가지 질문을 해도 될까요? 미술관 입장료는 얼마입니까? 그리고 입장권 대금을 지불하는 데 신용카드를 사용하거나 폰뱅킹으로 보낼 수 있나요? 미술관 휴관일이 언제입니까? 미술관이 가장 늦게 문을 닫는 날은 언제입니까? 외부 음식물 반입도 되는지 궁금합니다. 아, 그리고 잊을 뻔했네요. 미술관 근처 어디에 주차하면 되나요? 고마워요. 큰 도움이 됐어요.

Actual Test

실전 모의고사

13~17회 문제집

1

단계 1~12회

출제 원리를 확실히 익힌다!

수험자 선호도가 높은 주제로 구성된 실전 훈련 12회분

2

단계 13~17회

어떤 문제 조합도 두렵지 않다!

그물망 실전 대비,
New 문제 조합 모의고사 5회분 + 셀프 모의고사 훈련

3

단계 18~22회

실전처럼 테스트한다!

펼치는 순간 바로 실전, Blind Test 5회분

2단계

어떤 문제 조합도 두렵지 않다!

그물망 실전 대비, New 문제 조합 모의고사 + 셀프 모의고사 훈련

1단계에서 내가 작성한 설문 항목에 따른 문제 구성 및 출제 원리를 적용한 12회 모의고사를 풀어봤다.

그런데 하나의 항목으로도 문제 유형이 5~6가지 정도가 되므로 실전 한 세트인 15문제로는 이 주제 항목들을 촘촘히 다룰 수 없다. 이 15문제 중에 돌발 주제까지 나온다면 내가 준비해간 문제&답변이 훨씬 적게 나온다고 느끼게 된다. 따라서 OPIc은 준비를 해가야 소용 없다고 느끼기 쉽다. 그러나 조금 더 정성을 들여 꼼꼼히 준비를 해보자.

모의고사를 구성하면서 가장 아쉬운 것은 5회분을 준비해도 빠지는 문제가 많다는 것이다. 그래서 여분의 모의고사를 더 준비했다. 이름하여, 문제 조합 셀프 모의고사다. 내가 선택한 주제 항목을 달리 조합하면 또 다른 모의고사가 만들어진다. 그리고 그것은 충분히 출제 가능성이 있는 것이다. 이런 식으로 대비하면 어떤 문제 조합도 두렵지 않은 그물망 학습이 가능하다.

Contents Map *Actual Test* 2단계

내가 선택한 주제의 문제를 배치를 달리하여 연습해봅시다. 나머지 5회분은 스스로 문제를 배치해서 연습해보세요.

Actual Test 13~17	Topic 1 기본 주제	Topic 2 여가 활동	Topic 3 취미/관심사	Topic 4 스포츠	Topic 5 휴가/출장	Topic 6 돌발 주제
13회 학생/직장인 공통	1 자기소개	5~7 공연 가기 14~15 음악 감상	2~4 요리하기	11~13 축구		8~10 쇼핑
14회 학생/직장인 공통	1 자기소개	5~7 SNS 8~10 영화 보기		2~4 조깅	11~12 해외 여행	13~15 식당
15회 학생/직장인 공통	1 자기소개	5~7 영화 보기 8~10 카페/커피전문점 11~12 자원봉사		13~15 헬스		2~4 명절
16회 학생/직장인 공통	1 자기소개 11~12 가정/이웃	2~4 공원 가기	8~10 음악 감상하기 13~15 애완동물		5~7 집에서 보내는 휴가	
17회 직장인 집중 공략	1 자기소개 10~12 가정/이웃	13~15 박물관		8~9 야구	5~7 국내외 여행	2~4 신분증
Self Test 1	1 자기소개					
Self Test 2	1 자기소개					
Self Test 3	1 자기소개					
Self Test 4	1 자기소개					
Self Test 5	1 자기소개					

Actual *Test 13*

인물 설정: 대학생/직장인 공통

배경 설문조사 체크

거주지: 독신자로서 개인 주택이나 아파트에 거주

여가 활동: 영화 보기, 공연 가기, 공원 가기, 스포츠 관람

취미나 관심사: 음악 감상하기, 악기 연주하기, 요리하기

스포츠: 축구, 조깅, 헬스

휴가나 출장: 국내 여행, 해외 여행

Listen 질문 미리듣기   다음 질문을 듣고 질문의 핵심 내용을 적어보세요.

01

02

03

04

05

06

07

08

09

10

11

12

13

14

15

Listen & Answer 질문에 답변하기

답변할 내용의 핵심 키워드를 적고, 나만의 답변을 만들어보세요.

01 자기소개

01

Can you tell me about yourself?

자신에 대해 말씀해주시겠어요?

02-03-04 취미/관심사(요리하기)

02 요리 과정

You indicated that you cook. Please describe the kinds of dishes you like to cook and why you like cooking them.

요리를 한다고 하셨습니다. 만들기 좋아하는 요리의 종류와 함께 왜 그것을 만드는 것을 좋아하는지 그 이유도 말씀해주세요.

03 요리 방법 단순 설명

Please tell me about the best dish you can cook and explain how you make it.

당신이 가장 잘 만들 수 있는 음식에 대해 말하고, 어떻게 만드는지 설명하세요.

04 기억에 남는 요리 경험

Please tell me about an experience you had when something unexpected happened while cooking.

요리를 하다가 예기치 않게 겪은 경험에 대해 말해주세요.

05 공연 단순 설명

You indicated in the survey that you go to concerts. What kind of concerts do you usually go to? How often do you go to concerts and with whom do you usually go? How do you pick which concert you will go to?

콘서트에 간다고 하셨습니다. 주로 어떤 콘서트에 가시나요? 콘서트는 얼마나 자주 가고 보통 누구와 함께 갑니까? 어떤 콘서트를 갈지는 어떻게 고르나요?

06 공연 가기 과정

What do you usually do before you go to a concert? What do you do after the concert finishes? Please tell me about your typical day when you go see the concert.

콘서트에 가기 전에 주로 무엇을 하나요? 콘서트가 끝난 후에는 무엇을 합니까? 콘서트를 보러 갈 때 전형적인 하루에 대해 이야기해주세요.

07 공연장 입장권 예약 문의 – 롤플레이

Pretend that you want to order some concert tickets on the phone. Ask some questions about the concert in order to reserve some tickets.

전화로 콘서트 티켓을 주문한다고 가정해보세요. 티켓을 예매하기 위해 콘서트에 대해 질문을 3~4가지 하세요.

08-09-10 **돌발 주제(쇼핑)**

08 쇼핑 경험

Please tell me about the last experience you had when you went shopping. What happened? Tell me when it was and who you were with and everything that happened that day.

쇼핑 갔던 가장 최근의 경험에 대해 말해주세요. 어떤 일이 있었나요? 언제였고, 누구와 함께 있었으며, 그날 있었던 일을 모두 말씀해주세요.

09 쇼핑 정보 요청 – 롤플레이

You got invited to a sale from your favorite shop. Call the shop and leave a message asking some questions to get information about the sale.

당신이 좋아하는 가게의 세일에 초대받았습니다. 그 가게에 전화를 걸어 세일에 관한 정보를 얻기 위한 몇 가지 질문을 하는 메시지를 남기세요.

10 쇼핑 문제 상황 – 롤플레이

You bought a shirt and when you got home you found out that there was a stain on the shirt. Call the clothing store and describe the problem and suggest other alternatives to the problem.

당신이 셔츠를 사서 집에 왔는데 셔츠에 얼룩이 있는 것을 발견했습니다. 옷 가게에 전화해서 문제를 설명하고 문제에 대한 다른 대안을 제시하세요.

11-12-13 스포츠(축구)

11 축구 경험

You indicated in the survey that you like to play soccer. When was the first time you played soccer? Tell me why you decided to play soccer.

설문조사에 축구를 좋아한다고 표시하셨습니다. 축구를 처음 시작했을 때가 언제인가요? 왜 축구를 시작하게 되었나요?

12 축구 경기장 묘사

I'd like to know where you usually play soccer. Describe that place in as much detail as possible.

주로 어디서 축구를 하는지, 그 장소에 대해 최대한 자세히 설명해주세요.

13 축구 경험

Have you had any memorable experience when playing soccer? If so, start by telling me when it was and where you were playing. Then tell me all of the things that made the experience so memorable.

축구를 한 기억에 남는 경험이 있었나요? 그렇다면 언제 어디서 했는지 말씀해주세요. 그리고 왜 잊을 수 없는지 그 이유도 말해주세요.

14-15 여가 활동(음악 감상하기)

14 음악 감상 단순 설명

You indicated in the survey that you like to listen to music. What kind of music do you like and when do you usually listen to it? Where do you get your music? Give as many details as you can.

음악 감상하는 것을 좋아한다고 하셨습니다. 어떤 음악을 좋아하고 언제 음악을 듣나요? 그 음악들을 어디서 얻나요? 가능한 자세히 얘기해주세요.

15 음악 취향 변화

You indicated in the survey that you like listening to music. How has your taste in music changed throughout the years?

설문조사에서 음악 감상을 좋아한다고 하셨습니다. 당신의 음악 취향이 어떻게 바뀌었나요?

Actual *Test 14*

인물 설정: 대학생/직장인 공통

배경 설문조사 체크

거주지: 가족과 함께 개인 주택이나 아파트에 거주

여가 활동: 영화 보기, 공연보기, 콘서트 보기, SNS에 글 올리기

취미나 관심사: 음악 감상하기, 요리하기, 애완동물 기르기

스포츠: 조깅, 수영, 자전거

휴가나 출장: 국내 여행, 해외 여행

Listen 질문 미리듣기   다음 질문을 듣고 질문의 핵심 내용을 적어보세요.

01

02

03

04

05

06

07

08

09

10

11

12

13

14

15

Listen *& Answer* 질문에 답변하기

답변할 내용의 핵심 키워드를 적고, 나만의 답변을 만들어보세요.

01 자기소개

01

Can you tell me about yourself?

자신에 대해 말씀해주시겠어요?

02-03-04 스포츠(조깅)

02 조깅 단순 설명

You indicated in the survey that you like to go jogging. What kind of activities do you usually do when you go to jog? How often do you go jogging? When and where do you jog? Tell me about it in as much detail as possible.

설문조사에서 조깅을 좋아한다고 했습니다. 조깅 하러 가면 주로 어떤 종류의 활동을 하나요? 얼마나 자주 조깅을 하러 가나요? 언제, 어디서 조깅을 하나요? 자세하게 이야기해주세요.

03 조깅 경험

Have you had any jogging experience that is memorable? If so, start by telling me when it was and where you were jogging. Then tell me all of the things that made the experience unforgettable.

기억에 남는 조깅 경험이 있었나요? 그렇다면 언제 어디서 조깅을 했는지 말씀해주세요. 그리고 왜 잊을 수 없는지 그 이유도 말해주세요.

04 조깅과 헬스의 차이점

How do you think jogging is different from working out at a gym?
Please compare jogging to going to a gym.

조깅과 체육관에서 운동하는 것이 어떻게 다른가요? 조깅과 체육관에서 운동하는 것을 비교하세요.

05-06-07 여가 활동(SNS에 글 올리기)

05 SNS 일반 1

You indicated in the survey that you like to use SNSs. What kind of
SNS do you usually use? When and where do you usually use it?

설문조사에서 SNS를 이용하신다고 표시하셨습니다. 어떤 SNS를 주로 이용하나요? 주로 언제, 어디에서 SNS를 하나요?

06 SNS 일반 2

Please explain what you usually do with an SNS in detail.

어떤 SNS를 주로 이용하나요? SNS로 주로 무엇을 하는지 자세히 설명해보세요.

07 SNS 과거 경험

Please tell me about your most memorable experience you had when you used SNS. What happened? Why was it so memorable to you?

SNS를 하면서 일어난 가장 기억에 남는 일을 이야기해주세요. 어떤 일이었나요? 왜 기억에 남나요?

08-09-10 **여가 활동(영화 보기)**

08 좋아하는 영화 장르

You indicated that you like to watch movies. What kind of movies do you like to watch? Tell me about your favorite movie genre in detail.

영화 보는 것을 좋아한다고 했습니다. 어떤 종류의 영화를 좋아합니까? 좋아하는 영화 장르에 대해 자세히 얘기해주세요.

09 최근에 본 영화

Tell me in detail about the last movie you watched. What was the genre of the movie? Who was in the movie? Did you like the movie?

최근에 본 영화에 대해 자세히 얘기해주세요. 어떤 장르의 영화였습니까? 영화 출연자는 누구입니까? 영화는 좋았습니까?

10 좋아하는 배우

Who is your favorite movie star or character from any movie or TV show? Why do you like him or her? Please describe him or her in detail.

좋아하는 영화 배우나 영화 또는 TV 프로그램에 나오는 가장 좋아하는 인물은 누구인가요? 그 특정 배우를 좋아하는 이유는 무엇입니까? 그/그녀에 대해 자세히 설명해주세요.

11-12 휴가/출장(해외 여행)

11 해외 여행을 갔던 도시/나라 설명

You indicated that you travel overseas. Tell me about the countries you have visited and explain about the local people you met while traveling. Who were you with? What did you do there? Why do you particularly like that country or that city?

해외 여행을 하신다고 표시하셨습니다. 당신이 방문했던 나라들에 대해 말해주세요. 그리고 여행 중에 만난 사람들에 대해 설명해보세요. 누구와 함께 갔었나요? 그곳에서 무엇을 했나요? 왜 그 나라나 도시가 특별히 기억에 남나요?

12 공항에서 비행기 연착 문제 해결 – 롤플레이

When you go to the airport for a flight, you see that your flight's departure will be two hours late. Please ask several questions about the problem at the airport's service center.

비행기를 타러 공항에 가서 탑승이 두 시간 늦어질 것을 알았습니다. 공항 서비스 센터에 이 문제에 대한 질문을 몇 가지 해보세요.

13 좋아하는 식당

Tell me about a place you especially like to go to to eat out. Who do you usually go with? Tell me what you normally eat there.

특별히 외식하러 가기 좋아하는 곳에 대해서 말씀해주세요. 보통 누구와 함께 가나요? 보통 그곳에서 무엇을 먹는지 말씀해주세요.

14 식당에서의 경험

Please tell me about your most memorable experience when you went to a restaurant. What happened? Why was it so memorable to you?

식당에 갔을 때 일어난 가장 기억에 남는 일을 이야기해주세요. 어떤 일이었나요? 왜 기억에 남나요?

15 식당 단순 질문하기 – 롤플레이

I also like going to restaurants. Ask me three to four questions about it.

저도 식당에 가는 것을 좋아합니다. 그것에 대해 3~4가지 질문을 해보세요.

Actual *Test 15*

인물 설정: 대학생/직장인 공통

배경 설문조사 체크

거주지: 가족과 함께 개인 주택이나 아파트에 거주

여가 활동: 영화 보기, 공원 가기, 카페/커피전문점 가기, 자원봉사하기

취미나 관심사: 음악 감상하기, 악기 연주하기, 요리하기

스포츠: 자전거, 조깅, 걷기, 헬스

휴가나 출장: 집에서 보내는 휴가

Listen 질문 미리듣기   다음 질문을 듣고 질문의 핵심 내용을 적어보세요.

01

02

03

04

05

06

07

08

09

10

11

12

13

14

15

Listen & *Answer* 질문에 답변하기

답변할 내용의 핵심 키워드를 적고, 나만의 답변을 만들어보세요.

01 자기소개

01

Can you tell me about yourself?

자신에 대해 말씀해주시겠어요?

02-03-04 돌발 주제(명절)

02 한국 명절들 일반

Tell me about holidays in your country. What kinds of holidays are there? Which holiday is the biggest? What do people do on that day? Is there any special food for the day?

당신이 살고 있는 나라의 명절에 대해 말해주세요. 어떤 종류의 명절이 있나요? 가장 큰 명절은 무엇인가요? 사람들은 그날 무엇을 하나요? 그날에 먹는 특별한 음식이 있나요?

03 명절 과거 경험

Tell me about one of the most memorable holidays that you've had. Also tell me why it was so memorable to you.

인상 깊었던 명절에 대해서 이야기해보세요. 그리고 왜 기억에 남는지 그 이유도 말해보세요.

04 명절 과거 경험

Tell me in detail about the last holiday that you had. Tell me when it was, who you were with, and everything that happened on that holiday.

가장 최근에 있었던 명절 경험에 대해 자세히 말해주세요. 언제였고, 누구와 함께 있었는지, 그리고 그날 무슨 일이 있었는지 모두 말해주세요.

05 영화 보는 과정

What do you usually do before you go to a movie theater? What do you do after watching a movie? Please tell me about your typical day when you go to the movies.

영화관에 가기 전에 주로 무엇을 하나요? 영화 관람 후에는 무엇을 합니까? 영화를 보러 갈 때 전형적인 하루에 대해 이야기해주세요.

06 최근에 본 영화

Tell me in detail about the last movie you watched. What was the genre of the movie? Who was in the movie? Did you like the movie?

최근에 본 영화에 대해 자세히 얘기해주세요. 어떤 장르의 영화였습니까? 영화 출연자는 누구입니까? 영화는 좋았습니까?

07 영화 티켓 예약 문의 - 롤플레이

Pretend that you want to order some movie tickets on the phone. Ask some questions about the movie in order to reserve some tickets.

전화로 영화 티켓을 주문한다고 가정해보세요. 티켓을 예매하기 위해 영화에 대해 질문을 3~4가지 하세요.

08-09-10 **여가 활동(카페/커피전문점 가기)**

08 커피숍 단순 설명

You indicated in the survey that you like to go to cafés. When do you usually go to a café? Do you have some place you like to visit? And who do you go with?

설문조사에서 커피숍에 가는 것을 좋아한다고 표시하셨습니다. 당신은 언제 커피숍에 가나요? 가기를 좋아하는 곳이 있나요? 그리고 누구와 함께 가나요?

09 커피숍에서의 경험

Please tell me about your most memorable experience when you went to a café. What happened? Why was it so memorable to you?

커피숍에 갔을 때 일어난 가장 기억에 남는 일을 이야기해주세요. 어떤 일이었나요? 왜 기억에 남나요?

10 커피숍 단순 질문 – 롤플레이

I also like to go to cafés. Ask me three to four questions about it.

저도 커피숍에 가는 것을 좋아합니다. 그것에 대해 3~4가지 질문을 해보세요.

11-12 여가 활동(자원봉사하기)

11 자원봉사 단순 설명

You indicated in the survey that you volunteer. When and where do you volunteer? What kind of activities do you do when you volunteer? Why do you do that?

자원봉사를 하신다고 하셨습니다. 당신은 언제, 어디에서 자원봉사를 하나요? 자원봉사할 때 어떤 일을 하나요? 왜 하시나요?

12 자원봉사 경험

Please tell me about the last experience you had when you volunteered. Tell me when it was and who you were with and everything that happened that day.

자원봉사를 했었던 가장 최근의 경험에 대해 말해주세요. 언제였고, 누구와 함께 있었는지, 그날 있었던 일을 모두 말씀해주세요.

13 헬스 일반 활동/목적

You indicated that you go to a gym to work out. What is the main purpose of going to a gym? When you go to a gym, what do you do? Please tell me everything you do there.

당신은 운동을 하기 위해 헬스클럽에 다닌다고 했습니다. 헬스클럽에 가는 주요 목적은 무엇인가요? 당신은 체육관에 가면 무엇을 합니까? 그곳에서 하는 일에 대해 모두 말해보세요.

14 헬스클럽 강사 묘사

Provide some details about one of your instructors in a health club or a gym where you go to. What is he or she like? Tell me what kind of person he or she is.

당신이 다니는 체육관의 강사들 중 한 명에 대해 자세하게 이야기해보세요. 어떤 사람입니까? 어떤 사람인지 말해보세요.

15 헬스클럽 정보 요청 – 롤플레이

You have decided to join a gym. Call the gym and ask three or four questions to get information about the gym.

당신은 헬스장에 가입하기로 결심했습니다. 헬스장에 전화를 걸어 3~4가지 질문을 해서 헬스장에 관한 정보를 얻어보세요.

Actual *Test 16*

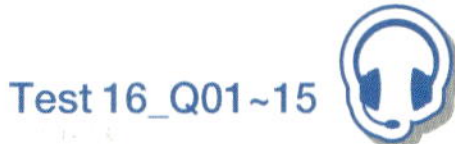

인물 설정: 대학생/직장인 공통

배경 설문조사 체크

거주지: 가족과 함께 개인 주택이나 아파트에 거주

여가 활동: 영화 보기, 공연 보기, 콘서트 보기, 공원 가기, 스포츠 관람

취미나 관심사: 음악 감상하기, 애완동물 기르기, 사진 촬영하기

스포츠: 자전거, 조깅, 걷기

휴가나 출장: 집에서 보내는 휴가

Listen 질문 미리듣기 다음 질문을 듣고 질문의 핵심 내용을 적어보세요.

01

02

03

04

05

06

07

08

09

10

11

12

13

14

15

Listen & *Answer* 질문에 답변하기

답변할 내용의 핵심 키워드를 적고, 나만의 답변을 만들어보세요.

01

Can you tell me about yourself?

자신에 대해 말씀해주시겠어요?

02 공원에서 하는 일

You indicated that you like to go to parks. Please explain to me what kind of activities you do in the park.

당신은 공원에 가는 것을 좋아한다고 하셨습니다. 공원에 가서 하는 활동에 대해 저에게 자세하게 설명해주세요.

03 공원 가기 전후에 하는 일

You indicated in the survey that you like going to a park. What do you usually do before going to the park? What kind of activities do you do in the park? And what do you do after you return home. Please tell me about your typical day when you go to the park.

설문조사에서 공원에 가는 것을 좋아한다고 했습니다. 공원에 가기 전에 주로 무엇을 하나요? 공원에서는 어떤 활동을 하나요? 공원에서 돌아와서는 무엇을 하나요? 공원에 가는 전형적인 하루에 대해 말해주세요.

04 공원 경험

Please tell me about your most memorable event in a park. What happened? Why was it so memorable to you?

공원에서 일어난 가장 기억에 남는 일을 이야기해주세요. 어떤 일이었나요? 왜 기억에 남나요?

05-06-07 휴가/출장(집에서 보내는 휴가)

05 집에서 보내는 휴가 일반

You indicated in the survey that you stay at home while on vacation. Who are the people you like to see and spend time with on your vacation? What do you usually do?

당신은 설문조사에서 휴가를 집에서 보낸다고 하셨습니다. 휴가 때 만나거나 시간을 같이 보내고 싶은 사람은 누구인가요? 주로 무엇을 하나요?

06 집에서 보내는 휴가 중 특별한 경험

Tell me about a special experience while you were staying home during a vacation. What happened? Please describe it in detail.

집에서 휴가를 보내는 동안 생긴 특별한 경험에 대해 말해주세요. 무슨 일이 일어났나요? 자세히 설명해보세요.

07 집에서 보내는 휴가 최근 경험

I'd like to know about the last vacation that you stayed at home. Please explain in detail about the things you did from the first day to the last day.

당신이 집에서 보낸 최근의 휴가에 대해 알고 싶습니다. 첫째 날부터 마지막 날까지 한 일에 대해 자세히 설명해주세요.

08-09-10 **취미/관심사(음악 감상하기)**

08 음악 기기 단순 설명

What kind of musical devices do you use when you listen to music? When and where do you listen to music using them?

음악을 들을 때 어떤 종류의 기기를 사용하나요? 그것을 사용해 언제, 어디에서 음악을 듣나요?

09 음악을 다운 받는 사이트에 대한 설명

Please tell me about when you usually listen to music and how you listen to music. Do you buy CDs or download them?

주로 언제 음악을 듣고 어떻게 음악을 듣는지 말씀해주세요. CD를 사나요, 아니면 다운로드를 받나요?

10 음악 기기 관련 과거 경험

Do you have any memorable experiences when you listen to music with musical devices? Tell me about any challenging, unexpected, or interesting things that happened. What made this so memorable to you?

기기로 음악을 들을 때 기억에 남는 경험이 있나요? 어려운 일, 예상하지 못한 일, 흥미로운 일이 일어난 것이 있다면 말해주세요. 왜 그렇게 기억에 남나요?

11-12 가정과 이웃

11 사는 동네

I'm curious about your neighborhood. Where do you live? How long have you lived there? Please tell me as much information about it as you can.

당신의 동네에 대해 궁금합니다. 어디에 살고 있나요? 그곳에서 얼마나 오래 살았나요? 가능한 많은 정보를 얘기해주세요.

12 동네에서 생긴 일

Can you recall a memorable event that happened in the area where you live? Tell me as many details about that event from start to finish in particular the elements that made the event so memorable.

당신이 사는 곳에서 생긴 잊지 못할 일을 기억합니까? 처음부터 끝까지 그 일에 대해, 특히 그 기억이 그토록 잊을 수 없게 된 요소에 대해 자세히 이야기해주세요.

13 기르는 애완동물 단순 묘사

Tell me about your pet. What kind of pet is it? What does it look like? Give as many details as possible.

당신의 애완동물에 대해 설명해보세요. 어떤 동물입니까? 어떻게 생겼습니까? 가능한 한 자세히 말씀해보세요.

14 애완동물 관련 경험

You indicated in the survey that you have a pet. Can you describe a memorable experience you had with your pet?

애완동물을 키운다고 하셨습니다. 당신의 애완동물과의 기억에 남는 경험에 대해 설명해주시겠습니까?

15 애완동물이 아픈 상황 - 롤플레이

While you are caring for a pet, it becomes sick. Contact your friend to explain what has happened. Provide a detailed explanation of what is wrong with the pet and discuss how to solve this problem.

당신이 애완동물 한 마리를 돌보는데, 아프게 되었습니다. 친구에게 연락을 해서 어떤 일이 생겼는지 설명하되 애완동물이 어떤 상태인지를 자세하게 설명하고, 이 문제의 해결을 위해 의논을 하세요.

Actual *Test 17*

인물 설정: 대학생/직장인 공통
배경 설문조사 체크
거주지: 독신자로서 개인 주택이나 아파트에 거주
여가 활동: 영화 보기, 공원 가기, 박물관 가기
취미나 관심사: 음악 감상하기, 요리하기
스포츠: 야구, 조깅, 걷기
휴가나 출장: 국내 여행, 해외 여행, 해외 여행, 해외 출장

Listen 질문 미리듣기 다음 질문을 듣고 질문의 핵심 내용을 적어보세요.

01

02

03

04

05

06

07

08

09

10

11

12

13

14

15

Listen & *Answer* 질문에 답변하기

답변할 내용의 핵심 키워드를 적고, 나만의 답변을 만들어보세요.

01

Can you tell me about yourself?

자신에 대해 말씀해주시겠어요?

02 신분증 묘사 1

Please tell me about the identification card you have. What does it look like? When and where do you use it?

당신이 갖고 있는 신분증에 대해 말해주세요. 어떻게 생겼나요? 그것을 언제, 어디서 사용하나요?

03 신분증 묘사 2

Pick one of your ID cards and describe it in detail. What is it for? What does it look like? When and where do you use it?

신분증을 하나 골라 자세히 묘사해보세요. 어떤 신분증인가요? 어떻게 생겼나요? 그것을 언제, 어디서 사용하나요?

04 신분증 발급 과정

What steps are required in order to acquire an identification card?
What particular procedures do you need to follow? Do you need
other items such as a birth certificate, etc. in order to get the card?

신분증을 받기 위해 어떤 절차가 요구되나요? 어떤 특정 절차를 따라야 하나요? 신분증을 받기 위해 출생 증명서와 같은
다른 것들이 필요한가요?

05-06-07 **휴가/출장(국내외 여행)**

05 국내 여행지 묘사

Please describe one of your favorite trips in your own country. Where
did you go and where did you stay? Why was it so memorable?

가장 좋았던 국내 여행 중 하나를 묘사해주세요. 어디에 갔으며, 어디에 머물렀나요? 왜 그렇게 기억에 남나요?

06 여행 가는 과정

Please describe some of the steps that you take and the things that
you have to do from departure to arrival when you travel (abroad).

(해외) 여행을 갈 때 취하는 단계와 출발에서 도착까지 무엇을 해야 하는지 묘사하세요.

07 공항에서 비행기 연착 문제 해결 – 롤플레이

When you go to the airport for a flight, you see that your flight's departure will be two hours late. Please ask several questions about the problem at the airport's service center.

비행기를 타러 공항에 가서 탑승이 두 시간 늦어질 것을 알았습니다. 공항 서비스 센터에 이 문제에 대한 질문을 몇 가지 해보세요.

08-09 <u>스포츠(야구)</u>

08 야구 규칙

You indicated in the survey that you like to play baseball. I'd like to know about the rules of baseball games. Please tell me about baseball and explain the rules in detail.

설문조사에 야구를 좋아한다고 하셨습니다. 야구 경기의 규칙에 대해 알고 싶습니다. 야구와 그 규칙에 대해 자세히 설명해주세요.

09 야구장 시설 묘사

You indicated in the survey that you like to play baseball. I'd like to know where you usually play baseball. Describe that place in as much detail as possible.

설문조사에 야구를 좋아한다고 표시하셨는데, 주로 어디서 야구를 하는지, 그 장소에 대해 최대한 자세히 설명해주세요.

10 가정에서의 책임

What chores do you have to do at home? What responsibilities do you have?

집에서 꼭 해야 하는 일들은 무엇입니까? 어떤 책임을 맡고 있나요?

11 가족 소개

Can you tell me about your family members?

가족들에 대해 말씀해주시겠어요?

12 동네에서 생긴 일

Can you recall a memorable event that happened in the area where you live? Tell me as many details about that event from start to finish in particular the elements that made the event so memorable.

당신이 사는 곳에서 생긴 잊지 못할 일을 기억합니까? 처음부터 끝까지 그 일에 대해, 특히 그 기억이 그토록 잊을 수 없게 된 요소에 대해 자세히 이야기해주세요.

13 박물관에서 기억에 남는 경험

Please tell me about a memorable event you've had in a museum. What happened? Why was it so memorable to you?

박물관에서 있었던 가장 기억에 남는 일을 이야기해주세요. 어떤 일이었나요? 왜 기억에 남나요?

14 박물관 예매 문의 – 롤플레이

Pretend that you want to order some exhibition tickets on the phone. Ask some questions about the exhibition in order to reserve some tickets.

전화로 전시회 티켓을 주문한다고 가정해보세요. 티켓을 예매하기 위해 전시회에 대해 질문을 3~4가지 하세요.

15 박물관 단순 질문하기

I also like going to museums. Ask me three to four questions about it.

저도 박물관에 가는 것을 좋아합니다. 그것에 대해 3~4가지 질문을 해보세요.

Model *Answer* 13회

01 Can you tell me about yourself?

A My name is Kim Suhyun. I was born in Seoul and grew up there. I am a good sportsman and really enjoy trying new sports. My true strength lies in my good personality. I've been told that I'm a very optimistic and positive person. I always try to listen to others and respect their opinions. My favorite hobby is mountain biking. It's very helpful to remove stress. It makes me sweat a lot and burns a lot of calories. So it's good for health and staying in shape. I like to watch movies, so I often go to a movie theater with my close friends. I sometimes watch sports on TV, and when I need some fresh air, I go to the park nearby and take a walk to release stress. The reason is that I have to stand a lot of stress, so I need to keep myself healthy. Then, I can start a brand new week.

01 자신에 대해 말씀해주시겠어요?

A 제 이름은 김수현입니다. 저는 서울에서 태어나서 자랐지요. 저는 만능 스포츠맨이고 새로운 운동을 시도해보는 것을 정말 즐깁니다. 저의 진정한 장점은 저의 좋은 성격에 있습니다. 예전부터, 매우 낙천적이고, 긍정적인 사람이라는 말을 많이 들었습니다. 저는 항상 남의 말에 귀를 기울이고 그 의견을 존중하려고 노력합니다. 제가 가장 좋아하는 취미는 산악자전거 타기입니다. 스트레스 해소에 매우 좋아요. 산악자전거 타기를 하면 땀을 많이 흘리게 되고 칼로리 소모도 많습니다. 그래서 건강에도 좋고 몸매 관리에도 도움이 되죠. 저는 영화 보는 것을 좋아해서 친한 친구들과 극장에 자주 갑니다. 가끔 텔레비전으로 스포츠 경기를 보고 신선한 공기를 쐬고 싶으면 가까운 공원에 가서 산책을 하면서 스트레스를 풉니다. 저는 많은 스트레스를 견뎌야 하기 때문에 건강을 유지할 필요가 있습니다. 그러면 새로운 한 주를 시작할 수 있습니다.

02 You indicated that you cook. Please describe the kinds of dishes you like to cook and why you like cooking them.

A I like to try to make fusion dishes made with Korean food and European food. And when I want a unique recipe, I use pasta. It never lets me down. For example, I make kimchi spaghetti. Kimchi is also delicious and goes well with any food. Pasta is not only easy to make, but can be made with any ingredients. If you want meat pasta, you can add chicken or beef. Pasta is a delightful food because you can show your creativity when you cook it. Some of the basic ingredients you need are spaghetti strands, ground beef, bellpeppers, onions, and minced garlic. And you can make a recipe special by adding kimchi to it.

02 요리를 한다고 하셨습니다. 만들기 좋아하는 요리의 종류와 함께 왜 그것을 만드는 것을 좋아하는지 그 이유도 말씀해주세요.

A 저는 주로 한국 음식과 유럽 음식의 퓨전 요리를 해보는 것을 좋아합니다. 그리고 독특한 요리법을 원할 때 파스타를 이용합니다. 그것들은 절대 실망시키지 않죠. 예를 들면 김치 스파게티 같은 것을 만드는 것이죠. 김치 역시 맛있고 어떤 음식에도 어울리죠. 파스타는 만들기 쉽고 어떤 재료도 이용할 수 있습니다. 미트 파스타를 만들고 싶다면 닭고기나 돼지고기를 넣을 수 있습니다. 파스타는 만드는 과정에서 창의성을 발휘할 수 있는 매우 매력적인 음식입니다. 필요한 기본 재료는 스파게티 면, 소고기 간 것, 파프리카, 양파와 잘게 빻은 마늘입니다. 그리고 김치를 요리에 첨가함으로써 요리를 독특하게 만들 수 있죠.

03 Please tell me about the best dish you can cook and explain how you make it.

A Let me tell you about how to make seafood kimchi fried rice. My recipe is a little bit special because I add my special sauce that I made into kimchi fried rice. I buy ingredients at a supermarket, including tomato sauce, cheese, and shrimps. First, prepare sliced kimchi, minced garlic, and other vegetables that you like to put in it. Heat wok until very hot and add 2 tablespoons of vegetable oil. Put kimchi in a frying pan with oil. Then saute for five minutes. Next, put other ingredients in the pan, add my special sauce, and stir well. After that, add ham and steamed rice and mix all together. Finally, transfer it to a plate and enjoy.

03 당신이 가장 잘 만들 수 있는 음식에 대해 말하고, 어떻게 만드는지 설명하세요.

A 어떻게 해물 김치 볶음밥을 만드는지에 대해 얘기하겠습니다. 제 레시피는 좀 특별한데요, 저는 김치 볶음밥에 제가 만든 특별 소스를 넣기 때문입니다. 저는 슈퍼마켓에서 토마토 소스, 치즈, 새우 등의 재료를 삽니다. 첫 번째로 잘게 썬 김치, 다진 마늘, 그리고 넣고 싶은 다른 야채들을 준비합니다. 냄비를 아주 뜨겁게 달구고 식물성 식용유를 2큰술 넣습니다. 기름을 두른 프라이팬에 김치를 넣으세요. 그런 다음 5분간 볶으세요. 다음으로 다른 재료를 팬에 넣고 특별 소스를 넣은 다음, 잘 섞이게 저으세요. 그리고 나서 햄과 밥을 넣고 모두 잘 섞어주세요. 마지막으로 밥을 접시에 담아서 먹으면 됩니다.

04 Please tell me about an experience you had when something unexpected happened while cooking.

A I wanted to cook a foreign dish for my family, so I was making a steak. I prepared all the ingredients and seasonings the day before. All I had to do was to put it on the stove. I put it on the gas stove. But I failed to get it off the stove in time. I overcooked the meat and it was dry. My mother said, "The decoration of this dish is great but the only thing it lacks is taste."

04 요리를 하다가 예기치 않게 겪은 경험에 대해 말해주세요.

A 저는 저희 가족을 위해 외국 음식을 만들고 싶어서 스테이크를 만들고 있었습니다. 하루 전에 모든 재료와 양념을 준비했습니다. 이제 가스레인지 위에 올리기만 하면 되었습니다. 저는 그것을 가스렌지에 올렸습니다. 그런데 저는 시간 맞춰 불고기를 스토브에서 꺼내지 못했습니다. 고기를 너무 오래 익혀서 말라버렸습니다. 어머니는 "이 음식의 장식은 훌륭해. 그런데 유일하게 부족한 것은 맛이야."라고 말했습니다.

05 You indicated in the survey that you go to concerts. What kind of concerts do you usually go to? How often do you go to concerts and with whom do you usually go? How do you pick which concert you will go to?

A I prefer attending concerts to just listening to music on my MP3 player. I go to a concert once or twice a month with my friends. We prefer a rock concert that is filled with exciting rhythms. There are so many reasons why I like to go to concerts. At the concerts, I can see all the band members on the stage at the same time. The audience at concerts is very enthusiastic. For these reasons, I always check that the music is the main attraction and it is live.

05 콘서트에 간다고 하셨습니다. 주로 어떤 콘서트에 가시나요? 콘서트는 얼마나 자주 가고 보통 누구와 함께 갑니까? 어떤 콘서트를 갈지는 어떻게 고르나요?

A 저는 그냥 MP3로 음악을 듣는 것보다 콘서트에 가는 것을 좋아합니다. 저는 한 달에 한두 번 친구들과 함께 콘서트에 갑니다. 우리는 신나는 리듬으로 가득한 락 콘서트를 선호합니다. 제가 콘서트에 가는 것을 좋아하는 데에는 여러 가지 이유가 있습니다. 콘서트에서 저는 무대 위의 모든 밴드 멤버들을 동시에 볼 수 있습니다. 콘서트의 청중들은 매우 열정적입니다. 이런 이유들로 저는 항상 음악이 주가 되고 라이브인지를 확인합니다.

06 What do you usually do before you go to a concert? What do you do after the concert finishes? Please tell me about your typical day when you go see the concert.

A First, one of my friends contacts the others. Next, we choose which concert to see. We search for some information about concerts. Then we book tickets online before we leave for the concert hall. We always go to the concert hall located downtown. Sometimes we just go there and pick whatever they are showing. When we go there, we buy delicious snacks. Before the performance starts, we make sure to drop by the bathroom. When the performance starts, we concentrate on it. After the show finishes, we go to a café to drink coffee and talk about the show and the performers.

07 Pretend that you want to order some concert tickets on the phone. Ask some questions about the concert in order to reserve some tickets.

A Hello, is this ABC Theater? Can I ask you some questions? What is the address of your website? I can't find the website that I need to access for ticketing. Can I make a reservation over the phone? Oh, thank you. I'd like to reserve tickets for the 8 o'clock concert on Saturday, May 15th. I want to reserve the tickets under the name of Kim Suhyun. I want to reserve four seats in front. Do you have any front row seats left? Oh, that's good. General seats, please. How much would the tickets be? Do you offer any discount? Thank you. You were very helpful.

06 콘서트에 가기 전에 주로 무엇을 하나요? 콘서트가 끝난 후에는 무엇을 합니까? 콘서트를 보러 갈 때 전형적인 하루에 대해 이야기해주세요.

A 우선 친구 중 한 명이 다른 친구들에게 연락을 합니다. 다음에는 볼 콘서트를 고릅니다. 콘서트에 대한 정보를 찾아봅니다. 그런 다음 우리는 공연장으로 출발하기 전에 온라인으로 미리 티켓을 예매하죠. 우리는 항상 시내에 있는 콘서트장에 갑니다. 때로는 그냥 가서 그날 하는 아무 공연이나 보기도 합니다. 그곳에 갈 때는 맛있는 군것질거리를 삽니다. 공연이 시작되기 전에는 반드시 화장실에 다녀옵니다. 공연이 시작되면 그것에 집중합니다. 공연이 끝나면 카페에 가서 커피를 마시면서 쇼와 공연자들에 관해 이야기를 합니다.

07 전화로 콘서트 티켓을 주문한다고 가정해보세요. 티켓을 예매하기 위해 콘서트에 대해 질문을 3~4가지 하세요.

A 안녕하세요, ABC 극장인가요? 몇 가지 질문 좀 해도 될까요? 웹사이트 주소가 어떻게 되죠? 예매하기 위해 접속해야 할 웹사이트를 못 찾겠어요. 전화 예약이 가능합니까? 아, 고마워요. 5월 15일 토요일 8시 콘서트 입장권을 예약하고 싶습니다. 김수현이라는 이름으로 예약하고 싶습니다. 저는 앞자리로 네 자리 예약하고 싶어요. 앞쪽 좌석에 자리가 남아 있나요? 아, 잘됐네요. 일반석으로 해주세요. 티켓 가격은 얼마인가요? 할인을 해주나요? 고마워요. 큰 도움이 됐어요.

08 Please tell me about the last experience you had when you went shopping. What happened? Tell me when it was and who you were with and everything that happened that day.

A I got a text message saying one of the stores downtown was having a big ten-year anniversary sale last month. I went to the store right after getting the message. I was actually planning on buying a new television at that time and the sale was happening at the right time. I loved to watch sports on television at home and the English Premier League was beginning, so I needed to watch a soccer game that weekend. I heard they were selling many products at the lowest price in the nation. Moreover, they were selling up-to-the minute TVs as part of the sale. That was the time for me to buy a brand new TV. I bought a television that allowed me to view videos from a computer on the television screen.

09 You got invited to a sale from your favorite shop. Call the shop and leave a message asking some questions to get information about the sale.

A Hello. I got a message saying you're having a big ten-year anniversary sale. I was actually planning on buying a shirt this month and your sale is happening at the right time. I'm really interested, but I'd like to ask you some questions. I guess the main thing I'm wondering is what popular brands you carry, and if the brands are on sale. How much of a discount is it off the regular price? One last thing, how long does the sale last? Thanks!

08 쇼핑 갔던 가장 최근의 경험에 대해 말해주세요. 어떤 일이 있었나요? 언제였고, 누구와 함께 있었으며, 그날 있었던 일을 모두 말씀해주세요.

A 지난 달에 시내 한 가게에서 10주년 기념 대규모 세일을 하고 있다는 문자 메시지를 받았습니다. 저는 문자를 받자마자 가게로 갔습니다. 사실 그때 새 TV를 사려고 계획하고 있었는데 세일을 제때 하고 있었지요. 저는 집에서 TV로 스포츠 보는 것을 좋아했고, 영국 프리미어 리그 시즌이라 주말에 축구를 꼭 봐야 했습니다. 그 가게에서 많은 제품들을 국내 최저가로 판매한다고 들었습니다. 더구나 최신 TV도 세일 품목으로 판매하고 있었습니다. 최신형 TV를 구매할 절호의 기회였습니다. 저는 컴퓨터에 있는 비디오를 화면을 통해 볼 수 있는 텔레비전을 샀습니다.

09 당신이 좋아하는 가게의 세일에 초대 받았습니다. 그 가게에 전화를 걸어 세일에 관한 정보를 얻기 위한 몇 가지 질문을 하는 메시지를 남기세요.

A 안녕하세요. 거기서 10주년 기념 대규모 세일을 하고 있다는 메시지를 받았습니다. 저는 사실 이번 달에 셔츠를 사려고 계획하고 있었는데 세일을 제때 하네요. 저는 정말 관심이 있는데 몇 가지 질문을 하고 싶습니다. 제가 주로 궁금한 것은 어떤 유명 브랜드를 파는지, 그리고 그 제품들을 세일하는지입니다. 원래 가격에서 얼마나 할인이 되나요? 마지막으로 세일이 얼마 동안 지속되나요? 감사합니다!

10 You bought a shirt and when you got home you found out that there was a stain on the shirt. Call the clothing store and describe the problem and suggest other alternatives to the problem.

A Hi. I bought a shirt at your store yesterday, but I realized there's a stain on the shirt after I got home. Unfortunately, this is the shirt I really like because it fits me well. So what should I do? I believe you didn't mean to sell this defective product to me. Listen, I have a couple of suggestions. Can you check your stock first? If you have it in stock, can I exchange this for a new one? I think it's for the best. You can send it by courier service, for overnight delivery, or I can pick it up this afternoon. Otherwise, either you can give me my money back, or you can pay for dry cleaning.

11 You indicated in the survey that you like to play soccer. When was the first time you played soccer? Tell me why you decided to play soccer.

A In high school, soccer was a popular sporting event that many students liked to watch. I liked it, too. I was just a bench warmer on the soccer team when I was in the first grade. But I was captain of the soccer team as a third year student, so it was natural I liked it. At that time, I used to train for about six or seven hours a day, and six days a week. And it was really tough, but I liked it. I joined a soccer club when I was twenty three. Several of my buddies and I were huge soccer fans and we played it quite often. But, the next year I was injured and I couldn't play. That's a bad memory that I have about playing soccer.

10 당신이 셔츠를 사서 집에 왔는데 셔츠에 얼룩이 있는 것을 발견했습니다. 옷 가게에 전화해서 문제를 설명하고 문제에 대한 다른 대안을 제시하세요.

A 안녕하세요. 어제 거기서 셔츠를 하나 샀는데요. 집에 와서 셔츠에 얼룩을 발견했어요. 공교롭게도 이게 저한테 잘 맞아서 정말 마음에 드는 옷이었는데요. 어떻게 하면 좋을까요? 이런 결함 있는 제품을 제게 팔 의도가 아니었다고 믿습니다. 자, 저한테 몇 가지 생각이 있어요. 먼저 제고를 확인해주실래요? 재고가 있으면 이것을 새것으로 교환해주시겠어요? 그게 제일 좋을 것 같습니다. 택배 회사를 통해 익일 배달로 보내주셔도 좋고요. 혹은 제가 오늘 오후에 가지러 가도 됩니다. 아니면 제 돈을 돌려주시거나, 드라이클리닝 비용을 지불해주시는 건 어때요?

11 설문조사에 축구를 좋아한다고 표시하셨습니다. 축구를 처음 시작했을 때가 언제인가요? 왜 축구를 시작하게 되었나요?

A 고등학교에서 축구는 인기 있는 스포츠 종목이라 학생들이 많이 가서 보곤 했습니다. 저 역시 축구를 좋아했죠. 1학년 때 저는 축구팀 후보 선수였어요. 하지만 3학년 때는 축구 팀 주장이었기 때문에 제가 그것을 좋아했던 것은 자연스러운 일이었습니다. 그 당시에 하루에 6시간 내지 7시간씩, 일주일에 6일간 훈련을 했어요. 아주 혹독했죠. 그래도 좋았어요. 23살 때 축구 동호회에 가입했습니다. 제 친구들과 저는 축구를 매우 좋아했고 자주 했습니다. 하지만 그 다음 해에 저는 부상을 당해서 축구를 할 수 없었습니다. 그것은 제가 축구에 관해 가지고 있는 나쁜 기억입니다.

12 I'd like to know where you usually play soccer. Describe that place in as much detail as possible.

A I go to play soccer in the stadium near my house about three times a week. The stadium has freshened up its looks with the recent remodeling. It is clean and pleasant, so it is a good place to play soccer. The field is a large rectangle, and it is made of sand and grass. All the seats in the stadium are numbered. The stadium has seating space of great amplitude. The rectangular stadium is especially for soccer where the stadium has four distinct and very different stands on the four sides of the stadium. The soccer field in the stadium is well maintained, so I often use the field with my friends.

13 Have you had any memorable experience when playing soccer? If so, start by telling me when it was and where you were playing. Then tell me all of the things that made the experience so memorable.

A I played soccer for the first time when I was in high school. Several of my buddies and I were huge soccer fans and we played it quite often. I was in awe of a famous soccer player, Park Jisung at that time. One day, my second year in high school, I tried out for the school soccer team. I was very competitive in soccer; I wanted to win. But unfortunately, we couldn't score a goal five times. After all, we got creamed 1 to 5. I was very frustrated at the result. It was an unforgettable moment in my soccer life. When I think of the game now, I am still very angry at myself.

---

12 주로 어디서 축구를 하는지, 그 장소에 대해 최대한 자세히 설명해주세요.

A 저는 보통 일주일에 3번 정도 집 근처 경기장으로 축구를 하러 갑니다. 그 경기장은 최근 보수 공사를 통해 새단장을 했습니다. 깨끗하고 쾌적해서 축구를 하기에 좋은 장소입니다. 필드는 커다란 직사각형이고, 모래와 잔디로 만들어져 있습니다. 경기장에 있는 의자들에는 모두 번호가 붙어 있습니다. 그 경기장에는 거대한 규모의 좌석 공간이 있습니다. 이 사각형의 경기장은 주로 축구장용으로 경기장에는 사면에 4개의 독립된 자리가 있습니다. 그곳의 축구장은 관리가 잘 되어 있어서, 저는 친구들과 그곳을 자주 이용합니다.

13 축구를 한 기억에 남는 경험이 있었나요? 그렇다면 언제 어디서 했는지 말씀해주세요. 그리고 왜 잊을 수 없는지 그 이유도 말해주세요.

A 저는 고등학교 때 축구를 처음 시작했습니다. 제 친구들과 저는 축구를 매우 좋아했고 자주 했습니다. 저는 당시 유명한 축구선수인 박지성을 경외하고 있었죠. 고등학교 2학년 어느 날, 학교 축구팀 선발 심사에 참가했었습니다. 저는 축구를 할 때 승부욕이 아주 강하여 이기기를 원했습니다. 하지만 저희는 운이 없게도 5번이나 골을 넣을 찬스를 놓쳤습니다. 결국, 저희 팀은 1대 5로 지고말았습니다. 저는 경기 결과에 좌절했지요. 그 경기는 제 축구 인생에 있어 정말 잊지 못할 순간이었어요. 그 경기를 생각하면 지금도 제 자신에게 화가 납니다.

14 You indicated in the survey that you like to listen to music. What kind of music do you like and when do you usually listen to it? Where do you get your music? Give as many details as you can.

A Listening to music is my favorite spare time activity. I enjoy radio programs which play music all day. To release stress, I play loud music at home. When I am totally worn out after a long hard day, it works for me. Sometimes, I pick some dance music, rock music, or hip-hop and play them with my desktop computer. My parents are always telling me to turn the speakers down. But because my ears ring when I listen to music with headphones on at full volume, it is vital to be alone in a private place without being disturbed. I like to listen to music with my smartphone on the move, and I have my headphones on because the headphones block out almost all outside noise.

14 음악 감상하는 것을 좋아한다고 하셨습니다. 어떤 음악을 좋아하고 언제 음악을 듣나요? 그 음악들을 어디서 얻나요? 가능한 자세히 얘기해주세요.

A 음악 감상은 제가 가장 좋아하는 여가활동입니다. 저는 하루 종일 음악을 틀어주는 라디오 방송을 즐겨 듣습니다. 저는 스트레스를 풀기 위해 집에서 음악을 크게 틀어 놓고 듣습니다. 힘든 하루를 보내서 완전히 지쳐버렸을 때 그것은 효과가 있습니다. 가끔은 댄스 음악이나 락, 힙합 등을 골라 컴퓨터로 틀어 놓습니다. 저희 부모님은 언제나 제게 스피커 볼륨을 줄이라고 말씀하십니다. 그렇지만 해드폰을 끼고 음악을 크게 들으면 귀가 멍멍하기 때문에 혼자만의 장소에서 방해 받지 않는 것이 중요합니다. 저는 이동 중에 스마트폰으로 음악을 듣는 것을 좋아하는데, 헤드폰을 씁니다. 헤드폰을 끼면 바깥 소음이 거의 안 들리니까요.

15 You indicated in the survey that you like listening to music. How has your taste in music changed throughout the years?

A In the past, I used to love classical music and movie themes. When I was younger, I listened to a lot of ballads because I grew up playing piano. I practiced the piano all the time and naturally came to love classical music. When I entered the university, I got interested in heavy metal because of my brother. He used to listen to heavy metal CDs all the time in his room. I listened to his CDs too, and I became a fan of heavy metal music.

15 설문조사에서 음악 감상을 좋아한다고 하셨습니다. 당신의 음악 취향이 어떻게 바뀌었나요?

A 전에는 클래식 음악과 영화 배경 음악을 좋아했습니다. 저는 어렸을 때 피아노를 연주했기 때문에 더 어렸을 때는 발라드를 많이 들었습니다. 항상 피아노 연습을 했고 자연스럽게 클래식 음악을 좋아하게 되었습니다. 대학에 입학하면서 저희 형 때문에 헤비메탈에 관심을 갖게 되었어요. 그의 방에서 항상 헤비메탈 CD를 듣곤 했었지요. 저 역시 그의 CD를 들었고, 헤비메탈 음악의 팬이 되었습니다.

Model *Answer* 14회

01 Can you tell me about yourself?

A My name is Kim Suhyun. I was born in Seoul and grew up there. I am a good sportsman and really enjoy trying new sports. My true strength lies in my good personality. I've been told that I'm a very optimistic and positive person. I always try to listen to others and respect their opinions. My favorite hobby is mountain biking. It's very helpful to remove stress. It makes me sweat a lot and burns a lot of calories. So it's good for health and staying in shape. I like to watch movies, so I often go to a movie theater with my close friends. I sometimes watch sports on TV, and when I need some fresh air, I go to the park nearby and take a walk to release stress. The reason is that I have to stand a lot of stress, so I need to keep myself healthy. Then, I can start a brand new week.

01 자신에 대해 말씀해주시겠어요?

A 제 이름은 김수현입니다. 저는 서울에서 태어나서 자랐지요. 저는 만능 스포츠맨이고 새로운 운동을 시도해보는 것을 정말 즐깁니다. 저의 진정한 장점은 저의 좋은 성격에 있습니다. 예전부터, 매우 낙천적이고, 긍정적인 사람이라는 말을 많이 들었습니다. 저는 항상 남의 말에 귀를 기울이고 그 의견을 존중하려고 노력합니다. 제가 가장 좋아하는 취미는 산악자전거 타기입니다. 스트레스 해소에 매우 좋아요. 산악자전거 타기를 하면 땀을 많이 흘리게 되고 칼로리 소모도 많습니다. 그래서 건강에도 좋고 몸매 관리에도 도움이 되죠. 저는 영화 보는 것을 좋아해서 친한 친구들과 극장에 자주 갑니다. 가끔 텔레비전으로 스포츠 경기를 보고 신선한 공기를 쐬고 싶으면 가까운 공원에 가서 산책을 하면서 스트레스를 풉니다. 저는 많은 스트레스를 견뎌야 하기 때문에 건강을 유지할 필요가 있습니다. 그러면 새로운 한 주를 시작할 수 있습니다.

02 You indicated in the survey that you like to go jogging. What kind of activities do you usually do when you go to jog? How often do you go jogging? When and where do you jog? Tell me about it in as much detail as possible.

A I don't really care for organized sports or games of any kind. I sometimes visit the park nearby and jog in the afternoon on the weekends. There is a rubberized running track around the park. It is much easier on my knees than running on pavement. I jog about 1 kilometer or so there. After that, I exercise for half an hour. I really enjoy jogging because it's a peaceful time to enjoy the fresh air. This year, I made a New Year's resolution: "I will jog every day." I'll work out harder and sweat it off.

03 Have you had any jogging experience that is memorable? If so, start by telling me when it was and where you were jogging. Then tell me all of the things that made the experience unforgettable.

A One time I was jogging at the park near my house. I was wearing shoes that were totally unsuitable for jogging. While I was constantly wearing about my shoes, I lost my wallet. Moreover, I didn't see a bike when I was jogging on the road. I stumbled and ended up falling down on the road. I got up and tried to continue, but it hurt. I could barely jog. That's because I fell on my knee and scraped it really badly. It never rains but it pours; I think that day was the day.

02 설문조사에서 조깅을 좋아한다고 했습니다. 조깅 하러 가면 주로 어떤 종류의 활동을 하나요? 얼마나 자주 조깅을 하러 가나요? 언제, 어디서 조깅을 하나요? 자세하게 이야기해주세요.

A 저는 어떤 종류든 조직화된 운동이나 경기는 별로 좋아하지 않습니다. 저는 가끔 주말 오후에 근처의 공원에 가서 조깅을 합니다. 공원 주변에 고무 바닥의 트랙이 있습니다. 포장된 길을 달리는 것보다 무릎에 훨씬 좋습니다. 그곳에서 약 1킬러미터 정도 조깅을 합니다. 그런 다음, 저는 30분 동안 운동을 합니다. 맑은 공기를 즐기는 평화로운 시간이기 때문에 저는 조깅을 아주 즐깁니다. 올해 저는 새해 결심을 했습니다. "매일 조깅한다."입니다. 더 열심히 운동해서 살을 뺄 것입니다.

03 기억에 남는 조깅 경험이 있었나요? 그렇다면 언제 어디서 조깅을 했는지 말씀해주세요. 그리고 왜 잊을 수 없는지 그 이유도 말해주세요.

A 한 번은 집 근처 공원에서 조깅을 하고 있었습니다. 저는 조깅에 전혀 적합하지 않은 신발을 신고 있었습니다. 신발에 계속 신경을 쓰다가, 지갑을 잃어버렸습니다. 게다가 길에서 조깅을 하면서 자전거를 보지 못했습니다. 비틀거려 길에 넘어지고 말았죠. 저는 일어나 계속 하려 했지만 아팠습니다. 걸을 수가 없었습니다. 제가 무릎으로 넘어져서 심하게 긁혔기 때문입니다. 안 좋은 일은 한꺼번에 온다더니, 그날이 그런 날이었나 봅니다.

04 How do you think jogging is different from working out at a gym? Please compare jogging to going to a gym.

A We need sunlight on our bodies to make vitamin D, so I prefer to spend my time exercising outside. I go jogging at the park near my house because it is hard for me to exercise every day. I also prefer exercising in the fresh air outside to working out in a stuffy gym. Sometimes I run to school[work], so I get to exercise and get to school at the same time; I don't have to plan time in the gym. Working out outside is usually nicer, but sometimes the weather is not appropriate. In that case, I work out indoors.

04 조깅과 체육관에서 운동하는 것이 어떻게 다른가요? 조깅과 체육관에서 운동하는 것을 비교하세요.

A 우리 몸은 비타민 D를 만들기 위해 햇빛이 필요합니다. 그래서 저는 야외에서 운동하는 것을 선호합니다. 매일 운동하는 것은 어렵기 때문에 시간이 날 때마다 집 근처 공원에 가서 조깅을 합니다. 저는 또한 답답한 체육관에서 운동하는 것보다 공기가 신선한 바깥에서 운동하는 것을 선호합니다. 때때로 저는 달리며 등교[출근]합니다. 그래서 운동하면서 등교하는 것이 동시에 되죠. 체육관에 갈 계획을 따로 세울 필요가 없습니다. 야외에서 운동하는 것은 일반적으로 더 좋습니다. 그런데 가끔은 날씨가 적절하지 않기도 합니다. 그럴 때는 실내에서 운동합니다.

05 You indicated in the survey that you like to use SNSs. What kind of SNS do you usually use? When and where do you usually use it?

A I use social networking sites for meeting new friends and finding old friends. I usually use several social networking services such as Facebook, Twitter, and Cacao Talk. I can use the service with a smartphone anywhere and anytime. With a touch of the screen, I can find myself connected to the latest news, social networks, online games, and entertainment. I especially use social networking sites for locating people who have the same problems or interests as me. Put simply, for me social networking is a way to meet up with other people on the Internet.

05 설문조사에서 SNS를 이용하신다고 표시하셨습니다. 어떤 SNS를 주로 이용하나요? 주로 언제, 어디에서 SNS를 하나요?

A 저는 소셜 네트워킹 사이트를 이용해서 새로운 친구들을 만나고 옛날 친구들을 찾습니다. 저는 보통 페이스북, 트위터, 카카오톡 같은 여러 종류의 SNS를 이용합니다. 스마트폰이 있으면 어느 곳, 어느 때라도 SNS 서비스를 이용할 수 있습니다. 화면 터치만으로 최신 뉴스, SNS, 온라인 게임, 엔터테인먼트 등을 접할 수 있습니다. 저는 특히 소셜 네트워킹 사이트를 이용해서 저와 같은 문제와 흥미를 가진 사람들을 찾습니다. 간단히 말해서, 저에게 있어서 소셜 네트워킹은 인터넷을 통해서 다른 사람을 만나는 방법입니다.

06 Please explain what you usually do with an SNS in detail.

A Social networking sites play a vital role in my life as well. There are many social networking services, but especially I often use the Facebook service. I can publish content myself and connect with others to share our interests on my Facebook page. I can share interests and activities with my friends. These days, I never miss the opportunity to photograph or video something as soon as it happens and then post it online. Friends have left messages on my Facebook page. Those are the reasons I log on to Facebook. These days, I log on to Facebook more and more often.

06 어떤 SNS를 주로 이용하나요? SNS로 주로 무엇을 하는지 자세히 설명해 보세요.

A 소셜 네트워킹 사이트는 제 삶에 있어서도 중요한 역할을 합니다. 많은 SNS 서비스가 있지만, 저는 특히 페이스북을 자주 사용합니다. 저는 페이스북에 콘텐츠를 공개할 수 있고 다른 사람들과 연결해 관심사를 나눌 수 있습니다. 저는 제 친구들과 흥미와 활동을 공유합니다. 요즘 저는 어떤 일이 일어나면 놓치지 않고 바로 사진을 찍거나 영상으로 담아 인터넷 상에 올립니다. 친구들은 제 페이스북 페이지에 메시지를 남깁니다. 이것이 단지 제가 페이스북에 로그인하는 이유입니다. 요즘은 더욱 자주 페이스북에 로그인합니다.

07 Please tell me about your most memorable experience you had when you used SNS. What happened? Why was it so memorable to you?

A I posted a video on my Facebook page last week. The video file has stirred controversy since then. Within hours of putting up the webpage, I received hundreds of email messages from people. Many Internet users believed the event was real and posted encouraging messages online. I was shocked and right away I told them it was not a fact and sincerely apologized to them. I think a more mature attitude is required before Internet users are allowed to post whatever they want. If not, people will post bad comments about them on the social network sites.

07 SNS를 하면서 일어난 가장 기억에 남는 일을 이야기해주세요. 어떤 일이었나요? 왜 기억에 남나요?

A 저는 지난주에 페이스북에 동영상을 하나 게시했습니다. 그 후 그 동영상은 논란을 불러일으켰습니다. 웹페이지를 게시한 지 몇 시간 안에, 저는 사람들로부터 수백 통의 이메일을 받았습니다. 많은 인터넷 이용자들은 그 사건이 진짜였다고 믿고 온라인상으로 격려의 메시지를 게시했습니다. 저는 깜짝 놀라 바로 그것이 사실이 아님을 밝히고, 많은 인터넷 이용자들에게도 진심으로 사과했습니다. 인터넷 이용자들은 원하는 것을 무엇이든 게시하려 하기 전에 좀 더 성숙한 태도가 요구된다고 생각합니다. 만일 그렇지 않다면, 사람들은 SNS에 그 사람에 대한 나쁜 평을 게시할 겁니다.

08 You indicated that you like to watch movies. What kind of movies do you like to watch? Tell me about your favorite movie genre in detail.

A I like to watch science fiction films and action films. The *Alien* and the *Star Wars* series are my favorites. Besides, I like all kinds of action series like *James Bond 007* and *Mission Impossible*. These movies offer us an experience we can never have in the real world and the special effects are so good they make the action on the screen look like it's really happening. I guess I like to watch movies that allow me to escape from real life. I can relax by laughing and watching some surprising action scenes. I suppose I see about a film a month. Whenever I am down, I go see an action movie and then I feel better after that.

08 영화 보는 것을 좋아한다고 했습니다. 어떤 종류의 영화를 좋아합니까? 좋아하는 영화 장르에 대해 자세히 얘기해 주세요.

A 저는 SF 영화와 액션 영화 보기를 좋아합니다. 〈에일리언〉와 〈스타워즈〉 시리즈는 제가 가장 좋아하는 영화들이에요. 그 외에 저는 〈제임스 본드 007〉과 〈미션 임파서블〉과 같은 모든 액션 시리즈를 좋아합니다. 그런 영화들은 우리가 현실에서는 할 수 없는 경험을 제공해주지만 특수효과를 사용하여 현실이라고 생각하게 만듭니다. 아마 저는 현실에서 벗어날 수 있게 해주는 영화를 좋아하는 것 같아요. 웃고 놀라운 액션 장면을 보면서 긴장이 풀리거든요. 한 달에 한 번쯤 영화를 본다고 생각합니다. 기분이 가라앉아 있을 때, 액션 영화를 보러 가는데, 보고 나면 기분이 나아집니다.

09 Tell me in detail about the last movie you watched. What was the genre of the movie? Who was in the movie? Did you like the movie?

A Not so long ago, I watched an action movie, *Iron Man*. The plot is pretty generic as there's nothing new about it. I know that Iron Man will not win that battle, and I know that he will continue to strive to win, but I still have a lot to root for him. In the beginning, I wonder "Will he be able to overcome these obstacles?" He escapes several life threatening situations. But, at the end of the movie, all the bad guys kick the bucket. Films like this can sometimes be really funny, while other times they can be bad.

09 최근에 본 영화에 대해 자세히 얘기해 주세요. 어떤 장르의 영화였습니까? 영화 출연자는 누구입니까? 영화는 좋았습니까?

A 얼마 전에는 액션 영화, 〈아이언맨〉을 보았어요. 줄거리는 새로울 것이 없는 상식적인 이야기입니다. 아이언맨이 그 전투에서 승리하지 못하고 승리하기 위해 계속 분투할 것임을 알지만 저는 여전히 그를 응원합니다. 처음에는 "그가 이 난관을 극복할 수 있을까?" 하는 의구심이 듭니다. 그는 몇 번이나 죽을 뻔한 위기를 넘깁니다. 그렇지만 영화 마지막에 악당들이 모두 죽습니다. 이와 같은 영화는 때로는 진짜 재미있는 영화가 될 수도 있는 반면 다른 때에는 나쁜 영화가 될 수 있습니다.

10 Who is your favorite movie star or character from any movie or TV show? Why do you like him or her? Please describe him or her in detail.

A My favorite movie star is Song Kangho. Song is one of Korea's leading actors. I heard that he never professionally trained as an actor. He was cast in several supporting roles before his high-profile appearance in the blockbuster thriller *Shiri*. Song became a star with his first leading role in *The Foul King*. Song also starred in *Sympathy for Mr. Vengeance*. It was directed by Park Chanwook and described a father's pursuit of his daughter's kidnappers. The following year he played a leading role as an incompetent rural detective in *Memories of Murder*. He doesn't disappoint us.

11 You indicated that you travel overseas. Tell me about the countries you have visited and explain about the local people you met while traveling. Who were you with? What did you do there? Why do you particularly like that country or that city?

A I traveled abroad with my family when I was 18 years old. Our destination was Kuala Lumpur in Malaysia where my uncle's family lived. Kuala Lumpur is the capital city of Malaysia. I heard that nearly 55 percent of Malaysia is Muslim. I was favorably impressed by the fact that the Malaysians were extremely kind and the cities were very well cared for wherever we went. We visited the twin towers that became a new landmark in Malaysia. We also went to Sentosa Island. They say Sentosa is a Malaysian word for "peace." It was so peaceful out there just like the literal meaning of "Sentosa."

10 좋아하는 영화 배우나 영화 또는 TV 프로그램에 나오는 가장 좋아하는 인물은 누구인가요? 그 특정 배우를 좋아하는 이유는 무엇입니까? 그/그녀에 대해 자세히 설명해주세요.

A 제가 가장 좋아하는 영화배우는 송강호입니다. 송강호는 한국을 대표하는 배우 중의 한 명입니다. 그는 배우로 전문적인 훈련을 받은 적이 없다고 들었습니다. 그는 블록버스터 스릴러 〈쉬리〉에서 두각을 나타내기 전까지 여러 가지 조연을 맡아왔습니다. 송강호는 〈반칙왕〉에서 처음으로 주연을 맡았습니다. 송강호는 또한 〈복수는 나의 것〉에 출연했습니다. 그것은 박찬욱이 감독했고 납치된 딸을 추적하는 아버지를 그렸습니다. 다음 해에 그는 〈살인의 추억〉에서 무능한 시골 형사로 주연으로 출연했습니다. 그는 우리를 실망시키지 않습니다.

11 해외 여행을 하신다고 표시하셨습니다. 당신이 방문했던 나라들에 대해 말해주세요. 그리고 여행 중에 만난 사람들에 대해 설명해보세요. 누구와 함께 갔었나요? 그곳에서 무엇을 했나요? 왜 그 나라나 도시가 특별히 기억에 남나요?

A 저는 18살 때 가족과 함께 해외여행을 했습니다. 우리의 목적지는 말레이시아의 쿠알라룸푸르였는데, 삼촌 가족이 그곳에 살고 있었어요. 쿠알라룸푸르는 말레이시아의 수도입니다. 말레이시아의 인구 중 55%는 이슬람 교도라고 들었습니다. 말레이시아 사람들은 매우 친절했고 어디를 가든 도시들이 잘 관리되어 있었던 것에 좋은 인상을 받았습니다. 우리는 말레이시아의 새로운 랜드마크가 된 쌍둥이 타워를 방문했습니다. 센토사 섬에도 갔었어요. 센토사는 말레이시아어로 '평화'라는 말이라고 합니다. '센토사'라는 말처럼 그곳은 너무 평화로웠습니다.

12 When you go to the airport for a flight, you see that your flight's departure will be two hours late. Please ask several questions about the problem at the airport's service center.

A Hello, this is Kim Suhyun. I booked a flight with your company going to London from Seoul, this afternoon at 3:00 p.m., on Asiana Airlines. But I heard my flight wouldn't leave at 3. The airline did not give an explanation. So, what should I do? This is a very important (business) trip, and I have to arrive there[attend the conference] on time. Would you let me know what time I can get on the flight? Is there a possibility to be delayed for over a couple of hours or to be canceled? If so, I think I need to contact my travel agency[company] to inform them of this matter and discuss with your manager in charge how to handle this matter. Once again, would you hurry up and let me know? Thanks for your help.

13 Tell me about a place you especially like to go to to eat out. Who do you usually go with? Tell me what you normally eat there.

A My favorite restaurant is called Seoul Samgyeopsal. Koreans really like samgyeopsal, which is pork belly. This restaurant specializes in pork. People roast pork belly over a hot grill right at the table. My friends[coworkers] and I often go to eat samgyeopsal there. It is located in the commercial district, and there are always many office workers talking loudly and drinking Korean alcohol, soju. We can say anything, and raise our voices if we want. And we chat about various things for hours. Most of all, considering the quality of their meat, I like the restaurant the best.

12 비행기를 타러 공항에 가서 탑승이 두 시간 늦어질 것을 알았습니다. 공항 서비스 센터에 이 문제에 대한 질문을 몇 가지 해보세요.

A 여보세요. 김수현입니다. 아시아나 항공으로 서울에서 런던으로 가는 3시 항공편을 예약했습니다. 그런데 제 비행기가 3시 정각에 출발하지 못한다고 들었습니다. 항공사에서는 아무런 설명이 없었습니다. 어떻게 해야 할까요? 이것은 아주 중요한 (출장) 여행이고 제시간에 그곳에 도착해야[회의에 참석해야] 해요. 몇 시에 탑승할 수 있는지 알려주시겠어요? 두어 시간 이상 늦어지거나 취소될 가능성도 있나요? 그렇다면 저희 여행사에[회사에] 연락해서 이 문제를 알리고 이곳에 책임 있는 매니저와 이 문제를 어떻게 처리할지 의논해야 할 것 같습니다. 다시 한번, 서둘러서 알려주시겠어요? 도와주셔서 감사합니다.

13 특별히 외식하러 가기 좋아하는 곳에 대해서 말씀해주세요. 보통 누구와 함께 가나요? 보통 그곳에서 무엇을 먹는지 말씀해주세요.

A 제가 가장 즐겨 찾는 음식점은 서울 삼겹살이라는 곳입니다. 한국 사람들은 삼겹살을 정말 좋아하는데, 그것은 돼지고기의 한 부위입니다. 이 식당은 돼지고기가 주 메뉴입니다. 사람들은 테이블에 앉아 삼겹살을 불판에 바로 구워 먹죠. 제 친구들[동료들]과 저는 자주 삼겹살을 먹으러 그곳에 갑니다. 이 식당은 상업 지구에 있어서, 항상 많은 직장인들이 큰소리로 이야기를 하면서 소주라는 한국 술을 마십니다. 그곳에서 저희는 목소릴 높여 어떤 것이든 얘기할 수 있습니다. 그리고 다양한 것에 대해 몇 시간 동안 얘기를 나눠요. 무엇보다도, 고기의 질을 고려해보면 저는 그 식당을 가장 좋아합니다.

14 Please tell me about your most memorable experience when you went to a restaurant. What happened? Why was it so memorable to you?

A I spent the evening with my old school friends at the restaurant called "Seoul Samgyeopsal," which I often go to. We roasted pork belly over a hot grill right at the table. We began drinking in the evening and did not stop until early next morning. All of us were under the table by midnight. One of my friends, Joonil, kept on saying the same thing ass-backwards and that made me crazy. I was intoxicated and acted very aggressive, so I had an argument with him there. It was not too serious a situation, but I was very sorry for the restaurant owner.

15 I also like going to restaurants. Ask me three to four questions about it.

A I heard you enjoy going to restaurants. I guess you like going out eating very much. Please tell me about your favorite restaurant. Where do you usually go? Then, why do you go there? What is your favorite thing about the restaurant? When and how often do you go there? Is there a quiet place? I really don't like noisy places. Do you know some nice and quiet place to recommend to me? Do you have any memorable event related to your favorite restaurant? How has your taste in food changed throughout the years? I'd love to hear your answers.

14 식당에 갔을 때 일어난 가장 기억에 남는 일을 이야기해주세요. 어떤 일이었나요? 왜 기억에 남나요?

A 저는 제가 자주 가는 식당 '서울 삼겹살'에서 옛 동창들과 그날 저녁 시간을 보냈습니다. 우리들은 테이블에 앉아 삼겹살을 불판에 바로 구워 먹었죠. 우리는 저녁에 술을 마시기 시작했고 다음 날 이른 아침까지도 술자리를 끝내지 않았습니다. 자정 무렵이 되자 다들 술에 취해 뻗어버렸습니다. 제 친구 중 한 명인 준일은 술에 취하여 계속해서 같은 말을 했기 때문에 저는 짜증이 났습니다. 저는 식당에서 술에 취해 매우 공격적으로 행동했고 그와 말다툼을 했습니다. 그렇게 심각한 상황은 아니었지만 식당 주인에게 정말 미안했습니다.

15 저도 식당에 가는 것을 좋아합니다. 그것에 대해 3~4가지 질문을 해보세요.

A 식당에 가는 것을 좋아한다고 들었습니다. 외식을 많이 좋아하시는 것 같군요. 당신이 가장 좋아하는 식당에 대해 이야기해주세요. 주로 어디로 가시나요? 그렇다면, 그곳에 왜 가시나요? 그 식당의 어떤 점을 좋아하시나요? 언제 그리고 얼마나 자주 그곳에 가시나요? 조용한 곳이 있나요? 저는 시끄러운 곳은 정말 싫거든요. 제게 추천해주실 멋지고 조용한 곳을 알고 계세요? 가장 좋아하는 식당과 관련된 기억에 남는 경험이 있나요? 해가 지날수록 음식 취향이 어떻게 바뀌었나요? 대답을 듣고 싶군요.

Model *Answer* 15회

01 Can you tell me about yourself?

A My name is Kim Suhyun. I was born in Seoul and grew up there. I am a good sportsman and really enjoy trying new sports. My true strength lies in my good personality. I've been told that I'm a very optimistic and positive person. I always try to listen to others and respect their opinions. My favorite hobby is mountain biking. It's very helpful to remove stress. It makes me sweat a lot and burns a lot of calories. So it's good for health and staying in shape. I like to watch movies, so I often go to a movie theater with my close friends. I sometimes watch sports on TV, and when I need some fresh air, I go to the park nearby and take a walk to release stress. The reason is that I have to stand a lot of stress, so I need to keep myself healthy. Then, I can start a brand new week.

01 자신에 대해 말씀해주시겠어요?

A 제 이름은 김수현입니다. 저는 서울에서 태어나서 자랐지요. 저는 만능 스포츠맨이고 새로운 운동을 시도해보는 것을 정말 즐깁니다. 저의 진정한 장점은 저의 좋은 성격에 있습니다. 예전부터, 매우 낙천적이고, 긍정적인 사람이라는 말을 많이 들었습니다. 저는 항상 남의 말에 귀를 기울이고 그 의견을 존중하려고 노력합니다. 제가 가장 좋아하는 취미는 산악자전거 타기입니다. 스트레스 해소에 매우 좋아요. 산악자전거 타기를 하면 땀을 많이 흘리게 되고 칼로리 소모도 많습니다. 그래서 건강에도 좋고 몸매 관리에도 도움이 되죠. 저는 영화 보는 것을 좋아해서 친한 친구들과 극장에 자주 갑니다. 가끔 텔레비전으로 스포츠 경기를 보고 신선한 공기를 쐬고 싶으면 가까운 공원에 가서 산책을 하면서 스트레스를 풉니다. 저는 많은 스트레스를 견뎌야 하기 때문에 건강을 유지할 필요가 있습니다. 그러면 새로운 한 주를 시작할 수 있습니다.

02 Tell me about holidays in your country. What kinds of holidays are there? Which holiday is the biggest? What do people do on that day? Is there any special food for the day?

A I will explain two traditional holidays: New Year's Day and Chuseok. New Year's Day, on the 1st of January, is a very important day. On the day of Lunar New Year, we receive money after traditionally greeting our parents or elders. Our household hosts ancestral rites because my father is the eldest son. This is done only at memorial rites for the dead. Chuseok is like Thanksgiving Day in the United States. One similarity between Chuseok and Thanksgiving is giving thanks for the harvest. Families visit tombs to pay their respects to ancestors on the occasion of Chuseok. Songpyun is the special food that Koreans eat on Chuseok, Korea's Thanksgiving Day.

02 당신이 살고 있는 나라의 명절에 대해 말해주세요. 어떤 종류의 명절이 있나요? 가장 큰 명절은 무엇인가요? 사람들은 그날 무엇을 하나요? 그날에 먹는 특별한 음식이 있나요?

A 두 가지 명절에 대해 설명하겠습니다: 설날과 추석입니다. 1월 1일인 설날은 매우 중요한 날입니다. 음력 설날 우리는 전통적으로 부모님과 어른들께 세배를 드린 후에 세뱃돈을 받아요. 아버지가 장남이라 저희 집에서 제사를 모십니다. 그것은 죽은 사람을 위한 제사를 지낼 때에만 하는 행위입니다. 추석은 미국의 추수감사절과 같습니다. 한 가지 추석과 추수감사절의 유사점은 수확에 대한 감사입니다. 가족들은 추석 명절에 즈음하여 조상의 묘를 찾아 성묘를 합니다. 송편은 한국인들이 추석에 먹는 특별한 음식이에요.

03 Tell me about one of the most memorable holidays that you've had. Also tell me why it was so memorable to you.

A When I was young, New Year's Day, on the 1st of January, was a very important day for my family. I liked New Year's Day because I could eat many delicious foods and get together with my relatives. The date of Lunar New Year is different every year, and it was on Sunday. One of the first things to do to welcome in the New Year was to bow to one's ancestors in a ceremony called 'chesa.' After finishing chesa, we feasted on rice cake soup on New Year's Day. Rice cake soup was very delicious and I had three more bowls! Then I got a stomachache from eating too much food, so I was taken to the emergency room. That was the most memorable experience I've had on New Year's Day.

03 인상 깊었던 명절에 대해서 이야기해 보세요. 그리고 왜 기억에 남는지 그 이유도 말해보세요.

A 어렸을 때 1월 1일인 설날은 저희 가족에게 매우 중요한 날이었습니다. 저는 맛있는 음식을 많이 먹을 수 있고, 친척들을 만날 수 있어서 설날이 좋았습니다. 음력 설날 날짜는 해마다 달라지는데, 그날은 일요일이었습니다. 설날을 맞이하기 위해 하는 가장 첫 번째 일 중의 하나는 제사라고 불리는 의식에서 조상들에게 절을 하는 것이었습니다. 제사가 끝나고 저희는 설날에 떡국을 끓여 먹었습니다. 떡국은 매우 맛이 있었고 저는 세 그릇이나 더 먹었습니다! 그런데 너무 많이 먹어 배탈이 나서 응급실에 실려 갔습니다. 그것이 설날에 대한 가장 기억에 남는 경험이었습니다.

04 Tell me in detail about the last holiday that you had. Tell me when it was, who you were with, and everything that happened on that holiday.

A Chuseok is one of the traditional Korean moon festivals. When I was young, Chuseok was a very important day for my family. Last year, families visited tombs to pay their respects to ancestors on the occasion of Chuseok. I liked Chuseok because I could get together with my relatives and had a lot of things to do with them. Last Chuseok, my cousins and I had an eating songpyun contest and I was the winner. Songpyun is the special food that Koreans eat on Chuseok, Korea's Thanksgiving Day. At night, we made a wish on the full moon. We also went outside and danced Gang-gang-sul-rae. That was the most recent experience of Chuseok.

04 가장 최근에 있었던 명절 경험에 대해 자세히 말해주세요. 언제였고, 누구와 함께 있었는지, 그리고 그날 무슨 일이 있었는지 모두 말해주세요.

A 추석은 한국의 전통적인 달맞이 명절 중의 하나입니다. 어렸을 때 추석은 저희 가족에게 매우 중요한 날이었습니다. 지난 해 가족들은 추석 명절에 즈음하여 조상의 묘를 찾아 성묘를 했습니다. 저는 친척들을 만날 수 있고 그들과 같이 할 일이 많아서 추석이 좋았습니다. 지난 추석에는 저와 사촌들이 송편 많이 먹기 게임을 했는데 제가 이겼어요. 송편은 한국인들이 추석에 먹는 특별한 음식이에요. 밤에, 우리는 보름달에 소원을 빌었습니다. 밖에 나가서 강강술래 춤을 추기도 했습니다. 그것이 추석에 대한 가장 최근 경험이었습니다.

05 What do you usually do before you go to a movie theater? What do you do after watching a movie? Please tell me about your typical day when you go to the movies.

A First, one of my friends contacts the others. Next, we choose which movie to see. We usually decide on an action movie. Then we book tickets online before we leave for the theater, because we can avoid waiting in line at the theater. We always go to the movie theater located downtown. Before we enter the theater, we also make sure to buy some snacks. Before the movie starts, we make sure to drop by the bathroom. When the movie starts, we concentrate on the movie. After the movie finishes, we go to a café to drink coffee and talk about it.

05 영화관에 가기 전에 주로 무엇을 하나요? 영화 관람 후에는 무엇을 합니까? 영화를 보러 갈 때 전형적인 하루에 대해 이야기해주세요.

A 우선 친구 중 한 명이 다른 친구들에게 연락을 합니다. 다음에는 볼 영화를 고릅니다. 보통 액션 영화로 결정합니다. 그런 다음 우리는 극장으로 출발하기 전에 온라인으로 미리 티켓을 예매하죠. 그렇게 하면 영화 보는 극장 앞에서 줄 서서 기다리지 않아도 됩니다. 우리는 항상 시내에 있는 영화관에 갑니다. 극장에 들어가기 전에 꼭 군것질 거리도 삽니다. 영화가 시작되기 전에는 반드시 화장실에 다녀옵니다. 영화가 시작되면 그것에 집중합니다. 영화가 끝나면 카페에 가서 커피를 마시면서 그것에 관해 이야기를 합니다.

06 Tell me in detail about the last movie you watched. What was the genre of the movie? Who was in the movie? Did you like the movie?

A Not so long ago, I watched an action movie, *Iron Man*. The plot is pretty generic as there's nothing new about it. I know that Iron Man will not win that battle, and I know that he will continue to strive to win, but I still have a lot to root for him. In the beginning, I wonder "Will he be able to overcome these obstacles?" He escapes several life threatening situations. But, at the end of the movie, all the bad guys kick the bucket. Films like this can sometimes be really funny, while other times they can be bad.

07 Pretend that you want to order some movie tickets on the phone. Ask some questions about the movie in order to reserve some tickets.

A Hello, is this ABC Theater? Can I ask some questions? I want to book tickets for a movie. It's the 8 o'clock movie on Saturday, May 15th. Oh, yes, it's *Letters to Juliet*. I'm not used to ordering tickets over the phone. I want to reserve the tickets under the name of Kim Suhyun, spelled K-I-M-S-U-H-Y-U-N. Do you have any front row seats left? How much would the tickets be? By the way, is there a place to buy some food in the theater? Oh, I almost forgot. Where can I park my car near the theater? Thank you. You were very helpful.

06 최근에 본 영화에 대해 자세히 얘기해 주세요. 어떤 장르의 영화였습니까? 영화 출연자는 누구입니까? 영화는 좋았습니까?

A 얼마 전에는 액션 영화, 〈아이언맨〉을 보았어요. 줄거리는 새로울 것이 없는 상식적인 이야기입니다. 아이언맨이 그 전투에서 승리하지 못하고 승리하기 위해 계속 분투할 것임을 알지만 저는 여전히 그를 응원합니다. 처음에는 "그가 이 난관을 극복할 수 있을까?" 하는 의구심이 듭니다. 그는 몇 번이나 죽을 뻔한 위기를 넘깁니다. 그렇지만 영화 마지막에 악당들이 모두 죽습니다. 이와 같은 영화는 때로는 진짜 재미있는 영화가 될 수도 있는 반면 다른 때에는 나쁜 영화가 될 수 있습니다.

07 전화로 영화 티켓을 주문한다고 가정해보세요. 티켓을 예매하기 위해 영화에 대해 질문을 3∼4가지 하세요.

A 안녕하세요, ABC 극장인가요? 몇 가지 질문을 해도 될까요? 영화 티켓을 예매하고 싶습니다. 5월 15일 토요일, 8시 영화입니다. 아, 네, 〈레터스 투 줄리엣〉이에요. 전화로 표를 주문하는 것에 익숙하지 않아서요. 김수현이라는 이름으로 예약하고 싶습니다. 철자는 K-I-M-S-U-H-Y-U-N입니다. 앞쪽 좌석에 자리가 남아 있나요? 티켓 가격은 얼마인가요? 아, 그리고 극장 내에 음식을 살 수 있는 장소가 있나요? 아, 그리고 잊을 뻔했네요. 극장 근처 어디에 주차하면 되나요? 고마워요. 큰 도움이 됐어요.

08 You indicated in the survey that you like to go to cafés. When do you usually go to a café? Do you have some place you like to visit? And who do you go with?

A I always have coffee in the morning and after lunch. I can't explain why I find myself sitting more and more often in the café, but I really like it. I know a great café near my house and it is renowned for brewing coffee strong. I don't really care for tea; I like coffee better. When you enter the café, potted plants and flowers are positioned around the room. Various works of art hang on the wall. There is no table service; the visit begins with standing in the queue at the bar. I usually go there alone and order a cappuccino, my favorite coffee. And I usually sit by the window and enjoy bathing in sunlight and looking out.

09 Please tell me about your most memorable experience when you went to a café. What happened? Why was it so memorable to you?

A I must have been a freshman in university at the time. At a café, I placed my order with the woman behind the counter. I found the woman behind the counter was really pretty, tall, and slim. She was definitely the coolest girl I've ever seen. Maybe because I was so nervous, I started to stammer when I ordered my coffee. I was so embarrassed. She made me the perfect blend of coffee and milk. I'll never forget her smile and the taste of the coffee.

---

08 설문조사에서 커피숍에 가는 것을 좋아한다고 표시하셨습니다. 당신은 언제 커피숍에 가나요? 가기를 좋아하는 곳이 있나요? 그리고 누구와 함께 가나요?

A 저는 늘 아침과 점심 식사 후에 커피를 마십니다. 왜 점점 더 자주 카페에 가는지를 설명할 수는 없습니다만 정말 좋아합니다. 저희 집 근처에 좋은 카페를 한 곳 아는데, 그곳은 커피를 진하게 타기로 유명합니다. 저는 차는 별로 좋아하지 않고, 커피를 더 좋아합니다. 카페에 들어서면, 식물과 꽃이 심어진 화분들이 커피숍 주변에 놓여져 있습니다. 벽에는 다양한 예술 작품이 걸려 있습니다. 테이블 서비스는 없습니다. 방문하면 바에 줄을 섭니다. 저는 보통 혼자 가서 제가 제일 좋아하는 커피인 카푸치노를 주문합니다. 그리고 저는 주로 창가에 앉아 햇볕을 쬐며 밖을 바라보는 것을 즐깁니다.

09 커피숍에 갔을 때 일어난 가장 기억에 남는 일을 이야기해주세요. 어떤 일이었나요? 왜 기억에 남나요?

A 그때 저는 분명 대학교 1학년이었을 겁니다. 카페에서 저는 카운터 뒤에 있는 여자에게 주문을 했습니다. 그 카운터의 여자가 키 크고 날씬하고 정말 예뻤어요. 분명 그녀는 제가 본 사람들 중에 가장 예쁜 여자였어요. 아마 제가 너무 떨렸는지 주문하면서 말을 더듬었습니다. 너무 창피했습니다. 그녀는 커피와 우유를 완벽한 조화로 섞은 커피를 만들어줬습니다. 저는 그녀의 미소와 그 커피 맛을 잊지 못할 겁니다.

10 I also like to go to cafés. Ask me three to four questions about it.

A I heard you enjoy going to a café. I guess you like coffee very much. What kind of coffee do you like? Where do you usually go? Then, why do you go there? What is your favorite thing about the café? Is there a quiet place? I really don't like noisy places. When and how often do you go there? What do you do while you are there? Do you like to study in the café? Or do you read magazines or books? In my case, I usually enjoy my coffee at home. I make it myself. Do you know some nice and quiet place to recommend to me? I'd love to hear your answers.

11 You indicated in the survey that you volunteer. When and where do you volunteer? What kind of activities do you do when you volunteer? Why do you do that?

A My friends and I volunteer at the local community center in our town twice a week. Every day after school, children from the local community arrive at the center. Many of these children do not have the luxury of taking swimming, soccer, or Taekwando lessons like other children their age. There, volunteers like myself plan activities for them. We take care of them until they are ready to be picked up by their parents. We help the children with their homework, take them to the park, and organize various games and activities for them. And every time the children accomplish a task with success, it gives me a sense of accomplishment.

10 저도 커피숍에 가는 것을 좋아합니다. 그것에 대해 3~4가지 질문을 해보세요.

A 카페에 가는 것을 좋아하신다고 들었습니다. 커피를 많이 좋아하시는 것 같군요. 어떤 종류의 커피를 좋아하세요? 주로 어디로 가시나요? 그렇다면, 그곳에 왜 가시나요? 그 카페의 어떤 점을 좋아하시나요? 조용한 곳이 있나요? 저는 시끄러운 곳은 정말 싫어요. 언제 그리고 얼마나 자주 그곳에 가시나요? 카페에 가면 무엇을 하시나요? 카페에서 공부하는 것을 좋아하세요? 아니면, 잡지나 책을 읽으시나요? 제 경우에는 주로 커피를 집에서 마십니다. 제가 직접 만들죠. 제게 추천해주실 멋지고 조용한 곳을 알고 계세요? 대답을 듣고 싶군요.

11 자원봉사를 하신다고 하셨습니다. 당신은 언제, 어디에서 자원봉사를 하나요? 자원봉사할 때 어떤 일을 하나요? 왜 하시나요?

A 제 친구와 저는 우리 동네 주민 센터에서 일주일에 두 번 자원봉사를 합니다. 매일 방과후에 지역사회의 아이들은 센터로 모여듭니다. 그 아이들이 대부분은 또래의 다른 아이들처럼 수영을 배우거나 축구, 태권도 학원에 다닐 사치를 누릴 수 없습니다. 그곳에서 저와 같은 자원봉사자들은 아이들을 위한 활동을 계획합니다. 우리는 아이들의 부모들이 아이들을 데리러 올 준비가 될 때까지 돌봐줍니다. 우리는 아이들의 숙제를 봐주고 그들을 공원에 데려가거나 다양한 게임과 활동을 준비합니다. 그리고 아이들이 과제를 성공적으로 해낼 때마다 저는 성취감을 느낍니다.

12 Please tell me about the last experience you had when you volunteered. Tell me when it was and who you were with and everything that happened that day.

A I had an invaluable experience as a community volunteer. Last summer, I was asked to help organize an after-school program for children. For the most part, these children come from low-income families. That means their parents cannot afford expensive day care facilities. We take care of them until they are ready to be picked up by their parents. The kids responded well to the program we organized. Slowly I started to develop a bond with the kids. The more time I spent with them, the more I realized how much I loved them. Most of all, I came to know that they were also teaching me things.

12 자원봉사를 했었던 가장 최근의 경험에 대해 말해주세요. 언제였고, 누구와 함께 있었는지, 그날 있었던 일을 모두 말씀해주세요.

A 저는 지역 사회의 자원 봉사자로서 아주 값진 경험을 했습니다. 지난 여름, 저는 방과후 학교 프로그램에 참여해보라는 요청을 받았습니다. 대부분 이 아이들은 저소득층 가정에서 옵니다. 그 의미는 그들의 부모들이 비싼 유아원에 보낼 여유가 안 된다는 의미이죠. 우리는 아이들의 부모들이 아이들을 데리러 올 준비가 될 때까지 돌봐줍니다. 아이들은 우리가 준비한 프로그램을 잘 따라줬습니다. 조금씩 저는 아이들과 유대가 높아지기 시작했습니다. 그들과 시간을 더 보낼수록 제가 그들을 얼마나 더 사랑하게 되었는지 깨달았습니다. 무엇보다 저는 그들도 역시 저에게 가르침을 주고 있다는 것을 알게 되었습니다.

13 You indicated that you go to a gym to work out. What is the main purpose of going to a gym? When you go to a gym, what do you do? Please tell me everything you do there.

A The reason I go to the gym is to keep myself healthy. I'm constantly sitting to study in the library and I never have time to exercise. I've really put on weight. I really need to lose weight. I focus on exercising regularly. The first thing I do when I get to the gym is stretches. I ride a bike to warm up. Then I start my workout. Next, I run on a treadmill for thirty minutes. I do twenty push-ups every day. Finally, I get on the exercise bike and ride for twenty minutes. I'll work out harder and sweat it off.

13 당신은 운동을 하기 위해 헬스클럽에 다닌다고 했습니다. 헬스클럽에 가는 주요 목적은 무엇인가요? 당신은 체육관에 가면 무엇을 합니까? 그곳에서 하는 일에 대해 모두 말해보세요.

A 제가 헬스클럽에 가는 이유는 건강을 유지하기 위해서입니다. 계속해서 도서관에 앉아서 공부해야 하기 때문에 도통 운동할 시간이 없습니다. 체중이 많이 불었죠. 저는 정말로 살을 빼야 합니다. 저는 규칙적으로 운동하는 것에 초점을 맞춥니다. 헬스장에서 제일 먼저 하는 것은 스트레칭입니다. 준비 운동으로 자전거를 탑니다. 그리고는 운동을 시작합니다. 다음으로 30분 동안 러닝머신을 뜁니다. 저는 매일 팔굽혀 펴기를 20번씩 합니다. 마지막에는 자전거에 올라 20분 정도 탑니다. 더 열심히 운동해서 살을 뺄 것입니다.

14 Provide some details about one of your instructors in a health club or a gym where you go to. What is he or she like? Tell me what kind of person he or she is.

A At the gym I go to, personal fitness advisors help me work out a proper routine. They assign you a personal trainer, if you want one. Just make an appointment with one of the trainers, and you'll learn exactly how to use any machine you want. My aerobics instructor is able and experienced. She is also really funny and smart. She put me on the way to achieving my goals. She said "A few weeks of aerobics will firm up that flabby stomach." I hope that is true.

14 당신이 다니는 체육관의 강사들 중 한 명에 대해 자세하게 이야기해보세요. 어떤 사람입니까? 어떤 사람인지 말해 보세요.

A 제가 다니는 체육관에는 자신에게 맞는 운동을 할 수 있도록 지도해주는 개인 코치들이 있습니다. 원하는 사람에게는 전용 트레이너를 배정해줍니다. 트레이너들 중 한 사람과 약속만 하면 하고 싶은 운동 기구 사용법을 정확히 다 배울 수 있어요. 제 에어로빅 강사는 유능하고 경험이 많습니다. 그 분은 또 재미있고 재치도 있습니다. 그 강사는 내가 목표를 달성하도록 도와주었습니다. 그는 "몇 주만 에어로빅을 하면 그 흐물흐물한 뱃살이 탄탄해질 거예요."라고 했습니다. 그의 말이 진짜였으면 좋겠습니다.

15 You have decided to join a gym. Call the gym and ask three or four questions to get information about the gym.

A Hi. I'm calling to get some information about joining your gym. First, how much is it? I mean, per month? Can I go down and try it out for myself? I'd like to take a look and think it over. What kind of equipment do you have at the gym? Do you have a lot of weights and exercise machines? Is your gym filled with a huge variety of fitness and exercise equipment? Do you have aerobics and cycling studios, too? If you have an aerobics studio, that would be great. Thank you for your help.

15 당신은 헬스장에 가입하기로 결심했습니다. 헬스장에 전화를 걸어 3~4가지 질문을 해서 헬스장에 관한 정보를 얻어보세요.

A 안녕하세요. 헬스장 가입에 대해 정보를 얻고자 전화했습니다. 우선, 얼마입니까? 그러니까 한 달에 얼마입니까? 직접 가서 운동 기구들을 한번 시험해볼 수 있을까요? 한번 보고 결정하고 싶습니다. 어떤 운동기구들이 있나요? 웨이트와 운동 기계들이 많이 있나요? 헬스 기구가 다양하게 갖추어져 있나요? 에어로빅과 사이클 공간도 있나요? 에어로빅 공간도 있었으면 좋겠습니다. 도와주셔서 감사합니다.

Model *Answer* 16회

01 | Can you tell me about yourself?

A My name is Kim Suhyun. I was born in Seoul and grew up there. I am a good sportsman and really enjoy trying new sports. My true strength lies in my good personality. I've been told that I'm a very optimistic and positive person. I always try to listen to others and respect their opinions. My favorite hobby is mountain biking. It's very helpful to remove stress. It makes me sweat a lot and burns a lot of calories. So it's good for health and staying in shape. I like to watch movies, so I often go to a movie theater with my close friends. I sometimes watch sports on TV, and when I need some fresh air, I go to the park nearby and take a walk to release stress. The reason is that I have to stand a lot of stress, so I need to keep myself healthy. Then, I can start a brand new week.

01 | 자신에 대해 말씀해주시겠어요?

A 제 이름은 김수현입니다. 저는 서울에서 태어나서 자랐지요. 저는 만능 스포츠맨이고 새로운 운동을 시도해보는 것을 정말 즐깁니다. 저의 진정한 장점은 저의 좋은 성격에 있습니다. 예전부터, 매우 낙천적이고, 긍정적인 사람이라는 말을 많이 들었습니다. 저는 항상 남의 말에 귀를 기울이고 그 의견을 존중하려고 노력합니다. 제가 가장 좋아하는 취미는 산악자전거 타기입니다. 스트레스 해소에 매우 좋아요. 산악자전거 타기를 하면 땀을 많이 흘리게 되고 칼로리 소모도 많습니다. 그래서 건강에도 좋고 몸매 관리에도 도움이 되죠. 저는 영화 보는 것을 좋아해서 친한 친구들과 극장에 자주 갑니다. 가끔 텔레비전으로 스포츠 경기를 보고 신선한 공기를 쐬고 싶으면 가까운 공원에 가서 산책을 하면서 스트레스를 풉니다. 저는 많은 스트레스를 견뎌야 하기 때문에 건강을 유지할 필요가 있습니다. 그러면 새로운 한 주를 시작할 수 있습니다.

02 **You indicated that you like to go to parks. Please explain to me what kind of activities you do in the park.**

A I often go to the park near my house because it has fantastic areas to sit and read books or meditate. If it's sunny day, I love to go to a park, sit on the bench, and enjoy the great weather. I also like to eat some snacks sitting on a bench under the trees. So, before I leave for the park, I always take a water bottle and some snacks. I change into comfortable and light clothes, and then, take my bicycle. When I go there, I sit on the grassy lawns with a blanket spread. Bicycling around the park is also good. I can hike or play or just sit and think in the park which makes it special.

03 **You indicated in the survey that you like going to a park. What do you usually do before going to the park? What kind of activities do you do in the park? And what do you do after you return home. Please tell me about your typical day when you go to the park.**

A Before I leave for the park, I change into comfortable and light clothes. And then, I take water and some snacks. At the park, I take a long walk or sometimes I take my bicycle to ride along the track. After arriving at the park, I ride my bicycle along the track three or four times. It takes about an hour. And then I go to the bench. I like to eat some snacks sitting on a bench under the trees. After a big sweat, a sip of water and a snack are enough to satisfy me and give me the energy to prepare for another week. After I finish bike riding and get back from the park, I make sure to wash my hands. And I get changed again and watch TV or whatever.

---

02 당신은 공원에 가는 것을 좋아한다고 하셨습니다. 공원에 가서 하는 활동에 대해 저에게 자세하게 설명해주세요.

A 저는 집 근처에 있는 공원에 자주 가는데, 앉아서 책을 읽거나 명상을 하기에도 아주 환상적인 장소이기 때문이죠. 맑은 날이면 저는 공원에 가서 좋은 날씨를 즐기는 것을 좋아합니다. 저는 또한 나무 아래 있는 벤치에 앉아서 간식 먹는 것도 좋아합니다. 그래서 집을 나오기 전에 저는 항상 물 한 병과 간식을 챙깁니다. 저는 편안하고 가벼운 옷으로 갈아입고 자전거를 꼭 챙겨 갑니다. 그곳에 가면 잔디에 돗자리를 깔고 앉습니다. 공원에서 자전거를 타는 것 역시 좋아요. 공원에서 하이킹 또는 놀이를 즐기거나, 그냥 앉아 사색에 잠기기도 하는데 그 자체가 특별한 경험이 됩니다.

03 설문조사에서 공원에 가는 것을 좋아한다고 했습니다. 공원에 가기 전에 주로 무엇을 하나요? 공원에서는 어떤 활동을 하나요? 공원에서 돌아와서는 무엇을 하나요? 공원에 가는 전형적인 하루에 대해 말해주세요.

A 저는 집을 나오기 전에 편안하고 가벼운 옷으로 갈아입습니다. 그 다음 물과 간식을 꼭 챙겨갑니다. 공원에서 저는 오래 걷거나 때로는 트랙을 따라 돌기 위해 자전거를 가져갑니다. 공원에 도착한 후에 트랙을 따라 자전거로 서너 바퀴를 돕니다. 한 시간 가량 걸리죠. 그런 다음 벤치로 갑니다. 저는 나무 아래 있는 벤치에 앉아서 간식 먹는 것이 좋습니다. 땀 흘려 운동하고 나서 한 모금의 물과 간식은 만족을 주기에 충분하죠. 그리고 또 다른 한 주를 살아갈 힘을 줍니다. 자전거를 다 타고 나서 저는 공원에서 돌아와 꼭 손을 씻습니다. 그리고 옷을 갈아입고 TV를 보거나 합니다.

04 Please tell me about your most memorable event in a park. What happened? Why was it so memorable to you?

A I think it was around this time last year. I'd been seeing my girlfriend for almost two weeks, and one day after a large dinner, my girlfriend and I went to a park. The park was full of young lovers hand in hand as well. An old couple walked tenderly, holding hands. She said, "Look at the old couple. Beautiful, isn't it?" After a minute or two, I reached out and took her hand. That was a great memory that I have about going to the park with my girlfriend.

04 공원에서 일어난 가장 기억에 남는 일을 이야기해주세요. 어떤 일이었나요? 왜 기억에 남나요?

A 작년 이맘때 즈음인 것 같습니다. 저는 제 여자친구와 데이트한 지 2주 정도 됐는데, 하루는 저녁을 거나하게 먹은 후에 공원에 갔습니다. 그 공원에는 손을 잡고 거니는 젊은 연인들도 가득했습니다. 한 노부부가 손을 잡고 다정하게 거닐고 있었습니다. "저 노부부를 봐. 아름답지 않니?"라고 그녀가 말했습니다. 1~2분 정도 뒤에 나는 손을 뻗어 그녀의 손을 잡았습니다. 그것은 제가 여자친구와 공원에 갔던 좋은 기억이었습니다.

05 You indicated in the survey that you stay at home while on vacation. Who are the people you like to see and spend time with on your vacation? What do you usually do?

A When I have vacation time, I really like to stay home. I usually hang out with my family. We don't do anything special. During my vacation, a typical day for me is very lazy. I get up late in the morning, usually around 10 a.m. Then I make breakfast. We usually eat at home, but sometimes we go to a restaurant. Sometimes, I go to the bookstore and look for books for me. Once in a while, I call some friends and invite them out for a drink. I have a snack, and I watch TV until I go to bed.

05 당신은 설문조사에서 휴가를 집에서 보낸다고 하셨습니다. 휴가 때 만나거나 시간을 같이 보내고 싶은 사람은 누구인가요? 주로 무엇을 하나요?

A 휴가 때 저는 정말 집에 있는 것을 좋아합니다. 저는 보통 가족들과 시간을 보냅니다. 우리는 특별한 것을 하지는 않습니다. 휴가 동안 저의 전형적인 하루는 매우 게으릅니다. 아침에 보통 늦게, 10시 정도에 일어납니다. 그리고는 아침을 준비합니다. 우리는 보통 집에서 밥을 먹지만 가끔은 식당에 갑니다. 가끔은 서점에 가서 책을 찾습니다. 때로는 친구 몇몇에게 전화를 걸어 술 마시러 나오라고 할 때도 있습니다. 간식을 먹고 잠자리에 들 때까지 텔레비전을 봅니다.

06 Tell me about a special experience while you were staying home during a vacation. What happened? Please describe it in detail.

A During my last vacation, our family had a very special experience. My uncle who lived in New York visited in Seoul on business. And he called us and said he wanted to come over. Within 20 minutes, he was standing in the doorway, his arms full of presents. My uncle looked good. He hadn't changed much, but he looked tired. It was really good to see him. He always told such funny stories, and made us all laugh. He left that night, and was back in the States a couple of days later. I miss him sometimes, and wish I could see him more often.

06 집에서 휴가를 보내는 동안 생긴 특별한 경험에 대해 말해주세요. 무슨 일이 일어났나요? 자세히 설명해보세요.

A 지난번 휴가 동안 저희 가족은 매우 특별한 경험을 했습니다. 뉴욕에 거주하시는 삼촌께서 사업차 서울을 방문하셨습니다. 그리고 삼촌은 전화하셔서 저희를 방문하고 싶다고 하셨습니다. 그는 20분 후에 저희 집 앞에서 팔에 한 가득 선물을 들고 계셨습니다. 삼촌께서는 좋아 보이셨습니다. 그렇게 늙지는 않으셨는데 피곤해 보이셨습니다. 삼촌을 봬서 너무 좋았습니다. 삼촌께서는 계속 재밌는 얘기를 해주셨고 저희를 웃게 하셨습니다. 그날 저녁 떠나셨고 이틀 후 미국으로 돌아가셨습니다. 가끔 삼촌이 그립고 더 자주 뵐 수 있으면 좋겠습니다.

07 I'd like to know about the last vacation that you stayed at home. Please explain in detail about the things you did from the first day to the last day.

A I did little errands during my last vacation. For the first week of vacation, I stayed home most of the time. I went to the grocery store on Monday. On Tuesday, I went to the post office to mail a letter. Next day, I went to the E-mart to buy some clothes for my cousin. I met a friend and we had beers after his work. On Saturday, we went to my friend's house and hung out with the friend's family. On Sunday, the last day, I went to church, and had dinner at a samgyeopsal restaurant.

07 당신이 집에서 보낸 최근의 휴가에 대해 알고 싶습니다. 첫째 날부터 마지막 날까지 한 일에 대해 자세히 설명해주세요.

A 저는 최근 휴가 때 사소한 볼일을 봤습니다. 첫 주에는 거의 대부분 집에 있었습니다. 월요일에는 슈퍼에 가고, 화요일에는 편지를 붙이러 우체국에 갔습니다. 다음 날 저희 사촌에게 줄 옷을 사러 이마트에 갔습니다. 친구가 퇴근한 후 같이 맥주를 마셨습니다. 토요일에는 친구 집에 가서 친구네 가족과 함께 어울렸습니다. 일요일 마지막 날에는 교회에 가고, 저녁엔 삼겹살 식당에 가서 저녁을 먹었습니다.

08 What kind of musical devices do you use when you listen to music? When and where do you listen to music using them?

A When I listen to music, I use my smartphone because it is very convenient on the move. When I am at home, I like to listen to music using my computer. When I listen to these songs with the good audio system of my computer, it seems much better than without it. When I listen to music somewhere else, I usually listen to music on my smartphone with headphones. I like to listen to it this way while I am doing something because it helps me concentrate. My smartphone can hold more than 1,000 songs, and can store and play video as well as music. It is convenient.

09 Please tell me about when you usually listen to music and how you listen to music. Do you buy CDs or download them?

A When I am at home, I like to listen to music using my computer. I also listen to my smartphone, or sometimes I tune into the radio. I get my music online, usually by downloading it from one of the music sites. For unlimited downloads, it will cost 5,000 won a month for people who want to listen to music on their computers. Sometimes I get a streaming service from the music sites instead of downloading music. These are convenient and easy to use.

08 음악을 들을 때 어떤 종류의 기기를 사용하나요? 그것을 사용해 언제, 어디에서 음악을 듣나요?

A 저는 음악을 들을 때 스마트폰을 이용하는데, 이동 중에 매우 편리하기 때문입니다. 집에서 음악을 들을 때는 컴퓨터를 이용합니다. 제 컴퓨터의 좋은 오디오 시스템으로 이 노래들을 들으면 그렇지 않을 때보다 훨씬 좋습니다. 다른 데서 음악을 들을 때는 보통 스마트폰과 헤드폰을 쓰고 음악을 듣습니다. 저는 무언가 할 때 이런 식으로 음악 듣는 것을 좋아하는데, 집중하는 데 도움이 되기 때문입니다. 스마트폰에는 1천 곡 이상의 노래를 담을 수 있고, 음악뿐만 아니라 영상도 저장, 재생할 수 있습니다. 이것은 편리합니다.

09 주로 언제 음악을 듣고 어떻게 음악을 듣는지 말씀해주세요. CD를 사나요, 아니면 다운로드를 받나요?

A 저는 집에서 음악을 들을 때는 컴퓨터를 이용하는 걸 좋아합니다. 또한 스마트폰으로 듣거나 가끔은 라디오를 청취하기도 합니다. 온라인에서 음악을 받을 때는 주로 음악 사이트 중 한 곳에서 다운 받습니다. 무제한 서비스를 이용하면 한 달에 5,000원을 내고 원하는 음악을 컴퓨터로 다운로드 받을 수 있습니다. 저는 음악을 다운로드 받는 대신 음악 사이트에서 스트리밍 서비스를 받기도 합니다. 이것들은 편리하고 이용이 쉽습니다.

10 Do you have any memorable experiences when you listen to music with musical devices? Tell me about any challenging, unexpected, or interesting things that happened. What made this so memorable to you?

A I borrowed my friend's MP3 player that he newly bought last month. I used his MP3 player for the past few days and the sound on it was just phenomenal. There was a small problem though. I was listening to music using his MP3 player on the move. When I stopped at a traffic light, the headphones accidentally slipped out of my ears and the player fell on the street. Unfortunately, it didn't work properly. I offered to pay him for another one, of course.

11 I'm curious about your neighborhood. Where do you live? How long have you lived there? Please tell me as much information about it as you can.

A Since I live on the outskirts of Seoul, my apartment has beautiful views. My apartment is located in a residential district and I live on the 5th floor. The neighborhood is relatively new, so most of the people who lived here moved here in the past few years. There were no convenience facilities in the neighborhood, so we roughed it for a few years. But now there are many convenience facilities that we can use any time and transportation is convenient around this area. Houses in my neighborhood have appreciated since the new subway was built. Our neighborhood is becoming larger day after day. Overall, it is a very good place to live, I think.

10 기기로 음악을 들을 때 기억에 남는 경험이 있나요? 어려운 일, 예상하지 못한 일, 흥미로운 일이 일어난 것이 있다면 말해주세요. 왜 그렇게 기억에 남나요?

A 지난 달에 저는 친구가 새로 산 MP3 플레이어를 빌렸습니다. 요 며칠 그의 MP3 플레이어를 사용했는데 그 사운드가 아주 놀라웠습니다. 그런데 문제가 있었습니다. 저는 이동하면서 MP3 플레이어로 음악을 듣고 있었습니다. 신호등 앞에 멈춰섰을 때, 헤드폰이 귀에서 빠지면서 플레이어가 땅에 떨어졌습니다. 불행하게도 제대로 작동을 안 했습니다. 당연히 내가 새로 하나 사주겠다고 제안했습니다.

11 당신의 동네에 대해 궁금합니다. 어디에 살고 있나요? 그곳에서 얼마나 오래 살았나요? 가능한 많은 정보를 얘기해주세요.

A 저는 서울 외곽에 살고 있어서 아파트 전경이 아름답습니다. 제 아파트는 주거 지역에 위치해 있고 저는 5층에 살아요. 비교적 새로 지어진 동네라서 대부분의 사람들이 몇 년 사이에 새로 이사를 왔습니다. 몇 년 전에는 이 근방에 편의시설이 없어서 몇 년 동안 생활이 불편했습니다. 하지만 지금은 언제든 이용할 수 있는 편의시설도 많고 인근 교통도 편리합니다. 지하철이 개통된 후 우리 동네 집 값이 뛰었습니다. 우리 동네는 나날이 커져가고 있습니다. 전반적으로 이곳은 살기 좋은 곳인 것 같습니다.

12 Can you recall a memorable event that happened in the area where you live? Tell me as many details about that event from start to finish in particular the elements that made the event so memorable.

A One day, I was cooking in the kitchen when the telephone rang. I went to answer immediately. While I was talking on the phone, the fire alarm sounded. I ran back to the kitchen. The room was full of smoke and the beef was badly burnt. I quickly turned off the gas, opened all the windows, and then went out of the house. To my surprise, people in the town had to go outside and even the fire trucks came. I told the firemen it was my careless cooking that caused the heavy smoke. I apologized to them and the neighbors. It was so embarrassing.

12 당신이 사는 곳에서 생긴 잊지 못할 일을 기억합니까? 처음부터 끝까지 그 일에 대해, 특히 그 기억이 그토록 잊을 수 없게 된 요소에 대해 자세히 이야기 해주세요.

A 어느 날, 부엌에서 요리를 하고 있는데 전화가 울렸습니다. 즉시 전화를 받으러 갔습니다. 전화 통화를 하고 있는데, 화재 경보기가 울렸습니다. 부엌으로 달려갔어요. 방은 연기로 가득 찼고 쇠고기가 심하게 탔습니다. 재빨리 가스를 끄고, 창문을 모두 열고, 집 밖으로 나갔습니다. 놀랍게도 마을 사람들이 바깥으로 대피하고 심지어 소방차도 왔습니다. 저는 요리할 때 조심하지 않아서 심한 연기가 났다고 소방관들에게 말을 했습니다. 저는 소방관들과 이웃들에게 사과했습니다. 매우 창피했습니다.

13 Tell me about your pet. What kind of pet is it? What does it look like? Give as many details as possible.

A I have a Shitzu named Moong. The dog has long fur, so she looks great. She is also as meek as a lamb. But she barks furiously at people she doesn't know. And she likes to follow my family all over the house. My dog is always curled up asleep. She looks very cute. I not only feed and bathe her, but also play with her. I feel like being with her all the time. But sometimes I feel sad thinking she is getting old faster than me.

13 당신의 애완동물에 대해 설명해보세요. 어떤 동물입니까? 어떻게 생겼습니까? 가능한 한 자세히 말씀해보세요.

A 저는 '뭉'이라는 시츄를 한 마리 키웁니다. 뭉이는 털이 길어서 보기 좋습니다. 뭉이는 또한 매우 온순합니다. 그렇지만 낯선 사람을 보면 사납게 짖어댑니다. 그리고 온 집 안을 가족들을 따라 다니기를 좋아합니다. 제 개는 항상 몸을 둥글게 하고 잡니다. 매우 귀엽습니다. 저는 먹이를 주고 목욕을 시킬 뿐 아니라 같이 놀아줍니다. 저는 항상 그의 곁에 있고 싶습니다. 하지만 때로는 뭉이가 저보다 더 빨리 나이가 드는 것 같아 슬퍼집니다.

14 You indicated in the survey that you have a pet. Can you describe a memorable experience you had with your pet?

A I have a dog that is stubborn as a mule. My dog really likes sitting in front of my computer because of the heat from it. So I always make sure not to leave something important on the desk. One day, I was up all night working on a report, but my dog upset the ink and made a mess on my report. There lay my cellphone broken in two pieces, and near at hand there lay brushes, an overturned inkwell and papers. It was my dog, Moong. I understood that any evil the dog commits is part of its nature. And I had to write my report again.

14 애완동물을 키운다고 하셨습니다. 당신의 애완동물과의 기억에 남는 경험에 대해 설명해주시겠습니까?

A 저는 고집쟁이 개를 한 마리 키우고 있습니다. 제 개는 컴퓨터 앞에 앉아 있기를 좋아하는데 컴퓨터에서 나오는 열 때문인 것 같습니다. 그래서 항상 중요한 것은 책상 위에 두지 않으려고 합니다. 어느 날 저는 보고서를 작성하느라 밤을 샜는데 제 개가 잉크를 뒤엎고 제 보고서를 망쳤습니다. 핸드폰이 두 동강이 나 있었고 붓과 엎질러진 잉크병, 종이들이 주위에 흩어져 있었습니다. 제 개 뭉이의 짓이었습니다. 저는 개가 저지른 어떤 나쁜 짓도 본성에 의한 것이라는 것을 이해했습니다. 그래서 저는 제 보고서를 다시 써야 했습니다.

15 While you are caring for a pet, it becomes sick. Contact your friend to explain what has happened. Provide a detailed explanation of what is wrong with the pet and discuss how to solve this problem.

A Hi, this is Suhyun. I need your help. My dog is not itself today. I think he has a bug. My dog has a terrible fever and has been coughing and sneezing all night. And she vomited a couple of times. Today is Sunday, so I can't take her to an animal hospital. Should I give her some medicine? What should I do? OK. I will call 911 immediately and see if they can help me. I just hope she's all right. Thank you for your help.

15 당신이 애완동물 한 마리를 돌보는데, 아프게 되었습니다. 친구에게 연락을 해서 어떤 일이 생겼는지 설명하되 애완동물이 어떤 상태인지를 자세하게 설명하고, 이 문제의 해결을 위해 의논을 하세요.

A 안녕. 나 수현이야. 네 도움이 필요해. 내 개가 오늘은 평소와는 달라. 개가 아픈 것 같아. 내 개가 열이 심하게 나고 밤새 재채기를 했어. 그리고 몇 시간 동안 토했어. 오늘은 일요일이라 동물 병원에 데려갈 수가 없어. 약을 먹여야 할까? 내가 무엇을 해야 하니? 좋아. 당장 911에 전화해서 도움 받을 수 있는지 알아볼게. 괜찮기를 바랄 뿐이야. 도와줘서 고마워.

Model *Answer* 17회

01 Can you tell me about yourself?

A My name is Kim Suhyun. I was born in Seoul and grew up there. I am a good sportsman and really enjoy trying new sports. My true strength lies in my good personality. I've been told that I'm a very optimistic and positive person. I always try to listen to others and respect their opinions. My favorite hobby is mountain biking. It's very helpful to remove stress. It makes me sweat a lot and burns a lot of calories. So it's good for health and staying in shape. I like to watch movies, so I often go to a movie theater with my close friends. I sometimes watch sports on TV, and when I need some fresh air, I go to the park nearby and take a walk to release stress. The reason is that I have to stand a lot of stress, so I need to keep myself healthy. Then, I can start a brand new week.

01 자신에 대해 말씀해주시겠어요?

A 제 이름은 김수현입니다. 저는 서울에서 태어나서 자랐지요. 저는 만능 스포츠맨이고 새로운 운동을 시도해보는 것을 정말 즐깁니다. 저의 진정한 장점은 저의 좋은 성격에 있습니다. 예전부터, 매우 낙천적이고, 긍정적인 사람이라는 말을 많이 들었습니다. 저는 항상 남의 말에 귀를 기울이고 그 의견을 존중하려고 노력합니다. 제가 가장 좋아하는 취미는 산악자전거 타기입니다. 스트레스 해소에 매우 좋아요. 산악자전거 타기를 하면 땀을 많이 흘리게 되고 칼로리 소모도 많습니다. 그래서 건강에도 좋고 몸매 관리에도 도움이 되죠. 저는 영화 보는 것을 좋아해서 친한 친구들과 극장에 자주 갑니다. 가끔 텔레비전으로 스포츠 경기를 보고 신선한 공기를 쐬고 싶으면 가까운 공원에 가서 산책을 하면서 스트레스를 풉니다. 저는 많은 스트레스를 견뎌야 하기 때문에 건강을 유지할 필요가 있습니다. 그러면 새로운 한 주를 시작할 수 있습니다.

02 Please tell me about the identification card you have. What does it look like? When and where do you use it?

A I have a resident identity card and a driver's license. Let me tell you about my driver's license. I can drive a car with my driver's license and it can be used as an ID card. My driver's license is a rectangle and it is made of hard plastic. My picture is on the left hand side and next to the picture is my personal information. At the top are the words "Driver's License" written in Korean. Under the words "Driver's License" is my driver's license number.

02 당신이 갖고 있는 신분증에 대해 말해 주세요. 어떻게 생겼나요? 그것을 언제, 어디서 사용하나요?

A 주민등록증과 운전면허증을 가지고 있습니다. 신분증 중에서 운전면허증에 대해 말씀 드리겠습니다. 면허증이 있어야 차를 운전할 수 있고 이것은 신분증 대용으로도 사용할 수 있습니다. 제 운전면허증은 네모 모양이고 딱딱한 플라스틱으로 만들어져 있습니다. 사진은 왼편에 있고 사진 옆에는 저의 개인 정보가 있습니다. 위에는 '운전면허증'이라고 한글로 적혀 있습니다. '운전면허증'이라는 단어 아래에는 운전면허증 번호가 적혀 있습니다.

03 Pick one of your ID cards and describe it in detail. What is it for? What does it look like? When and where do you use it?

A I have a resident identity card, a driver's license, and my student[employee] card. Let me tell you about my student[employee] card. My student[employee] card is a rectangle and it is made of hard plastic. My picture is on the left hand side and next to the picture is my personal information. I can use my student[employee] ID for identification. This card also functions as the door and gate key. Students[Employees] may use their student[employee] cards to access materials. I can get access to the library[office building] by showing my student[employee] card. There is no admittance without this card.

03 신분증을 하나 골라 자세히 묘사해보세요. 어떤 신분증인가요? 어떻게 생겼나요? 그것을 언제, 어디서 사용하나요?

A 주민등록증과 운전면허증, 그리고 학생증[직원증]을 가지고 있습니다. 학생증[직원증]에 대해 말씀 드리겠습니다. 제 학생증[직원증]은 네모 모양이고 딱딱한 플라스틱으로 만들어져 있습니다. 사진은 왼편에 있고 사진 옆에는 저의 개인 정보가 있습니다. 신분 증명으로 학생증[직원증]을 사용할 수 있습니다. 이 신분증은 또한 출입구와 출입문 열쇠의 기능도 합니다. 학생들[직원들]은 학생증[직원증]을 이용하여 자료를 열람할 수 있습니다. 학생증[직원증]을 보여줘서 도서관[사무실 건물]에 들어갈 수 있습니다. 이 카드 없이는 출입이 허용되지 않습니다.

04 What steps are required in order to acquire an identification card? What particular procedures do you need to follow? Do you need other items such as a birth certificate, etc. in order to get the card?

A You get your registration card made at the community center. This is how it's done. First, you need a picture and another piece of identification, like a birth certificate or student ID. So you go to the community center and go to the registration office. You take a number and wait. When it's your turn, you go to the clerk, and she takes your fingerprints, and collects your picture and forms. An identification order is not processed immediately upon submission of the application. The office will send you a card within two weeks. You can pick it up or the office will mail it to your house.

04 신분증을 받기 위해 어떤 절차가 요구되나요? 어떤 특정 절차를 따라야 하나요? 신분증을 받기 위해 출생 증명서와 같은 다른 것들이 필요한가요?

A 주민등록증은 주민센터에서 발급 받습니다. 만드는 방법은 이렇습니다. 우선, 사진과 출생증명서나 학생증과 같은 다른 신분증명서가 필요합니다. 준비되면 주민센터로 가서 등록하는 사무실로 갑니다. 번호표를 받고 기다립니다. 차례가 와서 직원에게 가면 직원이 지문을 찍어가고 사진과 서류를 가지고 갑니다. 신분증 발급은 신청서를 제출하는 즉시 처리되지 않습니다. 2주 이내로 사무실에서 신분증을 발급해줍니다. 본인이 와서 가져가거나 자택으로 우편 송부하기도 합니다.

05 Please describe one of your favorite trips in your own country. Where did you go and where did you stay? Why was it so memorable?

A Let me tell you about Jeju Island which is the largest island in South Korea. Jeju Island was voted as one of the New 7 Wonders of Nature. It seemed to be worth it for sure. It was truly amazing that the geological strata of Jeju Island were composed of basaltic lava. The coastal waters of Jeju Island were famous for their clarity. The island was also very popular for its scenic beauty. And also Mt. Halla was worth a visit. It was a wonderful walk, and one of the best things to do on Jeju Island. There is a reason why it is considered the best vacation spot in Korea. I was impressed being in touch with Jejudo's great nature.

05 가장 좋았던 국내 여행 중 하나를 묘사해주세요. 어디에 갔으며, 어디에 머물렀나요? 왜 그렇게 기억에 남나요?

A 한국에서 가장 큰 섬인 제주도에 대해 말씀 드리겠습니다. 제주도는 세계 7대 자연경관으로 선정되었습니다. 확실히 그럴 만한 가치가 있어 보였습니다. 제주도의 지층이 현무암질의 용암류로 이루어져 있다는 것이 참 신기했습니다. 제주도 연근해는 청정 해역으로 유명했습니다. 이 섬은 경치가 좋은 것으로도 아주 유명했습니다. 또 한라산도 가볼 만한 곳이었죠. 한라산은 아주 좋은 산책로이고 제주도에서 할 수 있는 가장 좋은 것들 중 하나였습니다. 제주도가 우리나라 최고의 휴양지로 꼽히는 이유가 있더군요. 제주도의 대자연을 접하고 감동했습니다.

06 Please describe some of the steps that you take and the things that you have to do from departure to arrival when you travel (abroad).

A I prefer preparing for my trip by myself if I'm free. First, I plan my budget and make an itinerary. I read some travel guidebooks to search for information about my destination. After deciding where I will visit, I call the travel agent and ask what the cheapest way to travel there is. And then, I make a list of things to pack and I pack all the things that I need. Before I leave home, I also charge my cell phone and I double-check my luggage. At the airport, I check in for the flight and get a boarding pass on the day I travel. When I arrive at my destination, I take a taxi to the hotel and check in. I put my luggage in my room, and then I go to the hotel information center to see if I can get a map showing tourist spots. The main purpose of my trip is usually to visit the foremost tourist attractions and the famous restaurants there.

06 (해외) 여행을 갈 때 취하는 단계와 출발에서 도착까지 무엇을 해야 하는지 묘사하세요.

A 저는 바쁘지 않으면 제가 스스로 하는 것을 선호합니다. 먼저 예산을 계획하고 여행 일정표를 만듭니다. 여행지에 대한 정보를 찾기 위해 여행 안내책자를 읽어봅니다. 어디를 갈지 결정한 다음에는 여행사에 전화를 걸어 가장 싼 방 법을 알아봅니다. 그리고 나서, 저는 싸야 할 것의 목록을 만들고, 필요한 모든 짐을 쌉니다. 집을 떠나기 전에 휴대전화도 충전하고, 짐을 다시 한 번 확인합니다. 출발하는 날 공항에서 체크인을 하고 탑승권을 받습니다. 목적지에 도착하면 택시를 타고 호텔에 가서 체크인을 합니다. 짐을 방에 놓고 관광지가 나와 있는 지도를 얻을 수 있는지 확인하러 호텔 안내 데스크에 갑니다. 여행의 주된 목적은 보통 그곳에 있는 주요 관광지와 맛집을 탐방하는 것입니다.

07 When you go to the airport for a flight, you see that your flight's departure will be two hours late. Please ask several questions about the problem at the airport's service center.

A Hello, this is Kim Suhyun. I booked a flight with your company going to London from Seoul, this afternoon at 3:00 p.m., on Asiana Airlines. But I heard my flight wouldn't leave at 3. The airline did not give an explanation. So, what should I do? This is a very important (business) trip, and I have to arrive there[attend the conference] on time. Would you let me know what time I can get on the flight? Is there a possibility to be delayed for over a couple of hours or to be canceled? If so, I think I need to contact my travel agency[company] to inform them of this matter and discuss with your manager in charge how to handle this matter. Once again, would you hurry up and let me know? Thanks for your help.

07 비행기를 타러 공항에 가서 탑승이 두 시간 늦어질 것을 알았습니다. 공항 서비스 센터에 이 문제에 대한 질문을 몇 가지 해보세요.

A 여보세요. 김수현입니다. 아시아나 항공으로 서울에서 런던으로 가는 3시 항공편을 예약했습니다. 그런데 제 비행기가 3시 정각에 출발하지 못한다고 들었습니다. 항공사에서는 아무런 설명이 없었습니다. 어떻게 해야 할까요? 이것은 아주 중요한 (출장) 여행이고 제시간에 그곳에 도착[회의에 참석]해야 해요. 몇 시에 탑승할 수 있는지 알려주시겠어요? 두어 시간 이상 늦어지거나 취소될 가능성도 있나요? 그렇다면 저희 여행사[회사]에 연락해서 이 문제를 알리고 이곳에 책임 있는 매니저와 이 문제를 어떻게 처리할지 의논해야 할 것 같습니다. 다시 한번, 서둘러서 알려주시겠어요? 도와주셔서 감사합니다.

08 You indicated in the survey that you like to play baseball. I'd like to know about the rules of baseball games. Please tell me about baseball and explain the rules in detail.

A Baseball is played between two teams with nine players in the field on each team. In the infield, you have a first baseman, second baseman, shortstop, and third baseman. In the outfield, you have a right fielder, center fielder, and left fielder. The game is played in innings, and an inning is a period of time when each team gets a chance to bat. In baseball, the defense always has the ball — a fact that differentiates it from most other team sports. The pitcher throws the ball to a batter, and he tries to hit the ball so the opposing players can't get it and he can get on base. Once on base, the batter tries to run around the diamond and score at home plate. The teams switch every time the defending team gets three players of the batting team out. The winner is the team with the most runs after nine innings.

08 설문조사에 야구를 좋아한다고 하셨습니다. 야구 경기의 규칙에 대해 알고 싶습니다. 야구와 그 규칙에 대해 자세히 설명해주세요.

A 야구는 각 팀 9명의 선수로 이루어진 두 팀 간의 경기입니다. 내야에는 1루수, 2루수, 유격수 그리고 3루수가 있습니다. 외야에는 우익수, 센터, 그리고 좌익수가 있습니다. 게임은 이닝으로 되어 있는데, 1이닝에는 각 팀이 타석에 설 수 있는 차례를 갖습니다. 야구에서 방어팀은 항상 공을 가지고 있는데, 대부분의 다른 팀 경기와 다른 점입니다. 투수가 타자에게 공을 던지고 타자는 공을 쳐서 상대방 선수가 공을 잡지 못하게 하고 베이스로 갈 수 있도록 합니다. 타자는 베이스에 가면 내야를 돌아 본루에서 득점합니다. 방어팀이 세 명의 타자를 아웃시킬 때마다 팀의 역할이 바뀝니다. 9이닝이 끝나고 가장 많은 점수를 낸 팀이 승리합니다.

09 You indicated in the survey that you like to play baseball. I'd like to know where you usually play baseball. Describe that place in as much detail as possible.

A My friends and I play baseball in a recently built stadium. It was constructed for the past 4 years, and officially opened last year. The stadium is located right next to the subway station, so it's easy to get there. The stadium's outstanding feature is its roof that is shaped like a traditional Korean kite. It is part of a complex which includes parks and amusement rides, and the stadium itself houses a large cinema and discount shopping center. There is an infield and an outfield on the playing field. The stadium has the biggest field in the city and has seating space of great amplitude. Furthermore, its field is well maintained, so we often use the stadium.

09 설문조사에 야구를 좋아한다고 표시하셨는데, 주로 어디서 야구를 하는지, 그 장소에 대해 최대한 자세히 설명해주세요.

A 저와 친구들은 최근에 지은 야구장에서 경기를 합니다. 이곳은 지난 4년 동안 건축되었고, 작년에 공식 오픈되었습니다. 경기장은 지하철역 바로 옆에 위치해 있어서 접근성이 좋습니다. 이 경기장의 두드러진 특징은 한국의 전통 연처럼 생긴 지붕입니다. 이곳은 공원과 놀이시설이 포함되어 있는 복합시설이며 경기장 건물에 대형 영화관과 할인 쇼핑센터가 들어 있습니다. 경기장에는 내야와 외야가 있습니다. 그 경기장은 도시에서 가장 큰 필드를 가지고 있고, 거대한 규모의 좌석 공간이 있습니다. 더욱이 경기장의 필드가 잘 관리되어, 저희는 자주 이 경기장을 이용합니다.

10 What chores do you have to do at home?
What responsibilities do you have?

A I have lived with my brother in a small apartment
since I was financially independent of my family. I
am used to single life. I usually cook my meals by
myself. Actually, I do not like to do chores. But I do
very basic housework including cleaning, cooking,
and sweeping the floors. I do odd jobs around the
house every weekend. I launder my clothes at the
laundromat each week because I'm not used to
ironing them. Sometimes, I wash my drip-dry shirt
and hang it to dry. I always do the dishes after I watch
the news on TV. It seems that I should be a jack-of-
all-trades in a way to live single.

11 Can you tell me about your family members?

A I live with my brother. My father is retired now and
living in rural Kyounggi-do. His hair is flecked with
gray. He is surprisingly energetic and looks much
younger than he is. He is a big man, but very light
on his feet for his age. My mother is an ordinary
housewife. She really cares about other people and is
a talented listener. My brother has curly hair like my
mother. He is very big, 185 cm tall, weighs about 90
kilos and he is muscular. I try to spend my valuable
time with my family, but these days I'm so busy with
many things.

10 집에서 꼭 해야 하는 일들은 무엇입니까? 어떤 책임을 맡고 있나요?

A 저는 경제적으로 집에서 독립한 이후로 작은 아파트에서 남동생과 같이 살고 있습니다. 저는 싱글 생활에 익숙합니다. 보통 혼자 식사 준비를 하죠. 사실 저는 집안일 하는 것을 좋아하지 않습니다. 그렇지만 저는 청소하고 요리하고 바닥을 쓰는 것 같은 아주 기본적인 집안일을 합니다. 저는 매주 주말에 이런저런 집안일을 합니다. 저는 매주 빨래방에서 옷을 세탁하는데 다림질에 익숙하지 않아서죠. 가끔 다림질할 필요가 없는 셔츠를 빨아서 널어 말리기도 합니다. 저는 항상 TV 뉴스를 본 다음, 설거지를 합니다. 싱글로 살기 위해선 어느 정도 팔방미인이 되어야 할 것 같아요.

11 가족들에 대해 말씀해주시겠어요?

A 저는 남동생과 함께 살고 있습니다. 현재 아버지는 퇴직하여 경기도의 어느 시골에 살고 계십니다. 아버지의 머리에 흰머리가 듬성듬성 나 있습니다. 아버지는 놀랄 정도로 활동적이시고 실제 연세보다 젊어 보이십니다. 아버지는 연세에 비해 체구는 크셔도 매우 민첩하십니다. 저희 어머니는 평범한 주부입니다. 어머니는 정말 다른 사람들을 배려하며 남의 말을 매우 잘 들어주십니다. 제 동생은 어머니처럼 곱슬머리입니다. 그는 키가 185cm로 큰 편이고 몸무게는 90kg 정도 나가며 근육질입니다. 가족들과 소중한 시간을 가지려고 노력하는데, 요즘은 많은 일로 바쁩니다.

I2 Can you recall a memorable event that happened in the area where you live? Tell me as many details about that event from start to finish in particular the elements that made the event so memorable.

A There was a fire in my apartment complex. We all had to go outside and even the fire trucks came. The pump trucks were throwing water on the fire. Acrid smoke from the fire burned my throat and eyes. Fortunately, the fire brigade successfully extinguished the blaze. The man who lives opposite to my apartment lost all his possessions in the fire. Then I realized for the first time how horrible a fire was. After that, I tested all my fire-fighting equipment. When I was young, I almost started a fire playing with matches. I realized once again that fire and water may be good servants, but bad masters.

I3 Please tell me about a memorable event you've had in a museum. What happened? Why was it so memorable to you?

A I met an artist at the museum before. I found the famous artist and shook hands with him and told him how much I liked his pictures. He led me on a tour through the museum. He was very nice, and signed autographs for me. He owed a lot of his popularity to the controversy that his works had generated in recent years. His works provoked a lot of debate on what art actually is. Thanks to his explanation, I found that there's more to modern art than meets the eye.

I2 당신이 사는 곳에서 생긴 잊지 못할 일을 기억합니까? 처음부터 끝까지 그 일에 대해, 특히 그 기억이 그토록 잊을 수 없게 된 요소에 대해 자세히 이야기해주세요.

A 우리 아파트 단지에 불이 났었습니다. 모두 바깥으로 대피해야 했고 심지어 소방차도 왔습니다. 펌프차는 화재 현장에 물을 뿜고 있었습니다. 그 화재에서 발생한 매운 연기로 목과 눈이 화끈거렸어요. 다행히 소방대는 그 불길을 성공적으로 진화했습니다. 우리 건너편 아파트에 사는 남자는 화재로 전 재산을 다 잃었습니다. 저는 그제야 화재의 무서움을 깨달았습니다. 그 후에 저는 모든 소방 장비를 점검했습니다. 저도 어릴 때 성냥을 가지고 놀다가 불을 낼 뻔 했거든요. 불과 물은 잘 쓰면 유익하지만, 잘못 쓰면 해를 입힐 수 있다는 것을 다시 한번 깨달았지요.

I3 박물관에서 있었던 가장 기억에 남는 일을 이야기해주세요. 어떤 일이었나요? 왜 기억에 남나요?

A 전에 박물관에서 한 예술가를 만난 적이 있습니다. 저는 그 유명한 예술가를 발견하고는 그와 악수를 하고 그의 그림을 얼마나 좋아했는지 말했습니다. 그는 저에게 박물관 전체를 안내해줬습니다. 그는 매우 친절했고 저에게 사인을 해주었습니다. 그는 최근 몇 년 동안 그곳에 전시된 작품들이 일으킨 논란으로 인하여 많은 인기를 얻게 되었습니다. 그의 작품들은 과연 예술이란 무엇인가에 대한 많은 논쟁을 일으켰습니다. 그의 설명 덕분에 현대미술이 보기보다 더 깊은 뜻이 있다는 것을 알게 되었습니다.

14 Pretend that you want to order some exhibition tickets on the phone. Ask some questions about the exhibition in order to reserve some tickets.

A Hello, is this the National Museum? Can I ask some questions about the Monet exhibition? What's the admission fee to the museum? And can I use a credit card to pay for the tickets or send money by phone banking? On what days is the museum closed? On which days does the museum close the latest? I want to know whether it's okay to bring my own food. Oh, I almost forgot. Where can I park my car near the museum? Thank you. You were very helpful.

14 전화로 전시회 티켓을 주문한다고 가정해보세요. 티켓을 예매하기 위해 전시회에 대해 질문을 3~4가지 하세요.

A 안녕하세요, 국립 미술관인가요? 모네 전시회에 대해 몇 가지 질문을 해도 될까요? 미술관 입장료는 얼마입니까? 그리고 입장권 대금을 지불하는 데 신용카드를 사용하거나 폰뱅킹으로 보낼 수 있나요? 미술관 휴관일이 언제입니까? 미술관이 가장 늦게 문을 닫는 날은 언제입니까? 외부 음식물 반입도 되는지 궁금합니다. 아, 그리고 잊을 뻔했네요. 미술관 근처 어디에 주차하면 되나요? 고마워요. 큰 도움이 됐어요.

15 I also like going to museums. Ask me three to four questions about it.

A I heard you enjoy going to museums. Please tell me about your favorite museum. Which museum do you usually go? Then, why do you go there? What is your favorite thing about the museum? When and how often do you go there? Do you have any memorable exhibitions related to the museum? You really enjoy many different exhibitions. Then, can you recommend some nice museums where I can go with my nephews to me? Ah… One more thing! Can you tell me a very good way to enjoy a tour of a museum? I'd love to hear your answers.

15 저도 박물관에 가는 것을 좋아합니다. 그것에 대해 3~4가지 질문을 해보세요.

A 박물관에 가는 것을 좋아한다고 들었습니다. 당신이 가장 좋아하는 박물관에 대해 이야기해주세요. 주로 어느 박물관을 가시나요? 그렇다면, 그곳에 왜 가시나요? 그 박물관의 어떤 점을 좋아하시나요? 언제 그리고 얼마나 자주 그곳에 가시나요? 그 박물관과 관련된 기억에 남는 전시회가 있나요? 많은 다양한 전시회를 즐기시는군요. 그럼, 제 조카들과 함께 갈 만한 좋은 박물관을 제게 추천해주실 수 있나요? 아, 하나 더요! 박물관 투어를 제대로 즐길 수 있는 방법을 알려주실래요? 대답을 듣고 싶군요.

Actual Test

실전 모의고사

18~22회 문제집

1단계 1~12회

출제 원리를 확실히 익힌다!

수험자 선호도가 높은 주제로 구성된 실전 훈련 12회분

2단계 13~17회

어떤 문제 조합도 두렵지 않다!

New 문제 조합 모의고사 5회분 + 셀프 모의고사 훈련

3단계 18~22회

실전처럼 테스트한다!

펼치는 순간 바로 실전, Blind Test 5회분

3단계

실전처럼 테스트한다!

오픽 파이널 훈련, Blind Test

아는 문제의 새로운 조합으로 보다 실전에 가까운 감각을 기른다. 앞서 살펴본 모의고사 17회분의 문제 구성을 통해 콤보 문제 형태로 출제 원리를 익혔다. OPIc에서는 항상 새로운 문제가 나온다기보다 문제 조합이 달라지는 것!

실전 1단계에서 문제 조합의 원리를 익힌 후, 2단계를 통해 새로운 문제 조합으로 보다 촘촘하게 빈틈을 메우는 학습을 하고, 마지막 3단계에서 실전처럼 테스트를 한다.

중요한 점은 주제별로 노출되지 않은 문제로 연습한다는 것! 새롭게 조합된 15문제에 대한 정보 없이 모의고사를 치른다. 이른바 Blind Test로 실전답게 준비한다.

문제와 답변 내용은 음원 CD에 PDF형태로 담겨 있습니다. 반드시 문제를 풀어본 후 확인하세요!

Contents Map *Actual Test* 3단계

문제를 풀어본 후에 직접 채워보세요.

Actual Test 18~22	Topic 1 기본 주제	Topic 2 여가 활동	Topic 3 취미/관심사	Topic 4 스포츠	Topic 5 휴가/출장	Topic 6 돌발 주제
18회						
19회						
20회						
21회						
22회						

OPIc *Orientation* 시험 오리엔테이션

Setting Volumes

1. 음량 확인
Play 버튼을 클릭합니다. ➡ 질문을 청취합니다.
➡ 질문의 음량 확인합니다.

2. 녹음
Record 버튼을 클릭합니다. ➡ 질문에 답변을 합
니다. ➡ 답변 완료 후 Stop 버튼을 클릭합니다.

3. 녹음 확인
Listen 버튼을 클릭합니다. ➡ 녹음의 이상유무
를 확인합니다.

Background Survey

이 Background Survey 응답을 기초로 개인 맞
춤형 문항이 출제됩니다.
질문을 자세히 읽고 답변해주시기 바랍니다.

Self Assessment

본 Self Assessment에 대한 응답을 기초로 개
인 맞춤형 문항이 출제됩니다.
여섯 단계의 샘플답변을 들어보시고, 본인의 실력
과 비슷한 수준을 선택하시기 바랍니다.

*시험진행을 위한 오리엔테이션을 위해 다음 사이트를 직접 방문해보세요.
http://www.opic.or.kr/senior/test/opicsample.html

Overview of OPIc

1. 문항수(12~15)
2. 질문 청취(2번 가능)
3. 답변 녹음(자동 생성)
4. 시험 시간(40분)

Sample Question

본 시험에 앞서 연습문제를 풀어보겠습니다. 시험 성적에는 영향을 미치지 않으니, 질문을 듣고 답변하시기 바랍니다.

시험 진행 안내

1. Start Test
2. 난이도 재조정
3. End Test

Actual *Test 18*

인물 설정: 대학생/직장인 공통

배경 설문조사 체크

거주지: 가족과 함께 개인 주택이나 아파트에 거주

여가 활동: 스포츠 관람, SNS, 차로 드라이브하기, 자원봉사하기

취미나 관심사: 음악 감상하기, 악기 연주하기, 요리하기

스포츠: 조깅, 수영, 헬스

휴가나 출장: 국내 여행, 해외 여행

Start Test 지금부터 ACTFL OPIc을 시작하겠습니다.

귀하의 말하기 능력을 최대한 발휘하기 위해 질문에 대해 자세하고 빠짐없이 답변하여 주시기 바랍니다.

01 ______________________________ 📖 답변 시간:

02 ______________________________ 📖 답변 시간:

03 ______________________________ 📖 답변 시간:

04 ______________________________ 📖 답변 시간:

05 ______________________________ 📖 답변 시간:

06 ______________________________ 📖 답변 시간:

07 ____ 답변 시간:

08 ____ 답변 시간:

09 ____ 답변 시간:

10 ____ 답변 시간:

11 ____ 답변 시간:

12 ____ 답변 시간:

13 ____ 답변 시간:

14 ____ 답변 시간:

15 ____ 답변 시간:

End Test 수고하셨습니다. ACTFL OPIc이 종료되었습니다.

Actual *Test 19*

Test 19_Q01~15

인물 설정: 대학생/직장인 공통

배경 설문조사 체크

거주지: 가족과 함께 개인 주택이나 아파트에 거주

여가 활동: 공연 보기, 콘서트 보기, 공원 가기

취미나 관심사: 음악 감상하기, 요리하기, 애완동물 기르기

스포츠: 축구, 조깅, 자전거, 헬스

휴가나 출장: 국내 여행, 해외 여행

Start Test 지금부터 ACTFL OPIc을 시작하겠습니다.

귀하의 말하기 능력을 최대한 발휘하기 위해 질문에 대해 자세하고 빠짐없이 답변하여 주시기 바랍니다.

01 ____ 📖 답변 시간:

02 ____ 📖 답변 시간:

03 ____ 📖 답변 시간:

04 ____ 📖 답변 시간:

05 ____ 📖 답변 시간:

06 ____ 📖 답변 시간:

07   📖 답변 시간:

08   📖 답변 시간:

09   📖 답변 시간:

10   📖 답변 시간:

11   📖 답변 시간:

12   📖 답변 시간:

13   📖 답변 시간:

14   📖 답변 시간:

15   📖 답변 시간:

End Test 수고하셨습니다. ACTFL OPIc이 종료되었습니다.

Actual *Test 20*

인물 설정: 대학생/직장인 공통

배경 설문조사 체크

거주지: 가족과 함께 개인 주택이나 아파트에 거주

여가 활동: 영화 보기, 공연 보기, 스포츠 관람, 카페/커피전문점 가기

취미나 관심사: 음악 감상하기, 악기 연주하기, 애완동물 기르기

스포츠: 자전거, 조깅, 걷기

휴가나 출장: 국내 여행, 해외 여행

Start Test 지금부터 ACTFL OPIc을 시작하겠습니다.

귀하의 말하기 능력을 최대한 발휘하기 위해 질문에 대해 자세하고 빠짐없이 답변하여 주시기 바랍니다.

01 _______________________________________ 답변 시간:

02 _______________________________________ 답변 시간:

03 _______________________________________ 답변 시간:

04 _______________________________________ 답변 시간:

05 _______________________________________ 답변 시간:

06 _______________________________________ 답변 시간:

07 ____ 📖 답변 시간:

08 ____ 📖 답변 시간:

09 ____ 📖 답변 시간:

10 ____ 📖 답변 시간:

11 ____ 📖 답변 시간:

12 ____ 📖 답변 시간:

13 ____ 📖 답변 시간:

14 ____ 📖 답변 시간:

15 ____ 📖 답변 시간:

End Test 수고하셨습니다. ACTFL OPIc이 종료되었습니다.

Actual *Test 21*

인물 설정: 대학생/직장인 공통

배경 설문조사 체크

거주지: 가족과 함께 개인 주택이나 아파트에 거주

여가 활동: 영화 보기, 공연 보기, 콘서트 보기, 공원 가기

취미나 관심사: 음악 감상하기, 요리하기, 사진 촬영하기

스포츠: 조깅, 걷기, 헬스

휴가나 출장: 국내 여행, 해외 여행

Start Test 지금부터 ACTFL OPIc을 시작하겠습니다.

귀하의 말하기 능력을 최대한 발휘하기 위해 질문에 대해 자세하고 빠짐없이 답변하여 주시기 바랍니다.

01   답변 시간:

02   답변 시간:

03   답변 시간:

04   답변 시간:

05   답변 시간:

06   답변 시간:

07   📖 답변 시간:

08   📖 답변 시간:

09   📖 답변 시간:

10   📖 답변 시간:

11   📖 답변 시간:

12   📖 답변 시간:

13   📖 답변 시간:

14   📖 답변 시간:

15   📖 답변 시간:

End Test 수고하셨습니다. ACTFL OPIc이 종료되었습니다.

Actual *Test 22*

인물 설정: 대학생/직장인 공통

배경 설문조사 체크

거주지: 독신자로서 개인 주택이나 아파트에 거주

여가 활동: 영화 보기, 공연 보기, 콘서트 보기, 차로 드라이브하기

취미나 관심사: 음악 감상하기, 요리하기

스포츠: 야구, 자전거, 조깅, 걷기

휴가나 출장: 국내 여행, 해외 여행

Start Test 지금부터 ACTFL OPIc을 시작하겠습니다.

귀하의 말하기 능력을 최대한 발휘하기 위해 질문에 대해 자세하고 빠짐없이 답변하여 주시기 바랍니다.

01 ____ 답변 시간:

02 ____ 답변 시간:

03 ____ 답변 시간:

04 ____ 답변 시간:

05 ____ 답변 시간:

06 ____ 답변 시간:

07   📖 답변 시간:

08   📖 답변 시간:

09   📖 답변 시간:

10   📖 답변 시간:

11   📖 답변 시간:

12   📖 답변 시간:

13   📖 답변 시간:

14   📖 답변 시간:

15   📖 답변 시간:

End Test 수고하셨습니다. ACTFL OPIc이 종료되었습니다.

Topic
Training

주제별 답변 낭독

200 훈련북

1 기본 주제

2 여가 활동

3 취미/관심사

4 스포츠

5 휴가/출장

6 돌발 주제

Topic 1_*Basic Topics*

기본 주제

아무도 피해갈 수 없는 1번 문제 자기소개와 자신에 대한 가장 기본적인 내용을 묻는 문제들을 기본 주제라고 한다. 학교 생활, 직장 생활, 주거 및 가족에 대한 문제가 포함된다. 설문 조사에서 학생과 직장인으로 나누어 선택하게 되는데 자기소개 문제 이후에 출제되는 문제에도 영향을 미치므로 자기소개에서 신분을 확실히 밝히는 것이 좋다. 재학생이거나 취업 준비생, 신입사원이더라도 학생 신분으로 자기를 소개하는 것이 편한 경우에는 배경 설문 조사의 2번 항목에서 학생이라고 답하고 학교생활에 대한 질문에 대비하는 것이 좋다. 다음 문제로 학교 생활 전반에 대한 질문이 출제될 수도 있으므로 연계해서 학습해두자. 학교 생활에 관련된 내용은 기본이므로 자신에게 필요한 어휘를 반드시 암기해두자. 직장인의 경우 배경 설문조사(Background Survey)의 1번 항목 '현재 귀하는 어느 분야에 종사하고 계십니까?'에서 첫 번째 항목 '사업/회사'를 선택하면 이하에서도 직장 관련 항목을 선택하게 된다. 학생이 아니라 직장 관련 항목에 표시하면 자기소개에 이어서 직장 생활에 관련된 문제가 출제될 수 있다. 관련 문제를 모아 함께 학습하면 답변 준비 시간과 노력은 최소화하고 효과는 극대화할 수 있다.

● 훈련북 활용 TIP

각 문장은 낱낱의 파일로 되어 있습니다. 하나의 답변을 온전히 암기하기가 벅찰 경우 답변 문장 중 꼭 필요한 것만 선택할 수 있습니다.

1. 먼저 답변 문장을 골라 표시하세요.
2. 문제마다 답변 폴더를 만들어 선택한 파일을 모으면 나만의 답변이 완성됩니다.
3. 반복해서 들으면서 따라 말하기 연습하세요.

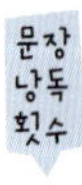

001 Can you tell me about yourself?

자신에 대해 말씀해주시겠어요?

01 제 이름은 김수현입니다. 저는 23살이며, 대학생입니다.

My name is Kim Suhyun and I'm a 23-year old university student.

02 저는 부모님과 두 남자 형제와 함께 살고 있습니다.

I live with my parents and two brothers.

03 어머니는 언제나 집안일로 바쁘시죠.

My mother is always busy with house chores.

04 현재 아버지는 퇴직하셨습니다.

My father is retired now.

05 큰 형은 교사이고 작은 형은 회사원입니다.

My older brother is a teacher, and my younger brother works at a company.

06 제 전공은 화학이고 부전공은 물리학입니다.

I'm majoring in chemistry and minoring in physics.

07 저는 시간이 날 때 음악 듣는 것을 즐깁니다.

I enjoy listening to music in my free time.

08 또한 시간이 날 때마다 전공과 관련된 책을 많이 읽습니다.

I also read a lot regarding my major whenever time allows.

09 음악도 듣고 독서도 하면서 시간을 가지려고 노력하는데 요즘은 공부와 아르바이트로 바쁩니다.

I try to spend time listening to music and reading books, but these days I'm very busy with my studies and my part-time job.

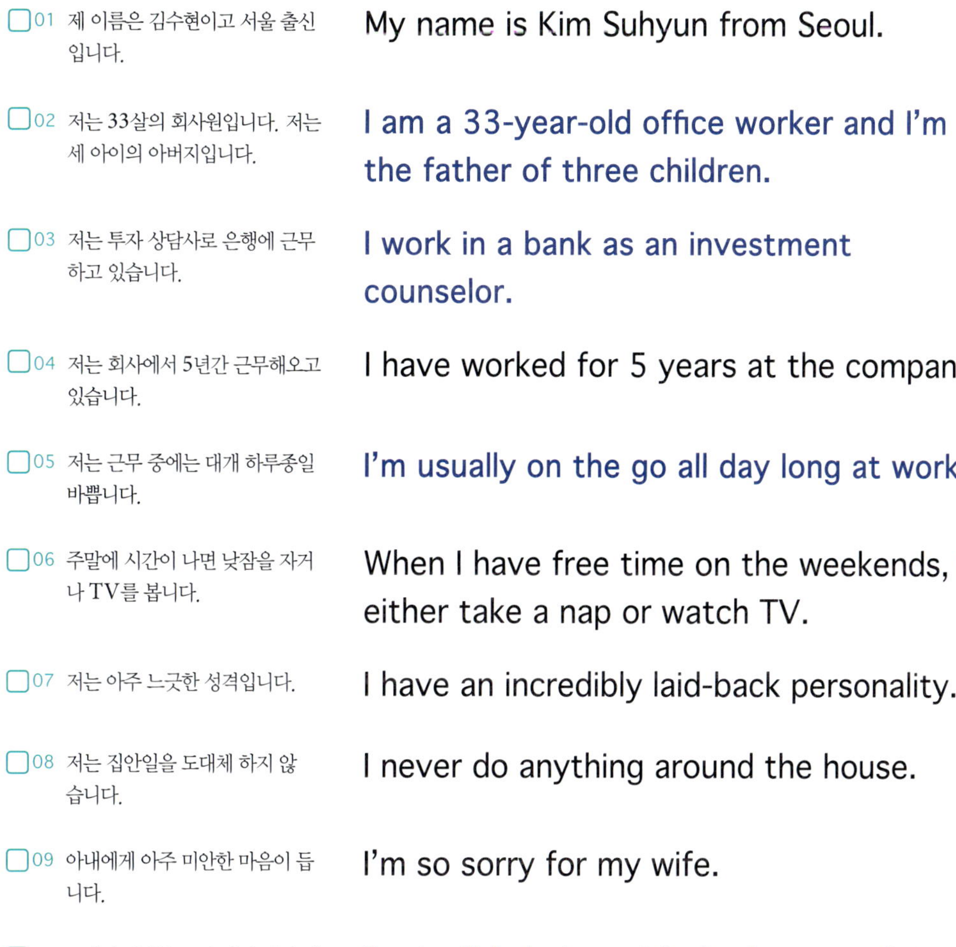

002 Can you tell me about yourself?

자신에 대해 말씀해주시겠어요?

01	제 이름은 김수현이고 서울 출신입니다.	My name is Kim Suhyun from Seoul.
02	저는 33살의 회사원입니다. 저는 세 아이의 아버지입니다.	I am a 33-year-old office worker and I'm the father of three children.
03	저는 투자 상담사로 은행에 근무하고 있습니다.	I work in a bank as an investment counselor.
04	저는 회사에서 5년간 근무해오고 있습니다.	I have worked for 5 years at the company.
05	저는 근무 중에는 대개 하루종일 바쁩니다.	I'm usually on the go all day long at work.
06	주말에 시간이 나면 낮잠을 자거나 TV를 봅니다.	When I have free time on the weekends, I either take a nap or watch TV.
07	저는 아주 느긋한 성격입니다.	I have an incredibly laid-back personality.
08	저는 집안일을 도대체 하지 않습니다.	I never do anything around the house.
09	아내에게 아주 미안한 마음이 듭니다.	I'm so sorry for my wife.
10	그래서 아내를 도와 여러 가지 집안일을 해야겠어요.	So, I will help her with the housework in many ways.

자기소개 3 [모의 01–01]

003 Can you tell me about yourself?

자신에 대해 말씀해주시겠어요?

01 제 이름은 김수현입니다. 저는 스물 일곱 살이고요.

My name is Kim Suhyun. I'm twenty seven years old.

02 주로 식사를 스스로 요리하고 매일 집안 청소를 하죠. 저는 요리를 잘하고 새로운 요리법을 시도해보는 것을 정말 즐깁니다.

I usually cook my meals by myself and clean my house every day. I am a good cook and really enjoy trying new recipes.

03 저는 부산에서 태어나 자랐습니다.

I was born in Busan and grew up there.

04 대학에 입학하면서 서울로 이사 왔죠. 그때 이후로 서울에서 5년 동안 살았습니다.

When I entered university, I moved to Seoul. Since then, I have lived in Seoul for five years.

05 서울은 이제 제 고향 같고 이곳에서의 생활은 매우 편해서 저는 만족합니다.

Seoul seems like my hometown now and my life here is so comfortable that I am very satisfied.

06 저는 영화 보는 것을 좋아해서 주말에는 주로 친한 친구들과 함께 극장에 갑니다.

I like to watch movies, so on the weekends, I usually go to a movie theater with my close friends.

07 우리는 항상 로맨틱 코미디 영화를 고르고 절대 후회하는 일이 없죠.

We always pick romantic comedies and never regret it.

08 우리는 가끔 텔레비전으로 스포츠 경기를 보고 신선한 공기를 쐬고 싶으면 가까운 공원에 가서 산책을 하면서 스트레스를 풉니다.

We sometimes watch sports on TV, and when we need some fresh air, we go to the park nearby and take a walk to release stress.

09 아, 헬스클럽에 가는 것은 제게 매우 중요한 일인데요. 저는 많은 스트레스를 견뎌야 하기 때문에 건강을 유지할 필요가 있기 때문입니다. 이상입니다.

Oh, going to a health club is very important to me. The reason is that I have to stand a lot of stress, so I need to keep myself healthy. That's it.

004 Can you tell me about yourself?

자신에 대해 말씀해주시겠어요?

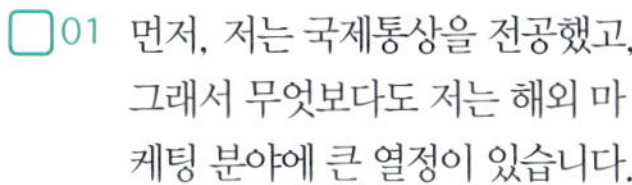

01 먼저, 저는 국제통상을 전공했고, 그래서 무엇보다도 저는 해외 마케팅 분야에 큰 열정이 있습니다.

First of all, I majored in international trade. So above all, I have a great passion for the field of overseas marketing.

02 저의 진정한 장점은 저의 좋은 성격에 있습니다. 예전부터, 매우 낙천적이고, 긍정적인 사람이라는 말을 많이 들었습니다.

My true strength lies in my good personality. I've been told that I'm a very optimistic and positive person.

03 저는 항상 남의 말에 귀를 기울이고 그 의견을 존중하려고 노력합니다.

I always try to listen to others and respect their opinions.

04 제가 가장 좋아하는 취미는 산악자전거 타기입니다. 스트레스 해소에 매우 좋아요.

My favorite hobby is mountain biking. It's very helpful to remove stress.

05 산악자전거 타기를 하면 땀을 많이 흘리게 되고 칼로리 소모도 많습니다. 그래서 건강에도 좋고 몸매 관리에도 도움이 되죠.

It makes me sweat a lot and burns a lot of calories. So it's good for health and staying in shape.

06 또한 여행도 좋아합니다.

In addition, I like travelling.

07 사실 큰 계획이 있는데, 휴가 동안 혼자서 유럽 배낭 여행을 할 계획입니다.

Actually, I have a big plan which is, I will backpack in Europe by myself for my vacation.

08 특히 스페인의 유명한 건축가인 가우디의 아름다운 건축물을 보고 싶습니다.

Especially, I want to see many beautiful structures designed by Gaudi, a famous Spanish architect.

자기소개 5 [모의 07–01]

005 Can you tell me about yourself?

자신에 대해 말씀해주시겠어요?

01 저는 김수현입니다. 저는 한일 대학교에서 경영학을 전공했습니다.

My name is Kim Suhyun. I majored in business administration at Hanil University.

02 저는 활동적인 부류의 사람이라 많은 동호회 활동에 가입했습니다.

I am a sort of active person, so I joined many club activities.

03 이 동호회 활동을 통해서, 저는 많은 좋은 것들을 배웠습니다. 예컨대, 다른 사람들과 협동하는 법 그리고 팀 멤버들을 잘 이끄는 리더십 등이지요.

Through the club activities, I learned many good things, like how to cooperate with others and how to lead my team members.

04 여행도 좋아합니다. 군복무를 만기 전역 후, 저는 러시아로 배낭여행을 떠났습니다.

Also, I enjoy travelling. After fully finishing my military service, I backpacked in Russia.

05 그곳에서의 경험과 시간들을 통해, 새로운 상황에 대한 적응력과 새로운 사람들과 잘 어울리는 법을 배울 수가 있었습니다.

My time there taught me how to adapt to new situations and how to get along with new people.

06 그곳에서 가장 좋았던 것은 좋은 친구들을 많이 사귈 수 있었다는 것입니다.

And the best thing is that I could make many nice pals there.

07 저의 가치관에 대해 말씀 드리자면, 저는 '유연성'을 삶에 있어서 가장 중요한 것으로 여깁니다. 왜냐하면, 사람은 환경에 적응하기 위해 항상 변화해야 하기 때문입니다.

Speaking about my personal philosophy, I regard flexibility as the most important thing in life because we must always change to match the environment.

08 우리가 사는 세계는 급변하고, 오로지 유연한 사람만이 살아남을 수 있다고 생각합니다.

Our world changes quickly and I think only flexible people can survive.

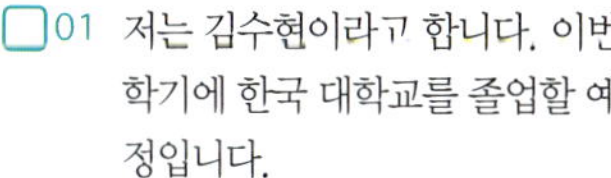

006 Can you tell me about yourself?

자신에 대해 말씀해주시겠어요?

01 저는 김수현이라고 합니다. 이번 학기에 한국 대학교를 졸업할 예정입니다.

My name is Kim Suhyun. I will be graduating from Hanguk University this semester.

02 저는 경영학을 전공하고 있습니다. 졸업 후에는 마케팅 분야에서 취업을 하고 싶습니다.

I'm majoring in Business. After graduating, I want to get a job in the field of marketing.

03 제 취미 중 하나는 자전거 타기입니다. 대학교 때 시작을 했죠. 그리고 지금은 꽤 잘하는 편이랍니다.

One of my hobbies is bike riding. I began it when I was in university. Now I'm pretty good at it.

04 무척 재미있고, 스트레스 푸는 데도 매우 좋습니다.

It's a lot of fun and very helpful to remove stress.

05 그래서, 주말에 시간이 나면 자전거를 타러 가고자 합니다.

So I try to go riding a bike on the weekend if I can find time.

06 저는 자전거 동아리에 들어 있고, 동아리 회장을 맡고 있습니다.

I am a member of a cycle club and I am the team captain.

07 게다가, 저는 고등학교 시절부터 몇몇 자원봉사 활동을 해오고 있습니다.

In addition, I've joined some volunteer service activities since when I was in high school.

08 이런 활동을 통해서 열린 마음과 사람들 사이의 소통 기술을 배울 수가 있죠.

Through these activities, I can learn an open mind and communication skills among people.

09 저희 어머니는 저를 매우 자랑스러워하십니다. 하지만 전 아직 갈 길이 멀다고 생각합니다.

My mother is very proud of me. But I think I have a long way to go still.

007 Can you tell me about your family members?

가족들에 대해 말씀해주시겠어요?

01 저는 남동생과 함께 살고 있습니다.

I live with my brother.

02 현재 아버지는 퇴직하여 경기도의 어느 시골에 살고 계십니다.

My father is retired now and living in rural Kyounggi-do.

03 아버지의 머리에 흰머리가 듬성듬성 나 있습니다.

His hair is flecked with gray.

04 아버지는 놀랄 정도로 활동적이시고 실제 연세보다 젊어 보이십니다.

He is surprisingly energetic and looks much younger than he is.

05 아버지는 연세에 비해 체구는 크셔도 매우 민첩하십니다.

He is a big man, but very light on his feet for his age.

06 저희 어머니는 평범한 주부입니다.

My mother is an ordinary housewife.

07 어머니는 정말 다른 사람들을 배려하며 남의 말을 매우 잘 들어주십니다.

She really cares about other people and is a talented listener.

08 제 동생은 어머니처럼 곱슬머리입니다.

My brother has curly hair like my mother.

09 그는 키가 185cm로 큰 편이고 몸무게는 90kg 정도 나가며 근육질입니다.

He is very big, 185 cm tall, weighs about 90 kilos and he is muscular.

10 가족들과 소중한 시간을 가지려고 노력하는데, 요즘은 많은 일로 바쁩니다.

I try to spend my valuable time with my family, but these days I'm so busy with many things.

008 What chores do you have to do at home?
What responsibilities do you have?

집에서 꼭 해야 하는 일들은 무엇입니까? 어떤 책임을 맡고 있나요?

01 저는 경제적으로 집에서 독립한 이후로 작은 아파트에서 남동생과 같이 살고 있습니다.

I have lived with my brother in a small apartment since I was financially independent of my family.

02 저는 싱글 생활에 익숙합니다. 보통 혼자 식사 준비를 하죠.

I am used to single life. I usually cook my meals by myself.

03 사실 저는 집안일 하는 것을 좋아하지 않습니다.

Actually, I do not like to do chores.

04 그렇지만 저는 청소하고 요리하고 바닥을 쓰는 것 같은 아주 기본적인 집안일을 합니다.

But I do very basic housework including cleaning, cooking, and sweeping the floors.

05 저는 매주 주말에 이런저런 집안일을 합니다.

I do odd jobs around the house every weekend.

06 저는 매주 빨래방에서 옷을 세탁하는데 다림질에 익숙하지 않아서죠.

I launder my clothes at the laundromat each week because I'm not used to ironing them.

07 가끔 다림질할 필요가 없는 셔츠를 빨아서 널어 말리기도 합니다.

Sometimes, I wash my drip-dry shirt and hang it to dry.

08 저는 항상 TV 뉴스를 본 다음, 설거지를 합니다.

I always do the dishes after I watch the news on TV.

09 싱글로 살기 위해선 어느 정도 팔방미인이 되어야 할 것 같아요.

It seems that I should be a jack-of-all-trades in a way to live single.

009 What chores do you have to do at home?
What responsibilities do you have?

집에서 꼭 해야 하는 일들은 무엇입니까? 어떤 책임을 맡고 있나요?

01 저와 제 동생은 부모님을 도와 집안일을 해야 합니다.

My brother and I are supposed to help my parents with chores.

02 우리 가족은 집안일을 돌아가면서 합니다.

My family members take turns doing the housework.

03 우리는 청소하고 요리하고 바닥을 쓰는 것 같은 집안일을 합니다.

We do housework including cleaning, cooking, and sweeping the floors.

04 저는 설거지를 돕고 매주 제 방을 청소합니다.

I help out with dishes and clean my room every week.

05 제 동생은 욕실을 청소하고 화분에 물을 줍니다.

My brother will scrub the bathroom and water the plants.

06 저희 동네에서는 쓰레기를 버리기 전에 분리 수거를 합니다.

In our neighborhood, we separate the trash before throwing it away.

07 음식물 쓰레기는 분리해서 버려야 합니다.

Food waste is to be thrown out separately.

08 화요일마다 쓰레기 수거 차가 옵니다.

The garbage pickup is on Tuesdays.

09 사용한 종이를 분리수거 하는 일은 제 동생이 맡아 하지요.

Separating the used paper is my brother's job.

가정에서의 책임 3 – 가족과 거주[모의 09–02]

010   What chores do you have to do at home?
What responsibilities do you have?
집에서 꼭 해야 하는 일들은 무엇입니까? 어떤 책임을 맡고 있나요?

01 저는 어머니를 도와 집안일을 해야 합니다.

I am supposed to help my mother with chores.

02 저희 어머니께서 지금 직장에 다니고 계셔서 어머니께서 회사에 가시면 제가 집안일을 해야 합니다.

My mother is currently working, so I have to take care of chores while she goes to work.

03 저는 청소하고 요리하고 바닥을 쓰는 것 같은 집안일을 합니다.

I do housework including cleaning, cooking, and sweeping the floors.

04 저는 또한 TV 뉴스를 본 다음, 설거지를 합니다.

I also do the dishes after I watch the news on TV.

05 주말이면 세탁할 셔츠들이 산더미 같습니다.

I have a ton of shirts I really need to get done every weekend.

06 색깔 있는 옷은 찬물에, 흰 옷은 뜨거운 물에 세탁합니다.

I wash the colored clothes in cold water and the white clothes in hot.

07 저는 욕실을 문지르고, 사용한 종이를 분리수거하고 화분에 물을 줍니다.

I will scrub the bathroom, separate the used paper, and water the plants.

08 저는 어머니를 도와 기꺼이 집안일을 하지만 가끔 집안일이 귀찮을 때도 있습니다.

I am willing to help my mother with chores, but sometimes I don't want to be bothered with doing them.

011

I'm curious about your neighborhood. Where do you live? How long have you lived there? Please tell me as much information about it as you can.

당신의 동네에 대해 궁금합니다. 어디에 살고 있나요? 그곳에서 얼마나 오래 살았나요? 가능한 많은 정보를 얘기해주세요.

01 저는 서울 외곽에 살고 있어서 아파트 전경이 아름답습니다.

Since I live on the outskirts of Seoul, my apartment has beautiful views.

02 제 아파트는 주거 지역에 위치해 있고 저는 5층에 살아요.

My apartment is located in a residential district and I live on the 5th floor.

03 비교적 새로 지어진 동네라서 대부분의 사람들이 몇 년 사이에 새로 이사를 왔습니다.

The neighborhood is relatively new, so most of the people who lived here moved here in the past few years.

04 몇 년 전에는 이 근방에 편의시설이 없어서 몇 년 동안 생활이 불편했습니다.

There were no convenience facilities in the neighborhood, so we roughed it for a few years.

05 하지만 지금은 언제든 이용할 수 있는 편의시설도 많고 인근 교통도 편리합니다.

But now there are many convenience facilities that we can use any time and transportation is convenient around this area.

06 지하철이 개통된 후 우리 동네 집값이 뛰었습니다.

Houses in my neighborhood have appreciated since the new subway was built.

07 우리 동네는 나날이 커져가고 있습니다.

Our neighborhood is becoming larger day after day.

08 전반적으로 이곳은 살기 좋은 곳인 것 같습니다.

Overall, it is a very good place to live, I think.

사는 동네 2 [모의 02-06]

012

I'm curious about your neighborhood. Where do you live? How long have you lived there? Please tell me as much information about it as you can.

당신의 동네에 대해 궁금합니다. 어디에 살고 있나요? 그곳에서 얼마나 오래 살았나요? 가능한 많은 정보를 얘기해주세요.

01 저는 상업 지구에 위치한 연립 주택에 살고 있습니다.

I live in a duplex located in a commercial district.

02 저는 3층집의 꼭대기 층에 살고 있습니다.

I live on the top floor of a triple-decker.

03 이 연립은 큰길로 이어지는 모퉁이에 있습니다.

This house is on the corner of a road that turns onto the main road.

04 큰 도로들은 출퇴근 시간에 특히나 더 차량으로 붐빕니다.

The main roads are especially crowded with cars during rush hours.

05 주택 사이에 아파트 건물 몇 채가 드문드문 있습니다.

A few apartment buildings are interspersed among the houses.

06 2년 전에는 동네에 서점이 없어서 책 살 일이 있으면 시내로 나가야 했습니다.

Two years ago, we didn't have a bookstore in our neighborhood, so we had to go downtown to buy books.

07 그런데 우리 동네에 지하철이 생기면서 큰 상권이 형성되었습니다.

But when the new subway line was built through our neighborhood, a major business district developed.

08 동네 편의시설은 전보다 좋아졌지만 동네가 너무 붐빕니다.

The local amenities became better than before, but this neighborhood is very crowded.

09 그래서 시내 외곽에 있는 집으로 이사할 거예요.

So, I'm moving to a house on the outskirts of town.

013

Please tell me about your favorite neighbor. Why is he or she your favorite?

가장 좋아하는 이웃에 대해 이야기해주세요. 그 사람이 왜 좋습니까?

01	제 이웃 김 씨를 소개하겠습니다.	Let me introduce my neighbor, Mr. Kim.
02	그는 우리 동네 슈퍼마켓 주인입니다.	He is the owner of the grocery store in our town.
03	그는 저희 옆집에 사는데 우리는 오랫동안 서로 잘 몰랐습니다.	He lives next door, but we didn't know each other for a long time.
04	우리가 아마추어 야구팀에 소속된 이후로 처음 만났고 친한 친구가 되었습니다.	Since we belonged to an amateur baseball team, we met and have become close friends.
05	그는 활달하고 외향적인 성격의 남자인데 저는 그래서 그가 좋습니다.	He is a cheerful outgoing man, and that's why I like him.
06	그는 친절하고 가게에 물건을 사러 오는 손님들은 물론, 가게를 지나가는 이웃들에게도 말을 거는 걸 좋아해요.	He is kind and likes to talk to neighbors passing by his store, as well as the customers shopping at his store.
07	그와 이야기를 나눠보면 그가 재미있고 사람들을 하나로 만들어 준다는 것을 알 수 있을 겁니다.	If you talk with him, you will find out that he is fun and brings people together.

이웃 묘사 2 [모의 09-03]

014 Provide some details about one of your neighbors. What is he or she like? Tell me what kind of person he or she is.

이웃 중 한 명에 대해 자세하게 이야기해보세요. 어떤 사람입니까? 어떤 사람인지 말해보세요.

01 우리 동네 사람들은 서로에 대해 거의 알지 못하거나 누가 옆집에 사는지도 몰라요.

People in my town barely know each other or who lives next door.

02 저와 같은 헬스클럽에 다니는 남자가 우리 옆집에 사는데 우리는 오랫동안 서로 잘 몰랐습니다.

The man, who belongs to the same health club as me, lives next door, but we didn't know each other for a long time.

03 그가 저에게 커피 한 잔 하자고 몇 주 동안이나 물어왔는데 저는 도통 시간이 나질 않습니다.

He has been asking me over for a cup of coffee for weeks now and I never find the time.

04 저도 제 문제로 골치 아프다고 생각하면서 무시했습니다.

I have basically ignored the guy thinking that I had my own troubles.

05 그렇지만 저는 그의 제안을 받아들여서 이번 주 일요일에는 운동을 하고 나서 그와 커피 한잔 하러 가려고 합니다.

But I will accept his invitation and go over for coffee after working out this Sunday.

06 그가 경영학 공부를 시작했다고 했습니다.

He told me he started to study business administration.

07 저는 그가 제 조언이 필요한지도 모른다는 것을 깨달았습니다.

I just realized that he might be looking for my support.

015

Can you recall a memorable event that happened in the area where you live? Tell me as many details about that event from start to finish in particular the elements that made the event so memorable.

당신이 사는 곳에서 생긴 잊지 못할 일을 기억합니까? 처음부터 끝까지 그 일에 대해, 특히 그 기억이 그토록 잊을 수 없게 된 요소에 대해 자세히 이야기해주세요.

01 우리는 2002년에 이곳으로 이사 왔습니다.
We moved here in 2002.

02 우리는 집안을 둘러보고 그 집을 매입하기로 결정했습니다.
We went through a house and decided to buy it.

03 우리는 도배도 새로 하고 마루도 새로 깔고 부엌 싱크대 색깔도 바꾸려고 했었죠.
We were planning to repaper the walls, redo the floors, and repaint the cabinets in the kitchen.

04 그런데 수도관이 터져 온 집 안이 난리가 났습니다.
However, a water main burst, and the entire house was a mess.

05 개수대 아래 배수관이 새서 수리해야 한다는 것을 알게 되었습니다.
We found out that the drainpipe under the sink was leaking and needed repair.

06 배관 전체를 다시 바꿔야 했습니다.
We had to replace the whole plumbing system.

07 배관공이 집에 와서 그곳에 배관을 해주었습니다.
The plumber came to our house to plumb in the area.

08 우리는 집안 분위기를 새롭게 했습니다.
We updated the image of my house.

09 페인트칠을 다시 하고 수리도 해서 가구를 다시 배치할 수 있었습니다.
We could paint, fix up, and rearrange the furniture.

10 우리가 이사 왔을 때 이웃 사람들이 집들이 선물을 주었습니다.
Our neighbors gave us a housewarming gift when we moved in.

동네에서 생긴 일 2 [모의 11-14]

016

Can you recall a memorable event that happened in the area where you live? Tell me as many details about that event from start to finish in particular the elements that made the event so memorable.

당신이 사는 곳에서 생긴 잊지 못할 일을 기억합니까? 처음부터 끝까지 그 일에 대해, 특히 그 기억이 그토록 잊을 수 없게 된 요소에 대해 자세히 이야기해주세요.

01 어느 날, 부엌에서 요리를 하고 있는데 전화가 울렸습니다. 즉시 전화를 받으러 갔습니다.

One day, I was cooking in the kitchen when the telephone rang. I went to answer immediately.

02 전화 통화를 하고 있는데, 화재 경보기가 울렸습니다.

While I was talking on the phone, the fire alarm sounded.

03 부엌으로 달려갔어요.

I ran back to the kitchen.

04 방은 연기로 가득 찼고 쇠고기가 심하게 탔습니다.

The room was full of smoke and the beef was badly burnt.

05 재빨리 가스를 끄고, 창문을 모두 열고, 집 밖으로 나갔습니다.

I quickly turned off the gas, opened all the windows, and then went out of the house.

06 놀랍게도 마을 사람들이 바깥으로 대피하고 심지어 소방차도 왔습니다.

To my surprise, people in the town had to go outside and even the fire trucks came.

07 저는 요리할 때 조심하지 않아서 심한 연기가 났다고 소방관들에게 말을 했습니다.

I told the firemen it was my careless cooking that caused the heavy smoke.

08 저는 소방관들과 이웃들에게 사과했습니다.

I apologized to them and the neighbors.

09 매우 창피했습니다.

It was so embarrassing.

동네에서 생긴 일 3 [모의 08–14]

017

Can you recall a memorable event that happened in the area where you live? Tell me as many details about that event from start to finish in particular the elements that made the event so memorable.

당신이 사는 곳에서 생긴 잊지 못할 일을 기억합니까? 처음부터 끝까지 그 일에 대해, 특히 그 기억이 그토록 잊을 수 없게 된 요소에 대해 자세히 이야기해주세요.

01 우리 아파트 단지에 불이 났었습니다.

There was a fire in my apartment complex.

02 모두 바깥으로 대피해야 했고 심지어 소방차도 왔습니다.

We all had to go outside and even the fire trucks came.

03 펌프차는 화재 현장에 물을 뿜고 있었습니다.

The pump trucks were throwing water on the fire.

04 그 화재에서 발생한 매운 연기로 목과 눈이 화끈거렸어요.

Acrid smoke from the fire burned my throat and eyes.

05 다행히 소방대는 그 불길을 성공적으로 진화했습니다.

Fortunately, the fire brigade successfully extinguished the blaze.

06 우리 건너편 아파트에 사는 남자는 화재로 전 재산을 다 잃었습니다.

The man who lives opposite to my apartment lost all his possessions in the fire.

07 저는 그제야 화재의 무서움을 깨달았습니다.

Then I realized for the first time how horrible a fire was.

08 그 후에 저는 모든 소방 장비를 점검했습니다.

After that, I tested all my fire-fighting equipment.

09 저도 어릴 때 성냥을 가지고 놀다가 불을 낼 뻔 했거든요.

When I was young, I almost started a fire playing with matches.

10 불과 물은 잘 쓰면 유익하지만, 잘못 쓰면 해를 해를 입힐 수 있다는 것을 다시 한번 깨달았지요.

I realized once again that fire and water may be good servants, but bad masters.

동네에서 생긴 일 4

018

Can you recall a memorable event that happened in the area where you live? Tell me as many details about the event from start to finish, in particular the elements that made the event so memorable.

당신이 사는 곳에서 생긴 잊지 못할 일을 기억합니까? 처음부터 끝까지 그 일에 대해, 특히 그 기억이 그토록 잊을 수 없게 된 요소에 대해 자세히 이야기해주세요.

01 이사 온 이후로 모든 것이 다 바뀌었습니다.
All of that changed since I moved here.

02 그 이유는 저희 동네에 새로운 아파트 단지가 세워지고 있기 때문입니다.
That's because a new block of apartments is being built in our neighborhood.

03 그들은 이웃의 낡은 아파트 건물을 철거했습니다.
They tore down an old apartment building in my neighborhood.

04 그들은 이제 건물을 짓기 시작했습니다.
They just started construction on the buildings.

05 이건 큰 소음을 뜻하는 거죠!
This means a lot of noise!

06 아침 8시에 갑자기 기계들이 대단한 소음을 냈기 때문에 저는 잠을 잘 수 없었습니다.
I couldn't sleep because at 8 a.m. suddenly there were a bunch of machines making a lot of racket.

07 지금 제 창 밖에는 그들이 기중기를 세우고 있습니다.
Right now they are building a crane outside my window.

08 8개월 후에 공사가 끝날 거라고 하네요.
They say the construction will be finished in eight months.

09 이 힘든 상황을 어떻게 견디어낼지 모르겠어요.
I don't know how I get through this terrible situation.

019

A window at your house is broken, so you call the repair shop. Unfortunately, the repairman won't be able to fix it until later this week. Explain to the repairman why it needs to be fixed right away.

당신 집의 창문이 고장 나서 수리점에 전화를 했습니다. 불행히도 수리공은 이번 주말까지 고칠 수 없다고 합니다. 수리공에게 왜 창문을 바로 고쳐야 하는지 그 이유를 설명하세요.

01 여보세요, 유리 수리점 맞나요?

Hello, is this the glass repair shop?

02 문을 수리해야 해서 전화했어요.

I'm calling to have a window fixed.

03 제 상황을 설명해드릴게요. 저희 집에 창문이 완전히 깨졌는데 지금 바로 수리가 되어야 해요.

Let me explain my situation; the window of my house has been smashed and I need it repaired right away.

04 지난번 전화했을 때 바쁘셔서 이번 주말까지 고칠 수 없다고 들었지만, 전 얼어 죽을 거예요.

Last time I called, I heard that you were busy, and you couldn't do it until later this week, but I'm going to freeze to death in my house.

05 엎친 데 덮친 격으로 난방기도 고장 났는데, 겨우 7개월 된 갓난 아이가 있어요.

To make matters worse, my heater is broken too and I have a toddler, just seven months old.

06 와서 창문을 고쳐주시지 않으면 전 어떻게 해야 할지 모르겠어요.

If you don't come and fix the window, I don't know what to do.

07 지금 바로 올 수 있는 다른 수리공에게 연락하실 수는 없나요?

Is there any chance you could contact another repairman who's available right away?

08 그렇게 해주시면 정말 감사할 거예요.

I would be very thankful for it if you could do that for me.

파티 준비 질문하기 – 롤플레이 [모의 09-04]

020

I'd like to give you a situation and ask you to act it out. You are asked to help one of your family members with the preparation for a party. Call him or her and leave a message by asking three or four questions about the party.

상황을 하나 드릴 테니 과제를 수행해보시기 바랍니다. 당신은 가족 한 사람이 파티 준비하는 것을 돕기로 했습니다. 가족에게 전화를 걸어 파티에 대해 3~4가지 질문을 하는 메시지를 남겨보세요.

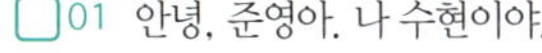

01	안녕, 준영아. 나 수현이야.	Hello, Junyoung. This is Suhyun calling.
02	네가 준비하는 파티에 대해 질문이 좀 있어.	I've got some questions about the party you're planning.
03	내가 너를 돕기 위해 해야 할 일이 정확히 뭐야?	What exactly should I do to help you?
04	어디가 가장 좋은 장소인지 정했니?	Have you decided on where the best place is?
05	내가 좋아하는 퓨전 레스토랑을 추천하고 싶은데.	I want to recommend my favorite fusion restaurant to you.
06	내가 시내 근처의 좋은 레스토랑을 알고 있어.	I know a good restaurant downtown.
07	메뉴에 훌륭한 이탈리아 음식과 중국 음식이 있어.	They have great Italian food and Chinese food on the menu.
08	너 이탈리아 음식과 중국 음식 좋아하니?	Do you like Italian and Chinese food?
09	몇 명이나 올 거야?	How many people are coming?
10	그 레스토랑을 예약해줄까?	Do you want me to make a reservation at the restaurant for you?
11	그럼 내가 어떻게 할지 알려줘. 이따가 전화해. 안녕.	Well, please let me know what you want me to do. Call me later. Bye.

캠퍼스 묘사 1

021

I would like to know what your school looks like. Please describe your school's campus for me in as much detail as possible.

당신의 학교가 어떻게 생겼는지 알고 싶습니다. 최대한 자세히 학교 캠퍼스를 묘사 해주십시오.

01 저희 학교는 시의 중심부에 위치 하고 있습니다.

My university is located in the center of the city.

02 저희 학교는 캠퍼스가 꽤 넓습니다.

It has a fairly large campus.

03 나무와 건물들이 어우러진 아름 다운 경치로도 유명합니다.

It is also very well-known for its beautiful views with the trees and buildings.

04 중앙 도로가 캠퍼스 내 대부분의 건물들로 이어져 있습니다.

There's a main road that leads to most of the buildings on campus.

05 많은 건물들 중 가장 오래된 건물 인 행정관은 캠퍼스 북쪽에 위치 해 있습니다.

Of the many buildings, the oldest one, the administration building, is located on the north side of the campus.

06 캠퍼스 중앙에는 학생회관이 있 습니다.

At the center of the campus, there is the student center building.

07 이러한 건물의 역사를 느낄 수 있 습니다.

You can feel the history of these buildings.

08 캠퍼스 여기저기 나무가 많고 잔 디가 깔린 곳이 많습니다.

There are many big trees and many grassy areas.

09 그래서 풀밭에 앉아서 책을 읽 고 있는 학생들을 많이 볼 수 있 습니다.

So it is easy to find students sitting and reading on the grass.

캠퍼스 묘사 2 [모의 09-05]

022

I would like to know what your school looks like. Please describe your school's campus for me in as much detail as possible.

당신의 학교가 어떻게 생겼는지 알고 싶습니다. 최대한 자세히 학교 캠퍼스를 묘사해주십시오.

01 저희 학교는 시의 중심부에 위치하고 있습니다.

My school is located in the center of the city.

02 우리 학교는 여기저기 나무가 많고 잔디가 깔린 곳이 많습니다.

The university has many big trees and many grassy areas.

03 그래서 풀밭에 앉아서 책을 읽고 있는 학생들을 많이 볼 수 있습니다.

So it is easy to find students sitting and reading on the grass.

04 행정관은 캠퍼스 북쪽에 위치해 있습니다.

The administration building is located on the north side of the campus.

05 제가 자주 가는 곳인 도서관은 학교에서 가장 오래된 건물입니다.

The library, where I go to often, is the oldest building on campus.

06 그리고 그것은 캠퍼스 서쪽 끝에 있습니다.

And it is located in the west end of the campus.

07 제가 강의를 듣는 본관은 캠퍼스의 북쪽에 있습니다.

The main building where I am taking lessons is located on the north side of the campus.

08 우리 학교를 방문하시면 넓은 캠퍼스와 많은 건물들에 깊은 인상을 받으실 겁니다.

If you visit our school, you will be impressed by the large campus and many buildings.

학교 처음 방문 1

023 Tell me about your first visit to your school. When was it? Who were you with? What did you do and what were your first impressions?

학교에 처음 방문했던 이야기를 해주세요. 언제였습니까? 누구와 함께였습니까? 무엇을 했고 첫인상은 어땠습니까?

01 고등학교 3학년일 때 친구 몇 명과 이 대학을 처음으로 방문했습니다.

When I was a senior in high school, I visited this university with some of my friends for the first time.

02 제가 공부할 곳을 본다니 너무 흥분됐습니다.

I was so excited to see where I was going to study.

03 그날 저는 캠퍼스의 많은 곳을 놀아다녔습니다.

On that day, I visited many places on the campus.

04 캠퍼스를 둘러보고 캠퍼스의 모든 건물들이 어디에 있는지 살펴봤습니다.

I took a tour of the campus and I checked out where all the buildings are.

05 명성이 자자한 최고의 대학이었습니다.

That was a superb university with a great reputation.

06 캠퍼스에서 만난 학생이 제게 학교에 대해 여러 가지를 말해주었습니다.

The student whom I met on campus told me several things about the university.

07 학교는 1학년에 기숙사를 제공하고 넓고 아름다운 캠퍼스, 다양한 동아리를 보장했습니다.

The university guaranteed first year accommodation, a beautiful campus with lots of wide open spaces, and a wide selection of clubs to join.

08 저는 그 학교를 좋아하게 될 거라고 생각했고, 실제 그랬어요!

I thought I was going to love that school and actually I did!

학교 처음 방문 2 [모의 09-06]

024 Tell me about your first visit to your school. When was it? Who were you with? What did you do and what were your first impressions?

학교에 처음 방문했던 이야기를 해주세요. 언제였습니까? 누구와 함께였습니까? 무엇을 했고 첫인상은 어땠습니까?

01 제가 한국 대학교 입학 시험에 합격했다는 사실을 알고 나서 처음 학교를 방문했습니다.

Since I knew that I had passed the entrance exam of Hankuk University, I visited my school for the first time.

02 제가 공부할 곳을 본다니 너무 흥분됐습니다.

I was so excited to see where I was going to study.

03 저는 캠퍼스의 많은 곳을 돌아다녔습니다.

I visited many places on the campus.

04 저희 학교에서 가장 인기 있는 전공은 경제학이고 가장 유명한 것은 농구팀입니다.

The most popular major at our school is economics and the most famous thing is the basketball team.

05 그래서 캠퍼스에서 열리는 농구 경기에 대해 알려주는 많은 포스터들을 볼 수 있었어요.

So I was able to see many posters that give information about the basketball games that are held on campus.

06 저는 캠퍼스에서 본 것들에 깊은 인상을 받았습니다.

I was impressed by what I saw at the campus.

07 에너지와 생동감이 넘쳤어요!

It was full of energy and life!

025 Describe your school's buildings and classrooms. What do the buildings and classrooms look like? Please describe your school and its classrooms for me in as much detail as possible.

학교 건물과 강의실을 묘사해보세요. 건물과 교실들이 어떻게 생겼나요? 최대한 자세히 학교와 강의실을 묘사해주십시오.

01 제가 수업을 듣는 강의실에 대해 설명하고 싶습니다.

I would like to describe the classrooms where I am taking lessons.

02 저는 주로 본관과 단과 건물에서 수업을 듣고 있습니다.

I am usually taking lessons in the main building and a college building.

03 대학 본관은 캠퍼스의 서쪽 끝에 있습니다.

The university's main building is located in the west end of the campus.

04 최근에 본관은 개조 공사를 해서 이제 새 건물처럼 보입니다.

Recently, the building has been remodeled, so it looks like a new building.

05 그 건물의 모든 교실은 정사각형 모양입니다.

All the classrooms in the building are square in shape.

06 강의실의 책상은 줄이 맞춰져 있고 모양이 모두 정사각형입니다.

The desks in the classes are arranged in rows and these are all square in shape.

07 모든 교실의 환경은 공부하기에 편합니다.

All the classrooms are a comfortable medium in which to study.

08 교실 벽에는 게시물이 있습니다.

There are posters on the walls of the classrooms.

09 대부분의 강의실은 120명 정도의 학생들을 수용할 수 있습니다.

Most of the classrooms are configured for about 120 seats for students.

강의실 묘사 2 [모의 09-07]

026 Please describe your school's buildings and classrooms. What do the buildings and classrooms look like? Please describe your school and its classrooms for me in as much detail as possible.

학교 건물과 강의실을 묘사해보세요. 건물과 교실들이 어떻게 생겼나요? 최대한 자세히 학교와 강의실을 묘사해주십시오.

01 저희 학교 강의실에 대해 설명하고 싶습니다.

I would like to describe classrooms on our campus.

02 제가 강의를 듣는 교실은 캠퍼스 북쪽에 위치해 있는 본관에 있습니다.

The classroom where I am taking lessons is located in the main building on the north side of the campus.

03 본관의 강의실은 최신 기술 장비를 갖추고 있습니다.

The lecture halls in the main building have the most up-to-date technology.

04 학생들의 노트북 스크린에 선생님이 화이트보드에 쓰시는 내용을 보여줄 수도 있습니다.

The students' laptops can display everything the teacher is writing on the white board on their own screens.

05 본관은 넓고 완벽한 방송 시설을 갖춘 세미나실이 특징입니다.

The main building features a large and fully-wired seminar room.

06 그 강의실은 앰프 시설이 잘 되어 있습니다.

The amp system in that lecture hall is good.

07 강의실은 120명 정도의 학생들을 수용할 수 있습니다.

The classroom is configured for about 120 seats for students.

08 모든 교실의 환경은 공부하기에 편해서 저는 거기서 공부하는 것이 좋습니다.

As all classrooms are a comfortable medium in which to study, I really like to study there.

027 Provide some details about one of your professors. What is he or she like? Tell me why you like or dislike him or her?

교수님 중 한 명에 대해 자세하게 이야기해보세요. 어떤 사람입니까? 왜 그 분을 좋아하는지 혹은 싫어하는지 말해보세요.

01 저희 교수님 중 한 분인 황영수 교수님에 대해서 말씀 드리겠습니다.

Let me tell you about one of my professors, Mr. Hwang Youngsu.

02 그는 저희 영어 회화 선생님입니다.

He is my English conversation teacher.

03 저는 전공을 위해서 영어가 반드시 필요해서 그 수업을 선택했습니다.

Since I definitely need English for my major, I took his class.

04 그리고 그 과목은 대학교에서 제일 좋아하는 과목입니다.

And it is my best subject in college.

05 그는 학생들로부터 사랑을 많이 받습니다.

He is much loved by his students.

06 그의 머리에는 흰머리가 듬성듬성 나 있지만 보기 좋습니다.

His hair is flecked with gray, but he looks nice.

07 아르바이트와 학교 수업을 병행하려니 힘들어서 저는 몇 번 수업에 늦었습니다.

I've been late to his class a few times because I found it difficult managing both part-time work and classes.

08 그렇지만 교수님께서는 관대하셔서 때때로 아르바이트로 지각한 저를 너그럽게 봐주십니다.

But he is very generous, so he sometimes excuses my lateness to his class because of my part-time job.

문장
낭독
횟수

028 Provide some details about one of your classmates. What is he or she like? Tell me what kind of person he or she is.

학교 친구 중 한 명에 대해 자세하게 이야기해보세요. 어떤 사람입니까? 어떤 사람인지 말해보세요.

01 제 가장 친한 친구 김진에 대해서 말씀 드리겠습니다.

Let me tell you about one of my best friends, Kim Jin.

02 그는 작년에 저와 같은 동아리에 있었습니다.

He was in my club last year.

03 이제 그는 저의 둘도 없는 친구입니다.

He is my once-in-a-lifetime friend now.

04 그는 키가 185cm로 큰 편이고 몸무게는 90kg 정도 나가며 근육질입니다.

He is very big, 185 cm tall, weighs about 90 kilos and he is muscular.

05 그런데 그는 곱슬머리입니다. 귀여운 헤어스타일을 한 덩치 큰 사나이.

But he has curly hair. A big guy with a cute hair style.

06 그의 신체적인 외모 때문에 그는 항상 사람들 사이에서 농담거리가 되곤 합니다.

Because of his physical appearance, he is always an easy target for jokes among people.

07 그는 매우 활동적이고 사교적이라 모두가 그를 좋아하고 말을 걸고 싶어 하죠.

He is so energetic and sociable that everyone loves him and wants to talk to him.

08 그는 정말 다른 사람들을 배려하며 남의 말을 매우 잘 들어줍니다.

He really cares about other people and he is a talented listener.

09 말할 필요도 없이 그는 모든 여자들의 이상형입니다.

Needless to say, he is every girl's dream.

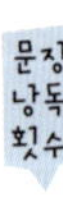

학교 친구 묘사 2

029 Provide some details about one of your classmates. What is he or she like? Tell me what kind of person he or she is.

학교 친구 중 한 명에 대해 자세하게 이야기해보세요. 어떤 사람입니까? 어떤 사람인지 말해보세요.

01	제 가장 친한 친구 황영진에 대해서 말씀 드리겠습니다.	**Let me tell you about one of my best friends, Hwang Youngjin.**
02	저희는 고등학교에서부터 친구였습니다.	We have been friends since we were in high school.
03	그녀는 친구들로부터 사랑을 많이 받습니다.	She is much loved by her friends.
04	그녀는 성격이 활발하고, 밝고, 재미있는 아이입니다.	**She is really an outgoing, bright, and funny person.**
05	그녀는 정말 다른 사람들을 배려하며 남의 말을 매우 잘 들어줍니다.	She really cares about other people and she is a talented listener.
06	우리는 좋은 친구 관계를 유지해왔습니다.	**We have been having a good relationship as friends.**
07	그녀는 한국 무용을 전공하고 있어 몸매도 멋집니다.	She is majoring in Korean dance, and has a great body.
08	말할 필요도 없이 그녀는 모든 남자들의 이상형입니다.	Needless to say, she is every man's dream.

030 Do you have any memorable experiences with your friends? Tell me about any challenging, unexpected, or interesting things that happened. What made this so memorable for you?

친구와 기억에 남는 경험이 있나요? 어려운 일, 예상하지 못한 일, 흥미로운 일이 일어난 것이 있다면 말해주세요. 왜 그렇게 기억에 남나요?

01 제가 대학교 신입생이었던 해에, 저는 친구가 많지 않았습니다.

In my freshman year of university, I didn't have many friends.

02 3월의 어느 날, 신입생 환영 파티가 학생회관에서 열렸습니다.

One day in March, a welcome party was held for freshmen at the student hall.

03 우리는 저녁에 술을 마시기 시작했고, 다음 날 이른 아침까지도 술자리를 끝내지 않았습니다.

We began drinking in the evening and did not stop until early next morning.

04 자정 무렵이 되자 다들 술에 취해 뻗어버렸습니다.

Everyone was under the table by midnight.

05 제 친구 중 한 명인 영식은 술에 취하여 계속해서 같은 말을 했기 때문에 저는 짜증이 났습니다.

One of my friends, Youngsik, kept on saying the same thing ass-backwards and that made me crazy.

06 저는 술에 취해 매우 공격적으로 행동했고 그와 말다툼을 했습니다.

I was intoxicated and acted very aggressive, so I had an argument with him.

07 하지만 저는 그와 화해했고 그때 이후로 그와 더 친해졌습니다.

But I made up with him and I became better friends with him ever since.

학교 일과

031

Tell me about your daily routine at school. What do you do? Describe it in detail.

학교에서의 일과에 대해 말해주세요. 무엇을 합니까? 자세히 설명해주세요.

01 학교에서의 하루 일과에 대해서 말씀 드리겠습니다.

Let me tell you about my daily routine at school.

02 저는 한 주에 영어 회화 수업을 5시간 듣습니다.

I have five English conversation lessons a week.

03 영어 수업은 매일 아침 9시에 시작해 1시간 동안 계속됩니다

The English class starts at 9:00 every morning and lasts for an hour.

04 수업을 시작하기 전에 학생들은 교실에서 시끄럽게 떠듭니다.

Before class begins, the students are noisy in the classroom.

05 하지만 수업 시간에는 대부분 강의에 집중합니다.

But **during the lesson,** we usually focus on the lecture.

06 때로는 학생 몇몇이 수업 중에 교실에서 빠져나가기도 합니다.

Sometimes some students slip out of the classroom during the lesson.

07 점심 시간이 되면, 많은 학생들이 구내식당으로 향합니다.

At lunch time, many students head to the cafeteria.

08 저는 구내식당으로 가는 대신 학교 중심에 있는 광장에서 뉴스를 보며 점심을 먹습니다.

I eat my lunch in the campus square watching the news instead of going to the cafeteria.

09 학교 일과가 끝나면 도서관으로 향하거나 집에 갑니다.

After school, I head to the library or go home.

💬 하루의 일과(daily routine)를 설명할 때는 every morning, before, during, at lunch time, after 등의 표현을 활용해 순차적으로 설명하세요.

좋아하는 수업 1

032 You are probably taking several classes. Please tell me about a class that you like or don't like. What kind of class is it? What are the good or bad things about the class?

당신은 아마 여러 개의 수업을 수강하고 있을 것입니다. 좋아하거나 싫어하는 수업에 대해 말해주세요. 어떤 수업인가요? 그 수업의 좋은 점 혹은 싫은 점은 무엇인가요?

01	저는 졸업하려면 전공 외에 12학점을 더 이수해야 합니다.	I have to earn 12 more credit hours outside my major to graduate.
02	하지만 전공 분야가 요즘 굉장히 힘이 듭니다.	But these days, things are so tough in my field right now.
03	다행히 영어 점수는 늘 좋습니다.	Fortunately, I always get good marks in English.
04	그렇지만 마케팅 수업은 신청하고 싶지가 않아요.	**But I don't want to enroll in Marketing.**
05	제가 그 수업을 싫어하는 몇 가지 이유가 있습니다.	**There are several reasons that I hate the class.**
06	먼저, 그 교수님은 저희에게 많은 팀 프로젝트를 내주십니다.	**First,** the professor gives us many team projects.
07	두 번째로, 교수님의 목소리가 계속해서 단조롭기 때문에 수업이 지루합니다.	**Secondly,** his lectures are boring as his voice is all in the same key.
08	그래서 때로는 몇몇의 학생이 수업 중에 교실에서 빠져나가기도 합니다.	So, sometimes several students slip out of the classroom during the lesson.
09	마지막으로, 그 수업은 제게 벅차요. 저는 종종 그 수업 시간에 집중하는 데 어려움을 겪습니다.	**Finally,** this class is too far ahead of me, and I often have trouble focusing in that class.

💬 싫어하는 수업을 설명하는 답변에도 활용 가능합니다.

좋아하는 수업 2 [모의 12-06]

033

Please tell me about a favorite class you are taking at university. What kind of class is it? And why do you like it the best?

대학교에서 당신이 좋아하는 수업에 대해 이야기해보세요. 무슨 수업이고, 왜 가장 좋아하나요?

01	이번 학기 중 제가 가장 좋아하는 수업은 영어 회화 수업입니다.	**My favorite class this semester is English conversation class.**
02	제 전공이 경영학이다 보니 저한테는 영어 실력이 매우 중요합니다.	For me, English skills are very important because I major in business.
03	저는 이 수업을 몇 가지 이유로 좋아합니다.	**I like this class for several reasons.**
04	첫 번째로, 수업 시간에 다양한 주제에 대해 영어로 얘기를 많이 할 수 있습니다.	**First,** I have the chance to speak in English on various topics in this class.
05	두 번째로, 저는 제 생각을 제한된 시간 안에 논리적으로 발전시켜 말하는 법을 배울 수 있습니다.	**Secondly,** I can learn how to develop my opinion logically in a limited time.
06	마지막으로, 언어를 배우면서 저는 그것을 사용하는 사람들과 그것의 문화적인 배경에 대해 더 잘 이해할 수 있습니다.	**Finally,** by learning a language, I can better understand people who use it and their cultural background.
07	무엇보다도 그 교수님은 학점이 짜지 않습니다.	**Most of all,** the professor is not strict in grading.

💬 이유를 설명할 때는 First, Secondly, ..., Finally 등의 표현을 써서 몇 가지 예를 나열하세요.

좋아하는 수업 3

034 Please tell me about a favorite class you are taking at university. What kind of class is it? And why do you like it the best?

대학교에서 당신이 좋아하는 수업에 대해 이야기해보세요. 무슨 수업이고, 왜 가장 좋아하나요?

01 이번 학기 중 제가 가장 좋아하는 수업은 수학 수업입니다.

My favorite class this semester is math class.

02 저는 전공을 위해서 수학이 반드시 필요하고 그것은 대학교에서 제일 좋아하는 과목입니다.

I definitely need math for my major and it is my best subject in college.

03 이번 학기에 수학 수업에서 3학점을 신청했습니다.

I've enrolled for three credits in my math course this semester.

04 시간에 쫓겨서 수업이 너무 바쁘게 진행되지만, 저는 이 수업을 몇 가지 이유로 좋아합니다.

Although I'm extremely busy due to a lack of time in the class, I like this class for several reasons.

05 첫 번째로, 그 교수님께서는 늘 후한 점수를 주십니다.

First, the professor always gives us good marks.

06 두 번째로, 저는 제한된 시간 안에 많은 다양한 수치 분석을 다룰 수 있습니다.

Secondly, I can learn how to deal with many different numerical analyses in a limited time.

07 마지막으로, 수리 논리학을 배우면서 저는 여러 통계 자료에 대해 더 잘 이해할 수 있습니다.

Finally, by learning mathematical logic, I can better understand several statistics.

08 이러한 활동들은 궁극적으로는 제 삶의 기술을 향상시켜줍니다.

Ultimately, those activities help improve my life skills.

035

Students are asked to complete a project or assignment. What is a project or assignment that you have recently done? What was it about? How did you do it? Tell me everything about it.

학생들은 프로젝트나 과제를 완성해야 합니다. 최근에 한 과제나 프로젝트는 무엇인가요? 무엇에 관한 것이었나요? 어떻게 하였습니까? 자세히 얘기해보세요.

01 최근 프로젝트는 경영 수업에서 한 과제였습니다.

The recent project was an assignment that I did in my business class.

02 6명의 학생들이 한 팀을 이루었습니다.

Six students were put on a team.

03 저희는 근로자의 만족도와 동기부여가 노동 생산성에 직접적인 영향을 미치는가를 증명해야 했습니다.

We had to prove that workers' satisfaction and motivation have a direct impact on productivity.

04 처음에는 할 말이 별로 없었습니다.

At the start, we didn't have much to say.

05 그러나 인센티브 시스템의 장단점에 대해 리스트를 만들면서 어색함이 사라졌습니다.

But the ice melted when we started building a list of positive and negative things about incentive systems.

06 저희는 다양한 사업장을 방문해 관련 데이터를 모으고 그것들을 검토했습니다.

We visited different places of work to collect a lot of relevant data and went over them.

07 또한 저희 팀원의 아버지가 운영하는 회사에 찾아가 직원들로부터 피드백을 받았습니다.

We also went to a company that one of our members' fathers ran and got feedback from the workers.

08 저희 프로젝트는 성공적이었고 저희 모두 A를 받았습니다.

Our project was successful and we all got an A on it.

학교 프로젝트 경험 2

036

Students are asked to complete a project or assignment. What is a project or assignment that you have recently done? What was it about? How did you do it? Tell me everything about it.

학생들은 프로젝트나 과제를 완성해야 합니다. 최근에 한 과제나 프로젝트는 무엇인가요? 무엇에 관한 것이었나요? 어떻게 하였습니까? 자세히 얘기해보세요.

01	한번은 제가 발표를 맡은 프레젠테이션을 놓친 적이 있었습니다.	I once missed a presentation where I was supposed to make a speech.
02	그날은 폭우가 내려 차가 많이 막혔습니다.	On that day, I got stuck in a terrible traffic jam because of heavy rain.
03	저는 한 시간이나 늦게 도착했고 발표는 이미 끝난 상황이었습니다.	I arrived an hour late and the presentation was already over.
04	저희 팀원 중에 한 명이 제 대신 발표를 했다고 들었습니다.	I heard that one of our team members did it instead of me.
05	저는 정말로 미안했습니다.	I was really sorry.
06	그런데 운이 좋게도, 그 프레젠테이션의 결과가 훌륭해서 저를 포함해 저희 팀 모두 A를 받게 된 것이었습니다.	Fortunately, however, it turned out that the result of the presentation was excellent and our team, including me, got an A.
07	F를 면하게 된 것에 저는 안도하면서 팀에게 사과를 했습니다.	I apologized to the whole team, relieved that we avoided getting an F.
08	이것 하나만은 분명히 하고 싶습니다. 저는 프로젝트에 최선을 다했으며 게으름을 부리며 아무것도 안 하고 있었던 게 아닙니다.	I'd like to make clear one thing; I did my best on the project and it wasn't like I slacked off and didn't do anything.
09	그 사건 이후로 저는 항상 일기 예보를 확인하고 비 오는 날이면 일찍 집을 나섭니다.	Ever since then, I have always checked the weather forecast and left home early on a rainy day.

친구와의 약속을 지키지 못하는 상황 – 롤플레이 [모의 11-04 응용]

037

Unfortunately, you realize that you can't make it on the day of watching a movie with your friends. Make a telephone call to one of your friends, and tell him or her what has happened. Offer two solutions for this situation.

불행히도 친구들과 영화를 보기로 한 날에 갈 수 없다는 것을 알게 됩니다. 친구들 중 한 명에게 전화를 걸어서 무슨 일이 생겼는지 말하세요. 이 상황을 해결할 다른 두 가지 해결책을 제시하세요.

01	여보세요, 나 수현이야.	Hello, this is Suhyun speaking.
02	네가 오늘 밤 진이네 집에 가서 영화를 함께 보기를 원한다는 것을 알아.	I know you want to go to Jin's place and watch a movie together tonight.
03	집에 오후 6시에서 8시에 소포가 집으로 올 거야. 그래서 집에서 기다렸다가 그걸 받아야 해.	I have a package coming to my house between 6 p.m. and 8 p.m. so I have to wait in the house to receive it.
04	그래서, 너희들끼리 만나서 나 빼고 그냥 영화를 보는 게 어때?	So, why don't you guys meet and watch the movie without me?
05	이 상황에 부담을 느낀다면 약속을 한 시간 뒤로 미루자고 제안할 수 있을까?	If this situation makes you feel burdened, could you suggest delaying our appointment until an hour later?
06	다른 아이들한테 전화해서 이 상황을 알려줄래?	Is there any chance you could call the others and explain this situation?
07	뭐가 가장 좋은지 알려줘.	Let me know what is best for you.
08	다시 한번 미안해. 나중에 전화할게.	I'm sorry again and I will call you later.

회사 소개 1 [모의 05-05]

038

You indicated you're currently working. Describe the company you work for. Tell me as many details about the company as possible. What's the company's name? Where is it located? What kind of business is it?

일을 한다고 했습니다. 당신이 일하는 회사에 대해 얘기해보세요. 회사에 관해 최대한 자세히 얘기해보세요. 회사의 이름은 무엇인가요? 어디에 있나요? 어떤 사업을 하나요?

01 저는 서울에 있는 ABC 식품 회사에서 근무합니다.

I work for the ABC Co., a food company, in Seoul.

02 저희는 다양한 인스턴트 식품을 판매합니다.

We sell many different kinds of instant food.

03 저희는 매년 10억 달러 이상의 시리얼을 팝니다.

We sell over 1 billion dollars worth of cereal every year.

04 저희 회사는 올해 새 상품을 개발해서 1사분기 수익에서 경쟁사들을 앞섰습니다.

The company has developed a new line of merchandise this year, so the company moved ahead of its rivals in the first quarter earnings.

05 저희 회사 지점들은 전국에 걸쳐 위치해 있고 100명의 사람들이 생산 라인에서 일합니다.

Our company's branches are located all over the country and there are 100 people working on production lines.

06 올해 우리는 생산성을 높이기 위해 100명의 직원을 더 고용할 것입니다.

This year, we are increasing our workforce to 100 employees to increase productivity.

07 분석가들은 저희 회사의 전망에 대해 긍정적인 가치평가를 했습니다.

The analysts made a positive valuation for the company's outlook.

08 저는 이 회사의 직원으로서 자부심을 느낍니다.

I am proud to be a staff member of this company.

039

You indicated in the survey that you are currently working. Tell me about the number of employees in your company. Are there branch offices? How many workers are there?

설문조사에서 현재 직장에 다니신다고 하셨습니다. 당신이 다니는 회사의 직원 수는 얼마나 됩니까? 지사가 있습니까? 직원들이 몇 명입니까?

01 저는 서울에 있는 ABC 국제 무역 회사에서 근무합니다.

I work for the ABC Co., an international trading company, in Seoul.

02 저희 회사는 천연 원료를 수입하고 농업 기계류를 수출합니다.

My company imports raw materials and exports farm machinery.

03 서울에 있는 사무실에는 대략 30명의 직원이 있고 수출과 수입을 다루고 있습니다.

The office in Seoul has about 30 people and they handle exports and imports.

04 전 세계에 지사가 있습니다.

It has many branches all over the world.

05 회사는 유럽에서 사업을 시작했고 벨기에에 공장이 있습니다.

The company started business in Europe and has a factory in Belgium.

06 그러나 아시아가 우리에게 있어 가장 중요한 시장이어서 중국에 가장 큰 공장이 있습니다.

But the largest factory is in China because the Asian market is very important to us.

07 중국에 있는 부서에는 100명의 직원들이 생산 라인에서 일하고 있습니다.

The branch office in China has 100 people working on production lines.

08 내년에는 생산성을 높이기 위해 100명의 직원을 더 고용할 것입니다.

Next year, we are hiring 100 more employees to increase its productivity.

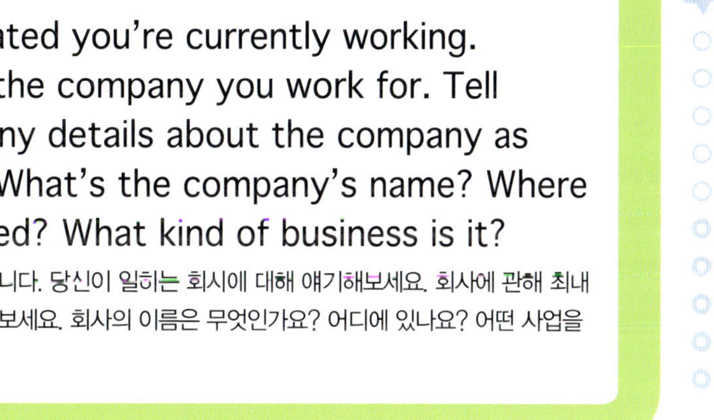

회사 소개 3

040

You indicated you're currently working. Describe the company you work for. Tell me as many details about the company as possible. What's the company's name? Where is it located? What kind of business is it?

일을 한다고 했습니다. 당신이 일하는 회사에 대해 얘기해보세요. 회사에 관해 최대한 자세히 얘기해보세요. 회사의 이름은 무엇인가요? 어디에 있나요? 어떤 사업을 하나요?

01 저는 서울에 있는 ABC 국제 무역 회사에서 근무합니다.

I work for the ABC Co., an international trading company, in Seoul.

02 저희 집에서 매우 가까워서 집에서 회사까지 한 시간이 안 걸립니다.

It is so close to my home that it takes less than an hour from my home.

03 저희 회사의 지점들은 전 세계에 걸쳐 위치해 있습니다.

Our company's branches are located all over the world.

04 저희 회사는 50명이 넘는 직원이 있습니다.

It has over fifty employees.

05 저희 회사는 지난해 수익이 좋았습니다.

The company did well last year.

06 지난해 저희 회사의 총 거래액은 1억 달러였습니다.

It had an aggregate turnover of $1 billion last year.

07 회사는 경영 다각화 노력이 성과를 거두기 시작하여 수익이 급속히 증가하고 있습니다

The company is increasing its earnings rapidly with diversification efforts beginning to pay off.

08 우리가 유럽 시장에 발판을 마련할 수 있다면 우리는 빠르게 성장할 것입니다.

If we can get a foothold in the European market, we will grow quickly.

041

Tell me about your daily routine at work. What do you do before leaving your home, and when arriving at work? What do you do at the office? What are some of your responsibilities?

회사에서의 일과에 대해 얘기해주세요. 집을 떠나기 전과 회사에 도착해서 무엇을 합니까? 사무실에서 당신은 무엇을 합니까? 당신의 책임은 무엇입니까?

01 아침에 보통 6시 정도에 일어납니다. 그리고는 아침을 준비합니다.

I usually get up around 6 a.m. Then I make breakfast.

02 저는 매일 회사에 오는 길에 버스를 타고 지하철로 갈아탑니다.

I take the bus and transfer to the subway on my way to work every day.

03 저는 8시 반에 사무실에 도착합니다.

I arrive at the office at eight thirty.

04 사무실에 도착하자마자 상사가 각자에게 업무를 배정하고 성과를 확인합니다.

As soon as I arrive at the office, my boss assigns tasks to each man and checks the performances.

05 업무를 보는 동안 저는 고객을 상담해주고 마케팅 계획을 점검합니다.

During business hours, I offer counselling to my clients and check the marketing plans.

06 저희 핵심 사업 분야 중 하나는 고객을 위한 포괄적인 투자 전략을 세워주는 것입니다.

One of my core business areas is producing comprehensive investment plans for my clients.

07 하루종일 저는 항상 고객들과 통화하느라 바쁩니다.

All day, I am usually busy talking on the phone with the clients.

직장에서의 일과 2 [모의 05–06]

042 Tell me about your daily routine at work. What do you do at the office? What are some of your responsibilities?

회사에서의 일과에 대해 얘기해주세요. 사무실에서 당신은 무엇을 합니까? 당신의 책임은 무엇입니까?

01 저는 회계부서에서 근무합니다.
I am in the Accounting Department.

02 사무실에 도착하자마자 모든 직원들은 먼저 회의를 합니다.
As soon as I arrive at the office, all the employees first have a meeting.

03 사무실에서는 처리해야 할 일이 많습니다.
There's a lot that has to be taken care of in my office.

04 저는 회사에서 청구서 작성과 회계 업무를 담당합니다.
I handle the company's billing and accounting.

05 업무를 보는 동안 우리는 판매량을 보여주는 자료를 영업사원들에게 전달합니다.
During business hours, we give materials that show current numbers to the sales people.

06 그것은 너무나 손이 많이 가는 문서 업무입니다.
It is too much paperwork for me.

07 월말이 되면 우리는 결산 보고서 때문에 회사에서 바쁩니다.
We are tied up at work, doing the budget report at the end of the month.

08 더욱이 월말이 되면 업무시간 끝날 때까지 회사 급료 지불 명부를 작성해야 합니다.
Furthermore, I have to finish the company payroll by the close of business at the end of the month.

09 퇴근 후에 저는 스트레스를 풀기 위해 자주 직장동료들과 함께 즐거운 술자리를 갖습니다.
After work, to release stress, I usually have a pleasant drink in the company of my co-workers.

사무실 묘사 [모의 07-03]

043 Please explain your company building or your office to me. What does it look like? Where is it located? Give me all the details.

회사 건물이나 사무실에 대해 저에게 설명해주세요. 어떻게 생겼습니까? 어디에 위치해 있나요? 모두 자세히 설명해주세요.

01 저희 회사는 지난 달에 새 고층 건물에 입주했습니다.

Our company took occupancy of a new highrise building last month.

02 저희 회사 건물은 조각물로 장식이 되어 있습니다.

Our company building is beautified with small carvings.

03 회사는 상업 지구에 위치해 있어서 저희 빌딩은 다른 사무 빌딩들에 둘리씌여 있습니다.

Since it is located in a commercial district, our building is also surrounded by other office buildings.

04 그래서 창문에서는 많은 빌딩들과 거리를 볼 수 있죠.

So we can see many buildings and the streets from our windows.

05 이 건물은 15층이며 저희 사무실은 6층 엘리베이터 옆에 있습니다.

It is 15 stories high and our office is next to the elevator on the 6th floor.

06 저는 30여명의 동료들과 함께 트인 사무실 공간을 사용합니다.

I share an open-air office space with 30 other coworkers.

07 바닥은 회색이지만 벽은 옅은 파란색입니다.

The floors are gray and the walls are light blue.

08 제가 근무하는 사무실은 여기저기 창이 많아서 매우 밝고 모든 것이 잘 정돈되어 있습니다.

The office I work in is very bright as there are windows everywhere and everything is well organized.

09 최근에 저희 회사는 건물 내 금연 규정을 시행했습니다.

Recently, the company enforced no-smoking rules inside the building.

10 건물 뒤에는 항상 담배 피우는 사람들이 많이 모여 있는 것을 볼 수 있죠.

So I can see many people gathering to smoke behind the building.

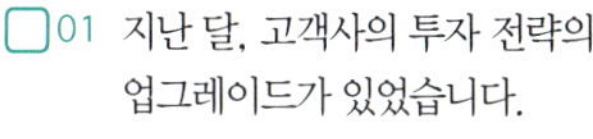

044

What was the most memorable thing that happened at your work? Tell me what happened and what you did. And why was that particular experience memorable to you?

직장에서 가장 기억에 남는 일은 무엇이었습니까? 무슨 일이 일어났고 당신은 무엇을 했는지 얘기해주세요. 그 일이 당신에게 왜 기억에 남는 특별한 경험이었나요?

01	지난 달, 고객사의 투자 전략의 업그레이드가 있었습니다.	Last month, we upgraded our client's investment plans.
02	우리의 고객은 우리에게 과도한 요구를 했습니다.	Our client required too much time from us.
03	그들은 언제나 모든 것을 서둘러서 처리할 것을 요구했습니다.	They always required us to do everything in a rush.
04	더욱이, 그들은 비용 절감과 기준을 낮춰줄 것을 강요했습니다.	Besides, they forced us to cut prices and lower our standards.
05	저는 한숨을 쉬며 어쩔 수 없이 계획 변경에 따른 비용을 상사에게 넘겨야 했습니다.	I sighed and reluctantly had to pass the cost of changing the plans on to my boss.
06	그것을 검토한 후, 그는 나에게 이 프로젝트에서 손을 떼라고 말했습니다.	After reviewing it, he told me to keep my hands off this project.
07	프로젝트가 원점으로 돌아가버렸습니다.	The whole project ended up right back where it started.
08	매우 실망스러웠지만, 제가 할 수 있는 일이 없었습니다.	I was disappointed, but there was nothing I could do.

045

It seems that you will be late for the meeting you had arranged with your business partner. Make a telephone call so that you can explain what has happened. Suggest a few alternative ways of fixing the problem.

당신의 업무 파트너와의 약속에 늦을 것 같습니다. 전화를 해서 상황을 설명하세요. 그리고 이 문제를 해결하기 위해 몇 가지 대안을 제시하세요.

01 여보세요, 김 대리님? 이렇게 말씀 드려야 해서 죄송한데요, 저한테 문제가 생겼어요.	Hello. Mr. Kim? I'm sorry that I have to say this, but I have a problem.
02 사실 몸이 좀 안 좋아요. 그래서 병원에 들러야 했어요.	Actually, I don't feel so well and I had to see a doctor.
03 오후 2시에 중요한 프레젠테이션이 있는 건 알고 있는데 늦을 것 같아요.	I know we have an important presentation at 2 p.m. but I think I will be late.
04 저 대신 프레젠테이션을 시작할 준비를 해주시겠어요?	Can you be ready to start it for me?
05 자료를 제 책상에 두었어요.	I put a package of materials on my desk.
06 유인물을 보시면 당신이 그 프로젝트를 진행하는 데 필요하다고 생각하는 방법이 설명되어 있습니다.	The handout will explain the approach that I think you need to take on the project.
07 저는 지금 회사로 들어가고 있으니 도착하자마자 바로 전화할게요.	I'm on the way back to the office, so as soon as I arrive there, I'll call you right away.
08 이런 일이 생겨서 죄송해요.	I'm sorry again about what happened.

회사 기술 1 – 테블릿 PC, 소프트웨어 [모의 05-07]

046 Discuss the software, computer equipment, and technologies you work with.

일할 때 사용하는 프로그램과 컴퓨터 장비, 그리고 기술에 대해 이야기해보세요.

01 직장에서 컴퓨터와 중요한 소프트웨어 사용법을 아는 것은 아주 중요합니다.

It is very important to know how to use the computer and its important software at my work.

02 저는 업무 특성상 회의와 프레젠테이션을 많이 조직해야 하기 때문에 요즘 직장에서 주로 사용하는 기술은 테블릿 PC입니다.

The technology used now at my work is mainly a tablet PC because I organize many meetings and presentations due to the nature of my job.

03 테블릿 컴퓨터와 중요한 소프트웨어 사용하는 법을 잘 모르면 프로젝트를 완수하기 어렵습니다.

If I don't know how to use the tablet computer and its important software, it is impossible to get my project completed.

04 저는 컴퓨터로 회의에서 쓸 파워 포인트 프리젠테이션을 준비합니다.

I prepare PowerPoint presentations for a meeting with my computer.

05 그것은 수치와 그래프를 효과적으로 보여줍니다.

It shows many figures and graphs effectively.

06 문서 작업을 위해서 아래한글도 중요합니다.

HWP(Hangul Word Processor) is important as well for paper work.

07 인터넷에 접속해서 필요한 정보를 찾아볼 때도 테블릿 PC를 사용합니다.

I also use the tablet PC to access the Internet, and to research some information that I need.

047 Discuss the software, computer equipment, and technologies you work with.

일할 때 사용하는 프로그램과 컴퓨터 장비, 그리고 기술에 대해 이야기해보세요.

01	직장에서 요즘 사용하는 기술은 인터넷입니다.	**The technology used now at my work is the Internet.**
02	직장에서 인터넷을 사용하는 것은 일의 생산성을 높여준다고 생각합니다.	I think using the Internet at work increases my productivity.
03	오늘날 사람들은 인터넷에서 물건들을 사고 팝니다.	Today people buy and sell things on the Internet.
04	인터넷은 사람들이 쇼핑하는 방법을 바꾸고 있는 것이죠.	The Internet is changing the way people shop.
05	그래서 인터넷은 회사의 영업활동에 필수적이게 되었습니다.	**Accordingly, the Internet is becoming integral to the company's operations.**
06	인터넷 사용은 회사에서 회의할 때도 매우 중요합니다.	Using the Internet is also very important for meetings in my company.
07	인터넷을 사용해 회의용 프레젠테이션을 준비하기도 합니다.	I prepare presentations for meetings using the Internet.
08	인터넷 없이 조사를 한다는 것은 상상할 수 없습니다.	I can't imagine doing research without the Internet.
09	저는 인터넷을 이용해서 사진과 비디오를 다운 받을 수 있습니다.	I can also download pictures and videos using the Internet.
10	저는 점심시간에 제가 다운 받은 것을 보는 것을 좋아합니다.	I love to watch what I downloaded at work during my lunch hour.
11	요즘은 인터넷으로 못하는 게 없는 것 같습니다.	**It seems there is nothing we can't do through the Internet today.**

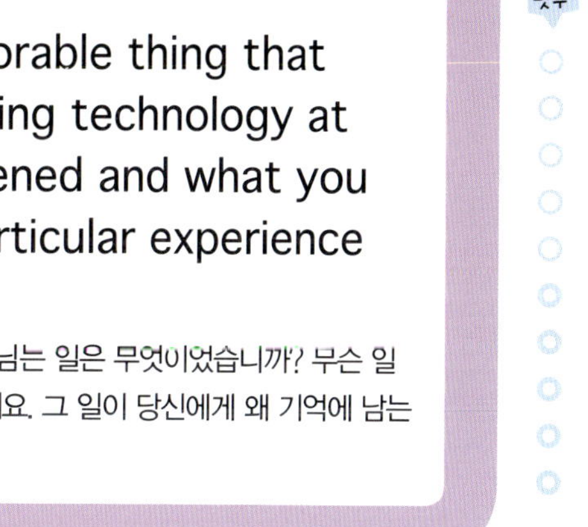

회사 기술 이용 경험 [모의 06-06]

048

What was the most memorable thing that happened to you while using technology at work? Tell me what happened and what you did. And why was that particular experience memorable to you?

직장에서 기술을 이용할 때 생긴 가장 기억에 남는 일은 무엇이었습니까? 무슨 일이 일어났고 당신은 무엇을 했는지 얘기해주세요. 그 일이 당신에게 왜 기억에 남는 특별한 경험이었나요?

01 지난 여름, 저는 프로젝트를 진행하고 있었습니다.

Last summer, I was working on a project.

02 그 프로젝트는 판매 촉진을 위한 방안을 찾는 것이었습니다.

The project was to find ways to increase sales.

03 그 프로젝트는 우리가 경영진 앞에서 발표를 하는 날 예상치 못한 난관에 부딪쳤습니다.

The project ran into unforeseen difficulties on the day when we had a presentation in front of the management.

04 저는 모든 파일이 있는 메모리카드를 가지고 회의실로 갔습니다.

I went to the conference room with all my files on a memory stick.

05 메모리카드를 꽂았으나 작동하지 않았습니다.

When I tried to plug in the memory stick, it wouldn't work.

06 컴퓨터의 USB 포트에 문제가 있었습니다.

There was something wrong with the computer's USB ports.

07 다행히 기술팀에서 그 문제를 해결했습니다.

Fortunately, the technical team fixed the problem.

08 제가 그 발표를 망쳤으면 저희 상사는 정말 화가 났었을 것입니다.

If I had messed up my presentation, my boss would have been really angry.

049

You discover that some electronic devices need repairing in your office. Contact the office manager, explain the situation, and ask him or her three to four questions.

당신 사무실에 전자기기가 고장 나서 수리가 필요하다는 것을 알게 되었습니다. 사무실 관리인에게 연락해서 상황을 설명하고 3~4가지 질문을 하세요.

01 안녕하세요. 저는 3층에 있는 영업 부서의 김수현이에요.	Hi, this is Kim Suhyun in the Sales Department on the third floor.
02 회의실에 있는 에어컨에 문제가 생겼어요.	**We have a problem with the air conditioner in the conference room.**
03 전원을 켤 때마다 몇 분 후에 물이 새기 시작해요.	Whenever we turn it on, it starts leaking water after a couple of minutes.
04 오늘 회의 시작 전에 에어컨을 꼼꼼히 청소했는데도 계속 그러네요.	I cleaned the unit carefully before today's meeting, but it keeps happening.
05 괜찮으시다면 지금 와서 확인해 주시겠어요?	**If it's possible, can you come and take a look at it right now?**
06 이건 쿨에어 123이에요.	It is a CoolAir 123 unit.
07 이 에어컨이 무슨 문제가 생긴 걸까요?	What do you think the problem is?
08 그럼, 어떻게 해야 하죠?	Then, what should we do?
09 서비스 센터에 보내야 하나요?	Do we have to send it to the service center?
10 아, 부품을 검사하고 교체하기 위해 쿨에어 서비스 센터에 보내야 하는군요.	Oh, I see. It has to be sent to the CoolAir service center to have its parts inspected and replaced.
11 그렇게 하는 데 얼마나 걸릴까요? 어쨌든 감사해요.	**How long will it take to do that?** Thank you, anyway.

회사 기술 고장 수리 신청 2 – 롤플레이

050

You discover that your computer needs repairing in your work space. Contact the office manager, explain the situation and tell him or her you need your computer repaired immediately. Ask him or her three to four questions.

당신 지리에 컴퓨디기 고장 니서 수리가 필요하다는 것을 알게 되었습니다. 사무실 관리인에게 연락해서 급히 수리를 받아야 하는 상황을 설명하고 3~4가지 질문을 하세요.

01 안녕하세요. 영업팀 김수현입니다.
Hello, this is Kim Suhyun in the Sales Department.

02 문제가 생긴 것 같아서요.
I seem to have a problem.

03 제 컴퓨터가 제대로 작동하지 않아요.
My computer doesn't work properly.

04 그래서 빨리 와서 수리해줄 사람이 필요합니다.
So I need someone to come over here and fix it ASAP.

05 컴퓨터를 수리하는 데 얼마나 걸릴지 알려주실 수 있으세요?
Could you please let me know how long it will take?

06 요청서를 작성해서 상관에게 제출해야 하나요?
Do I have to fill out a request form and submit it to a supervisor?

07 실은, 기술 지원 부서에서 누군가 여유가 생길 때까지 기다려야 한다는 것을 알고 있습니다.
Actually, I know I have to wait until a repairman in the Support Department becomes available.

08 그렇지만 이런 절차는 시간 낭비가 너무 심한 것 같습니다.
But I think this procedure is too time-consuming.

09 저는 영업팀에서 일하고 있고 매일 컴퓨터로 판매 수치를 살펴보는 것이 매우 중요합니다.
I work in sales and it is vital that I use a computer to check the sales figures every day.

10 지금 곧 와주실 수 있는 분께 연락하셔서 바로 전화 주실 수 있으세요? 도와주셔서 감사합니다.
Can you please contact someone available right now and call? Thanks for your help.

여가 활동

배경 설문조사(Background Survey)의 4번은 '여가 활동'에 대해 선택하는 항목이 나온다. 설문조사 4~7번 문항에는 12개 이상 선택하라고 나온다. 우선 여가 활동에서는 좋아하는 활동들을 고르되, 역시 영어로 설명할 수 있는 내용을 중심으로 항목을 결정해야 한다. OPIc 응시자들의 선호도를 보면, 영화나 공연, 스포츠 관람, 공원 가기에 대한 선호가 뚜렷한 편이다. 많은 사람들이 부담 없이 즐길 수 있는 활동이며 전문적인 내용이 아니어서 영어로 설명하는 데 도전해볼 만한 항목들이다. 영어로 다양한 답변을 준비하는 것이 힘이 드는 수험자라면 '취미/관심사' 주제와 연계해서 준비하면 답변을 많이 준비해야 한다는 부담을 어느 정도 줄일 수 있다. 예를 들어, 공연/콘서트 가기(여가 활동)는 음악 감상(취미/관심사)과 유사한 내용이 많으므로 공통으로 쓸 수 있는 문장 위주로 답변을 준비하는 것이다. 영화, 스포츠 관람, 공연 등 각각의 항목에서도 단순 설명하기/세부 묘사, 과거 경험 설명, 롤플레이 질문 등을 3단 콤보로 준비해야 한다.

💬 훈련북 활용 TIP

각 문장은 낱낱의 파일로 되어 있습니다. 하나의 답변을 온전히 암기하기가 벅찰 경우 답변 문장 중 꼭 필요한 것만 선택할 수 있습니다.

1. 먼저 답변 문장을 골라 표시하세요.
2. 문제마다 답변 폴더를 만들어 선택한 파일을 모으면 나만의 답변이 완성됩니다.
3. 반복해서 들으면서 따라 말하기 연습하세요.

좋아하는 영화 장르 1 – 액션/SF [모의 02-11]

051

You indicated that you like to watch movies. What kind of movies do you like to watch? Tell me about your favorite movie genre in detail.

영화 보는 것을 좋아한다고 했습니다. 어떤 종류의 영화를 좋아합니까? 좋아하는 영화 장르에 대해 자세히 얘기해주세요.

01 저는 SF 영화와 액션 영화 보기를 좋아합니다.

I like to watch science fiction films and action films.

02 〈에일리언〉와 〈스타워즈〉 시리즈는 제가 가장 좋아하는 영화들이에요.

The *Alien* and the *Star Wars* series are my favorites.

03 그 외에 저는 〈제임스 본드 007〉과 〈미션 임파서블〉과 같은 모든 액션 시리즈를 좋아합니다.

Besides, I like all kinds of action series like *James Bond 007* and *Mission Impossible*.

04 그런 영화들은 우리가 현실에서는 할 수 없는 경험을 제공해주지만 특수효과를 사용하여 현실이라고 생각하게 만듭니다.

These movies offer us an experience we can never have in the real world and the special effects are so good they make the action on the screen look like it's really happening.

05 아마 저는 현실에서 벗어날 수 있게 해주는 영화를 좋아하는 것 같아요.

I guess I like to watch movies that allow me to escape from real life.

06 웃고 놀라운 액션 장면을 보면서 긴장이 풀리거든요.

I can relax by laughing and watching some surprising action scenes.

07 한 달에 한 번쯤 영화를 본다고 생각합니다.

I suppose I see about a film a month.

08 기분이 가라앉아 있을 때, 액션 영화를 보러 가는데, 보고 나면 기분이 나아집니다.

Whenever I am down, I go see an action movie and then I feel better after that.

315

052 You indicated that you like to watch movies. What kind of movies do you like to watch? Tell me about your favorite movie genre in detail.

영화 보는 것을 좋아한다고 했습니다. 어떤 종류의 영화를 좋아합니까? 좋아하는 영화 장르에 대해 자세히 얘기해주세요.

01 저는 로맨틱 코미디 영화 보기를 좋아합니다.

I like to watch romantic comedies.

02 〈트와일라잇〉 시리즈와 〈우리 방금 결혼했어요〉는 제가 가장 좋아하는 영화들이에요.

The *Twilight Saga* series and *Just Married* are my favorites.

03 시나리오가 훌륭하여 많은 액션이 없어도 저를 몰입시킵니다.

The writing is excellent and draws me in even without a lot of action.

04 그런 영화들은 우리가 현실에서는 할 수 없는 사랑 경험을 제공해줍니다.

These movies offer us an experience of love we can never have in the real world.

05 이 영화들을 보면서 정말 즐거웠고, 줄거리에 완전히 빠져버렸습니다.

I had such a great time watching these movies; I became immersed in the storyline.

06 웃고 아름다운 장면을 보면서 긴장이 풀리거든요.

I can relax by laughing and watching some beautiful scenes.

07 기분이 가라앉아 있을 때, 로맨틱 코미디 영화를 보러 가는데 보고 나면 기분이 나아집니다.

Whenever I am down, I go see a romantic comedy movie and then I feel better after that.

08 그 영화들은 항상 해피엔딩으로 끝나기 때문에 기분이 좋아져요.

I can feel happy since they always have a happy ending.

053

Tell me about your favorite movie. What is it and what's the storyline? Who stars in the movie? Why do you like it?

당신이 가장 좋아하는 영화에 대해 말해주세요. 그것은 무엇이고 스토리는 어떻습니까? 누가 출연하나요? 왜 좋아하나요?

01 제가 좋아하는 영화는 〈맘마미아〉입니다.

My favorite movie is *Mamma Mia*.

02 이야기는 풍부한 ABBA 노래를 배경으로 펼쳐집니다.

The plot serves as a background for a wealth of ABBA songs.

03 젊은 여자가 결혼을 앞두고 세 남자 중 한 명이 아버지일지 모른다는 사실을 알게 됩니다.

A young woman is about to be married and discovers that any one of three men could be her father.

04 그녀는 어머니 도나에게 말하지 않은 채 세 명을 모두 결혼식에 초대합니다.

She invites all three to the wedding without telling her mother, Donna.

05 도나는 한때 도나와 다이나모스의 리드 싱어였습니다.

Donna was once the lead singer of *Donna and the Dynamos*.

06 메릴 스트립은 도나를 연기하고 아만다 사이프리드는 그녀의 딸인 소피를 연기합니다.

Meryl Streep plays Donna and Amanda Seyfried plays her daughter, Sophie.

07 이 영화는 밝고 꽤 흥겨운 고유한 스타일을 보여줍니다.

This was a lighthearted and quite enjoyable movie of its own style.

08 저는 중년의 세 여성 캐릭터 때문에 이 영화가 좋습니다. 그들은 매우 재미있습니다.

I love this movie for the trio of older women characters; they were all so funny.

054 Tell me in detail about the last movie you watched. What was the genre of the movie? Who was in the movie? Did you like the movie?

최근에 본 영화에 대해 자세히 얘기해주세요. 어떤 장르의 영화였습니까? 영화 출연자는 누구입니까? 영화는 좋았습니까?

01 얼마 전에는 액션 영화, 〈아이언맨〉을 보았어요.

Not so long ago, I watched an action movie, *Iron Man*.

02 줄거리는 새로울 것이 없는 상식적인 이야기입니다.

The plot is pretty generic as there's nothing new about it.

03 아이언맨이 그 전투에서 승리하지 못하고 승리하기 위해 계속 분투할 것임을 알지만 저는 여전히 그를 응원합니다.

I know that Iron Man will not win that battle, and I know that he will continue to strive to win, but I still have a lot to root for him.

04 처음에는 "그가 이 난관을 극복할 수 있을까?" 하는 의구심이 듭니다.

In the beginning, I wonder "Will he be able to overcome these obstacles?"

05 그는 몇 번이나 죽을 뻔한 위기를 넘깁니다.

He escapes several life threatening situations.

06 그렇지만 영화 마지막에 악당들이 모두 죽습니다.

But, at the end of the movie, all the bad guys kick the bucket.

07 이와 같은 영화는 때로는 진짜 재미있는 영화가 될 수도 있는 반면 다른 때에는 나쁜 영화가 될 수 있습니다.

Films like this can sometimes be really funny, while other times they can be bad.

좋아하는 배우 1 – 한국 [모의 01–10]

055

Who is your favorite movie star or character from any movie or TV show? Why do you like him or her? Please describe him or her in detail.

좋아하는 영화 배우나 영화 또는 TV 프로그램에 나오는 가장 좋아하는 인물은 누구인가요? 그 특정 배우를 좋아하는 이유는 무엇입니까? 그/그녀에 대해 자세히 설명해주세요.

01 제가 가장 좋아하는 영화배우는 송강호입니다.

My favorite movie star is Song Kangho.

02 송강호는 한국을 대표하는 배우 중의 한 명입니다.

Song is one of Korea's leading actors.

03 그는 배우로 전문적인 훈련을 받은 적이 없다고 들었습니다.

I heard that he never professionally trained as an actor.

04 그는 블록버스터 스릴러 〈쉬리〉에서 두각을 나타내기 전까지 여러 가지 조연을 맡아왔습니다.

He was cast in several supporting roles before his high-profile appearance in the blockbuster thriller *Shiri*.

05 송강호는 〈반칙왕〉에서 처음으로 주연을 맡았습니다.

Song became a star with his first leading role in *The Foul King*.

06 송강호는 또한 〈복수는 나의 것〉에 출연했습니다.

Song also starred in *Sympathy for Mr. Vengeance*.

07 그것은 박찬욱이 감독했고 납치된 딸을 추적하는 아버지를 그렸습니다.

It was directed by Park Chanwook and described a father's pursuit of his daughter's kidnappers.

08 다음 해에 그는 〈살인의 추억〉에서 무능한 시골 형사로 주연으로 출연했습니다.

The following year he played a leading role as an incompetent rural detective in *Memories of Murder*.

09 그는 우리를 실망시키지 않습니다.

He doesn't disappoint us.

319

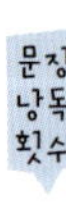

좋아하는 배우 2 – 외국 [모의 07-14]

056 Who is your favorite movie star or character from any movie or TV show? Why do you like him or her? Please describe him or her in detail.

좋아하는 영화 배우나 영화 또는 TV 프로그램에 나오는 가장 좋아하는 인물은 누구인가요? 그 특정 배우를 좋아하는 이유는 무엇입니까? 그/그녀에 대해 자세히 설명해주세요.

01	제가 가장 좋아하는 영화 배우는 브래드 피트입니다.	My favorite movie star is Brad Pitt.
02	브래드 피트는 미국 배우이자 영화 프로듀서입니다.	Brad Pitt is an American actor and a film producer.
03	그는 세계에서 가장 매력적인 남자 중 한 명으로 묘사되어 왔습니다. 아마도 로드 무비 〈텔마와 루이스〉에서 그의 역할 이후인 것 같습니다.	**He has been described as one of the world's most attractive men.** I guess since his role in the road movie *Thelma & Louise*.
04	〈텔마와 루이스〉에서 카우보이 히치하이커로 등장한 브래드 피트는 확실히 각인되었습니다.	Brad Pitt first gained recognition as a cowboy hitchhiker in *Thelma & Louise*.
05	대형 프로덕션에서 그의 첫 번째 주연은 〈흐르는 강물처럼〉과 〈가을의 전설〉이었습니다.	**His first leading roles in big-budget productions came with** *A River Runs Through It* and *Legends of the Fall*.
06	영화에서 그의 연기는 매우 인상적이었죠.	**His acting was very impressive in the films.**
07	그는 우리를 실망시키지 않습니다.	He doesn't disappoint us.
08	그의 가장 큰 상업적인 성공은 〈트로이〉, 〈미스터 앤 미세스 스미스〉에서였습니다.	His greatest commercial successes have been *Troy*, and *Mr. & Mrs. Smith*.
09	그는 프로덕션 회사를 가지고 있고 여배우 안젤리나 졸리, 그리고 여섯 아이들과 함께 살고 있습니다.	Pitt owns a production company and he lives with actress Angelina Jolie and their six children.

057

What do you usually do before you go to a movie theater? What do you do after watching a movie? Please tell me about your typical day when you go to the movies.

영화관에 가기 전에 주로 무엇을 하나요? 영화 관람 후에는 무엇을 합니까? 영화를 보러 갈 때 전형적인 하루에 대해 이야기해주세요.

01 우선 친구 중 한 명이 다른 친구들에게 연락을 합니다.

First, one of my friends contacts the others.

02 다음에는 볼 영화를 고릅니다. 보통 액션 영화로 결정합니다.

Next, we choose which movie to see. We usually decide on an action movie.

03 그런 다음 우리는 극장으로 출발하기 전에 온라인으로 미리 티켓을 예매하죠. 그렇게 하면 영화 보는 극장 앞에서 줄 서서 기다리지 않아도 됩니다.

Then we book tickets online before we leave for the theater, because we can avoid waiting in line at the theater.

04 우리는 항상 시내에 있는 영화관에 갑니다.

We always go to the movie theater located downtown.

05 극장에 들어가기 전에 꼭 군것질거리도 삽니다.

Before we enter the theater, we also make sure to buy some snacks.

06 영화가 시작되기 전에는 반드시 화장실에 다녀옵니다.

Before the movie starts, we make sure to drop by the bathroom.

07 영화가 시작되면 그것에 집중합니다.

When the movie starts, we concentrate on the movie.

08 영화가 끝나면 카페에 가서 커피를 마시면서 그것에 관해 이야기를 합니다.

After the movie finishes, we go to a café to drink coffee and talk about it.

영화 티켓 예약 문의 – 롤플레이

058 Pretend that you want to order some movie tickets on the phone. Ask some questions about the movie in order to reserve some tickets.

전화로 영화 티켓을 주문한다고 가정해보세요. 티켓을 예매하기 위해 영화에 대해 질문을 3~4가지 하세요.

01 안녕하세요. ABC 극장인가요?
Hello, is this ABC Theater?

02 몇 가지 질문을 해도 될까요?
Can I ask some questions?

03 영화 티켓을 예매하고 싶습니다.
I want to book tickets for a movie.

04 5월 15일 토요일, 8시 영화입니다.
It's the 8 o'clock movie on Saturday, May 15th.

05 아, 네. 〈레터스 투 줄리엣〉이에요. 전화로 표를 주문하는 것에 익숙하지 않아서요.
Oh, yes, it's *Letters to Juliet*. I'm not used to ordering tickets over the phone.

06 김수현이라는 이름으로 예약하고 싶습니다. 철자는 K–I–M–S–U–H–Y–U–N입니다.
I want to reserve the tickets under the name of Kim Suhyun, spelled K-I-M-S-U-H-Y-U-N.

07 앞쪽 좌석에 자리가 남아 있나요?
Do you have any front row seats left?

08 티켓 가격은 얼마인가요?
How much would the tickets be?

09 아, 그리고 극장 내에 음식을 살 수 있는 장소가 있나요?
By the way, is there a place to buy some food in the theater?

10 아, 그리고 잊을 뻔했네요.
Oh, I almost forgot.

11 극장 근처 어디에 주차하면 되나요?
Where can I park my car near the theater?

12 고마워요. 큰 도움이 됐어요.
Thank you. You were very helpful.

좋아하는 나이트클럽 1 [모의 09–14]

문장 낭독 횟수

059

Please tell me about your favorite nightclub. What is it like? Where is it located? What makes that place different from other nightclubs? Describe that place in as much detail as possible.

가장 좋아하는 나이트클럽에 대해 이야기해주세요. 어떤가요? 어디에 있나요? 어떤 점이 그곳을 다른 곳과 다르게 만드나요? 그 장소에 대해 최대한 자세히 설명해주세요.

01 제가 가기를 좋아하는 나이트클럽은 강남에 있는 엘루이입니다.

The club that I really like to go to is Ellui in Kangnam.

02 그곳은 화려하고 도심에 있습니다.

It is very fancy, and it's in the heart of the city.

03 그 클럽은 인기가 많아 사람들로 가득 차 있습니다.

It's popular and packed.

04 크고 여러 층으로 되어 있습니다.

It's huge, and has several floors.

05 클럽에는 두 개의 다른 구역이 있습니다. 화이트 존과 블랙 존입니다.

They have two distinct parts of the club: the White Zone and the Black Zone.

06 화이트 존은 공상과학 영화의 세트처럼 초현대적이고 블랙 존은 어둡고 사적입니다.

The White Zone looks very space-age, like it could be from a science fiction movie set, and the Black Zone is dark and private.

07 입장료가 다른 클럽보다 좀 비싼 편이지만 그럴 만한 가치가 있습니다.

The cover charge to get in is more expensive than any other clubs, but it's worth it.

08 그곳에 갈 때마다 항상 좋은 시간을 갖습니다.

Whenever I go there, I always have a good time.

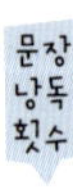

060

Please tell me about your favorite nightclub. What is it like? Where is it located? What makes that place different from other nightclubs? Describe that place in as much detail as possible.

가장 좋아하는 나이트클럽에 대해 이야기해주세요. 어떤가요? 어디에 있나요? 어떤 점이 그곳을 다른 곳과 다르게 만드나요? 그 장소에 대해 최대한 자세히 설명해주세요.

01	제가 가기 좋아하는 다른 두 곳의 나이트클럽이 있습니다.	**There are two different night clubs I like to visit.**
02	제가 좋아하는 클럽 중의 하나는 상남에 있는 수입니다.	One of the clubs that I really like to go to is Sue in Kangnam.
03	한 클럽은 도심에 있지는 않지만 인기가 많아 사람들로 가득 차 있습니다.	Club Han is not in the heart of the city, but it's popular and packed.
04	항상 들어가려고 기다리는 줄이 있고 그 줄은 길 아래쪽까지 길게 연결됩니다.	**There is always a line of people waiting to get in, and sometimes the line stretches down the street.**
05	이 클럽들은 크고 여러 층으로 되어 있습니다.	They are huge, and have several floors.
06	수 클럽에는 VIP룸이 있어서 많은 유명인들이 거기에서 어울립니다.	**Club Sue has VIP rooms, so a lot of celebrities hang out there.**
07	입장료가 30,000원이라 좀 비싼 편이지만, 그럴 만한 가치가 있습니다.	It's kind of expensive to get in as the cover charge is 30,000 won, but it's worth it.
08	그곳에 갈 때마다 항상 좋은 시간을 갖습니다.	Whenever I go there, I always have a good time.

나이트클럽 경험 1 [모의 09–15]

061 Please tell me about a memorable event you had at a nightclub. What happened? Why was it so memorable to you?

나이트클럽에서 일어난 가장 기억에 남는 일에 대해 이야기해주세요. 어떤 일이었나요? 왜 기억에 남나요?

01 어느 날 저녁, 우리는 동네 나이트클럽으로 좀처럼 가지 않는 나들이를 갔습니다.

One evening, we made a rare outing to the local nightclub.

02 그것은 홍대에 있는 작은 클럽이었습니다.

It was a small club around the Hongdae area.

03 악단이 연주를 시작한 후 그 나이트클럽은 활기를 띠었습니다.

After a band started to play, the nightclub was jumping.

04 마침내 친구 중 하나가 여자 무리를 저희가 앉아 있는 곳으로 데리고 왔습니다.

Eventually, one of my friends pulled a group of girls over to where we were sitting.

05 저는 그 중 한 명에게 제 소개를 하며 대화를 하기 시작했습니다.

I started a conversation with one of them by introducing myself.

06 그녀의 이름을 묻고 저와 춤을 추고 싶은지 물었습니다.

I asked her name and whether she wanted to dance or not.

07 춤을 추기 시작할 때까지는 좋았습니다.

This was all fine up until then, but then we started dancing.

08 저는 댄스 무대에서 그녀에게 얘기를 하려 했는데 그녀는 제가 하는 말이 들리지 않았습니다.

I tried to talk to her on the dance floor, but she couldn't hear me.

09 그녀는 계속 그녀의 귀를 가리키고 머리를 저으며 "네?"라고 소리질렀습니다.

She kept shouting "What?" and pointing at her ear and shaking her head.

10 재미 있었지만 여자를 만나는 데 좋은 장소는 아닌 것 같습니다. 애기를 나누기가 어렵습니다.

I had a good time, but it doesn't seem like a good place to meet women. It's too hard to talk.

062

Tell me about an experience when you went to a nightclub recently. Where did you go and who did you go with? Give me all the details.

최근에 나이트클럽에 갔던 경험에 대해서 설명해주세요. 어디에 갔으며 누구와 함께 갔었나요? 자세하게 말씀해주세요.

□ 01 얼마 전 밤에 몇몇 친구들과 처음으로 클럽에 갔습니다.

I went clubbing the other night with a few mates for the first time.

□ 02 저는 영화를 보고 싶었는데. 제 친구는 나이트클럽에 가서 춤추고 싶어했습니다.

I would have liked to see a movie, but my friend rather wanted to go dancing at a nightclub.

□ 03 그것은 홍대에 있는 작은 클럽이었습니다.

It was a small club around the Hongdae area.

□ 04 그 나이트클럽 밖 거리에서도 음악과 웃음소리가 들렸습니다.

The music and laughter were audible from the street outside the nightclub.

□ 05 나이트클럽 문지기가 술 취한 손님의 입장을 거부했기 때문에 들어가기 전에 저는 좀 긴장했습니다.

Before we got there, I was a bit nervous because the nightclub bouncer gave a drunk customer the heave-ho.

□ 06 하지만 아는 사람들도 만나고 춤도 추고 술도 마시면서 긴장감은 사라졌습니다.

However, this went away when we met up with some people we knew and started dancing, drinking, etc.

□ 07 친구들과 저는 그곳에서 두세 시간 정도 있었습니다.

My friends and I were there for a couple of hours.

063

You indicated in the survey that you go to concerts. What kind of concerts do you usually go to? How often do you go to concerts and with whom do you usually go? How do you pick which concert you will go to?

콘서트에 간다고 하셨습니다. 주로 어떤 콘서트에 가시나요? 콘서트는 얼마나 자주 가고 보통 누구와 함께 갑니까? 어떤 콘서트를 갈지는 어떻게 고르나요?

01 저는 그냥 MP3로 음악을 듣는 것보다 콘서트에 가는 것을 좋아합니다.

I prefer attending concerts to just listening to music on my MP3 player.

02 저는 한 달에 한두 번 친구들과 함께 콘서트에 갑니다.

I go to a concert once or twice a month with my friends.

03 우리는 신나는 리듬으로 가득한 락 콘서트를 선호합니다.

We prefer a rock concert that is filled with exciting rhythms.

04 제가 콘서트에 가는 것을 좋아하는 데에는 여러 가지 이유가 있습니다.

There are so many reasons why I like to go to concerts.

05 콘서트에서 저는 무대 위의 모든 밴드 멤버들을 동시에 볼 수 있습니다.

At the concerts, I can see all the band members on the stage at the same time.

06 콘서트의 청중들은 매우 열정적입니다.

The audience at concerts is very enthusiastic.

07 이런 이유들로 저는 항상 음악이 주가 되고 라이브인지를 확인합니다.

For these reasons, I always check that the music is the main attraction and it is live.

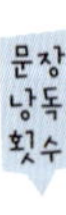

064

What do you usually do before you go to a concert? What do you do after the concert finishes? Please tell me about your typical day when you go see the concert.

콘서트에 가기 전에 주로 무엇을 하나요? 콘서트가 끝난 후에는 무엇을 합니까? 콘서트를 보러 갈 때 전형적인 하루에 대해 이야기해주세요.

01 우선 친구 중 한 명이 다른 친구들에게 연락을 합니다.
First, one of my friends contacts the others.

02 다음에는 볼 콘서트를 고릅니다.
Next, we choose which concert to see.

03 콘서트에 대한 정보를 찾아봅니다.
We search for some information about concerts.

04 그런 다음 우리는 공연장으로 출발하기 전에 온라인으로 미리 티켓을 예매하죠.
Then we book tickets online before we leave for the concert hall.

05 우리는 항상 시내에 있는 콘서트장에 갑니다.
We always go to the concert hall located downtown.

06 때로는 그냥 가서 그날 하는 아무 공연이나 보기도 합니다.
Sometimes we just go there and pick whatever they are showing.

07 그곳에 갈 때는 맛있는 군것질거리를 삽니다.
When we go there, we buy delicious snacks.

08 공연이 시작되기 전에는 반드시 화장실에 다녀옵니다.
Before the performance starts, we make sure to drop by the bathroom.

09 공연이 시작되면 그것에 집중합니다.
When the performance starts, we concentrate on it.

10 공연이 끝나면 카페에 가서 커피를 마시면서 쇼와 공연자들에 관해 이야기를 합니다.
After the show finishes, we go to a café to drink coffee and talk about the show and the performers.

공연장 입장권 예약 문의 – 롤플레이 [모의 08–09]

문장
낭독
횟수

065 Pretend that you want to order some concert tickets on the phone. Ask some questions about the concert in order to reserve some tickets.

전화로 콘서트 티켓을 주문한다고 가정해보세요. 티켓을 예매하기 위해 콘서트에 대해 질문을 3〜4가지 하세요.

01 안녕하세요, ABC 극장인가요?
Hello, is this ABC Theater?

02 몇 가지 질문 좀 해도 될까요? 웹 사이트 주소가 어떻게 되죠?
Can I ask you some questions? What is the address of your website?

03 예매하기 위해 접속해야 할 웹사이트를 못 찾겠어요.
I can't find the website that I need to access for ticketing.

04 전화 예약이 가능합니까? 아, 고마워요.
Can I make a reservation over the phone? Oh, thank you.

05 5월 15일 토요일 8시 콘서트 입장권을 예약하고 싶습니다.
I'd like to reserve tickets for the 8 o'clock concert on Saturday, May 15th.

06 김수현이라는 이름으로 예약하고 싶습니다.
I want to reserve the tickets under the name of Kim Suhyun.

07 저는 앞자리로 네 자리 예약하고 싶어요. 앞쪽 좌석에 자리가 남아 있나요?
I want to reserve four seats in front. Do you have any front row seats left?

08 아, 잘됐네요. 일반석으로 해주세요.
Oh, that's good. General seats, please.

09 티켓 가격은 얼마인가요? 할인을 해주나요?
How much would the tickets be? Do you offer any discount?

10 고마워요. 큰 도움이 됐어요.
Thank you. You were very helpful.

066 Unfortunately, you realize that you can't make it on the day of watching a performance with your friends. Make a telephone call to your friend, and tell him or her what has happened. Offer two solutions for this situation.

불행히도 친구들과 공연을 보기로 한 날에 갈 수 없다는 것을 알게 됩니다. 친구에게 전화를 걸어서 무슨 일이 생겼는지 말하세요. 이 상황을 해결할 다른 두 가지 해결책을 제시하세요.

☐ 01 여보세요, 나 수현이야.

Hello, this is Suhyun speaking.

☐ 02 너희들이 오늘 밤 음악 콘서트를 함께 보러 가기를 원한다는 것을 알아.

I know you guys want to go to a concert together tonight.

☐ 03 미안하지만 나 식중독에 걸려서 못 갈 것 같아.

I'm afraid I can't make it because I have food poisoning.

☐ 04 병원에 가야 해. 진짜 좀 위급한 상황이야.

I have to go see a doctor. It's actually kind of an emergency situation.

☐ 05 그래서, 너희들끼리 만나서 나 빼고 그냥 콘서트를 보는 게 어때?

So, why don't you guys meet and watch the concert without me?

☐ 06 그게 싫으면 다음 주말에 갈래?

If you don't want to, can we go to the concert next weekend?

☐ 07 다른 아이들한테 전화해서 이 상황을 알려줄래?

Is there any chance you could call the others and explain this situation?

☐ 08 뭐가 가장 좋은지 알려줘.

Let me know what is best for you.

067

Please tell me about a memorable event you've had in a museum. What happened? Why was it so memorable to you?

박물관에서 있었던 가장 기억에 남는 일을 이야기해주세요. 어떤 일이었나요? 왜 기억에 남나요?

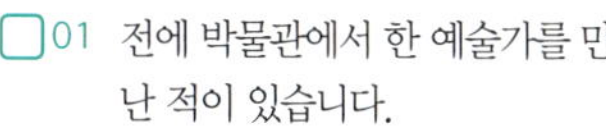

01 전에 박물관에서 한 예술가를 만난 적이 있습니다.

I met an artist at the museum before.

02 저는 그 유명한 예술가를 발견하고는 그와 악수를 하고 그의 그림을 얼마나 좋아했는지 말했습니다.

I found the famous artist and shook hands with him and told him how much I liked his pictures.

03 그는 저에게 박물관 전체를 안내해줬습니다.

He led me on a tour through the museum.

04 그는 매우 친절했고 저에게 사인을 해주었습니다.

He was very nice, and signed autographs for me.

05 그는 최근 몇 년 동안 그곳에 전시된 작품들이 일으킨 논란으로 인하여 많은 인기를 얻게 되었습니다.

He owed a lot of his popularity to the controversy that his works had generated in recent years.

06 그의 작품들은 과연 예술이란 무엇인가에 대한 많은 논쟁을 일으켰습니다.

His works provoked a lot of debate on what art actually is.

07 그의 설명 덕분에 현대미술이 보기보다 더 깊은 뜻이 있다는 것을 알게 되었습니다.

Thanks to his explanation, I found that there's more to modern art than meets the eye.

331

068

Pretend that you want to order some exhibition tickets on the phone. Ask some questions about the exhibition in order to reserve some tickets.

전화로 전시회 티켓을 주문한다고 가정해보세요. 티켓을 예매하기 위해 전시회에 대해 질문을 3~4가지 하세요.

01 안녕하세요, 국립 미술관인가요?
Hello, is this the National Museum?

02 모네 전시회에 대해 몇 가지 질문을 해도 될까요?
Can I ask some questions about the Monet exhibition?

03 미술관 입장료는 얼마입니까?
What's the admission fee to the museum?

04 그리고 입장권 대금을 지불하는데 신용카드를 사용하거나 폰뱅킹으로 보낼 수 있나요?
And can I use a credit card to pay for the tickets or send money by phone banking?

05 미술관 휴관일이 언제입니까?
On what days is the museum closed?

06 미술관이 가장 늦게 문을 닫는 날은 언제입니까?
On which days does the museum close the latest?

07 외부 음식물 반입도 되는지 궁금합니다.
I want to know whether it's okay to bring my own food.

08 아, 그리고 잊을 뻔했네요.
Oh, I almost forgot.

09 미술관 근처 어디에 주차하면 되나요?
Where can I park my car near the museum?

10 고마워요. 큰 도움이 됐어요.
Thank you. You were very helpful.

069

Please tell me about your favorite park. What is it like? Where is it located? What makes that park different from other parks?

가장 좋아하는 공원에 대해 이야기해주세요. 어떤가요? 어디에 있나요? 어떤 점이 그 공원을 다른 공원과 다르게 만드나요?

01 저는 집 근처에 있는 공원에 갑니다.

I go to the park located near my house.

02 공원은 서초 지하철역에서 서쪽으로 50미터 떨어져 있어서 아주 편리하죠.

The park is 50 meters to the west of Seocho subway station, so it is very convenient.

03 출구는 공원의 북쪽과 서쪽 끝에 위치해 있습니다.

The exits are located in the north and west ends of the park.

04 그 공원에는 조각상들과 나무들이 많아서 풍경이 아름답습니다.

The park has beautiful views with many statues and trees.

05 공원에는 운동 기구, 트랙, 코트 등과 같은 시설이 많아서 운동하고 휴식하거나 재미있게 즐길 수 있습니다.

Because it has many facilities like training machines, tracks, and a court, you can exercise, relax, or have fun.

06 공원 중심에는 농구 코트가 있습니다.

At the center of the park is a basketball court.

07 코트 옆에는 편의점도 있고요.

There is also a convenience store next to the court.

08 편의점 반대쪽에는 작은 공공 도서관도 있습니다.

Opposite the convenience store, there is also a small public library.

09 저는 점심 식사 후 자주 공원을 산책합니다.

I often walk in the park after lunch.

070 You indicated that you like to go to parks. Please explain to me what kind of activities you do in the park.

당신은 공원에 가는 것을 좋아한다고 하셨습니다. 공원에 가서 하는 활동에 대해 저에게 자세하게 설명해주세요.

01 저는 집 근처에 있는 공원에 자주 가는데, 앉아서 책을 읽거나 명상을 하기에도 아주 환상적인 장소이기 때문이죠.

I often go to the park near my house because it has fantastic areas to sit and read books or meditate.

02 맑은 날이면 저는 공원에 가서 좋은 날씨를 즐기는 것을 좋아합니다.

If it's sunny day, I love to go to a park, sit on the bench, and enjoy the great weather.

03 저는 또한 나무 아래 있는 벤치에 앉아서 간식 먹는 것도 좋아합니다.

I also like to eat some snacks sitting on a bench under the trees.

04 그래서 집을 나오기 전에 저는 항상 물 한 병과 간식을 챙깁니다.

So, before I leave for the park, I always take a water bottle and some snacks.

05 저는 편안하고 가벼운 옷으로 갈아입고 자전거를 꼭 챙겨 갑니다.

I change into comfortable and light clothes, and then, take my bicycle.

06 그곳에 가면 잔디에 돗자리를 깔고 앉습니다.

When I go there, I sit on the grassy lawns with a blanket spread.

07 공원에서 자전거를 타는 것 역시 좋아요.

Bicycling around the park is also good.

08 공원에서 하이킹 또는 놀이를 즐기거나, 그냥 앉아 사색에 잠기기도 하는데 그 자체가 특별한 경험이 됩니다.

I can hike or play or just sit and think in the park which makes it special.

공원 가기 전후에 하는 일 [모의 06-10]

071

You indicated in the survey that you like going to a park. What do you usually do before going to the park? What kind of activities do you do in the park? And what do you do after you return home. Please tell me about your typical day when you go to the park.

설문조사에서 공원에 가는 것을 좋아한다고 했습니다. 공원에 가기 전에 주로 무엇을 하나요? 공원에서는 어떤 활동을 하나요? 공원에서 돌아와서는 무엇을 하나요? 공원에 가는 전형적인 하루에 대해 말해주세요.

01 저는 집을 나오기 전에 편안하고 가벼운 옷으로 갈아입습니다.

Before I leave for the park, I change into comfortable and light clothes.

02 그 다음 물과 간식을 꼭 챙겨갑니다.

And then, I take water and some snacks.

03 공원에서 저는 오래 걷거나 때로는 트랙을 따라 돌기 위해 자전거를 가져갑니다.

At the park, I take a long walk or sometimes I take my bicycle to ride along the track.

04 공원에 도착한 후에 트랙을 따라 자전거로 서너 바퀴를 돕니다.

After arrving at the park, I ride my bicycle along the track three or four times.

05 한 시간 가량 걸리죠. 그런 다음 벤치로 갑니다.

It takes about an hour. And then I go to the bench.

06 저는 나무 아래 있는 벤치에 앉아서 간식 먹는 것이 좋습니다.

I like to eat some snacks sitting on a bench under the trees.

07 땀 흘려 운동하고 나서 한 모금의 물과 간식은 만족을 주기에 충분하죠. 그리고 또 다른 한 주를 살아갈 힘을 줍니다.

After a big sweat, a sip of water and a snack are enough to satisfy me and give me the energy to prepare for another week.

08 자전거를 다 타고 나서 저는 공원에서 돌아와 꼭 손을 씻습니다.

After I finish bike riding and get back from the park, I make sure to wash my hands.

09 그리고 옷을 갈아입고 TV를 보거나 합니다.

And I get changed again and watch TV or whatever.

072

Please tell me about your most memorable event in a park. What happened? Why was it so memorable to you?

공원에서 일어난 가장 기억에 남는 일을 이야기해주세요. 어떤 일이었나요? 왜 기억에 남나요?

01 작년 이맘때 즈음인 것 같습니다.

I think it was around this time last year.

02 저는 제 여자친구와 데이트한 지 2주 정도 됐는데, 하루는 저녁을 거나하게 먹은 후에 공원에 갔습니다.

I'd been seeing my girlfriend for almost two weeks, and one day after a large dinner, my girlfriend and I went to a park.

03 그 공원에는 손을 잡고 거니는 젊은 연인들도 가득했습니다.

The park was full of young lovers hand in hand as well.

04 한 노부부가 손을 잡고 다정하게 거닐고 있었습니다.

An old couple walked tenderly, holding hands.

05 "저 노부부를 봐. 아름답지 않니?"라고 그녀가 말했습니다.

She said, "Look at the old couple. Beautiful, isn't it?"

06 1~2분 정도 뒤에 나는 손을 뻗어 그녀의 손을 잡았습니다.

After a minute or two, I reached out and took her hand.

07 그것은 제가 여자친구와 공원에 갔던 좋은 기억이었습니다.

That was a great memory that I have about going to the park with my girlfriend.

공원 단순 질문하기 – 롤플레이

073 I like to go to the park. Ask me three or four questions to find out what kind of activities I do in the park.

저는 공원에 가는 것을 좋아합니다. 제가 공원에 가서 하는 활동에 대해 저에게 3~4가지 질문을 해보세요.

□ 01 집 주변 공원에 가는 것을 좋아하시는군요. 공원에 얼마나 자주 가시나요?

You like to go to the park near your house. How often do you go to the park?

□ 02 왜 공원에 가는 걸 좋아하시나요? 공원에서 당신이 하는 활동에 대해 말해주세요.

Why do you like to go to the park? Please tell me about the activities you do in the park.

□ 03 저는 주말에 가족들과 공원에 가서 즐거운 시간을 보냅니다.

I go to the park with my family and spend some quality time there during the weekend.

□ 04 당신도 가족과 함께 가시나요?

Do you go there with your family, too?

□ 05 아니면 홀로 여가 시간을 즐기시나요?

Or do you enjoy your leisure time by yourself?

□ 06 공원에서 당신이 하는 활동에는 어떤 것이 있나요?

What kind of activities do you do in the park?

□ 07 공원과 관련해서 최근 사건이 있었나요? 어떻게 일어났나요? 어떤 일이었나요?

Have you had any recent issue related to the park? How did it come up? What happened?

□ 08 왜 기억에 남나요? 공원에서 당신이 하기 좋아하는 모든 것들에 대해 듣고 싶군요.

Why was it so memorable to you? I'd love to hear all the things that you like to do at the park.

● 단순 질문하기 문제 유형에서는 단순히 질문만 나열하는 것보다 본인의 경우에는 어떠한지 예를 들어가며 질문을 이어가는 것이 좋습니다.

074 What sport do you like to watch the most on television? Please talk about why you like this sport the most.

TV로 어떤 스포츠를 가장 많이 즐겨 보십니까? 그 스포츠를 왜 가장 좋아하는지 이야기해보세요.

01 저는 축구에 미쳐서 경기를 빼놓지 않고 봅니다.

I'm crazy about soccer; I never miss a game.

02 저는 한국 팀이 월드컵에서 뛰는 것을 본 후로 축구를 TV로 즐겨 봅니다.

After I watched the Korean team playing in the World Cup, I came to love watching soccer on TV.

03 텔레비전으로 축구를 보는 것은 실제로 보는 것하고는 다릅니다.

Watching a soccer game on TV is not the same as seeing it live.

04 하지만 저는 축구 경기를 보러 경기장에 가는 것을 좋아하지 않습니다. 너무 붐비거든요.

But I don't like going to a stadium to see a soccer game; it's too crowded.

05 저는 간식과 음료를 사서 집에서 축구 경기를 보는 것을 좋아합니다.

I like to buy some snacks and drinks and watch it at home.

06 저는 유럽 축구의 열혈 팬인데, 젊은 한국 축구 선수들이 세계 최고의 축구 무대에서 활약하고 있기 때문이죠.

I'm a big fan of European soccer because many young Korean players are now in the world of big-time soccer.

07 그들은 오늘날 세계무대에서 맹활약하고 있습니다.

They are highly active on the world stage these days.

08 이들 한국 선수들을 지켜보는 것은 정말 흥분됩니다.

It is so exciting to watch these Korean players.

좋아하는 스포츠 선수 [모의 05-09]

075

Please tell me about your favorite sports player. What sport does he or she play? Why do you like him or her? Describe him or her in as much detail as possible.

당신이 좋아하는 스포츠 선수에 대해 말해주세요. 어떤 스포츠를 합니까? 왜 그 선수를 좋아하나요? 그/그녀에 대해 가능한 자세히 말해주세요.

문장
낭독
횟수

01	저는 피겨의 여왕 김연아의 팬인데, 그녀는 세계의 스케이팅 역사를 새로 썼기 때문입니다.	I'm a big fan of figure skating queen Yuna Kim because she rewrote the world's skating history.
02	김연아는 2010 올림픽 챔피언이며 2014 올림픽 여자 부문 싱글 은메달리스트입니다.	She is the 2010 Olympic champion and 2014 silver medalist in ladies' singles.
03	김연아는 ISU 평가 체계에서 쇼트 프로그램, 프리 스케이팅, 합산 점수 여자 부문 신기록 보유자입니다.	She is the current record holder for ladies in the short program, the free skating, and the combined total under the ISU Judging System.
04	김연아는 수 차례 세계 신기록을 경신했습니다.	She broke the world record scores many times.
05	김연아가 올림픽에서 금메달을 따는 것을 본 후로는 피겨 스케이팅을 TV로 시청하는 것을 좋아하게 되었습니다.	After I watched Yuna Kim win the gold medal in the Olympics, I came to love watching figure skating on TV.
06	선수들이 펼치는 모든 다채로운 연기를 보는 것은 정말 재미있습니다.	Watching all of the athletes' diverse performances is really exciting.
07	특히, 김연아를 보면, 그녀의 연기와 의상, 음악이 만들어내는 조화는 매우 아름답습니다.	Especially, with Yuna Kim, the harmony of her performance, costumes, and music is incredibly beautiful.
08	저는 그녀가 정말 자랑스럽습니다.	I am really proud of her.

076 What was the most memorable sporting event you have watched? Describe the game in as much detail as possible.

가장 기억에 남는 스포츠는 무엇이었습니까? 가능한 자세하게 경기를 설명해보세요.

01 제 친구들과 저는 지난 토요일에 경기장에서 야구 경기를 보았습니다.

My friends and I watched a baseball game in a stadium last Saturday.

02 삼성 라이언스와 LG가 경기를 했는데, 저는 LG를 응원했습니다.

The Samsung Lions played against the LG Twins and I rooted for the LG Twins.

03 경기장 분위기는 아주 흥분되어 있었습니다.

The atmosphere at the sports stadium was electric with excitement.

04 사람들은 북 치고 깃발을 휘날리며 선수들을 응원했습니다.

The people cheered the players with drums beating and colors flying.

05 두 팀 모두 백중지세라 이 경기의 결과를 아무도 예측할 수 없었습니다.

The two teams were all neck and neck and no one could predict the result of the game.

06 경기는 많은 홈런과 안타를 주고받는 난타전이었습니다.

The game was a slugfest with numerous hits and homeruns.

07 삼성 팀은 경기 내내 수비에만 치중했습니다.

The Samsung team only focused on defense throughout the entire game.

08 LG는 삼성의 수비를 뚫는 데 실패했습니다.

The LG Twins failed to pierce Samsung's defense.

09 한 선수가 9회 말에 끝내기 홈런을 쳤고, 결국 삼성이 시합에서 우승했습니다.

A player hit a walk-off home run in the bottom of the 9th inning and Samsung team won the tournament in the end.

10 우리는 그 경기 결과에 몹시 낙담했습니다.

We were bitterly disappointed at the result of the game.

스포츠 관람 경험 2 [모의 12-08]

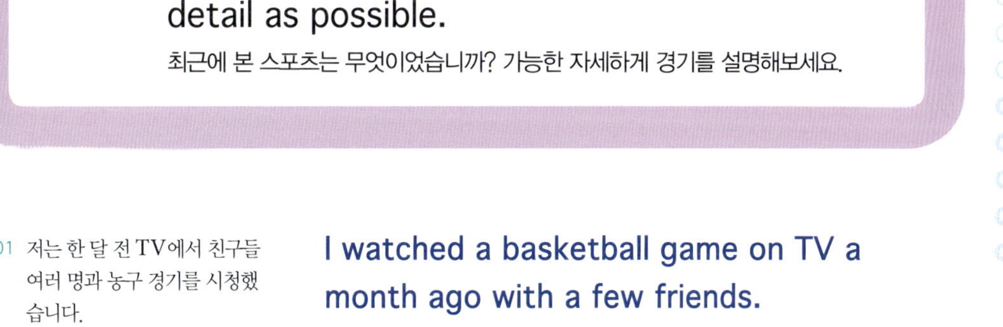

077 What was the most recent sporting event you watched? Describe the game in as much detail as possible.

최근에 본 스포츠는 무엇이었습니까? 가능한 자세하게 경기를 설명해보세요.

01 저는 한 달 전 TV에서 친구들 여러 명과 농구 경기를 시청했습니다.

I watched a basketball game on TV a month ago with a few friends.

02 저희는 팝콘을 만들고 음료수를 준비했습니다.

We made popcorn and had some soft drinks.

03 삼성과 KT가 경기를 했습니다.

Samsung played against KT.

04 처음에는 소파에 앉아서 경기를 시청했습니다.

At first, we just watched the game, sitting on the couch.

05 경기가 과열되자, 친구들은 KT를 큰소리로 응원하기 시작했습니다.

As the game heated up, my friends began to cheer for KT loudly.

06 저는 왠지 상대팀을 응원하고 싶었습니다.

I don't know why, but I decided to root for the opposite team.

07 나의 영리하고 사악한 친구들은 이 기회를 놓치지 않고 누가 이길지 내기하자고 우겼습니다.

My clever, evil friends didn't miss a chance, and they insisted we bet on who was going to win.

08 경기는 연장전까지 가는 박빙의 승부였습니다. 마침내 KT가 우승했습니다.

It was a close game that went into overtime. Finally KT won the game.

09 당연히 친구들은 저에게 벌칙을 내렸습니다.

Sure enough, my friends made me pay off the bet.

10 저는 거실을 혼자 청소해야 했습니다. 그렇지만 꽤 재미있는 경기였습니다.

I had to clean the living room alone. But it was a very exciting game.

스포츠 관람 좌석 예약 문의 – 롤플레이

078

Pretend that you want to order some game tickets on the phone. Ask some questions about the game in order to reserve some tickets.

전화로 경기 티켓을 주문한다고 가정해보세요. 티켓을 예매하기 위해 경기에 대해 질문을 3~4가지 하세요.

01 안녕하세요, ABC 경기장인가요?

Hello, is this ABC Stadium?

02 다음 주 토요일에 있는 경기에 대해 몇 가지 질문을 해도 될까요?

Can I ask some questions about the game next Saturday?

03 다음 주 축구 경기 입장권을 경기장 매표소에서 판매한다고 들었습니다.

I heard tickets for next week's football game are on sale now at the stadium ticket office.

04 전화 예약이 가능합니까? 아, 고마워요.

Can I make a reservation over the phone? Oh, thank you.

05 이번 경기 티켓을 예매하고 싶습니다.

I want to book tickets for the game.

06 경기장 입장료는 얼마입니까?

What's the admission fee to the stadium?

07 일반석으로 해주세요.

General seats, please.

08 할인을 해주나요? 아, 잘됐네요.

Do you offer some discount? Oh, that's good.

09 아, 그리고 경기장 내에 음식을 살 수 있는 장소가 있나요?

By the way, is there a place to buy some food in the stadium?

10 아, 그리고 잊을 뻔했네요.

Oh, I almost forgot.

11 경기장 근처 어디에 주차하면 되나요?

Where can I park my car near the stadium?

12 고마워요. 큰 도움이 됐어요.

Thank you. You were very helpful.

079

Unfortunately, you realize that you are late for the appointment on the day of watching a sport's game with your friends. Make a telephone call to one of your friends, and tell him or her what has happened. Offer two solutions for this situation.

불행히도 친구들과 스포츠 경기를 보기로 한 날에 약속에 늦게 된다는 것을 알게 됩니다. 친구들 중 한 명에게 전화를 걸어서 무슨 일이 생겼는지 말하세요. 이 상황을 해결할 다른 두 가지 해결책을 제시하세요.

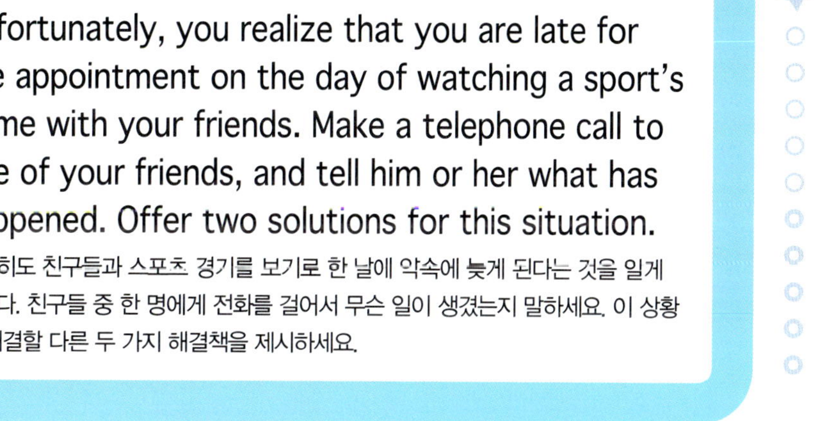

	01	여보세요, 나 수현이야.	Hello, this is Suhyun speaking.
	02	네가 오늘 저녁 경기장에 가서 축구 경기를 함께 보기를 원한다는 것을 알아.	I know that you want to go to the stadium and watch a soccer game together tonight.
	03	너도 알겠지만 내가 멀리 살아서 대중 교통수단을 이용해야 해.	As you know, since I live far away from there, I have to use public transportation.
	04	오늘 오후에 버스와 지하철 둘 다 타서 거기까지 가는 데 약 50분 정도 걸려.	I am taking both the bus and the subway this afternoon and it takes about 50 minutes to get there.
	05	주말만 제외하고 언제나 차가 심하게 막혀.	It's bumper-to-bumper every day except weekends.
	06	지금 병목 구간에 걸려 오도가도 못하고 있어.	I am now caught in a traffic bottleneck.
	07	거기까지 가는 데 얼마나 걸릴지 잘 모르겠어.	I am not sure how long it will take to get there.
	08	그래서, 너희들끼리 만나서 나 빼고 그냥 경기를 먼저 보는 게 어때?	So, why don't you guys meet and watch the game without me first?
	09	내가 나중에 합류할게.	I will join you later.
	10	아니면 내가 못 가면, 다음에 만나자.	Or if I can't make it, maybe I'll take a rain check.
	11	다른 아이들한테 전화해서 이 상황을 알려줄래?	Is there any chance you could call the others and explain this situation?

080 Pretend that you want to order some game tickets on the phone. Ask some questions about the game in order to reserve some tickets.

전화로 경기 티켓을 주문한다고 가정해보세요. 티켓을 예매하기 위해 경기에 대해 질문을 3~4가지 하세요.

01 안녕하세요, 저는 축구 시즌 티켓을 구매하고 싶습니다.

Hello, I'm calling to buy soccer season tickets.

02 이번 시즌을 위한 티켓을 지금 구매한다면 가장 저렴한 가격에 구매할 수 있다고 들었습니다.

I heard that if I buy tickets for this season now, I can get them at the lowest price.

03 전화상으로 신용카드를 사용해 구매할 수 있을까요?

Could I buy them over the phone with a credit card?

04 아, 이용 가능한 두 가지 지불 방법이 있다고요.

Oh, you have only two payment options available.

05 알겠습니다. 웹사이트에서 신용카드로 하고 싶습니다.

OK. I'd like to make a purchase by using my credit card at your website.

06 웹사이트 메인 화면에서 어떻게 결제 링크를 찾을 수 있나요?

How can I find a payment link on the main page?

07 정말요? 제가 웹사이트 주소를 알 수 있을까요?

Oh, really? Could I get your website address?

08 티켓이 한정 수량이고 선착순이라는 게 사실인가요?

Is it true that passes are in limited supply and are available on a first come, first served basis?

09 그럼 서둘러야겠네요. 도움 주셔서 감사합니다.

I'd better hurry then. Thank you for your help.

커피숍 단순 설명 [모의 10-02]

081

You indicated in the survey that you like to go to cafés. When do you usually go to a café? Do you have some place you like to visit? And who do you go with?

실문조사에서 커피숍에 가는 것을 좋아한다고 표시하셨습니다. 당신은 언제 커피숍에 가나요? 가기를 좋아하는 곳이 있나요? 그리고 누구와 함께 가나요?

01 저는 늘 아침과 점심 식사 후에 커피를 마십니다.

I always have coffee in the morning and after lunch.

02 왜 점점 더 자주 카페에 가는지를 설명할 수는 없습니다만 정말 좋아합니다.

I can't explain why I find myself sitting more and more often in the café, but I really like it.

03 저희 집 근처에 좋은 카페를 한 곳 아는데, 그곳은 커피를 진하게 타기로 유명합니다.

I know a great café near my house and it is renowned for brewing coffee strong.

04 저는 차는 별로 좋아하지 않고, 커피를 더 좋아합니다.

I don't really care for tea; I like coffee better.

05 카페에 들어서면, 식물과 꽃이 심어진 화분들이 커피숍 주변에 놓여져 있습니다.

When you enter the café, potted plants and flowers are positioned around the room.

06 벽에는 다양한 예술 작품이 걸려 있습니다.

Various works of art hang on the wall.

07 테이블 서비스는 없습니다. 방문하면 바에 줄을 섭니다.

There is no table service; the visit begins with standing in the queue at the bar.

08 저는 보통 혼자 가서 제가 제일 좋아하는 커피인 카푸치노를 주문합니다.

I usually go there alone and order a cappuccino, my favorite coffee.

09 그리고 저는 주로 창가에 앉아 햇볕을 쬐며 밖을 바라보는 것을 즐깁니다.

And I usually sit by the window and enjoy bathing in sunlight and looking out.

082

Please tell me about your most memorable experience when you went to a café. What happened? Why was it so memorable to you?

커피숍에 갔을 때 일어난 가장 기억에 남는 일을 이야기해주세요. 어떤 일이었나요? 왜 기억에 남나요?

01 그때 저는 분명 대학교 1학년이었을 겁니다.

I must have been a freshman in university at the time.

02 카페에서 저는 카운터 뒤에 있는 여자에게 주문을 했습니다.

At a café, I placed my order with the woman behind the counter.

03 그 카운터의 여자가 키 크고 날씬하고 정말 예뻤어요.

I found the woman behind the counter was really pretty, tall, and slim.

04 분명 그녀는 제가 본 사람들 중에 가장 예쁜 여자였어요.

She was definitely the coolest girl I've ever seen.

05 아마 제가 너무 떨렸는지 주문하면서 말을 더듬었습니다.

Maybe because I was so nervous, I started to stammer when I ordered my coffee.

06 너무 창피했습니다.

I was so embarrassed.

07 그녀는 커피와 우유를 완벽한 조화로 섞은 커피를 만들어줬습니다.

She made me the perfect blend of coffee and milk.

08 저는 그녀의 미소와 그 커피 맛을 잊지 못할 겁니다.

I'll never forget her smile and the taste of the coffee.

커피숍 단순 질문 – 롤플레이 [모의 10-04]

083 I also like to go to cafés. Ask me three to four questions about it.

저도 커피숍에 가는 것을 좋아합니다. 그것에 대해 3~4가지 질문을 해보세요.

01	카페에 가는 것을 좋아하신다고 들었습니다.	I heard you enjoy going to a café.
02	커피를 많이 좋아하시는 것 같군요.	I guess you like coffee very much.
03	어떤 종류의 커피를 좋아하세요?	What kind of coffee do you like?
04	주로 어디로 가시나요? 그렇다면, 그곳에 왜 가시나요?	**Where do you usually go? Then, why do you go there?**
05	그 카페의 어떤 점을 좋아하시나요?	What is your favorite thing about the café?
06	조용한 곳이 있나요? 저는 시끄러운 곳은 정말 싫어요.	Is there a quiet place? I really don't like noisy places.
07	언제 그리고 얼마나 자주 그곳에 가시나요?	**When and how often do you go there?**
08	카페에 가면 무엇을 하시나요?	**What do you do while you are there?**
09	카페에서 공부하는 것을 좋아하세요? 아니면, 잡지나 책을 읽으시나요?	Do you like to study in the café? Or do you read magazines or books?
10	제 경우에는 주로 커피를 집에서 마십니다. 제가 직접 만들죠.	In my case, I usually enjoy my coffee at home. I make it myself.
11	제게 추천해주실 멋지고 조용한 곳을 알고 계세요?	**Do you know some nice and quiet place to recommend to me?**
12	대답을 듣고 싶군요.	I'd love to hear your answers.

084

You indicated in the survey that you like to use SNSs. What kind of SNS do you usually use? When and where do you usually use it?

설문조사에서 SNS를 이용하신다고 표시하셨습니다. 어떤 SNS를 주로 이용하나요? 주로 언제, 어디에서 SNS를 하나요?

01 저는 소셜 네트워킹 사이트를 이용해서 새로운 친구들을 만나고 옛날 친구들을 찾습니다.

I use social networking sites for meeting new friends and finding old friends.

02 저는 보통 페이스북, 트위터, 카카오톡 같은 여러 종류의 SNS를 이용합니다.

I usually use several social networking services such as Facebook, Twitter, and Cacao Talk.

03 스마트폰이 있으면 어느 곳, 어느 때라도 SNS 서비스를 이용할 수 있습니다.

I can use the service with a smartphone anywhere and anytime.

04 화면 터치만으로 최신 뉴스, SNS, 온라인 게임, 엔터테인먼트 등을 접할 수 있습니다.

With a touch of the screen, I can find myself connected to the latest news, social networks, online games, and entertainment.

05 저는 특히 소셜 네트워킹 사이트를 이용해서 저와 같은 문제와 흥미를 가진 사람들을 찾습니다.

I especially use social networking sites for locating people who have the same problems or interests as me.

06 간단히 말해서, 저에게 있어서 소셜 네트워킹은 인터넷을 통해서 다른 사람을 만나는 방법입니다.

Put simply, for me social networking is a way to meet up with other people on the Internet.

085 You indicated in the survey that you like to use SNSs. Please explain what you usually do with an SNS in detail.

설문조사에서 SNS를 이용하신다고 표시하셨습니다. 어떤 SNS를 주로 이용하나요? SNS로 주로 무엇을 하는지 자세히 설명해보세요.

01 소셜 네트워킹 사이트는 제 삶에 있어서도 중요한 역할을 합니다.

Social networking sites play a vital role in my life as well.

02 많은 SNS 서비스가 있지만, 저는 특히 페이스북을 자주 사용합니다.

There are many social networking services, but especially I often use the Facebook service.

03 저는 페이스북에 콘텐츠를 공개할 수 있고 다른 사람들과 연결해 관심사를 나눌 수 있습니다.

I can publish content myself and connect with others to share our interests on my Facebook page.

04 저는 제 친구들과 흥미와 활동을 공유합니다.

I can share interests and activities with my friends.

05 요즘 저는 어떤 일이 일어나면 놓치지 않고 바로 사진을 찍거나 영상으로 담아 인터넷 상에 올립니다.

These days, I never miss the opportunity to photograph or video something as soon as it happens and then post it online.

06 친구들은 제 페이스북 페이지에 메지시를 남깁니다.

Friends have left messages on my Facebook page.

07 이것이 단지 제가 페이스북에 로그인하는 이유입니다.

Those are the reasons I log on to Facebook.

08 요즘은 더욱 자주 페이스북에 로그인합니다.

These days, I log on to Facebook more and more often.

086 Please tell me about your most memorable experience you had when you used SNS. What happened? Why was it so memorable to you?

SNS를 하면서 일어난 가장 기억에 남는 일을 이야기해주세요. 어떤 일이었나요? 왜 기억에 남나요?

01 저는 지난주에 페이스북에 동영상을 하나 게시했습니다.

I posted a video on my Facebook page last week.

02 그 후 그 동영상은 논란을 불러일으켰습니다.

The video file has stirred controversy since then.

03 웹페이지를 게시한 지 몇 시간 안에, 저는 사람들로부터 수백 통의 이메일을 받았습니다.

Within hours of putting up the webpage, I received hundreds of email messages from people.

04 많은 인터넷 이용자들은 그 사건이 진짜였다고 믿고 온라인상으로 격려의 메시지를 게시했습니다.

Many Internet users believed the event was real and posted encouraging messages online.

05 저는 깜짝 놀라 바로 그것이 사실이 아님을 밝히고, 많은 인터넷 이용자들에게도 진심으로 사과했습니다.

I was shocked and right away I told them it was not a fact and sincerely apologized to them.

06 인터넷 이용자들은 원하는 것을 무엇이든 게시하려 하기 전에 좀 더 성숙한 태도가 요구된다고 생각합니다.

I think a more mature attitude is required before Internet users are allowed to post whatever they want.

087 I like to use SNS. Please ask me three or four questions about that I use SNS.

저는 SNS 하는 것을 좋아합니다. 제가 SNS 하는 것에 대해 3~4가지 질문을 제게 해보세요.

01 SNS를 즐기신다니 좋네요.

I think it's great that you enjoy using SNS.

02 트위터, 페이스북, 밴드, 카카오톡과 같은 많은 종류의 SNS들이 있지요.

There are many kinds of SNS such as Twitter, Facebook, Band, or Cacao Talk.

03 가장 좋아하고 자주 사용하는 SNS는 무엇인가요?

What is your favorite SNS and what do you use most frequently?

04 어떤 점이 좋아하게 만드나요?

What makes you like it?

05 저는 페이스북은 이용하지만 트위터를 하지 않습니다.

I do Facebook, but I don't do Twitter.

06 SNS로 어떤 활동을 자주 하시나요?

What kind of activities do you usually do using SNS?

07 저는 사진 찍어 제 홈페이지에 올리는 것을 좋아합니다.

I like to take pictures and post them on my Facebook page.

08 친구들이 당신의 페이스북 페이지에 메지시를 남깁니까?

Have your friends left any messages on your Facebook page?

09 소셜 네트워킹 서비스의 프라이버시 문제가 증가되고 있습니다.

These days, privacy concerns with social networking services have been raised.

10 개인 정보를 지키기 위해 하시는 것이 있으시면 알려주세요.

Would you tell me what you do to protect your personal information?

088 You indicated in the survey that you like to drive a car. When do you like driving and where do you usually go? Who do you go with?

드라이브를 좋아한다고 하셨습니다. 당신은 언제 드라이브 하는 것을 좋아하고, 주로 어디로 운전해서 가나요? 누구와 함께 가나요?

01 제가 스트레스를 푸는 가장 좋아하는 활동 중 하나는 차에 올라 운전하는 것입니다.

One of my favorite stress relieving activities is to get in my car and drive.

02 저는 보통 제 자신을 진정시키고 집중해야 할 때 차를 몰고 떠납니다.

When I end up driving away, it is usually when I need to calm and center myself.

03 저는 이런 드라이브를 '리셋 버튼 클릭하기'라고 부릅니다.

I refer to these drives as "clicking the reset button."

04 이런 드라이브 여행은 제게 모든 것을 생각할 시간을 줍니다.

These road trips give me time to think about everything.

05 이런 드라이브 여행을 하면서 저는 아무 것도 생각하지 않는데, 머리를 깨끗이 비웁니다.

During these road trips, I think nothing at all, clearing my head.

06 운전을 하면서는 그냥 저와, 길 그리고 음악만이 있을 뿐입니다.

On my drives, it is just me, the road, and the music.

07 저는 목적지를 염두에 두지 않고 떠나지만 항상 한 곳 속초로 가게 됩니다.

I never have a destination in mind when I embark, but I always end up in one place: Sokcho.

08 그냥 일어나서 갈 수 있다는 것이 얼마나 좋습니까!

How wonderful would it be to just get up and go!

드라이브 일반 2 [모의 06-11]

089 You indicated in the survey that you like to drive a car. When do you like driving and where do you usually go? What do you usually do there?

드라이브를 좋아한다고 하셨습니다. 당신은 언제 드라이브 하는 것을 좋아하며, 주로 어디로 갑니까? 거기서 보통 무엇을 하나요?

01 만약 힘든 한 주를 보냈다면, 저는 차에 홀로 올라 창을 내리고 그저 달립니다.

If I have a rough week, then I get in my car alone, roll down the windows, and just drive.

02 저는 스트레스 받을 때 차에 올라 제가 가장 좋아하는 곳 중의 하나인 설악산 리조트로 갑니다.

When I'm stressed out, I get in my car and I drive to one of my favorite places: Seorak Mountain Resort.

03 드라이브는 시끄럽고 어지러운 세상으로부터 떠나 재충전하는 그런 작은 휴식을 제공합니다.

Driving gives me that little break from the noise and distraction of the world around me to ground and recharge.

04 운전을 모두 마치고 그곳 식당에서 맛있는 식사를 합니다.

After all the driving, I reward myself with a tasty meal at the restaurant there.

05 설악산 리조트 주변으로 뻗은 몇 개의 산책로가 있습니다.

Some of the trails extend into the surrounding Seorak Mountain Resort.

06 트랙을 따라 긴 산책을 하는데, 한 시간 가량 걸립니다.

I take a long walk along the track and it takes about an hour.

07 다음 날, 맛있는 식사와 뜨거운 음료를 마시고 나서 집으로 돌아올 준비가 됩니다.

Then next day, after a good meal and some hot drinks, I'm ready to return home.

090

How and when did you first become interested in driving a car? Who taught you how to drive? Please describe it in detail.

언제, 어떻게 처음으로 드라이브에 관심을 갖게 되었습니까? 누가 운전을 가르쳐줬나요? 자세히 설명해주세요.

01 제가 어렸을 때 아버지께서 운전을 좋아하셨기 때문에 차에 대해 전혀 두려워하거나 겁내지 않았어요.

When I was young, my father really liked driving, so I wasn't scared or intimidated by cars at all.

02 아버지께서는 정말 참을성 있게 어떻게 운전을 하는지에 대해 가르쳐주셨습니다.

He was really patient and taught me how to drive a car.

03 처음에 운전을 천천히 하도록 배웠기 때문에 저는 방어 운전을 합니다.

I'm a defensive driver because I learned to take things slow in the beginning.

04 운전을 배우는 것은 보기보다 훨씬 쉽습니다.

Learning how to drive is a lot easier than it looks.

05 저는 아버지, 그리고 형들이 운전하는 것을 봤기 때문에 뭘 해야 하는지 아는 그런 식이었습니다.

I had watched my father and elder brothers drive a car, so I sort of knew what to do.

06 일단 운전석에 앉아 발을 페달에 놓으면 운전은 매우 직관적인 과정이 됩니다.

Once I got behind the wheel and put my foot on the pedal, the process becomes very intuitive.

07 그 이후로 저는 상당한 운전 전문가가 되었습니다.

Since then, I'd say that I've became quite a car maniac.

08 몇 년 전, 제 인생에서 안정과 균형을 찾기 전에 도로를 달릴 때면 기쁨에 차 있는 제 자신을 발견하곤 했습니다.

Years ago, before I found peace and balance in my life, I would drive on the road and find myself to be delighted with myself.

09 드라이브는 저에게 자유를 줍니다.

Driving allows me freedom.

드라이브 과거 경험 2 [모의 06–12]

091 Please tell me about a recent driving experience. When did you have this experience and where did you drive to? What did you do there?

최근의 드라이브 여행 경험에 대해 이야기해주세요. 이 경험은 언제 있었으며, 어디로 운전해서 갔나요? 거기서 무엇을 했나요?

01 저는 지난 8월 동해로 떠나는 2일간의 도로 여행을 계획했습니다.

I was planning a two night road trip to the East Sea last August.

02 제 가족은 속초에 사는 친구를 방문하려고 했고 부산도 들리고 싶어했습니다.

My family was visiting friends in Sokcho and wanted to take in Busan as well.

03 그렇지만 속초에서 부산을 하루만에 가기에는 좀 멀었습니다.

But it was too far to get from Sokcho to Busan in one day.

04 그래서 우리는 부산 가까운 곳 어딘가 중간에서 하룻밤을 묵어야 했습니다.

So we had to spend a night somewhere in between but closer to Busan.

05 고려해볼 만한 아주 좋은 동네로 포항, 경주, 울산이 있었습니다. 우리는 경주를 골랐죠.

Some very nice towns worth considering were Pohang, Kyungju, and Ulsan. We chose Kyungju.

06 속초에서 경주로 가기 위해 네 시간 동안 달렸습니다.

It took four solid hours of driving to get from Sokcho down to Kyungju.

07 다음 날, 운전을 모두 마치고 그곳 식당에서 맛있는 식사를 했습니다.

Next day, after all the driving, I rewarded myself with a tasty meal at the restaurant there.

08 운전은 힘들었지만 반면에 좋은 기억을 가지고 돌아왔기 때문에 보람 있었어요.

Driving was very hard; on the other hand, it was very rewarding because I was able to return home with great memories.

드라이브 간 여행지 설명

092

You indicated in the survey that you like to drive a car. When do you drive and where do you usually go? Please describe the place that you like to drive to.

드라이브를 좋아한다고 하셨습니다. 당신은 언제, 어디로 운전해서 가는 것을 좋아하나요? 좋아하는 드라이브 여행지를 설명해보세요.

01 저는 스트레스 받을 때 차에 올라 제가 가장 좋아하는 곳 중의 하나인 부산으로 갑니다.	**When I'm stressed out, I get in my car and I drive to one of my favorite places: Busan.**
02 부산은 한반도의 남쪽 끝에 위치한 한국에서 가장 큰 항구 도시입니다.	It is the largest port city in South Korea, located on the southeastern-most tip of the Korean peninsula.
03 부산은 부산국제영화제의 개최지이기도 합니다.	Busan is also the home of the Busan International Film Festival.
04 부산국제영화제는 아시아 최고의 영화제이죠.	The Busan International Film Festival is Asia's top film festival.
05 저는 지난 부산국제영화제 기간에 부산으로 떠나는 2일 간의 도로 여행을 계획했습니다.	I was planning a two-night road trip to Busan during the last Busan International Film Festival period.
06 서울에서 부산으로 가기 위해 네 시간 동안 달렸습니다.	**It took four solid hours of driving to get from Seoul down to Busan.**
07 부산의 자연 환경은 산, 강, 바다의 완벽한 조화의 예입니다.	The natural environment of Busan is a perfect example of harmony between mountains, rivers, and sea.
08 부산은 수려한 해변과 전망 좋은 절벽과 산이 있는 해안선을 포함한 지형입니다.	Its geography includes a coastline with superb beaches and scenic cliffs and mountains.
09 또한 너무 덥지도 춥지도 않은 적절한 기후를 즐길 수 있습니다.	**You can also enjoy a temperate climate that never gets too hot or too cold.**

드라이브 단순 질문하기 – 롤플레이

093

I like to drive sometimes. Please ask me three or four questions about my driving trip.

저는 때때로 드라이브하는 것을 좋아합니다. 제가 드라이브 여행하는 것에 대해 3~4가지 질문을 제게 하세요.

01 드라이브하는 것을 좋아한다고 들었습니다. 와! 저랑 같네요. 좋네요!

I heard you like to drive. Wow! It's the same with me. It's great!

02 제가 스트레스를 푸는 가장 좋아하는 활동 중 하나도 차에 올라 운전하는 것입니다. 드라이브는 저에게 자유를 주죠.

One of my favorite stress relieving activities is to get in my car and drive. Driving allows me freedom.

03 당신은 드라이브의 목적이 무엇입니까?

What is the purpose of your driving?

04 언제, 어떻게 처음으로 드라이브에 관심을 갖게 되었습니까?

How and when did you first become interested in driving a car?

05 저의 경우엔, 아버지께서 운전하는 법을 가르쳐주셨지요.

For me, my father taught me how to drive a car.

06 보통 어디로 운전해서 가는 것을 좋아하시나요?

Where do you usually drive away?

07 지난 드라이브 여행 때는 어딜 방문하셨어요?

Where did you visit on your drive trip last time?

08 여행 중 가장 좋았던 게 무엇이었나요?

What was the best part of your trip?

09 당신의 드라이브 여행에 대한 모든 것을 정말 듣고 싶습니다.

I would really like to hear all about your drive trip.

094

Pretend that you want to rent a car from a rental agency for your driving trip. Call the agency and ask some questions to get information about the car you want to rent and its rates.

드라이브 여행을 위해 렌탈 에이전시에서 차를 빌리려고 한다고 가정해보세요. 에이전시에 전화해서 원하는 차와 요금에 대한 정보를 얻기 위한 몇 가지 질문을 해보세요.

---

01 자동차 렌트에 대한 정보를 얻으려고 전화했습니다.

I'm calling to get information about renting a car.

02 저는 8월에 동해로 떠나는 2일간의 도로 여행을 계획하고 있습니다. 그래서 몇 가지 질문을 하고 싶습니다.

I'm planning a two night road trip to the East Sea in August. So, I'd like to ask you some questions.

03 당신의 회사에 어떤 차들이 있나요? 제 친구와 저만 가는데요. 챙길 짐이 많아서요. 밴이면 좋을 것 같아요.

What kinds of cars are available from your agency? Just my friend and me. But we have a lot of things to pack, so I think a van will be good for us.

04 하루에 얼마인가요? 할인이 있나요?

How much do you charge a day? Are you offering any discount?

05 아, 그리고 잊을 뻔했는데. 네비게이션도 있으면 좋을 것 같습니다.

Oh, I almost forgot. If you have a navigation system, that would be great.

06 좋군요. 그걸로 예약할게요. 제 이름은 김수현입니다.

That's good. I'll make a booking for that one. My name is Kim Suhyun.

07 제 운전면허증 번호가 필요하세요? 좋아요. 그럼 당일에 다시 전화할게요. 도와주셔서 감사합니다.

And do you need my driver's license number? OK. Then, I will call you back on that day. Thank you for your help.

자원봉사 단순 설명 [모의 10–05]

095

You indicated in the survey that you volunteer. When and where do you volunteer? What kind of activities do you do when you volunteer? Why do you do that?

자원봉사를 하신다고 하셨습니다. 당신은 언제, 어디에서 자원봉사를 하나요? 자원봉사할 때 어떤 일을 하나요? 왜 하시나요?

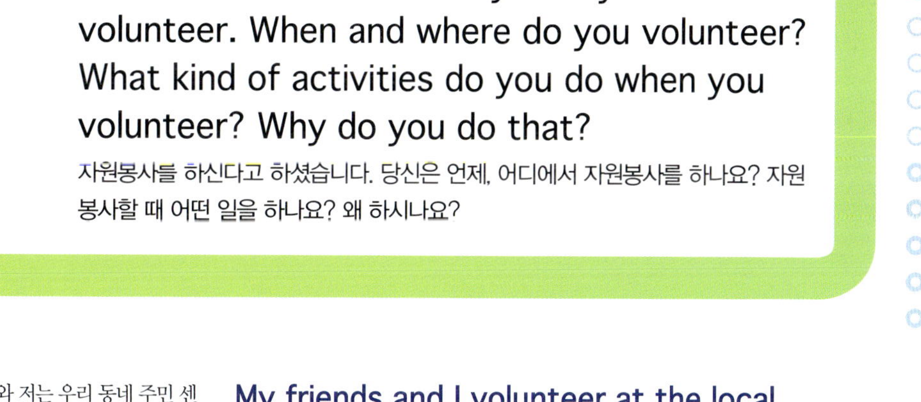

01 제 친구와 저는 우리 동네 주민 센터에서 일주일에 두 번 자원봉사를 합니다.

My friends and I volunteer at the local community center in our town twice a week.

02 매일 방과후에 지역사회의 아이들이 센터로 모여듭니다.

Every day after school, children from the local community arrive at the center.

03 그 아이들 대부분은 또래의 다른 아이들처럼 수영을 배우거나 축구, 태권도 학원에 다닐 사치를 누릴 수 없습니다.

Many of these children do not have the luxury of taking swimming, soccer, or Taekwando lessons like other children their age.

04 그곳에서 저와 같은 자원봉사자들은 아이들을 위한 활동을 계획합니다.

There, volunteers like myself plan activities for them.

05 우리는 아이들의 부모들이 아이들을 데리러 올 준비가 될 때까지 돌봐줍니다.

We take care of them until they are ready to be picked up by their parents.

06 우리는 아이들의 숙제를 봐주고 그들을 공원에 데려가거나 다양한 게임과 활동을 준비합니다.

We help the children with their homework, take them to the park, and organize various games and activities for them.

07 그리고 아이들이 과제를 성공적으로 해낼 때마다 저는 성취감을 느낍니다.

And every time the children accomplish a task with success, it gives me a sense of accomplishment.

096 Please tell me about the last experience you had when you volunteered. Tell me when it was and who you were with and everything that happened that day.

자원봉사를 했었던 가장 최근의 경험에 대해 말해주세요. 언제였고, 누구와 함께 있었는지, 그날 있었던 일을 모두 말씀해주세요.

01 저는 지역 사회의 자원 봉사자로서 아주 값진 경험을 했습니다.
I had an invaluable experience as a community volunteer.

02 지난 여름, 저는 방과후 학교 프로그램에 참여해보라는 요청을 받았습니다.
Last summer, I was asked to help organize an after-school program for children.

03 대부분 이 아이들은 저소득층 가정에서 옵니다.
For the most part, these children come from low-income families.

04 그 의미는 그들의 부모들이 비싼 유아원에 보낼 여유가 안 된다는 의미이죠.
That means their parents cannot afford expensive day care facilities.

05 우리는 아이들의 부모들이 아이들을 데리러 올 준비가 될 때까지 돌봐줍니다.
We take care of them until they are ready to be picked up by their parents.

06 아이들은 우리가 준비한 프로그램을 잘 따라줬습니다.
The kids responded well to the program we organized.

07 조금씩 저는 아이들과 유대가 높아지기 시작했습니다.
Slowly I started to develop a bond with the kids.

08 그들과 시간을 더 보낼수록 제가 그들을 얼마나 더 사랑하게 되었는지 깨달았습니다.
The more time I spent with them, the more I realized how much I loved them.

09 무엇보다 저는 그들도 역시 저에게 가르침을 주고 있다는 것을 알게 되었습니다.
Most of all, I came to know that they were also teaching me things.

자원봉사 경험 2 [모의 10-07]

097 Please tell me about your most memorable experience when you volunteered. What happened? Why was it so memorable to you?

자원봉사를 했을 때 일어난 가장 기억에 남는 일을 이야기해주세요. 어떤 일이었나요? 왜 기억에 남나요?

☐ 01 저는 취업 지원서에 쓸 것을 하나 보태보려고 올해 다시 자원봉사를 시작했습니다.

I started volunteering again this year so that I would have something to add to my job applications.

☐ 02 지역 신문에서 장애 아동을 돕는 자원봉사자를 구하는 광고를 보고 망설임 없이 지원했습니다.

In the local paper, I saw an ad looking for volunteers to help special education children and I applied without hesitation.

☐ 03 모든 지원자는 특수교육 아동과 짝을 이루었습니다.

Each volunteer was paired up with a special education child.

☐ 04 아이들은 우리가 준비한 프로그램을 잘 따라줬고 그래서 기뻤습니다.

The kids responded well to the program we organized, so I was happy.

☐ 05 저는 종종 사람들이 자원봉사의 이점에 대해 이야기하는 것을 들었습니다. 다른 사람의 인생에 긍정적인 영향을 미치는 방식이라고 말이죠.

I have often heard people talk about the benefits of volunteering, of it being a way to touch the lives of others in a positive way.

☐ 06 그러나 저는 제가 봉사활동을 시작할 때까지는 그 영향에 대해 완전히 이해하지는 못했습니다.

But I didn't fully understand the impact of volunteering until I started to volunteer myself.

☐ 07 하지만 문득 자원봉사가 제 인생을 바꿨다는 것을 깨달았습니다.

But suddenly I realized that volunteering has changed my life forever.

☐ 08 그것은 제가 다른 사람의 인생에 변화를 만들 수 있다는 것을 가르쳐주었습니다.

It taught me that I can make a difference in another person's life.

취미/관심사

Training 098~121

배경 설문조사(Background Survey)의 5번은 취미나 관심사로 총 14개의 항목이 나온다. 주의할 것은 선택한 사항들은 질문으로 출제될 가능성이 있다는 것이므로 높은 등급을 목표로 할수록 가능한 답변을 모두 준비해두어야 한다. 따라서 답변을 염두에 두고 항목을 선택하는 것이 중요하다. 평상시에 즐겨 하거나 관심 있는 취미나 관심사에 관련된 항목 중에서도 영어로 충분히 설명할 수 있는 것을 골라야 한다. 다소 자신이 없는 분야라고 하더라도 미리 답변 준비를 철저히 해두면 안심할 수 있다. OPIc을 준비할 때는 반드시 먼저 설문조사 항목을 숙지하고 전략적으로 선택해 예상 질문에 따라 답변을 미리 만들어두어야 한다. 그러나 예상 외의 질문이 나온다 하더라도 핵심 어휘를 암기해두있다가 단어나 구문을 바꿔시 답변을 만들 수 있다.

🟣 훈련북 활용 **TIP**

각 문장은 낱낱의 파일로 되어 있습니다. 하나의 답변을 온전히 암기하기가 벅찰 경우 답변 문장 중 꼭 필요한 것만 선택할 수 있습니다.

1. 먼저 답변 문장을 골라 표시하세요.
2. 문제마다 답변 폴더를 만들어 선택한 파일을 모으면 나만의 답변이 완성됩니다.
3. 반복해서 들으면서 따라 말하기 연습하세요.

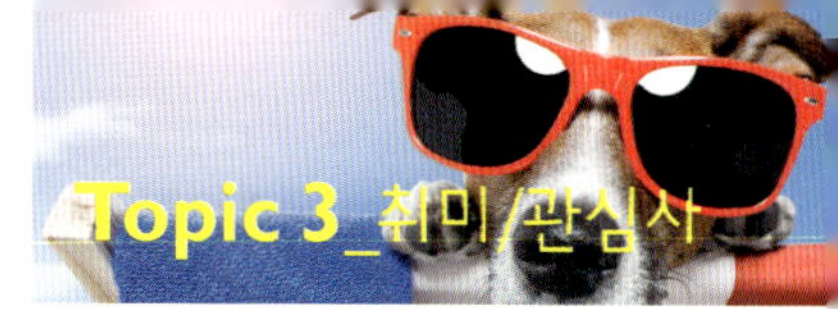

음악 감상 단순 설명 [모의 03–05]

098

You indicated in the survey that you like to listen to music. What kind of music do you like and when do you usually listen to it? Where do you get your music? Give as many details as you can.

음악 감상하는 것을 좋아한다고 하셨습니다. 어떤 음악을 좋아하고 언제 음악을 듣나요? 그 음악들을 어디서 얻나요? 가능한 자세히 얘기해주세요.

01	음악 감상은 제가 가장 좋아하는 여가 활동입니다.	Listening to music is my favorite spare time activity.
02	저는 하루 종일 음악을 틀어주는 라디오 방송을 즐겨 듣습니다.	I enjoy radio programs which play music all day.
03	저는 스트레스를 풀기 위해 집에서 음악을 크게 틀어 놓고 듣습니다.	To release stress, I play loud music at home.
04	힘든 하루를 보내서 완전히 지쳐버렸을 때 그것은 효과가 있습니다.	When I am totally worn out after a long hard day, it works for me.
05	가끔은 댄스 음악이나 락, 힙합 등을 골라 컴퓨터로 틀어 놓습니다.	Sometimes, I pick some dance music, rock music, or hip-hop and play them with my desktop computer.
06	저희 부모님은 언제나 제게 스피커 볼륨을 줄이라고 말씀하십니다.	My parents are always telling me to turn the speakers down.
07	그렇지만 헤드폰을 끼고 음악을 크게 들으면 귀가 멍멍하기 때문에 혼자만의 장소에서 방해 받지 않는 것이 중요합니다.	But because my ears ring when I listen to music with headphones on at full volume, it is vital to be alone in a private place without being disturbed.
08	저는 이동 중에 스마트폰으로 음악을 듣는 것을 좋아하는데, 헤드폰을 씁니다. 헤드폰을 끼면 바깥 소음이 거의 안 들리니까요.	I like to listen to music with my smartphone on the move, and I have my headphones on because the headphones block out almost all outside noise.

좋아하는 가수 1 – 외국 [모의 04–09]

099 Please tell me about your favorite singer. What kind of music does he or she sing? Why do you like him or her?

당신이 가장 좋아하는 가수에 대해 이야기해주세요. 어떤 종류의 음악을 부르나요? 왜 그 또는 그녀를 좋아하나요?

01 제가 가장 좋아하는 가수는 마이클 잭슨입니다.

My favorite singer is Michael Jackson.

02 마이클 잭슨은 세계에서 가장 성공한 엔터테이너였습니다.

Michael Jackson was the most successful entertainer in the world.

03 그는 가장 유명한 미국의 싱어송라이터 중의 한 명입니다.

He was one of the most famous American singer-songwriters.

04 그의 음악, 댄스, 패션 스타일로 인해 그는 대중 문화계의 세계적인 인물이 되었습니다.

His music, dance, and fashion style made him a global figure in popular culture.

05 저도 그의 음악과 공연을 좋아했어요. 그것이 제가 그를 좋아하는 이유지요.

I liked his music and performances, too. These are why I like him.

06 그는 1964년에 잭슨5의 멤버로 프로 음악계에 데뷔했습니다.

He debuted on the professional music scene as a member of The Jackson 5 in 1964.

07 아시겠지만, 잭슨5는 잭슨가의 형제들로 구성되어 있었습니다.

As you know, The Jackson 5 consisted of the Jackson brothers.

08 그는 1971년에 솔로 활동을 시작했습니다.

He began his solo career in 1971.

09 〈빗잇〉, 〈빌리 진〉, 〈스릴러〉와 같은 그의 음악과 춤은 세계적으로 히트했고 전설이 되었습니다.

His music and dance, including those of *Beat It*, *Billie Jean*, and *Thriller*, became international hits and he became a legend.

10 그의 라이브 무대를 더 이상 볼 수 없다는 것을 저는 믿을 수가 없습니다.

I can't believe that I cannot see his great live performances any more.

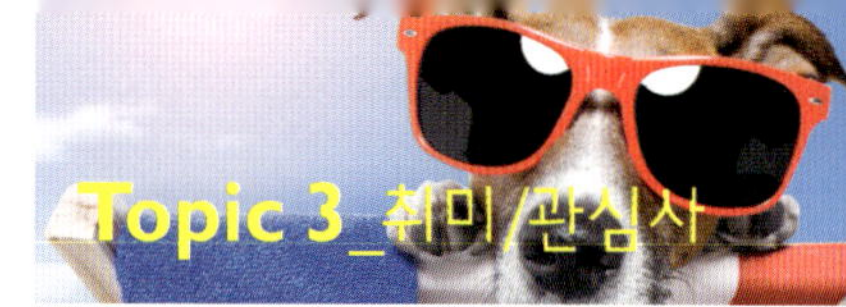

좋아하는 가수 2 – 한국 [모의 08–11]

100 Please tell me about your favorite singer. What kind of music does he or she sing? Why do you like him or her?

당신이 가장 좋아하는 가수에 대해 이야기해주세요. 어떤 종류의 음악을 부르나요? 왜 그 또는 그녀를 좋아하나요?

01 제가 가장 좋아하는 그룹은 소녀시대입니다.	My favorite group is Girls' Generation.
02 소녀시대는 SM 엔터테인먼트에 의해 결성된 한국의 걸그룹입니다.	Girls' Generation is a South Korean girl group formed by SM Entertainment.
03 그룹은 9명의 멤버들인 태연, 제시카, 써니, 티파니, 효연, 유리, 수영, 윤아, 서현으로 구성되어 있습니다.	**The group consists of nine members;** Taeyeon, Jessica, Sunny, Tiffany, Hyoyeon, Yuri, Sooyoung, Yoona, and Seohyun.
04 그들은 대형 스타가 되는 데 필요한 자질을 전부 갖추고 있어요.	**They have definitely got what it takes to be something incredible.**
05 그룹은 〈다시 만난 세계〉, 〈키싱 유〉와 같은 곡으로 관심을 끌기 시작했습니다.	The group started gaining attention with songs such as *Into the New World* and *Kissing You*.
06 그들은 〈지〉라는 싱글로 엄청난 인기를 모았습니다. 그 곡은 매우 귀엽고 사랑스럽습니다.	They gained significant popularity with their hit single *Gee*. It's very cute and lovely.
07 그들은 〈소원을 말해봐〉와 〈오!〉라는 곡으로 한국 음악 산업에 자리매김했습니다.	They solidified their place in the Korean music industry with *Genie*, and *Oh!*.
08 저는 회식에서 불러서 멋져 보이려고 가끔 그들의 노래를 연습합니다.	**I sometimes practice their songs in order to sing and look cool at a company dinner.**
09 저는 그들이 콘서트에 나오면 꼭 보러 갑니다.	If they are at the concert, definitely that would be my choice.
10 그들의 콘서트에서 저는 항상 얼이 빠져서 공연을 봅니다.	**At their concert, I always watch the concert with my mind empty.**

101

How and when did you first become interested in listening to music? How did music influence you? Tell me about it with a lot of details.

언제, 어떻게 처음으로 음악 감상에 관심을 갖게 되었습니까? 그 음악은 당신에게 어떤 영향을 주었나요? 자세히 얘기해보세요.

01 저는 8살 때 부모님이 듣던 스콜피언스 CD를 듣기 시작했습니다.

When I was 8 years old, I started listening to my parents' Scorpions CDs.

02 그들이 부르던 하모니를 정말 좋아했어요.

I loved the harmonies that they sang.

03 이떤 노래는 재미있고 또 이떤 노래는 애잔했습니다.

Some of the songs were funny and some were sad.

04 저는 고등학생일 때 그들의 콘서트 티켓을 얻게 되었습니다.

I got tickets for their concert when I was in high school.

05 그들 콘서트는 정말 놀라웠어요.

Their concert was really amazing.

06 그들의 노래는 갑자기 일어나 노래를 부르고 싶은 충동을 느끼게 했습니다.

Their song gave me a sudden impulse to stand up and sing.

07 저는 그들의 노래를 듣고, 감동을 받아 거의 울 뻔했습니다.

When I listened to their song, I was moved and almost cried.

08 제 음악 취향은 시간이 가면서 바뀌었지만 여전히 스콜피언스의 음악을 정말 잘 듣습니다.

My taste in music has changed many times, but I still love to listen to the Scorpions.

음악 취향 변화 [모의 04-08]

102 You indicated in the survey that you like listening to music. How has your taste in music changed throughout the years?

설문조사에서 음악 감상을 좋아한다고 하셨습니다. 당신의 음악 취향이 어떻게 바뀌었나요?

---

01 전에는 클래식 음악과 영화 배경 음악을 좋아했습니다.

In the past, I used to love classical music and movie themes.

02 저는 어렸을 때 피아노를 연주했기 때문에 더 어렸을 때는 발라드를 많이 들었습니다.

When I was younger, I listened to a lot of ballads because I grew up playing piano.

03 항상 피아노 연습을 했고 자연스럽게 클래식 음악을 좋아하게 되었습니다.

I practiced the piano all the time and naturally came to love classical music.

04 대학에 입학하면서 저희 형 때문에 헤비메탈에 관심을 갖게 되었어요.

When I entered the university, I got interested in heavy metal because of my brother.

05 그의 방에서 항상 헤비메탈 CD를 듣곤 했었지요.

He used to listen to heavy metal CDs all the time in his room.

06 저 역시 그의 CD를 들었고, 헤비메탈 음악의 팬이 되었습니다.

I listened to his CDs too, and I became a fan of heavy metal music.

🔵 그 밖의 표현 – 취향 변화

Now, I like dance music and ballads.
지금은 댄스 음악과 발라드 음악을 좋아합니다.

I used to listen to pop music, but now I listen to classical music more often.
저는 팝 음악을 듣곤 했었지만, 요즘은 클래식을 더 자주 듣습니다.

Now, I prefer more relaxing music.
지금은 좀 더 편안한 음악을 선호합니다.

103 What kind of musical devices do you use when you listen to music? When and where do you listen to music using them?

음악을 들을 때 어떤 종류의 기기를 사용하나요? 그것을 사용해 언제, 어디에서 음악을 듣나요?

01 저는 음악을 들을 때 스마트폰을 이용하는데, 이동 중에 매우 편리하기 때문입니다.

When I listen to music, I use my smartphone because it is very convenient on the move.

02 집에서 음악을 들을 때는 컴퓨터를 이용합니다.

When I am at home, I like to listen to music using my computer.

03 제 컴퓨터의 좋은 오디오 시스템으로 이 노래들을 들으면 그렇지 않을 때보다 훨씬 좋습니다.

When I listen to these songs with the good audio system of my computer, it seems much better than without it.

04 다른 데서 음악을 들을 때는 보통 스마트폰과 헤드폰을 쓰고 음악을 듣습니다.

When I listen to music somewhere else, I usually listen to music on my smartphone with headphones.

05 저는 무언가 할 때 이런 식으로 음악 듣는 것을 좋아하는데, 집중하는 데 도움이 되기 때문입니다.

I like to listen to it this way while I am doing something because it helps me concentrate.

06 스마트폰에는 1천 곡 이상의 노래를 담을 수 있고, 음악뿐만 아니라 영상도 저장, 재생할 수 있습니다.

My smartphone can hold more than 1,000 songs, and can store and play video as well as music.

07 이것은 편리합니다.

It is convenient.

음악을 다운 받는 사이트에 대한 설명 [모의 03-07]

104

Please tell me about when you usually listen to music and how you listen to music. Do you buy CDs or download them?

주로 언제 음악을 듣고 어떻게 음악을 듣는지 말씀해주세요. CD를 사나요, 아니면 다운로드를 받나요?

01 저는 집에서 음악을 들을 때는 컴퓨터를 이용하는 걸 좋아합니다.

When I am at home, I like to listen to music using my computer.

02 또한 스마트폰으로 듣거나 가끔은 라디오를 청취하기도 합니다.

I also listen to my smartphone, or sometimes I tune into the radio.

03 온라인에서 음악을 받을 때는 주로 음악 사이트 중 한 곳에서 다운 받습니다.

I get my music online, usually by downloading it from one of the music sites.

04 무제한 서비스를 이용하면 한 달에 5,000원을 내고 원하는 음악을 컴퓨터로 다운로드 받을 수 있습니다.

For unlimited downloads, it will cost 5,000 won a month for people who want to listen to music on their computers.

05 저는 음악을 다운로드 받는 대신 음악 사이트에서 스트리밍 서비스를 받기도 합니다.

Sometimes I get a streaming service from the music sites instead of downloading music.

06 이것들은 편리하고 이용이 쉽습니다.

These are convenient and easy to use.

369

105

Do you have any memorable experiences when you listen to music with musical devices? Tell me about any challenging, unexpected, or interesting things that happened. What made this so memorable to you?

기기로 음악을 들을 때 기억에 남는 경험이 있나요? 어려운 일, 예상하지 못한 일, 흥미로운 일이 일어난 것이 있다면 말해주세요. 왜 그렇게 기억에 남나요?

01 지난 달에 저는 친구가 새로 산 MP3 플레이어를 빌렸습니다.

I borrowed my friend's MP3 player that he newly bought last month.

02 요 며칠 그의 MP3 플레이어를 사용했는데 그 사운드가 아주 놀라웠습니다.

I used his MP3 player for the past few days and the sound on it was just phenomenal.

03 그런데 문제가 있었습니다.

There was a small problem though.

04 저는 이동하면서 MP3 플레이어로 음악을 듣고 있었습니다.

I was listening to music using his MP3 player on the move.

05 신호등 앞에 멈춰섰을 때, 헤드폰이 귀에서 빠지면서 플레이어가 땅에 떨어졌습니다.

When I stopped at a traffic light, the headphones accidentally slipped out of my ears and the player fell on the street.

06 불행하게도 제대로 작동을 안 했습니다.

Unfortunately, it didn't work properly.

07 당연히 내가 새로 하나 사주겠다고 제안했습니다.

I offered to pay him for another one, of course.

● 화법을 전환하여 음악 기기 고장 관련 롤플레이 답변에도 활용이 가능합니다.

음악 기기 고장 문제 해결 – 롤플레이 [모의 08–12]

106

You borrowed an MP3 player from your friend, but you unfortunately broke it. Contact your friend and describe this situation. Suggest two or three ways that you can get another working MP3 player for your friend as quickly as possible.

당신이 친구에게 MP3 플레이어를 빌렸는데 운이 없게노 고상을 냈습니다. 친구에게 연락해서 이 상황을 설명하세요. 가능한 빨리 친구에게 작동 가능한 다른 MP3 플레이어를 구해줄 2~3가지 방안을 제시하세요.

01 요 며칠 네 MP3 플레이어를 사용했는데 그거 사운드가 아주 놀랍더라.

I've been using your MP3 player for the past few days and the sound on it is just phenomenal.

02 그런데 네 MP3 플레이어에 문제가 생겼어.

Your MP3 player had an accident though.

03 헤드폰이 귀에서 빠지면서 플레이어가 땅에 떨어졌어.

The headphones accidentally slipped out of my ears and the player fell on the street.

04 화면 한가운데 쭉 큰 금이 생겼어.

The screen has a big crack running down the middle.

05 더 안 좋은 건, 기기가 제대로 작동을 안 해.

Even worse, it doesn't work properly.

06 네가 산 곳에 전화를 걸어보려고 해.

I am planning to call the store where you bought it.

07 먼저 고칠 수 있는지 확인해보고, 불가능하면 새로 하나 사주려고.

I'll check first to see if they can repair it, and if it's not possible, I'll pay you for another one, of course.

08 그 전에 괜찮으면 내 걸 써도 돼.

Until then, you can use mine if you like.

좋아하는 요리 1 - 스파게티 [모의 07-05]

107 You indicated that you cook. Please describe the kinds of dishes you like to cook and why you like cooking them.

요리를 한다고 하셨습니다. 만들기 좋아하는 요리의 종류와 함께 왜 그것을 만드는 것을 좋아하는지 그 이유도 말씀해주세요.

01 저는 주로 한국 음식과 유럽 음식의 퓨전 요리를 해보는 것을 좋아합니다.

I like to try to make fusion dishes made with Korean food and European food.

02 그리고 독특한 요리법을 원할 때 파스타를 이용합니다. 그것들은 절대 실망시키지 않죠.

And when I want a unique recipe, I use pasta. It never lets me down.

03 예를 들면 김치 스파게티 같은 것을 만드는 것이죠.

For example, I make kimchi spaghetti.

04 김치 역시 맛있고 어떤 음식에도 어울리죠.

Kimchi is also delicious and goes well with any food.

05 파스타는 만들기 쉽고 어떤 재료도 이용할 수 있습니다.

Pasta is not only easy to make, but can be made with any ingredients.

06 미트 파스타를 만들고 싶다면 닭고기나 돼지고기를 넣을 수 있습니다.

If you want meat pasta, you can add chicken or beef.

07 파스타는 만드는 과정에서 창의성을 발휘할 수 있는 매우 매력적인 음식입니다.

Pasta is a delightful food because you can show your creativity when you cook it.

08 필요한 기본 재료는 스파게티 면, 소고기 간 것, 파프리카, 양파와 잘게 빻은 마늘입니다.

Some of the basic ingredients you need are spaghetti strands, ground beef, bell peppers, onions, and minced garlic.

09 그리고 김치를 요리에 첨가함으로써 요리를 독특하게 만들 수 있죠.

And you can make a recipe special by adding kimchi to it.

좋아하는 요리 2 – 비빔밥 [모의 04-05]

108 You indicated that you cook. Please describe the kinds of dishes you like to cook and why you like cooking them.

요리를 한다고 하셨습니다. 만들기 좋아하는 요리의 종류와 함께 왜 그것을 만드는 것을 좋아하는지 그 이유도 말씀해주세요.

01 저는 자주 여러 가지 요리책을 찾아보고 독특한 요리법을 연구해 봅니다.

I often read many cookbooks and study the unique recipes.

02 그렇지만 제가 가장 잘 만들 수 있는 음식은 비빔밥입니다.

But the best dish that I can make is bibimbab.

03 그것은 만들기 쉬울 뿐만 아니라 맛도 있습니다.

It is not only easy to make, but delicious.

04 비빔밥은 따뜻한 흰밥에 양념이 된 야채와 고추장을 얹어 제공됩니다.

Bibimbap is served as a bowl of warm white rice topped with seasoned vegetables and chili pepper paste.

05 날계란이나 계란 프라이 그리고 저민 소고기가 보통 추가됩니다.

A raw or fried egg and sliced beef are common additions.

06 먹기 바로 전에 재료들을 섞습니다.

The ingredients are stirred together thoroughly just before eating.

07 저는 그 음식을 정말 잘 먹습니다.

I really enjoy the food.

요리 과정 1 – 불고기 [모의 07–06]

109 Please tell me about the best dish you can cook and explain how you make it and the steps that you use to cook it.

당신이 가장 잘 만들 수 있는 음식에 대해 말하고, 어떻게 만드는지 그리고 요리할 때의 단계를 설명해주세요.

☐ 01 제가 요리하기 가장 좋아하는 음식은 한국 전통 음식인 불고기입니다.

My favorite food I really like to cook is bulgogi, which is a Korean traditional food.

☐ 02 저는 슈퍼마켓에서 양파, 무, 버섯 등의 재료를 삽니다.

I buy ingredients including onions, radish, and mushrooms at a supermarket.

☐ 03 쇠고기를 요리하기 전에 반드시 완전히 해동을 시키세요.

Make sure you defrost the beef completely before cooking.

☐ 04 그리고 그것을 요리하기 전에 적어도 두 시간 양념에 재워둡니다.

And marinate it at least 2 hours before cooking.

☐ 05 다음으로 다른 재료를 팬에 넣고 잘 섞이게 저으세요.

Next, put other ingredients in the pan, and stir well.

☐ 06 쇠고기를 요리할 준비가 되었을 때, 석쇠를 예열하세요.

When you are ready to cook the beef, preheat the grill.

☐ 07 쇠고기가 부드러워질 때까지 천천히 요리하세요.

Cook slowly until the beef is tender.

☐ 08 마지막으로 그것을 접시에 담아서 먹으면 됩니다.

Finally, transfer it to a plate and enjoy.

요리 과정 2 – 김치 볶음밥 [모의 04-06]

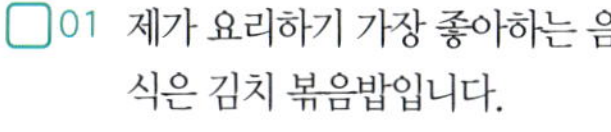

110 Please tell me about the best dish you can cook and explain how you make it and the steps that you use to cook it.

당신이 가장 잘 만들 수 있는 음식에 대해 말하고, 어떻게 만드는지 그리고 요리할 때의 단계를 설명해주세요.

01 제가 요리하기 가장 좋아하는 음식은 김치 볶음밥입니다.

My favorite food I really like to cook is kimchi fried rice.

02 저는 슈퍼마켓에서 양파, 감자, 계란, 버섯 등의 재료를 삽니다.

I buy ingredients including onions, potatoes, eggs, and mushrooms at a supermarket.

03 그 다음 기름을 두른 프라이팬에 김치를 넣고 5분간 볶으세요.

Put kimchi in a frying pan with oil and saute for five minutes.

04 다음으로 다른 재료를 팬에 넣으세요. 그리고 잘 섞이게 저으세요.

Next, put other ingredients in the pan, and stir well.

05 그런 다음 밥을 넣고 감자와 김치가 갈색으로 변할 때까지 계속 볶아주세요.

Then add steamed rice and continue to saute until the potatoes and kimchi are golden brown.

06 마지막으로 그것을 접시에 담아서 먹으면 됩니다.

Finally, transfer it to a plate and enjoy.

III Please tell me about the best dish you can cook and explain how you make it.

당신이 가장 잘 만들 수 있는 음식에 대해 말하고, 어떻게 만드는지 설명하세요.

01 어떻게 해물 김치 볶음밥을 만드는지에 대해 얘기하겠습니다.

Let me tell you about how to make seafood kimchi fried rice.

02 제 레시피는 좀 특별한데요. 저는 김치 볶음밥에 제가 만든 특별한 밥을 넣기 때문입니다.

My recipe is a little bit special because I add my special rice that I made into kimchi fried rice.

03 저는 슈퍼마켓에서 토마토 소스, 치즈, 새우 등의 재료를 삽니다.

I buy ingredients at a supermarket, including tomato sauce, cheese, and shrimps.

04 첫 번째로 잘게 썬 김치, 다진 마늘, 그리고 넣고 싶은 다른 야채들을 준비합니다.

First, prepare sliced kimchi, minced garlic, and other vegetables that you like to put in it.

05 냄비를 아주 뜨겁게 달구고 식물성 식용유를 2큰술 넣습니다.

Heat wok until very hot and add 2 tablespoons of vegetable oil.

06 기름을 두른 프라이팬에 김치를 넣으세요.

Put kimchi in a frying pan with oil.

07 그런 다음 5분간 볶으세요.

Then saute for five minutes.

08 다음으로 다른 재료를 팬에 넣고 특별 소스를 넣은 다음, 잘 섞이게 저으세요.

Next, put other ingredients in the pan, add my special sauce, and stir well.

09 그리고 나서 햄과 밥을 넣고 모두 잘 섞어주세요.

After that, add ham and steamed rice and mix all together.

10 마지막으로 밥을 접시에 담아서 먹으면 됩니다.

Finally, transfer it to a plate and enjoy.

기억에 남는 요리 경험 [모의 04-07]

112 Please tell me about an experience you had when something unexpected happened while cooking.

요리를 하다가 예기치 않게 겪은 경험에 대해 말해주세요.

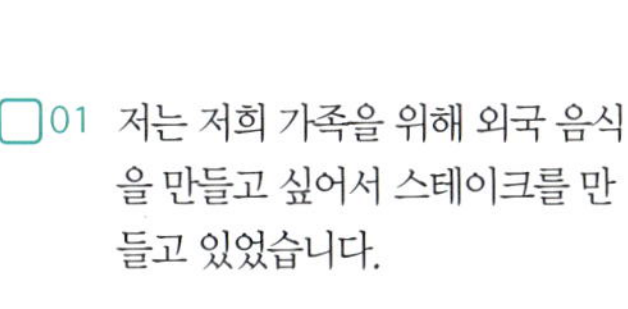

01 저는 저희 가족을 위해 외국 음식을 만들고 싶어서 스테이크를 만들고 있었습니다.

I wanted to cook a foreign dish for my family, so I was making a steak.

02 하루 전에 모든 재료와 양념을 준비했습니다.

I prepared all the ingredients and seasonings the day before.

03 이제 가스레인지 위에 올리기만 하면 되었습니다.

All I had to do was to put it on the stove.

04 저는 그것을 가스렌지에 올렸습니다.

I put it on the gas stove.

05 그런데 저는 시간 맞춰 불고기를 스토브에서 꺼내지 못했습니다.

But I failed to get it off the stove in time.

06 고기를 너무 오래 익혀서 말라버렸습니다.

I overcooked the meat and it was dry.

07 어머니는 "이 음식의 장식은 훌륭해. 그런데 유일하게 부족한 것은 맛이야."라고 말했습니다.

My mother said, "The decoration of this dish is great but the only thing it lacks is taste."

113 Please describe a recent cooking experience. What did you cook? Who did you cook it for? Was it good? Tell me about the experience in detail.

최근에 요리한 경험에 대해 얘기해주세요. 무엇을 요리했나요? 누구를 위해 요리했나요? 맛있었나요? 그 경험에 대해 자세히 얘기해주세요.

01 냉장고에 먹을 것이 없어서 볶음밥을 만들기로 했습니다.

There was nothing to eat in the refrigerator, so I decided to make fried rice.

02 이것은 쉽고 빠르며 꽤 맛이 있습니다.

It's easy and quick to do and quite tasty.

03 음식이 가스렌지 위에서 조리되고 있었습니다.

Some food was cooking on the gas stove.

04 설탕과 소금을 혼동하여 실수로 소금 대신 설탕 한 스푼을 넣었습니다.

I mixed up sugar with salt, and mistakenly I put in a spoon of sugar instead of salt.

05 이상하게 들리겠지만, 맛은 있었습니다.

Sounds weird, but it was delicious.

06 저는 5성급 호텔에서 식사를 하는 것 같았습니다.

I felt like I was eating at a 5-star hotel.

07 아마도 제가 너무 배가 고팠나 봅니다.

Maybe I must have been very hungry.

기르는 애완동물 단순 묘사 – 개 [모의 11-08]

114 Tell me about your pet. What kind of pet is it? What does it look like? Give as many details as possible.

당신의 애완동물에 대해 설명해보세요. 어떤 동물입니까? 어떻게 생겼습니까? 가능한 한 지시히 말씀해보세요.

01 저는 '뭉'이라는 시츄를 한 마리 키웁니다.	I have a Shitzu named Moong.
02 뭉이는 털이 길어서 보기 좋습니다.	The dog has long fur, so she looks great.
03 뭉이는 또한 매우 온순합니다.	She is also as meek as a lamb.
04 그렇지만 낯선 사람을 보면 사납게 짖어댑니다.	But she barks furiously at people she doesn't know.
05 그리고 온 집 안을 가족들을 따라 다니기를 좋아합니다.	And she likes to follow my family all over the house.
06 제 개는 항상 몸을 둥글게 하고 잡니다. 매우 귀엽습니다.	My dog is always curled up asleep. She looks very cute.
07 저는 먹이를 주고 목욕을 시킬 뿐 아니라 같이 놀아줍니다.	I not only feed and bathe her, but also play with her.
08 저는 항상 그의 곁에 있고 싶습니다.	I feel like being with her all the time.
09 하지만 때로는 뭉이가 저보다 더 빨리 나이가 드는 것 같아 슬퍼집니다.	But sometimes I feel sad thinking she is getting old faster than me.

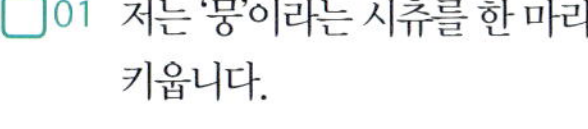 애완동물을 묘사할 때, 외양적 특징 외에 행동의 특징도 넣어 설명해보세요.

115 You indicated in the survey that you have a pet. Can you describe a memorable experience you've had with your pet?

애완동물을 키운다고 하셨습니다. 당신의 애완동물과의 기억에 남는 경험에 대해 설명해주시겠습니까?

01 저는 뭉이라는 작은 개를 키우고 있습니다.

I have a little dog named Moong.

02 15살 생일 때, 아버지께서 생일 선물로 강아지 한 마리를 사주셨지요.

On my 15th birthday, my father bought me a puppy for my present.

03 애견 동물 센터에 가서 그 개를 들어올리자 그는 코로 제 뺨을 부드럽게 비볐습니다.

When I went to the pet shop and I scooped her up, she nuzzled my cheek.

04 그가 저희 집에 온 후 저는 그 강아지를 귀여워해주었고 제가 가는 곳마다 데리고 다녔습니다.

After she came to my home, I petted her and I took her everywhere I went.

05 그 개는 4~5주 전에 새끼를 낳았습니다.

My dog had puppies 4 or 5 weeks ago.

06 이제 다섯 마리 강아지의 어미 개입니다.

She is a mommy dog of 5 puppies now.

07 그에 대해 생각할 때, 많은 좋은 기억들이 떠오릅니다.

When I think of her, many good memories come to mind.

08 제가 그 개를 훈련시키지 않았지만, 그 영리한 개는 제게 옷, 신발 그리고 양말과 같은 작은 물건들을 가져다주기 시작했습니다.

I didn't train her, but the smart dog started bringing small items like clothes, shoes, and socks to me.

09 저희 개는 귀여울 뿐만 아니라 영리합니다.

She is very smart as well as cute.

● 115~121 답변은 개 이외의 다른 애완동물을 넣어서도 답변 활용이 가능합니다.

애완동물 관련 경험 2 – 개 [모의 11-10]

116 How did you get to keep your pet? Tell me about when you first got your pet. What kind of pet was it?

어떻게 해서 애완동물을 키우게 되셨습니까? 처음 애완동물을 키웠을 때에 대해서 말씀해주세요. 어떤 동물이었나요?

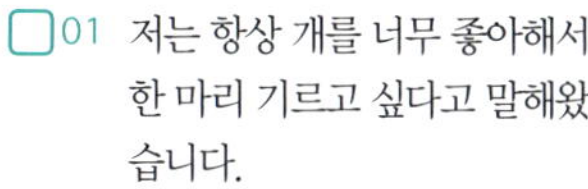

01 저는 항상 개를 너무 좋아해서 한 마리 기르고 싶다고 말해왔습니다.

I've always said that I loved dogs, and wanted to have one.

02 15살 제 생일에 어머니가 개 키우는 것을 허락해주셔서 저는 애견 동물 센터에 가서 개 한 마리를 골랐습니다.

On my 15th birthday, my mother allowed me to have a dog, so I went to a pet shop and chose a dog.

03 뭉이를 애완 센터에서 처음 보았을 때 그는 형제, 자매들과 함께 있었습니다.

When I first saw Moong at the pet store, she was with her brothers and sisters.

04 그것은 너무나 작고 귀여운 갈색 시츄였습니다.

She was a brown Shitzu, very small and cute.

05 그가 저희 집에 온 후 저는 그 강아지를 귀여워했습니다.

After she came to my home, I petted her.

06 저는 주말마다 강아지를 씻기겠다고 어머니와 약속했습니다.

I promised my mother I'd wash the dog every weekend.

07 제가 집에 있는 날이면 항상 함께 있어주었습니다.

When I stayed home, I was always with her.

117 You indicated in the survey that you have a pet. How did you get to keep your pet? Tell me about when you first got your pet. What kind of pet was it?

애완동물을 키운다고 하셨습니다. 어떻게 해서 애완동물을 키우게 되셨습니까? 처음 애완동물을 키웠을 때에 대해서 말씀해주세요. 어떤 동물이었나요?

01 저는 항상 고양이를 너무 좋아해서 한 마리 기르고 싶다고 말해왔습니다.

I've always said that I loved cats and wanted to have one.

02 어느 날, 저는 애견 동물 센터에 가서 고양이 한 마리를 골랐습니다.

One day, I went to a pet shop and chose a cat.

03 그 고양이를 애완 동물 센터에서 처음 보았을 때 그는 형제, 자매들과 함께 있었습니다.

When I first saw the cat at the pet store, he was with his brothers and sisters.

04 그 고양이는 새끼 고양이의 작은 얼굴을 핥기 시작했습니다.

The cat began licking the tiny face of the kitten.

05 그가 저희 집에 온 후 저는 그 고양이를 귀여워했습니다.

After he came to my home, I petted him.

06 저는 매일 고양이에게 먹이를 주고 돌봐주었습니다.

I fed and took care of the cat every day.

07 어느 날, 제 피부에 발진이 생긴 것을 발견했습니다. 극심한 가려움과 두드러기가 생겼습니다.

One day, I found my skin broke out in a rash. It was intensely itchy and prickly.

08 제가 고양이에 알레르기가 있었던 거였어요.

It turned out that I am allergic to cats.

09 저는 더 이상 그를 키울 수 없었고 친척 중 한 집에서 그를 데려다 키우기로 했습니다.

I couldn't keep him any longer and one of my relatives decided to adopt him.

애완동물 관련 경험 4 – 개 [모의 06-03]

문장 낭독 횟수

118 You indicated in the survey that you have a pet. Can you describe a memorable experience you had with your pet?

애완동물을 키운다고 하셨습니다. 당신의 애완동물과의 기억에 남는 경험에 대해 설명해주시겠습니까?

01 저는 고집쟁이 개를 한 마리 키우고 있습니다.

I have a dog that is stubborn as a mule.

02 제 개는 컴퓨터 앞에 앉아 있기를 좋아하는데 컴퓨터에서 나오는 열 때문인 것 같습니다.

My dog really likes sitting in front of my computer because of the heat from it.

03 그래서 항상 중요한 것은 책상 위에 두지 않으려고 합니다.

So I always make sure not to leave something important on the desk.

04 어느 날 저는 보고서를 작성하느라 밤을 샜는데 제 개가 잉크를 뒤엎고 제 보고서를 망쳤습니다.

One day, I was up all night working on a report, but my dog upset the ink and made a mess on my report.

05 핸드폰이 두 동강이 나 있었고 붓과 엎질러진 잉크병, 종이들이 주위에 흩어져 있었습니다.

There lay my cellphone broken in two pieces, and near at hand there lay brushes, an overturned inkwell and papers.

06 제 개 미니의 짓이었습니다.

It was my dog, Mini.

07 저는 개가 저지른 어떤 나쁜 짓도 본성에 의한 것이라는 것을 이해했습니다.

I understood that any evil the dog commits is part of its nature.

08 그래서 저는 제 보고서를 다시 써야 했습니다.

And I had to write my report again.

119 Have you ever had any problems with your pet? Please tell me a story about a problem you once had.

애완동물을 기를 때 문제가 발생했던 적이 있습니까? 문제가 있었던 이야기에 대해 말해주세요.

01 저는 온 집 안을 가족들을 따라 다니기를 좋아하는 고양이를 한 마리 키우고 있었습니다.

I have a cat that likes to follow my family all over the house.

02 애완 동물 가게에서 고양이 사료를 할인 판매하고 있었습니다.

A pet store was having a sale on cat food.

03 저는 할인 판매 중인 고양이 사료를 샀죠.

I bought the cat food on sale.

04 어느 날 고양이 피부에 발진이 생긴 것을 발견했습니다.

One day, I found my cat's skin broken out in a rash.

05 그렇지만 왜 그런지 몰랐고 그의 상태가 걱정됐어요.

But I didn't know why and I was worried about his condition.

06 나중에 부패한 재료로 만든 애완 동물 사료 때문인 것으로 드러났습니다.

It turned out that it was because my cat ate the pet food made with bad ingredients.

07 완전히 회복되지는 않았지만 지금은 많이 좋아졌습니다.

He hasn't fully recovered yet, but he's much better now.

08 그 후로 저는 사료를 살 때 포장 봉지 옆에 적힌 성분 목록과 유통 기한을 확인합니다.

Since then, when I buy pet food, I have checked the list of ingredients and expiration date on the side of the package.

120 Tell me about what you do for your pets. Do you feed and clean them? What else do you do for your pets?

당신의 애완동물을 위해서 하는 일에 대해 말해주세요. 애완동물에게 먹이를 주고 목욕시키나요? 이완동물을 위해 다른 것은 또 무엇을 하시나요?

01 작은 애완 동물조차도 큰 일거리가 될 수 있는 것 같습니다.

I think even a small pet can be a lot of work.

02 저는 개에게 하루에 두 번 먹이를 줍니다.

I have to feed my dog twice a day.

03 저는 개를 산책시키는 것을 좋아합니다.

I like to take my dog out for a walk.

04 저는 공공장소에서 개가 쌌던 배설물을 치웁니다.

I clean up the feces left by my dog in public places.

05 산책에서 돌아오면 목욕을 시킵니다.

When I return home from a walk, I rinse him.

06 린스한 후에 애완동물을 종이 타월로 톡톡 두드려 말립니다.

After I rinse him, I pat and dry his hair using paper towels.

07 저는 개를 돌볼 뿐만 아니라 먹이를 주고 목욕도 시켜줘야 하므로, 그가 저를 필요로 한다고 느낍니다.

Not only do I take care of him, but I have to feed and clean him; I feel needed by him.

08 애완동물을 기르는 것은 우리에게 책임감을 느끼게 하는 것 같습니다.

I think that keeping pets teaches us responsibility.

애완동물이 아픈 상황 – 롤플레이 [모의 10-10]

121

While you are caring for a pet, it becomes sick. Contact your friend to explain what has happened. Provide a detailed explanation of what is wrong with the pet and discuss how to solve this problem.

당신이 애완동물 한 마리를 돌보는데, 아프게 되었습니다. 친구에게 연락을 해서 어떤 일이 생겼는지 설명하되 애완동물이 어떤 상태인지를 자세하게 설명하고, 이 문제의 해결을 위해 의논을 하세요.

01 안녕. 나 수현이야. 네 도움이 필요해.	Hi, this is Suhyun. I need your help.
02 내 고양이가 오늘은 평소와는 달라. 걔가 아픈 것 같아.	My cat is not itself today. I think he has a bug.
03 내 고양이가 열이 심하게 나고 밤새 재채기를 했어.	My cat has a terrible fever and has been coughing and sneezing all night.
04 그리고 몇 시간 동안 토했어.	And he vomited a couple of times.
05 오늘은 일요일이라 동물 병원에 데려갈 수가 없어.	Today is Sunday, so I can't take him to an animal hospital.
06 약을 먹여야 할까? 내가 무엇을 해야 하니?	Should I give him some medicine? What should I do?
07 좋아. 당장 911에 전화해서 도움 받을 수 있는지 알아볼게.	OK. I will call 911 immediately and see if they can help me.
08 괜찮기를 바랄 뿐이야. 도와줘서 고마워.	I just hope he's all right. Thank you for your help.

Topic 4 _Sports

스포츠

배경 설문조사(Background Survey)의 6번 문제는 자신이 좋아하는 '스포츠'에 대해 총 32개의 항목이 제시된다. 답변을 준비하기 편하게 서너 가지를 선택하면 되는데, 미리 답변을 준비할 여력이 된다면 그 이상을 선택해도 상관없다. 배경 설문조사에서 항목이 가장 많기 때문에 이것저것 많이 선택하면 안 된다! 영어로 답변할 수 있는지, 답변을 준비하고 학습할 수 있는지를 따져서 선택해야 한다. 미식축구, 아이스하키, 하키, 보트 타기 등의 항목은 즐겨 한다고 하더라도 영어로 준비하기 힘들다면 일반적인 축구나 야구 등을 고르는 것이 좋다. 축구나 야구, 농구를 제외하고 특이한 스포츠의 경우에는 시중에 나온 교재에서는 참고할 만한 답변이나 유용한 표현을 제시하는 경우가 거의 없으므로 답변을 준비하기 힘들다. 따라서 신중하게 생각하고 선택을 결정하는 것이 좋다.

🗨 훈련북 활용 **TIP**

> 각 문장은 낱낱의 파일로 되어 있습니다. 하나의 답변을 온전히 암기하기가 벅찰 경우 답변 문장 중 꼭 필요한 것만 선택할 수 있습니다.
>
> 1. 먼저 답변 문장을 골라 표시하세요.
> 2. 문제마다 답변 폴더를 만들어 선택한 파일을 모으면 나만의 답변이 완성됩니다.
> 3. 반복해서 들으면서 따라 말하기 연습하세요.

야구 규칙 [모의 02-08]

122

You indicated in the survey that you like to play baseball. I'd like to know about the rules of baseball games. Please tell me about baseball and explain the rules in detail.

설문조사에 야구를 좋아한다고 하셨습니다. 야구 경기의 규칙에 대해 알고 싶습니다. 야구와 그 규칙에 대해 자세히 설명해주세요.

01 야구는 각 팀 9명의 선수로 이루어진 두 팀 간의 경기입니다.

Baseball is played between two teams with nine players in the field on each team.

02 내야에는 1루수, 2루수, 유격수 그리고 3루수가 있습니다.

In the infield, you have a first baseman, second baseman, shortstop, and third baseman.

03 외야에는 우익수, 센터, 그리고 좌익수가 있습니다.

In the outfield, you have a right fielder, center fielder, and left fielder.

04 게임은 이닝으로 되어 있는데, 1이닝에는 각 팀이 타석에 설 수 있는 차례를 갖습니다.

The game is played in innings, and an inning is a period of time when each team gets a chance to bat.

05 야구에서 방어팀은 항상 공을 가지고 있는데, 대부분의 다른 팀 경기와 다른 점입니다.

In baseball, the defense always has the ball — a fact that differentiates it from most other team sports.

06 투수가 타자에게 공을 던지고 타자는 공을 쳐서 상대방 선수가 공을 잡지 못하게 하고 베이스로 갈 수 있도록 합니다.

The pitcher throws the ball to a batter, and he tries to hit the ball so the opposing players can't get it and he can get on base.

07 타자는 베이스에 가면 내야를 돌아 본루에서 득점합니다.

Once on base, the batter tries to run around the diamond and score at home plate.

08 방어팀이 세 명의 타자를 아웃시킬 때마다 팀의 역할이 바뀝니다.

The teams switch every time the defending team gets three players of the batting team out.

09 9이닝이 끝나고 가장 많은 점수를 낸 팀이 승리합니다.

The winner is the team with the most runs after nine innings.

123

You indicated in the survey that you like to play baseball. I'd like to know where you usually play baseball. Describe that place in as much detail as possible.

설문조사에 야구를 좋아한다고 표시하셨는데, 주로 어디서 야구를 하는지, 그 장소에 대해 최대한 자세히 설명해주세요.

01 저와 친구들은 최근에 지은 야구장에서 경기를 합니다.	My friends and I play baseball in a recently built stadium.
02 이곳은 지난 4년 동안 건축되었고, 작년에 공식 오픈되었습니다.	It was constructed for the past 4 years, and officially opened last year.
03 경기장은 지하철역 바로 옆에 위치해 있어서 접근성이 좋습니다.	The stadium is located right next to the subway station, so it's easy to get there.
04 이 경기장의 두드러진 특징은 한국의 전통 연처럼 생긴 지붕입니다.	The stadium's outstanding feature is its roof that is shaped like a traditional Korean kite.
05 이곳은 공원과 놀이시설이 포함되어 있는 복합시설이며 경기장 건물에 대형 영화관과 할인 쇼핑센터가 들어 있습니다.	It is part of a complex which includes parks and amusement rides, and the stadium itself houses a large cinema and discount shopping center.
06 경기장에는 내야와 외야가 있습니다.	There is an infield and an outfield on the playing field.
07 그 경기장은 도시에서 가장 큰 필드를 가지고 있고, 거대한 규모의 좌석 공간이 있습니다.	The stadium has the biggest field in the city and has seating space of great amplitude.
08 더욱이 경기장의 필드가 잘 관리되어, 저희는 자주 이 경기장을 이용합니다.	Furthermore, its field is well maintained, so we often use the stadium.

야구 경험 [모의 02-10]

124 Have you had any memorable experience when playing baseball? If so, start by telling me when it was and where you were playing. Then tell me all of the things that made the experience so memorable to you.

야구를 한 기억에 남는 경험이 있었나요? 그렇다면 언제 어디서 했는지 말씀해주세요. 그리고 왜 잊을 수 없는지 그 이유도 말해주세요.

01 저는 고등학교 때 야구를 처음 시작했습니다.

I played baseball for the first time when I was in high school.

02 저는 당시 유명한 야구 선수를 경외하고 있었죠.

I was in awe of a famous baseball player at that time.

03 고등학교 1학년 때에는 학교 야구 팀 선발 심사에 참가했었습니다.

My first year in high school, I tried out for the school baseball team.

04 학생들은 북 치고 깃발을 휘날리며 우리를 응원했습니다.

Students cheered the team on with drums beating and colors flying.

05 저는 야구를 할 때 승부욕이 아주 강하여 이기기를 원했습니다.

I was very competitive in baseball; I wanted to win.

06 방망이를 휘두르려는 순간 볼에 얼굴을 정통으로 맞았습니다. 눈가에서 코등까지 6바늘을 꿰맸습니다.

The moment I swung the bat, I was hit by a ball right in my face. I received six stitches from the corner of my eye to the bridge of my nose.

07 결국 우리는 이겼고 그리고 나서 저는 병원으로 이송되었습니다. 그때를 생각하면 지금도 때로는 아픕니다.

After all, we won, and then I was taken to the hospital. When I think of that time, it still hurts sometimes.

축구하기 단순 설명 [모의 10–11]

125 You indicated in the survey that you like to play soccer. When and where do you play soccer? Who do you play with?

설문조사에서 축구를 좋아한다고 표시하셨습니다. 당신은 언제, 어디에서 축구를 하나요? 누구와 함께 경기를 하나요?

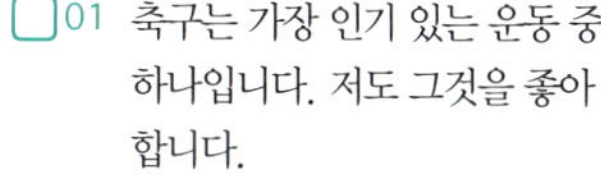

01 축구는 가장 인기 있는 운동 중 하나입니다. 저도 그것을 좋아합니다.

Soccer is one of the most popular sports. I also like playing it.

02 저는 대학 팀에서 축구를 합니다. 저는 축구와 함께 살고 숨쉬는 것 같습니다.

I play soccer on the college team. I think I just live and breathe it.

03 저는 또한 지역 축구 동아리 회원이고 우리는 한 달에 두 번 경기를 합니다.

I am also a member of the soccer club in our community and we play a game twice a month.

04 저는 보통 방과 후에 커뮤니티 센터에서 축구를 합니다.

I usually play soccer at the community center after school.

05 그리고 동아리 회원들과 함께 한 달에 한 번 실전 경기를 합니다.

And our club members get together for actual matches once a month.

06 하지만 막상 실전에서는 자신의 진가를 발휘하지 못합니다.

But I can't do myself justice when it comes down to the real thing.

07 저는 몸과 마음을 단련시키기 위해 정기적으로 축구를 하려고 노력합니다.

I try to play soccer regularly to sooth my mind and body.

● 질문에 따라 축구 외에 야구/농구 단순 설명하기 답변에도 활용이 가능합니다.

126

Have you had any memorable experience when playing soccer? If so, start by telling me when it was and where you were playing. Then tell me all of the things that made the experience so memorable.

축구를 한 기억에 남는 경험이 있었나요? 그렇다면 언제 어디서 했는지 말씀해주세요. 그리고 왜 잊을 수 없는지 그 이유도 말해주세요.

---

01 저는 고등학교 때 축구를 처음 시작했습니다.

I played soccer for the first time when I was in high school.

02 제 친구들과 저는 축구를 매우 좋아했고 자주 했습니다.

Several of my buddies and I were huge soccer fans and we played it quite often.

03 저는 당시 유명한 축구선수인 박지성을 경외하고 있었죠.

I was in awe of a famous soccer player, Park Jisung at that time.

04 고등학교 2학년 어느 날, 학교 축구팀 선발 심사에 참가했었습니다.

One day, my second year in high school, I tried out for the school soccer team.

05 저는 축구를 할 때 승부욕이 아주 강하여 이기기를 원했습니다. 하지만 저희는 운이 없게도 5번이나 골을 넣을 찬스를 놓쳤습니다.

I was very competitive in soccer; I wanted to win. But unfortunately, we couldn't score a goal five times.

06 결국, 저희 팀은 1대 5로 지고말았습니다. 저는 경기 결과에 좌절했지요.

After all, we got creamed 1 to 5. I was very frustrated at the result.

07 그 경기는 제 축구 인생에 있어 정말 잊지 못할 순간이었어요.

It was an unforgettable moment in my soccer life.

08 그 경기를 생각하면 지금도 제 자신에게 화가 납니다.

When I think of the game now, I am still very angry at myself.

● 질문에 따라 축구 외에 기억에 남는 야구/농구 경험 답변에도 활용이 가능합니다.

축구 경험 2 [모의 10-13]

127 When was the first time you played soccer? Tell me why you decided to play soccer.

축구를 처음 시작했을 때가 언제인가요? 왜 축구를 시작하게 되었나요?

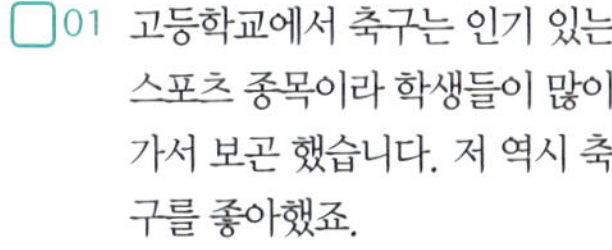

01 고등학교에서 축구는 인기 있는 스포츠 종목이라 학생들이 많이 가서 보곤 했습니다. 저 역시 축구를 좋아했죠.

In high school, soccer was a popular sporting event that many students liked to watch. I liked it, too.

02 1학년 때 저는 축구팀 후보 선수였어요.

I was just a bench warmer on the soccer team when I was in the first grade.

03 하지만 3학년 때는 축구 팀 주장이었기 때문에 제가 그것을 좋아했던 것은 자연스러운 일이었습니다.

But I was captain of the soccer team as a third year student, so it was natural I liked it.

04 그 당시에 하루에 6시간 내지 7시간씩, 일주일에 6일간 훈련을 했어요. 아주 혹독했죠. 그래도 좋았어요.

At that time, I used to train for about six or seven hours a day, and six days a week. And it was really tough, but I liked it.

05 23살 때 축구 동호회에 가입했습니다.

I joined a soccer club when I was twenty three.

06 제 친구들과 저는 축구를 매우 좋아했고 자주 했습니다.

Several of my buddies and I were huge soccer fans and we played it quite often.

07 하지만 그 다음 해에 저는 부상을 당해서 축구를 할 수 없었습니다.

But, the next year I were injured and I couldn't play.

08 그것은 제가 축구에 관해 가지고 있는 나쁜 기억입니다.

That's a bad memory that I have about playing soccer.

● 질문에 따라 축구 외에 야구/농구 처음 계기를 묻는 질문에도 답변이 가능합니다.

128

Upon arriving at the stadium, you discover that another group of people is already playing on the field. Call the Adminstration Department to explain the situation and then suggest some possible solutions to resolve this problem.

당신이 경기장에 도착하자, 다른 사람들이 이미 축구장에서 축구를 하고 있는 것을 알게 됐습니다. 관리 담당부서에 전화해서 상황을 설명하고 그 다음에 이 문제를 해결하기 위한 가능한 해결책을 몇 가지 제시하세요.

01	여보세요. 김수현입니다.	Hello. This is Kim Suhyun.
02	제가 일주일 전에 경기장의 축구장을 5월 15일에 예약했습니다.	A week ago, I reserved the soccer field at your stadium on May 15th.
03	오후 1시에서 2시까지는 축구장을 사용하기로 되어 있었어요.	We were supposed to use the field from 1 p.m. to 2 p.m.
04	유감스럽게도 다른 사람들이 그곳에서 축구를 하고 있습니다.	Unfortunately, another group of people is playing soccer there.
05	직원 한 분에게 확인을 부탁했더니 그분이 저희 기록이 없다고 하십니다.	We asked one of the staff to check our record but he said there's no record of my reservation.
06	예약할 때 통화한 분과 이야기하고 싶습니다.	I wanted to talk with the one who I made the reservation with.
07	그쪽 실수로 예약이 취소되었다고 확신해요. 따라서 우리가 경기를 할 수 있는 다른 장소를 추천해 주셔야 한다고 생각해요.	I'm sure my reservation was cancelled by your mistake, so I think you should recommend another place we can play.
08	아니면 저희가 경기할 수 있도록 해주실 수 있다면 무엇을 도와주실 수 있는지 말씀해주세요.	Or if you can arrange a time for us to play, please tell me what you can do to help us.

129

You indicated in the survey that you like to play soccer. I'd like to know where you usually play soccer. Describe that place in as much detail as possible.

설문조사에 축구를 좋아한다고 표시하셨는데, 주로 어디서 축구를 하는지, 그 장소에 대해 최대한 자세히 설명해주세요.

01 저는 보통 일주일에 3번 정도 집 근처 경기장으로 축구를 하러 갑니다.

I go to play soccer in the stadium near my house about three times a week.

02 그 경기장은 최근 보수 공사를 통해 새단장을 했습니다.

The stadium has freshened up its looks with the recent remodeling.

03 깨끗하고 쾌적해서 축구를 하기에 좋은 장소입니다.

It is clean and pleasant, so it is a good place to play soccer.

04 필드는 커다란 직사각형이고, 모래와 잔디로 만들어져 있습니다.

The field is a large rectangle, and it is made of sand and grass.

05 경기장에 있는 의자들에는 모두 번호가 붙어 있습니다.

All the seats in the stadium are numbered.

06 그 경기장에는 거대한 규모의 좌석 공간이 있습니다.

The stadium has seating space of great amplitude.

07 이 사각형의 경기장은 주로 축구장용으로 경기장에는 사면에 4개의 독립된 자리가 있습니다.

The rectangular stadium is especially for soccer where the stadium has four distinct and very different stands on the four sides of the stadium.

08 그곳의 축구장은 관리가 잘 되어 있어서, 저는 친구들과 그곳을 자주 이용합니다.

The soccer field in the stadium is well maintained, so I often use the field with my friends.

🟣 질문에 따라 축구 외에 야구/농구 경기장 묘사 답변에도 활용이 가능합니다.

130 I'd like to know about your favorite sport to play. Please tell me what it is and explain the rules in detail.

운동하기 가장 좋아하는 종목에 대해 알고 싶습니다. 그 종목은 무엇이며, 그것의 규칙에 대해 자세히 설명해주세요.

01 저는 축구하기를 좋아하므로 축구 룰에 대해 설명하겠습니다.

I'd like to play soccer, so let me tell you about soccer's rules.

02 각 팀은 최대 11명의 선수로 구성됩니다.

Each team consists of a maximum of eleven players.

03 다양한 포지션이 있습니다.

There are a variety of positions.

04 골키퍼는 공을 손과 팔로 다룰 수 있는 유일한 선수입니다.

Goalkeepers are the only players allowed to play the ball with their hands or arms.

05 선수 한 명은 상대 팀의 반칙으로 프리킥을 얻을 수 있습니다.

A player can get a free kick out of the opposite team's foul.

06 상대 팀이 골킥을 막기 위한 '벽'을 만들었을 때 선수 한 명이 프리킥을 넣을 수 있습니다.

The player takes a free kick, while the opposition forms a "wall" to try to block the ball kick-off.

07 골을 완전히 골라인 밖으로 차냈는데, 득점 없이 수비팀 선수가 마지막으로 공을 터치한 것일 때 공격측 선수에게 코너킥이 주어집니다.

A player of the attacking team can take a corner kick when the ball has wholly crossed the goal line without a goal having been scored and the goal has last been touched by a player of the defending team.

08 패널티 킥은 패널티 구역 안에서 수비팀 선수의 반칙이 있은 후 공격팀에 주어집니다.

A penalty kick is awarded to the attacking team after a foul within the penalty area by a member of the defending team.

09 골키퍼만이 방어할 수 있습니다.

Only the goalkeeper is allowed to defend against it.

조깅 단순 설명 [모의 11-05]

131

You indicated in the survey that you like to go jogging. What kind of activities do you usually do when you go to jog? How often do you go jogging? When and where do you jog? Tell me about it in as much detail as possible.

실문조사에서 조깅을 좋아한다고 했습니다. 조깅 하러 가면 주로 어떤 종류의 활동을 하나요? 얼마나 자주 조깅을 하러 가나요? 언제, 어디서 조깅을 하나요? 자세하게 이야기해주세요.

01	저는 어떤 종류든 조직화된 운동이나 경기는 별로 좋아하지 않습니다.	I don't really care for organized sports or games of any kind.
02	저는 가끔 주말 오후에 근처의 공원에 가서 조깅을 합니다.	**I sometimes visit the park nearby and jog in the afternoon on the weekends.**
03	공원 주변에 고무 바닥의 트랙이 있습니다.	There is a rubberized running track around the park.
04	포장된 길을 달리는 것보다 무릎에 훨씬 좋습니다.	It is much easier on my knees than running on pavement.
05	그곳에서 약 1킬러미터 정도 조깅을 합니다.	**I jog about 1 kilometer or so there.**
06	그런 다음, 저는 30분 동안 운동을 합니다.	After that, I exercise for half an hour.
07	맑은 공기를 즐기는 평화로운 시간이기 때문에 저는 조깅을 아주 즐깁니다.	**I really enjoy jogging because it's a peaceful time to enjoy the fresh air.**
08	올해 저는 새해 결심을 했습니다. "매일 조깅한다."입니다.	This year, I made a New Year's resolution: "I will jog every day."
09	더 열심히 운동해서 살을 뺄 것입니다.	I'll work out harder and sweat it off.

💬 131~136 답변은 질문에 따라 걷기/조깅/자전거 타기 답변으로 바꿔서 활용 가능합니다.

132

You indicated in the survey that you like walking. What kind of activities do you usually do when you go to walk? How often do you go walking? When and where do you walk? Tell me about it in as much detail as possible.

설문조사에서 걷기를 좋아한다고 했습니다. 걷기 하러 가면 주로 어떤 종류의 활동을 하나요? 얼마나 자주 걷기를 하러 가나요? 언제, 어디서 걷기를 하나요? 자세하게 이야기해주세요.

01 저는 몸을 만들기 위해 매일 아침 운동합니다.

I take exercise every morning to build up my body.

02 저는 어떤 종류든 조직화된 운동이나 경기는 별로 좋아하지 않습니다.

I don't really care for organized sports or games of any kind.

03 그래서 저는 매일 아침 집 근처 공원에서 걷기를 합니다.

So I walk every morning in the park near my house.

04 맑은 공기를 즐기는 평화로운 시간이기 때문에 저는 걷기를 아주 즐깁니다.

I really enjoy walking because it's a peaceful time to enjoy the fresh air.

05 저는 걷기를 할 때 육상 반바지를 입습니다.

I wear running shorts when I walk.

06 보통 약 1킬러미터 정도 걷기를 합니다.

Usually I walk about 1 kilometer or so.

07 걷기는 일로부터 받은 스트레스를 푸는 데 술을 마시는 것보다 더 효과적입니다.

Walking is more effective for relieving stress from work than drinking alcohol.

08 걷기는 정말 건강에 좋은 활동인 것 같습니다.

It seems that walking is a really healthy activity.

자전거 타기 단순 설명 [모의 12-11]

133

You indicated in the survey that you like riding a bike. What kind of activities do you usually do when you go to ride a bike? How often do you go riding a bike? When and where do you ride a bike? Tell me about it in as much detail as possible.

설문조사에서 자전거 타기를 좋아한다고 했습니다. 자전거 타기를 하러 가면 주로 어떤 종류의 활동을 하나요? 얼마나 자주 자전거 타기를 하러 가나요? 언제, 어디서 자전거 타기를 하나요? 자세하게 이야기해주세요.

---

01 저는 대학교 옆 공원에서 자전거 타는 것을 제일 좋아합니다.

My favorite place to ride a bike is at a park near a university.

02 저는 자전거 타기가 건강을 유지시켜줘서 규칙적으로 그것을 하려고 노력합니다.

I try to ride a bike regularly because it keeps me healthy.

03 그곳에서 일주일에 4일 운동해요.

I exercise four days a week there.

04 먼저 저는 아침에 30분 동안 운동을 합니다.

First, I do exercise for half an hour in the morning.

05 그곳에서 걸을 수 있고, 계단도 오르고, 댄스나 조깅도 할 수 있습니다.

I can walk, climb stairs, dance, and jog there.

06 그런 다음, 저는 운동 삼아 몇 킬로미터를 자전거로 달립니다.

And then, I ride a bike a few kilometers for a workout.

07 더 열심히 운동해서 살을 뺄 것입니다.

I'll work out harder and sweat it off.

134 Tell me about a recent jogging experience you have had. Where did you go jogging? Were you with anyone?

최근 조깅 경험에 대해 말해보세요. 어디에서 조깅을 했나요? 함께 했던 사람이 있습니까?

01 한번은 집 근처 공원에서 조깅을 하고 있었습니다.

One time I was jogging at the park near my house.

02 저는 '공사중'이라는 표시를 보지 못했습니다.

I didn't see the sign that said "Under Construction."

03 그 순간 뭔가에 걸려 넘어졌고 무릎으로 떨어졌습니다.

But then I tripped over something and landed on my knee.

04 저는 일어나 계속 하려 했지만 아팠습니다. 걸을 수가 없었습니다.

I got up and tried to continue, but it hurt. I could barely walk.

05 제가 무릎으로 넘어져서 심하게 긁혔기 때문입니다.

That's because I fell on my knee and scraped it really badly.

06 저는 화장실에 가서 상처를 씻어 냈습니다.

I went into the restroom and washed off my wound.

07 집에 도착했을 때 저는 기진맥진한 상태였습니다.

By the time I returned to my house, I was exhausted.

문장 낭독 횟수

135

Have you had any walking experience that is memorable? If so, start by telling me when it was and where you were walking. Then tell me all of the things that made the experience unforgettable.

기억에 남는 걷기 경험이 있었나요? 그렇다면 언제 어디서 걷기를 했는지 말씀해주세요. 그리고 왜 잊을 수 없는지 그 이유도 말해주세요.

---

01 한 번은 집 근처 공원에서 걷기를 하고 있었습니다.

One time I was walking at the park near my house.

02 저는 걷기에 전혀 적합하지 않은 신발을 신고 있었습니다.

I was wearing shoes that were totally unsuitable for walking.

03 신발에 계속 신경을 쓰다가, 지갑을 잃어버렸습니다.

While I was constantly wearing about my shoes, I lost my wallet.

04 게다가 길에서 걸으면서 자전거를 보지 못했습니다.

Moreover, I didn't see a bike when I was walking on the road.

05 비틀거려 길에 넘어지고 말았죠.

I stumbled and ended up falling down on the road.

06 저는 일어나 계속 하려 했지만 아팠습니다. 걸을 수가 없었습니다.

I got up and tried to continue, but it hurt. I could barely walk.

07 제가 무릎으로 넘어져서 심하게 긁혔기 때문입니다.

That's because I fell on my knee and scraped it really badly.

08 안 좋은 일은 한꺼번에 온다더니, 그날이 그런 날이었나 봅니다.

It never rains but it pours; I think that day was the day.

136 When was the first time you started riding a bike? Tell me why you decided to start it.

자전거 타기를 처음 시작했을 때는 언제인가요? 왜 그것을 시작하게 되었는지 말씀해주세요.

01 저는 자전거 타기의 긍정적인 효과에 대해 듣고 2년 전에 그것을 시작했습니다.

I started riding a bike two years ago when I heard about the beneficial effects of it.

02 저는 매일 자전거를 타기로 마음 먹었습니다.

I decided to start riding a bike every day.

03 자전거 타기는 엄청난 신체적인 힘을 필요로 하지는 않습니다.

Riding a bike does not require great displays of gymnastic strength.

04 자전거를 타면서 하루의 계획에 대해 생각합니다.

While riding a bike, I think about a plan for my day.

05 자전거를 탈 때 무엇을 하는지는 제가 누구와 함께 가는지에 달렸습니다.

What I do while riding a bike depends on who I'm with.

06 가끔은 그냥 공원 주변을 걷고 이야기를 합니다.

Sometimes we just walk around the park and chat.

07 저는 운동하기를 좋아해서 먼 곳까지 (운동 삼아) 자전거를 타러 다닙니다.

I love exercising and do long distance bike riding.

08 자전거 타기는 일로부터 받은 스트레스를 푸는 데 술을 마시는 것보다 더 효과적입니다.

Riding a bike is more effective for relieving stress from work than drinking alcohol.

등산 경험 1

137 Tell me about recent hiking experiences you have had. Where did you go hiking? Were you with anyone?

최근에 있었던 등산 경험에 대해 말해보세요. 어디에서 등산을 했나요? 함께 했던 사람이 있습니까?

01 등산에는 위험이 따르기 마련입니다.

Mountain climbing is always attended with danger.

02 한 번은 친구들과 제가 지리산을 오르고 있었습니다.

One time my friend and I were climbing Mt. Jiri.

03 샌드위치와 사과를 점심으로 먹으면서 우리는 등산에 대해 더 논의를 했습니다. 북쪽으로 오를 것인지 아니면 동쪽으로 오를 것인지 하는 것을요.

Over a lunch of sandwiches and apples, we continued to discuss the hike: going to hike up the north face of the mountain or hike up the east face.

04 우리는 북쪽을 선택했지만 북쪽 경사면의 얼음을 만나 다른 길을 찾아야 했습니다.

We chose the north but encountered ice on the north slope, so we had to look for an alternate trail.

05 산중턱에서 우리는 아무것도 볼 수 없어서 어두컴컴한 등산로를 엉금엉금 기다시피 하며 갔습니다.

Halfway up the mountain, we crept along the dark trail, unable to see anything.

06 저희는 산을 다시 걷기 시작했고 걷고 또 걸었습니다. 마침내 저희는 캠프에 도착했습니다.

We started to walk up the mountain again, and we walked and walked. Finally, we made it to the camp.

07 캠프에 도착했을 때 우리는 다른 등산객들과 합류했습니다.

When we reached the camp, we joined the other hikers.

08 그 사건은 등산이 얼마나 위험할 수 있는지를 때맞춰 상기시키는 계기가 되었습니다.

The incident served as a timely reminder of just how dangerous mountaineering can be.

등산 경험 2

138 Have you had any hiking experience that is memorable? If so, start by telling me when it was and where you were hiking. Then tell me all of the things that made the experience unforgettable.

기억에 남는 등산 경험이 있었나요? 그렇다면 언제, 어디서 등산을 했는지 말씀해 주세요. 그리고 왜 잊을 수 없는지 그 이유도 말해주세요.

01 등산에는 위험이 따르기 마련입니다.

Mountain climbing is always attended with danger.

02 한 번은 친구들과 제가 설악산을 오르고 있었습니다.

One time my friend and I were climbing Seorak Moutain.

03 해질 무렵까지, 저희는 잘못된 방향으로 향하고 있다는 것을 몰랐습니다.

Until sundown, we didn't realize that we were headed in the wrong direction.

04 우리는 아무것도 볼 수 없어서 어두컴컴한 등산로를 엉금엉금 기다시피 하며 갔습니다.

We crept along the dark trail, unable to see anything.

05 길 잃은 등산객들인 우리들은 추운 날씨 때문에 애를 먹었습니다.

We, the lost mountain climbers, suffered from exposure.

06 우리들은 구조대에게 발견될 때까지 꼼짝도 못하고 몇 시간 동안 국유림 속에 갇혀 있었습니다.

We were stranded in the national forest for several hours before the rescue team found us.

07 그 사건은 등산이 얼마나 위험할 수 있는지를 때맞춰 상기시키는 계기가 되었습니다.

The incident served as a timely reminder of just how dangerous mountaineering can be.

조깅과 헬스의 차이점 [모의 12-12 응용]

139 How do you think jogging is different from working out at a gym? Please compare jogging to going to a gym.

조깅하는 것과 체육관에서 운동하는 것이 어떻게 다른가요? 조깅과 체육관에서 운동하는 것을 비교하세요.

---

01 우리 몸은 비타민 D를 만들기 위해 햇빛이 필요합니다. 그래서 저는 야외에서 운동하는 것을 선호합니다.

We need sunlight on our bodies to make vitamin D, so I prefer to spend my time exercising outside.

02 매일 운동하는 것은 어렵기 때문에 시간이 날 때마다 집 근처 공원에 가서 조깅을 합니다.

I go jogging at the park near my house because it is hard for me to exercise every day.

03 저는 또한 답답한 체육관에서 운동하는 것보다 공기가 신선한 바깥에서 운동하는 것을 선호합니다.

I also prefer exercising in the fresh air outside to working out in a stuffy gym.

04 때때로 저는 자전거를 타고 출근합니다. 그래서 운동하면서 출근하는 것이 동시에 되죠. 체육관에 갈 계획을 따로 세울 필요가 없습니다.

Sometimes I ride my bicycle to work, so I get to exercise and get to work at the same time; I don't have to plan time in the gym.

05 야외에서 운동하는 것은 일반적으로 더 좋습니다. 그런데 가끔은 날씨가 적절하지 않기도 합니다.

Working out outside is usually nicer, but sometimes the weather is not appropriate.

06 그럴 때는 실내에서 운동합니다.

In that case, I work out indoors.

● 질문에 따라 조깅 이외의 야외 활동인 걷기/등산/자전거 타기와 실내 운동을 비교하는 답변에 활용 가능합니다.

140 A friend has asked you to go for a jog together. Ask your friend a few questions about his or her plan.

한 친구가 함께 조깅을 가자고 요청했습니다. 그/그녀의 계획에 대해 친구에게 몇 가지 질문을 하세요.

01	안녕. 같이 조깅하러 가자는 네 메시지를 받았어.	Hi. I got your message asking me to go for a jog together.
02	좋은 생각인 것 같아.	That sounds good.
03	그런데 네 계획에 대해서 아는 게 없어서 좀 더 알아보려고 몇 가지를 물어보고 싶어.	But I have no idea about your plan, so I'd like to ask you some questions to get more information.
04	어디로 조깅을 갈 계획이야?	Where are you planning to go jogging?
05	네가 즐겨 가는 곳이 있어?	Do you have a favorite place to go?
06	우리 언제 만나야 하지?	When should we meet?
07	내 생각에 넌 운전해서 갈 것 같은데.	I think you are going to drive there.
08	그럼 가는 길에 나를 태워갈 수 있어?	Then can you pick me up on the way?
09	4시에 우리 집으로 오는 게 어때?	Why don't you come over to my place at 4 o'clock?
10	조깅을 얼마 동안 할 것 같아?	How long do you think we are going to jog for?
11	나 7시에 엄마와 약속이 있거든. 그래, 그럼 그때 보자.	I have to meet my mother at 7 o'clock. OK, see you then.

🔴 질문에 따라 조깅 이외에 다른 스포츠 활동 약속 잡기 롤플레이 답변에도 활용이 가능합니다.

141

You indicated that you go to a gym to work out. What is the main purpose of going to a gym? When you go to a gym, what do you do? Please tell me everything you do there.

당신은 운동을 하기 위해 헬스클럽에 다닌다고 했습니다. 헬스클럽에 가는 주요 목적은 무엇인가요? 당신은 체육관에 가면 무엇을 합니까? 그곳에서 하는 일에 대해 모두 말해보세요.

01 제가 헬스클럽에 가는 이유는 건강을 유지하기 위해서입니다.

The reason I go to the gym is to keep myself healthy.

02 계속해서 도서관에서 앉아서 공부해야 하기 때문에 도통 운동할 시간이 없습니다.

I'm constantly sitting to study in the library and I never have time to exercise.

03 체중이 많이 불었죠. 저는 정말로 살을 빼야 합니다.

I've really put on weight. I really need to lose weight.

04 저는 규칙적으로 운동하는 것에 초점을 맞춥니다.

I focus on exercising regularly.

05 헬스장에서 제일 먼저 하는 것은 스트레칭입니다.

The first thing I do when I get to the gym is stretches.

06 준비 운동으로 자전거를 탑니다. 그리고는 운동을 시작합니다.

I ride a bike to warm up. Then I start my workout.

07 다음으로 30분 동안 러닝머신을 뜁니다.

Next, I run on a treadmill for thirty minutes.

08 저는 매일 팔굽혀 펴기를 20번씩 합니다.

I do twenty push-ups every day.

09 마지막에는 자전거에 올라 20분 정도 탑니다.

Finally, I get on the exercise bike and ride for twenty minutes.

10 더 열심히 운동해서 살을 뺄 것입니다.

I'll work out harder and sweat it off.

142

You indicated that you go to a gym to work out. What is the main purpose of going to a gym? When you go to a gym, what do you do? Please tell me everything you do there.

당신은 운동을 하기 위해 헬스클럽에 다닌다고 했습니다. 헬스클럽에 가는 주요 목적은 무엇인가요? 당신은 체육관에 가면 무엇을 합니까? 그곳에서 하는 일에 대해 모두 말해보세요.

01 제가 헬스클럽에 가는 이유는 규칙적으로 운동을 하기 위해서입니다.

The reason I go to the gym is to exercise regularly.

02 헬스장에서 제일 먼저 하는 것은 스트레칭입니다.

The first thing I do when I get to the gym is stretches.

03 준비 운동을 위해 로잉 머신에서 1시간을 보냅니다.

And then I spend half an hour on the rowing machine to warm up.

04 근육을 키우기 위해 무거운 웨이트를 들어올립니다.

I lift heavy weights in order to build muscle.

05 때로 체육관이 붐빌 때는 장비를 기다려야 합니다.

Sometimes I have to wait for equipment when the gym is busy.

06 또한 복근을 강화하는 운동도 합니다.

Also I do exercise to strengthen the abdominal muscles.

07 그 다음에는 윗몸 일으키기 100회와 턱걸이 운동 20회를 합니다.

I follow this with 100 sit-ups, and 20 chinups.

08 마지막에는 자전거에 올라 20분 정도 탑니다.

Finally, I get on the exercise bike and ride for twenty minutes.

143

What does your health club or gym look like? What do the facilities there look like? Please describe your health club and its facilities in detail.

당신이 다니는 헬스클럽이나 체육관은 어떤 모습입니까? 그곳의 시설은 어떤 모습입니까? 헬스 클럽과 그 시설에 대해 자세히 묘사해보세요.

---

01 문을 들어서면 벤치류와 역기류, 아령과 랙 등의 다양한 기계류가 먼저 보입니다.

The first area you can see when entering the door has various equipment; benches, barbells, dumbbells, and racks.

02 이것들은 근육을 만들려고 하는 사람들을 위한 것들입니다.

These are for people wanting to build up their muscles.

03 반대편에는 20대의 러닝머신이 창가에 줄지어 있는데, 전부 최신식 장비입니다.

On the opposite side, there are 20 treadmills lined up in front of the window and all the equipment is top of the line.

04 그 옆에는 자전거 5대와 노 젓기 기계가 3대 있습니다.

Next to them, there are five bikes and three rowing machines.

05 트레이너들이 기계를 어떻게 사용하는지에 관해 조언을 해줍니다.

The trainers give advice on how to use machines.

06 다음 코너는 강의를 하는 별도의 공간입니다. 이 공간에서는 요가와 스텝 에어로빅을 합니다.

The next area is a separate area where classes are held. In this room, people do yoga and step aerobics.

07 이 체육관에는 운동 설비가 완비되어 있고 운동 기구들은 전부 새 것이라서 매우 좋습니다.

This gym is very good because it has a full range of sports equipment and the equipment is all brand-new.

🟣 장소나 시설을 묘사할 때 쓰인 공간 묘사 표현을 사무실이나 집안 묘사 등의 답변에도 활용해보세요.

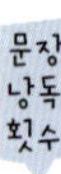

144 Please describe an experience when you went to a health club or to a gym that you remember clearly.

헬스클럽이나 체육관 갔을 때 확실히 기억하는 경험 하나를 묘사해보세요.

01 저는 약 일주일 전에 체육관에 갔었습니다.

I went to the gym about a week ago.

02 체육관이 붐벼서 장비를 기다려야 했습니다.

I had to wait for equipment because the gym was busy.

03 저는 먼저 스트레칭을 해서 몸을 풀어주었습니다.

First, I started warming up with some stretches.

04 그리고 나서 러닝머신에서 빠른 속도로 한 시간 동안 달리기를 했습니다.

Then on the treadmill, I ran for an hour at a fast speed.

05 저는 드디어 한 시간도 안 돼서 러닝머신에서 10킬로미터를 달리는 데 성공했습니다!

I finally managed to run 10 kilometers on the treadmill in less than an hour!

06 운동을 심하게 했더니 몸이 좀 뻐근했지만 제가 해낸 일에 뿌듯했습니다.

I felt a little achy after a heavy workout, but I was happy with what I'd done.

07 하지만, 다음 날 저는 너무 아파서 하루 쉬어야 했습니다.

But, the next day, I was so sick that I had to take a day off.

헬스클럽 경험 2 [모의 11-11]

145 Please describe an experience when you went to a health club or to a gym that you remember clearly.

헬스클럽이나 체육관 갔을 때 확실히 기억하는 경험 하나를 묘사해보세요.

01 저는 일주일에 한두 번 체육관에 가서 1시간 정도 운동하려고 마음 먹었기 때문에 체육관으로 향했습니다.

Because I decided to exercise in the gym for an hour once or twice a week, I headed to the gym.

02 친구들과의 저녁 약속을 거부하고 체육관에 가는 것은 쉬운 일이 아니었습니다.

It was not easy to refuse dinner plans with my friends and go to the gym.

03 제가 체육관에 도착했을 때, 체육관은 꽉 차 있었습니다.

When I went to the gym, it was absolutely packed.

04 땀냄새는 불쾌했고 정말 그곳을 벗어나고 싶었습니다.

It smelled unpleasant and I really wanted to leave there.

05 하지만 '고생 끝에 낙이 온다!'는 말을 되새겼습니다.

But I chewed over the saying "All the hard work is going to pay off!"

06 체육관이 붐벼서 저는 장비를 기다려야 했습니다.

I had to wait for equipment because the gym was busy.

07 그때 기구를 독차지하고 있는 덩치 큰 남자와 말다툼을 했습니다.

Then I got in an argument with a big guy who was hogging the equipment.

08 결국 저는 그의 무례한 행동에 기분이 상해 체육관에서 운동도 하지 못하고 집으로 돌아왔습니다.

In the end, I was so displeased with his rude behavior that I couldn't exercise in the gym and I returned home.

146 Please describe an experience when you went to a health club or to a gym that you remember clearly.

헬스클럽이나 체육관 갔을 때 확실히 기억하는 경험 하나를 묘사해보세요.

01 저는 약 일주일 전에 체육관에 갔었습니다.

I went to the gym about a week ago.

02 먼저, 스트레칭을 해서 몸을 풀어주었습니다.

First, I started warming up with some stretches.

03 그리고 나서 러닝머신에서 빠른 속도로 30분 정도 걷고 20분 동안 달리기를 했습니다.

Then on the treadmill, I walked for 30 minutes at a fast speed and then ran for 20 minutes.

04 그런데 체육관 바닥이 젖어서 매우 미끄러웠습니다.

But, the floor at the gym was wet and very slippery.

05 기계에서 내려오는 순간, 저는 넘어지면서 러닝머신 모서리에 머리를 부딪쳤습니다.

The moment I came down from the machine, I fell, striking my head on the edge of the machine.

06 너무 창피했습니다!

I was so embarrassed!

07 다음 날 저는 너무 아파서 하루종일 쉬어야 했습니다.

The next day, I was so sick that I had to take a rest all day.

헬스클럽 강사 묘사 [모의 11–12]

147 Provide some details about one of your instructors in a health club or a gym where you go to. What is he or she like? Tell me what kind of person he or she is.

당신이 다니는 체육관의 강사들 중 한 명에 대해 자세하게 이야기해보세요. 어떤 사람입니까? 어떤 사람인지 말해보세요.

---

01 제가 다니는 체육관에는 자신에게 맞는 운동을 할 수 있도록 지도해주는 개인 코치들이 있습니다.

At the gym I go to, personal fitness advisors help me work out a proper routine.

02 원하는 사람에게는 전용 트레이너를 배정해줍니다.

They assign you a personal trainer, if you want one.

03 트레이너들 중 한 사람과 약속만 하면 하고 싶은 운동 기구 사용법을 정확히 다 배울 수 있어요.

Just make an appointment with one of the trainers, and you'll learn exactly how to use any machine you want.

04 제 에어로빅 강사는 유능하고 경험이 많습니다.

My aerobics instructor is able and experienced.

05 그 분은 또 재미있고 재치도 있습니다.

She is also really funny and smart.

06 그 강사는 내가 목표를 달성하도록 도와주었습니다.

She put me on the way to achieving my goals.

07 그는 "몇 주만 에어로빅을 하면 그 흐물흐물한 뱃살이 탄탄해질 거예요."라고 했습니다.

She said "A few weeks of aerobics will firm up that flabby stomach."

08 그의 말이 진짜였으면 좋겠습니다.

I hope that is true.

413

148 You have decided to join a gym. Call the gym and ask three or four questions to get information about the gym.

당신은 헬스장에 가입하기로 결심했습니다. 헬스장에 전화를 걸어 3~4가지 질문을 해서 헬스장에 관한 정보를 얻어보세요.

01 안녕하세요. 헬스장 가입에 대해 정보를 얻고자 전화했습니다.
Hi. I'm calling to get some information about joining your gym.

02 우선, 얼마입니까? 그러니까 한 달에 얼마입니까?
First, how much is it? I mean, per month?

03 직접 가서 운동 기구들을 한번 시험해볼 수 있을까요?
Can I go down and try it out for myself?

04 한번 보고 결정하고 싶습니다.
I'd like to take a look and think it over.

05 어떤 운동기구들이 있나요?
What kind of equipment do you have at the gym?

06 웨이트와 운동 기계들이 많이 있나요?
Do you have a lot of weights and exercise machines?

07 헬스 기구가 다양하게 갖추어져 있나요?
Is your gym filled with a huge variety of fitness and exercise equipment?

08 에어로빅과 사이클 공간도 있나요?
Do you have aerobics and cycling studios, too?

09 에어로빅 공간도 있었으면 좋겠습니다.
If you have an aerobics studio, that would be great.

10 도와주셔서 감사합니다.
Thank you for your help.

149 You have decided to join a gym. Call the gym and ask three or four questions to get information about the gym.

당신은 헬스장에 가입하기로 결심했습니다. 헬스장에 전화를 걸어 3~4가지 질문을 해서 헬스장에 관한 정보를 얻어보세요.

01 이번 달에 헬스클럽에 등록하려고요.

I'm signing up for the gym this month.

02 헬스장에 대해 좀 더 정보를 얻을 수 있을까요?

Could you give me a bit more information about your health club?

03 누구든지 가입비 없이 회원이 될 수 있나요?

Is the membership open to all for free?

04 다음 달 일정을 이메일로 보내주시겠어요?

Would you email me next month's itinerary?

05 한번 보고 결정할게요.

I'll take a look and think it over.

06 어떤 운동기구들이 있나요?

What kind of equipment do you have at the gym?

07 넓은 공간의 러닝머신, 팔다리 운동기구, 리컴번트 자전거도 갖추고 있나요?

Do you have a huge range of treadmills, crosstrainers, upright and recumbent bikes?

08 최신식 장비들을 갖추고 있나요?

Do you have the most up-to-date fitness equipment?

09 스탭들은 자격을 갖추고 친절한가요? 저는 이제 시작하는 사람이라서 저를 잘 도와줄 수 있는 사람이 필요해요.

Is your staff qualified and friendly? I'm just starting out, so I need people to support and assist me well.

10 도와주셔서 감사합니다.

Thank you for your help.

150 I also like to exercise at a gym. Ask me three or four questions about it.

저도 헬스클럽에서 운동하는 것을 좋아합니다. 그것에 대해 3~4가지 질문을 해보세요.

01 헬스클럽에서 운동하는 것을 좋아하신다고 들었습니다.

I heard that you like to exercise at the gym.

02 왜 좋아하나요? 주로 누구와 운동을 합니까?

Why do you like it? Who do you usually exercise with?

03 저는 정말 살을 빼야 해서 헬스클럽에서 규칙적으로 운동하는 데 초점을 두고 있어요. 체중이 많이 불었거든요.

I really need to lose weight, so I focus on exercising regularly at the gym. I've really put on weight.

04 그 헬스클럽의 위치는 어디인지 알고 싶네요.

I'd like to know where it is located.

05 그곳은 최신식 장비들을 갖추고 있나요?

Does the gym have the most up-to-date fitness equipment?

06 당신이 운동을 하기 위해서 어떤 장비가 필요한가요?

What equipment do you need to exercise at the gym?

07 준비하기 위해 무엇을 해야 합니까?

What should you do to warm up for preparation?

08 헬스클럽에서 당신이 하기 좋아하는 모든 것에 대해 듣고 싶습니다.

I'd love to hear all the things that you like to do at the gym.

09 헬스클럽에서 어떤 특별한 경험이 있을 수도 있겠네요. 잊을 수 없는 경험이 최근에 있었나요?

You may have some special experience at the gym. Have you recently had any experience that is unforgettable?

10 그렇다면 언제 어디서 있었던 것인지 말씀해주세요. 그 얘기도 듣고 싶네요.

If so, please tell me when it was and where you were exercising. I'd love to hear that, too.

Topic 5_Vacation/Business Trips

휴가/출장

배경 설문조사(Background Survey)의 마지막 7번에서는 '휴가와 출장'에 대해 총 5개의 항목 가운데 최소한 한 가지 이상을 선택하도록 제시되어 있다. 일반적으로는 2~3가지를 선택하는 것이 좋고 답변에 대한 부담이 없다면 그 이상을 선택해도 상관없다. 5가지 항목 국내 출장, 해외 출장, 집에서 보내는 휴가, 국내 여행, 해외여행이 있다. 이 중에서 집에서 보내는 휴가를 제외하고는 휴가와 출장으로 크게 두 가지로 분류할 수 있고, 답변을 준비할 때는 국내외 여행지에 대해서만 잘 구분하며, 이후 휴가와 출장의 차이만 구분해두면 가장 손쉽게 답변을 준비할 수 있는 주제이기도 하다. 다른 영역에 비해 항목 간 차이가 크지 않기 때문이다. 다음의 핵심 어휘를 익히고 여행이냐 출장이냐에 따라 표현을 바꿔서 말할 수 있도록 연습해두자.

🗨️ 훈련북 활용 TIP

각 문장은 낱낱의 파일로 되어 있습니다. 하나의 답변을 온전히 암기하기가 벅찰 경우 답변 문장 중 꼭 필요한 것만 선택할 수 있습니다.

1. 먼저 답변 문장을 골라 표시하세요.
2. 문제마다 답변 폴더를 만들어 선택한 파일을 모으면 나만의 답변이 완성됩니다.
3. 반복해서 들으면서 따라 말하기 연습하세요.

151

You indicated in the survey that you stay at home while on vacation. Who are the people you like to see and spend time with on your vacation? What do you usually do?

당신은 설문조사에서 휴가를 집에서 보낸다고 하셨습니다. 휴가 때 만나거나 시간을 같이 보내고 싶은 사람은 누구인가요? 주로 무엇을 하나요?

01 휴가 때 저는 정말 집에 있는 것을 좋아합니다.

When I have vacation time, I really like to stay home.

02 저는 보통 가족들과 시간을 보냅니다.

I usually hang out with my family.

03 우리는 특별한 것을 하지는 않습니다.

We don't do anything special.

04 휴가 동안 저의 전형적인 하루는 매우 게으릅니다.

During my vacation, a typical day for me is very lazy.

05 아침에 보통 늦게, 10시 정도에 일어납니다. 그리고는 아침을 준비합니다.

I get up late in the morning, usually around 10 a.m. Then I make breakfast.

06 우리는 보통 집에서 밥을 먹지만 가끔은 식당에 갑니다.

We usually eat at home, but sometimes we go to a restaurant.

07 가끔은 서점에 가서 책을 찾습니다.

Sometimes, I go to the bookstore and look for books for me.

08 때로는 친구 몇몇에게 전화를 걸어 술 마시러 나오라고 할 때도 있습니다.

Once in a while, I call some friends and invite them out for a drink.

09 간식을 먹고 잠자리에 들 때까지 텔레비전을 봅니다.

I have a snack, and I watch TV until I go to bed.

152 Tell me about a special experience while you were staying home during a vacation. What happened? Please describe it in detail.

집에서 휴가를 보내는 동안 생긴 특별한 경험에 대해 말해주세요. 무슨 일이 일어났나요? 자세히 설명해보세요.

01	지난번 휴가 동안 저희 가족은 매우 특별한 경험을 했습니다.	During my last vacation, our family had a very special experience.
02	뉴욕에 거주하시는 삼촌께서 사업차 서울을 방문하셨습니다.	My uncle who lived in New York visited in Seoul on business.
03	그리고 삼촌은 전화하셔서 저희를 방문하고 싶다고 하셨습니다.	And he called us and said he wanted to come over.
04	그는 20분 후에 저희 집 앞에서 팔에 한 가득 선물을 들고 계셨습니다.	Within 20 minutes, he was standing in the doorway, his arms full of presents.
05	삼촌께서는 좋아 보이셨습니다. 그렇게 늙지는 않으셨는데 피곤해 보이셨습니다.	My uncle looked good. He hadn't changed much, but he looked tired.
06	삼촌을 봬서 너무 좋았습니다.	It was really good to see him.
07	삼촌께서는 계속 재밌는 얘기를 해주셨고 저희를 웃게 하셨습니다.	He always told such funny stories, and made us all laugh.
08	그날 저녁 떠나셨고 이틀 후 미국으로 돌아가셨습니다.	He left that night, and was back in the States a couple of days later.
09	가끔 삼촌이 그립고 더 자주 뵐 수 있으면 좋겠습니다.	I miss him sometimes, and wish I could see him more often.

집에서 보내는 휴가 최근 경험 [모의 03-10]

153

I'd like to know about the last vacation that you stayed at home. Please explain in detail about the things you did from the first day to the last day.

당신이 집에서 보낸 최근의 휴가에 대해 알고 싶습니다. 첫째 날부터 마지막 날까지 한 일에 대해 자세히 설명해주세요.

01 저는 최근 휴가 때 사소한 볼일을 봤습니다.

I did little errands during my last vacation.

02 첫 주에는 거의 대부분 집에 있었습니다.

For the first week of vacation, I stayed home most of the time.

03 월요일에는 슈퍼에 가고, 화요일에는 편지를 붙이러 우체국에 갔습니다.

I went to the grocery store on Monday. On Tuesday, I went to the post office to mail a letter.

04 다음 날 저희 사촌에게 줄 옷을 사러 이마트에 갔습니다.

Next day, I went to the E-mart to buy some clothes for my cousin.

05 친구가 퇴근한 후 같이 맥주를 마셨습니다.

I met a friend and we had beers after his work.

06 토요일에는 친구 집에 가서 친구네 가족과 함께 어울렸습니다.

On Saturday, we went to my friend's house and hung out with the friend's family.

07 일요일 마지막 날에는 교회에 가고, 저녁엔 삼겹살 식당에 가서 저녁을 먹었습니다.

On Sunday, the last day, I went to church, and had dinner at a samgyeopsal restaurant.

● 어느 기간 동안 한 일을 설명할 때 시간 순서대로 순차적으로 설명하면 답변이 자연스럽게 이어집니다. on the first/last day, on + 요일 표현을 적극 활용해보세요.

휴가를 집에서 보내는 이유/목적

154

You indicated in the survey that you stay at home while on vacation. Who are the people you like to see and spend time with on your vacation? What do you usually do? Why do you prefer it to traveling?

당신은 설문조사에서 휴가를 집에서 보낸다고 하셨습니다. 휴가 때 만나거나 시간을 같이 보내고 싶은 사람은 누구인가요? 주로 무엇을 하나요? 왜 여행하는 것보다 집에 있는 것을 선호하나요?

01 저는 휴가 때 여행하는 것보다 집에 있는 것이 몇 가지 이유 때문에 더 좋습니다.	I prefer staying home to traveling on my vacation for a number of reasons.
02 여행하는 것은 문제가 너무 많습니다.	Traveling has so many problems.
03 첫째, 저는 사람들로부터 벗어날 수 있어서 집에 있는 것이 좋습니다.	First, I like staying home because I want to get away from people.
04 둘째, 여행은 비싸고 불편합니다.	Second, traveling is expensive and inconvenient.
05 비행기표를 사고 호텔에 머물면 몇 백 만원이 들 수 있습니다. 하지만 집에 있는 것은 그렇지 않죠.	If I buy plane tickets and I stay in hotels, it can cost several million won. But staying home is not.
06 또한 휴가 때 집에 있으면, 저만의 시간을 갖고 게으름을 부릴 수 있습니다.	I can also have time on my own and be lazy if I stay home on my vacation.
07 휴가 동안 저의 전형적인 하루는 매우 게으릅니다.	During my vacation, a typical day for me is very lazy.
08 저는 그게 정말 좋습니다.	I really like that.

🟣 선호하는 이유를 묻는 질문에 대한 답변에서는 선호하지 않는 다른 대상과 비교하며 설명하는 것도 좋은 방법입니다. 또한 여러 이유를 언급하면서 First, Second, … 등의 서수를 활용하면 논리적인 답변을 하고 있다는 인상을 줄 수 있습니다.

155 You indicated that you travel overseas. Tell me about the countries you have visited and explain about the local people you met while traveling. Who were you with? What did you do there? Why do you particularly like that country or that city?

해외 여행을 하신다고 표시하셨습니다. 당신이 방문했던 나라들에 대해 말해주세요. 그리고 여행 중에 만난 사람들에 대해 설명해보세요. 누구와 함께 갔었나요? 그곳에서 무엇을 했나요? 왜 그 나라나 도시가 특별히 기억에 남나요?

01 저는 18살 때 가족과 함께 해외여행을 했습니다.

I traveled abroad with my family when I was 18 years old.

02 우리의 목적지는 말레이시아의 쿠알라룸푸르였는데, 삼촌 가족이 그곳에 살고 있었어요.

Our destination was Kuala Lumpur in Malaysia where my uncle's family lived.

03 쿠알라룸푸르는 말레이시아의 수도입니다.

Kuala Lumpur is the capital city of Malaysia.

04 말레이시아의 인구 중 55%는 이슬람 교도라고 들었습니다.

I heard that nearly 55 percent of Malaysia is Muslim.

05 말레이시아 사람들은 매우 친절했고 어디를 가든 도시들이 잘 관리되어 있었던 것에 좋은 인상을 받았습니다.

I was favorably impressed by the fact that the Malaysians were extremely kind and the cities were very well cared for wherever we went.

06 우리는 말레이시아의 새로운 랜드마크가 된 쌍둥이 타워를 방문했습니다.

We visited the twin towers that became a new landmark in Malaysia.

07 센토사 섬에도 갔어요. 센토사는 말레이시아어로 '평화'라는 말이라고 합니다.

We also went to Sentosa Island. They say Sentosa is a Malaysian word for "peace."

08 '센토사'라는 말처럼 그곳은 너무 평화로웠습니다.

It was so peaceful out there just like the literal meaning of "Sentosa."

기억에 남는 해외 여행지 1 [모의 09–12]

156 Please describe one of your favorite trips overseas. Where did you go and where did you stay? Why was it so memorable?

가장 좋았던 해외 여행 중 하나를 묘사해주세요. 어디에 갔으며, 어디에 머물렀나요? 왜 그렇게 기억에 남나요?

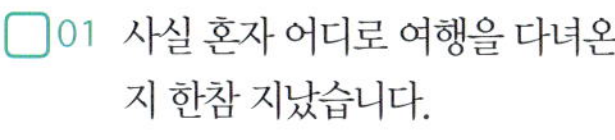

01 사실 혼자 어디로 여행을 다녀온 지 한참 지났습니다.
Actually, it's been a while since I traveled alone somewhere.

02 작년 여름에는 유럽에 단체 여행을 다녀왔습니다.
Last summer, I joined a group tour to Europe.

03 특히 파리와 런던을 포함한 중부와 남부 유럽을 여행했지요.
I especially visited Middle and Southern Europe, including Paris and London.

04 런던에서 윈체스터 성 유적지와 서더크 성당 등을 방문했지요.
In London, I visited the remains of Winchester Palace, Southwark Catheral, etc.

05 특히 성당의 비잔틴 양식 건축물이 인상적이었습니다.
Especially, the Cathedral's Byzantine architecture was very impressive.

06 그 건축물은 탑과, 발코니와 둥근 천장을 가지고 있어, 런던의 유명한 유적지들 사이에서 두드러져 보였습니다.
The architecture, with towers, balconies, and domes made it stand out among London's famous landmarks.

07 저는 런던에서 도버를 거쳐 파리로 여행했습니다.
I traveled from London to Paris via Dover.

08 세계 곳곳에서 온 사람들이 유명한 에펠탑을 보려고 파리로 여행합니다.
People from everywhere travel to Paris to see the famous Eiffel Tower.

09 저는 런던과 파리에서 멋진 시간을 보냈습니다.
I had a wonderful time in London and Paris.

10 다음에는 혼자서 다시 그곳에 가보고 싶습니다.
Next time, I hope to go there again by myself.

423

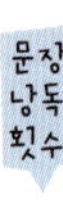

157 Please describe one of your favorite trips overseas. Where did you go and where did you stay? Why was it so memorable?

가장 좋았던 해외 여행 중 하나를 묘사해주세요. 어디에 갔으며, 어디에 머물렀나요? 왜 그렇게 기억에 남나요?

01 저는 작년 여름에 친구 몇 명과 유럽에 갔습니다.

I went to Europe with a few friends of mine last summer.

02 런던에는 런던 타워, 그리니치 유적지를 포함해서, 네 곳의 세계 유산이 있습니다.

There are four World Heritage Sites in London including the Tower of London and the historic settlement of Greenwich.

03 그곳을 방문해서 정말 좋았습니다.

I absolutely loved visiting there.

04 런던에서 옥스포드로 하루 여행을 가는 것은 해외 관광객들에게 쉬운 일입니다.

A day trip to Oxford from London is easy for overseas visitors.

05 하지만 밤을 보내거나 주말 휴식이 더 나은 런던에서는 보고 할 것이 아주 많이 있습니다.

But there's so much to see and do in London that an overnight stay or a weekend break is even better.

06 역사적인 런던의 술집이 없으면 런던 여행은 완벽하다고 할 수 없습니다.

No London walk would be complete without some historic London pubs.

07 우리는 런던 동쪽 끝의 거리 도처에 역사적으로 유명한 발자취를 따라갔습니다.

We followed historic footsteps through the streets of London's East End.

08 그곳에서 친구들과 함께 즐거운 시간을 보냈습니다.

I had fun with my friends there.

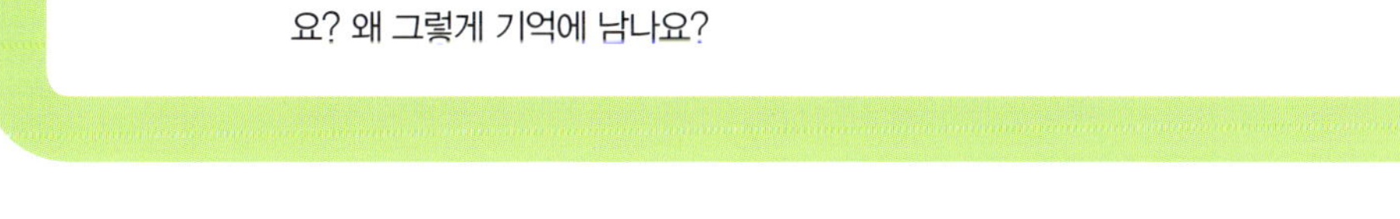

158

Please describe one of your favorite trips in your own country. Where did you go and where did you stay? Why was it so memorable?

가장 좋았던 국내 여행 중 하나를 묘사해주세요. 어디에 갔으며, 어디에 머물렀나요? 왜 그렇게 기억에 남나요?

01	한국에서 가장 큰 섬인 제주도에 대해 말씀 드리겠습니다.	**Let me tell you about Jeju Island which is the largest island in South Korea.**
02	제주도는 세계 7대 자연경관으로 선정되었습니다.	Jeju Island was voted as one of the New 7 Wonders of Nature.
03	확실히 그럴 만한 가치가 있어 보였습니다.	It seemed to be worth it for sure.
04	제주도의 지층이 현무암질의 용암류로 이루어져 있다는 것이 참 신기했습니다.	**It was truly amazing that the geological strata of Jeju Island were composed of basaltic lava.**
05	제주도 연근해는 청정 해역으로 유명했습니다.	The coastal waters of Jeju Island were famous for their clarity.
06	이 섬은 경치가 좋은 것으로도 아주 유명했습니다.	**The island was also very popular for its scenic beauty.**
07	또 한라산도 가볼 만한 곳이었죠. 한라산은 아주 좋은 산책로이고 제주도에서 할 수 있는 가장 좋은 것들 중 하나였습니다.	And also Mt. Halla was worth a visit. It was a wonderful walk, and one of the best things to do on Jeju Island.
08	제주도가 우리나라 최고의 휴양지로 꼽히는 이유가 있더군요.	**There is a reason why it is considered the best vacation spot in Korea.**
09	제주도의 대자연을 접하고 감동했습니다.	I was impressed being in touch with Jejudo's great nature.

425

159 Please describe some of the steps that you take and the things that you have to do from departure to arrival when you travel (abroad).

(해외) 여행을 갈 때 취하는 단계와 출발에서 도착까지 무엇을 해야 하는지 묘사하세요.

01 저는 바쁘지 않으면 제가 스스로 여행을 준비하는 것을 선호합니다.

I prefer preparing for my trip by myself if I'm free.

02 먼저 예산을 계획하고 여행 일정표를 만듭니다.

First, I plan my budget and make an itinerary.

03 여행지에 대한 정보를 찾기 위해 여행 안내책자를 읽어봅니다.

I read some travel guidebooks to search for information about my destination.

04 어디를 갈지 결정한 다음에는 여행사에 전화를 걸어 가장 싼 방법을 알아봅니다.

After deciding where I will visit, I call the travel agent and ask what the cheapest way to travel there is.

05 그리고 나서, 저는 싸야 할 것의 목록을 만들고, 필요한 모든 짐을 쌉니다.

And then, I make a list of things to pack and I pack all the things that I need.

06 집을 떠나기 전에 휴대전화도 충전하고, 짐을 다시 한번 확인합니다.

Before I leave home, I also charge my cell phone and I double-check my luggage.

07 출발하는 날 공항에서 체크인을 하고 탑승권을 받습니다.

At the airport, I check in for the flight and get a boarding pass on the day I travel.

08 목적지에 도착하면 택시를 타고 호텔에 가서 체크인을 합니다.

When I arrive at my destination, I take a taxi to the hotel and check in.

09 짐을 방에 놓고 관광지가 나와 있는 지도를 얻을 수 있는지 확인하러 호텔 안내 데스크에 갑니다.

I put my luggage in my room, and then I go to the hotel information center to see if I can get a map showing tourist spots.

10 여행의 주된 목적은 보통 그곳에 있는 주요 관광지와 맛집을 탐방하는 것입니다.

The main purpose of my trip is usually to visit the foremost tourist attractions and the famous restaurants there.

● 필요한 문장만 뽑아서 암기해도 됩니다.

여행 일정 조정 전화 – 롤플레이 [모의 04-03]

160

Pretend that you want to reschedule your trip to Europe. Please call the travel agency and explain your situation and three or four things that you want to change.

유럽 여행 일정을 조정한다고 가정해보세요. 여행사에 전화를 걸어 상황을 설명하고 변경하려는 내용에 대해 몇 가지 설명하세요.

01 안녕하세요, 파리 여행에 대한 제 일정을 바꾸기 위해 전화했습니다.

Hello. I'm calling to change my itinerary for a trip to Paris.

02 저는 좀 더 머무르고 싶습니다. 왜냐하면 제가 원래 돌아가려던 날에 제가 정말 보고 싶은 뮤지컬 공연을 하기 때문입니다.

I want to extend my stay because on my original return date, there will be a musical performance I am eager to see.

03 비행 일정과 호텔 예약을 바꿔주시겠어요?

Could you change the flight schedule and hotel reservations?

04 그리고 호텔에서 타고 다닐 택시도 다시 조정해주시겠어요?

And could you reschedule the taxi to take me to and from the hotel?

05 사실, 제 생각에는 지금 공항에서 차를 빌리는 것이 더 낫다고 생각합니다.

Actually, now I think it will be better for me to rent a car at the airport.

06 차가 있다면 여행하기 더 편리할 테니까요.

It will be easier for me to travel if I have my own vehicle.

07 그러면 택시 대신 차를 예약해주시겠어요?

Then, would you reserve a car, not a taxi for me?

08 공연을 위한 티켓 예매도 도와주시면 감사하겠습니다.

Also, it would be appreciated if you help me get my ticket for the performance.

427

161

You indicated in the survey that you travel for business (internationally). Describe all the things you pack in your suitcase for the trip and how you prepare for it.

당신은 설문조사에서 (해외로) 출장을 간다고 했습니다. 출장을 갈 때 꾸리는 물건들과 출장을 어떻게 준비하는지 자세히 설명해주세요.

01 저는 가벼운 여행을 좋아하고 가볍게 짐 싸는 법을 알고 있어요.	I like to travel light and I know how to pack light.
02 먼저 저는 싸야 할 것의 목록을 만들고, 필요한 모든 짐을 쌉니다.	**First, I make a list of things to pack and I pack all the things that I need.**
03 저는 옷도 너무 많이 가져가지는 않으려고 노력합니다.	I try not to over-pack my clothing.
04 보통 셔츠 한 장, 바지 한 벌, 양말 한 켤레, 하루씩 입을 속옷 정도를 챙깁니다.	I usually pack one shirt, one pair of pants, one pair of socks, and one pair of underwear per day.
05 또 칫솔이나 치약과 같은 세면도구들도 챙깁니다.	I also bring toiletries and necessities like a toothbrush and toothpaste.
06 노트북과 출장 관련 서류들도 챙겨야 합니다.	**Also, I need to pack my laptop and documents relevant to the business trip.**
07 비즈니스 미팅에 참석해야 한다면 양복도 필요합니다.	If I am supposed to be in a business meeting, I need a suit.
08 출장지에서 정말로 필요한 것에 집중하기 위해 필요 이상의 짐을 싸지 않습니다.	**I try to focus on what is absolutely necessary for my business there, so I do not pack more than I need.**

● 161~165 답변은 질문에 따라 internationally, abroad, overseas 등의 단어를 가감하여 국내 및 해외 휴가/출장 관련 답변에 모두 활용 가능합니다.

국내외 출장 가는 과정 1 [모의 07–09]

162 Please describe the things you have to do from departure to arrival when you travel (abroad) for business. And what do you usually do while you are on a business trip?

(해외로) 출장을 갈 때 출발에서 도착까지 무엇을 해야 하는지 묘사하세요. 그리고 출장 중에는 보통 무슨 일을 하나요?

01 출발하는 날, 공항 셔틀버스나 지하철을 타고 공항에 갑니다.

On the day I travel, I take the airport shuttle or subway to the airport.

02 그리고 공항에서 체크인을 하고 탑승권을 받습니다.

And at the airport, I check in for the flight and get a boarding pass.

03 목적지에 도착하면 택시를 타고 호텔에 가서 체크인을 합니다.

When I arrive at my destination, I take a taxi to the hotel and check in.

04 짐을 방에 놓고 여행 동안 팩스나 메시지를 받을 수 있는지 확인하러 호텔 비즈니스 센터에 갑니다.

I put my luggage in my room, and then I go to the hotel business center to see if I can receive any faxes or messages while I am traveling.

05 보통 그리고 나서 고객에게 전화를 하고 회의 일정을 확인합니다.

I usually call my clients after that, and confirm meetings.

06 저는 그곳에서 무역 박람회에 참석하고 고객들과의 컨퍼런스에도 참석합니다.

I attend trade shows there and I also participate in conferences with our clients.

07 그곳의 업계 동향을 더 잘 파악하기 위해서 현지 소비자들의 소비 습관을 연구합니다.

I study the local consumers' spending habits to better understand the industry there.

08 저는 현지 동향을 분석한 후에 결과에 대해 보고서를 작성합니다.

I make a report about the results after inspecting industry trends there.

163

Please describe the things you have to do from departure to arrival when you travel (abroad) for business. And what do you usually do while you are on a business trip?

(해외로) 출장을 갈 때 출발에서 도착까지 무엇을 해야 하는지 묘사하세요. 그리고 출장 중에는 보통 무슨 일을 하나요?

01 출발하는 날, 공항 셔틀버스나 지하철을 타고 공항에 갑니다.

On the day I travel, I take the airport shuttle or subway to the airport.

02 그리고 공항에서 체크인을 하고 탑승권을 받습니다.

And at the airport, I check in for the flight and get a boarding pass.

03 목적지에 도착하면 택시를 타고 호텔에 가서 체크인을 합니다.

When I arrive at my destination, I take a taxi to the hotel and check in.

04 보통 그리고 나서 고객에게 전화를 하고 회의 일정을 확인합니다.

I usually call my clients after that, and confirm meetings.

05 출장의 주된 목적은 보통 그곳에 있는 저희 공장을 점검하는 것입니다.

The main purpose of my business trip is usually to inspect our factories there.

06 저는 정기적으로 그곳 고객사의 공장을 방문합니다.

I visit clients' factories there regularly.

07 저는 공장을 점검한 후에 결과에 대해 보고서를 작성합니다.

I make a report about the results after inspecting the factories.

08 때로는 불필요한 설비를 폐쇄해서 비용을 줄일 수 있도록 그들을 설득해야 합니다.

Sometimes I need to persuade the clients to shut down some facilities that they don't need to run so that they can cut costs.

164

You indicated that you go on business trips (overseas). Please describe what you do usually and what you do in your free time while you are on a business trip?

(해외) 출장을 가신다고 표시하셨습니다. 출장 중에 보통 무슨 일을 하는지 그리고 시간이 나면 무엇을 하는지 말씀해주세요.

01	출장 중에 하는 일은 출장의 주된 목적에 따라 달라집니다.	**What I do while I'm on a business trip is different according to the main purpose of my business trip.**
02	보통 고객에게 전화를 하고 회의 일정을 확인합니다.	I usually call my clients, and confirm meetings.
03	저는 공장을 점검한 후에 결과에 대해 보고서를 작성합니다.	I make a report about the results after inspecting factories.
04	예정된 회의에 참석하고 회의가 끝나면 보통 고객과 저녁을 먹으러 갑니다.	**I attend scheduled meetings, and after I'm finished, I go out for dinner with clients.**
05	저녁을 먹고 술을 마신 다음에는 보통 호텔로 돌아와 일찍 잠을 잡니다.	After dinner and drinks, I usually go back to my hotel room and go to sleep early.
06	잠을 자기 전에 친구들과 통화하는 것을 좋아합니다.	I like to call my friends before I go to bed.
07	출장 중에는 보통 여가시간이 많지 않습니다.	There isn't a lot of free time on business trips.
08	출장에 가서 여가시간이 생기면 저는 호텔에서 시간을 보내고 휴식을 취합니다.	**When I go on business and I have extra time, I hang out at the hotel and relax.**
09	아니면 일이 끝날 때까지 다른 회의에도 참석합니다.	Or I attend more meetings until I have completed my business.
10	출장 일정을 다 마치면, 택시를 타고 공항으로 와서 집으로 돌아오는 비행기를 탑니다.	Once I'm finished my business trip schedule, I take a taxi back to the airport and get on the flight back home.

기억에 남는 해외 출장 경험

165 Describe your most memorable business trip overseas in detail. What happened? Where and when did it happen? Who were you with? Why was it memorable? Provide as many details as possible.

가장 기억에 남는 해외 출장에 대해 자세히 말씀해주세요. 무슨 일이 있었나요? 어디에서 언제 일어났나요? 누구와 함께 있었습니까? 왜 그것이 기억에 남나요? 가능한 자세히 말씀해주세요.

01 저는 작년에 해외 출장을 갔습니다. 우리의 목적지는 런던이었습니다.

I traveled abroad for business last year. My destination was London.

02 아시아나 항공으로 서울에서 런던으로 가는 1시 항공편을 예약했습니다.

I booked a flight with your company going to London from Seoul, at 1:00 p.m., on Asiana Airlines.

03 예상치 못한 문제가 생겼는데, 문제는 비행기가 연결 비행편의 지연으로 연착되었어요.

Something unexpected happened. The problem was that the flight was delayed due to a late connecting flight.

04 그것은 아주 중요한 출장이었고 제시간에 회의에 참석해야 했습니다.

That was a very important business trip, and I had to attend the conference on time.

05 어떻게 해야 할지 몰랐습니다.

I didn't know what I should do.

06 그래서 저희 회사에 연락해서 이 문제를 알리고 이곳에 책임 있는 매니저와 이 문제를 어떻게 처리할지 의논했습니다.

So, I needed to contact my company to inform them of the matter and discuss with the airline's manager in charge how to handle the matter.

07 항공사 매니저가 다른 항공사에서 티켓을 예약할 수 있도록 도와줬습니다.

The manager helped me book a ticket on a different airline.

08 운이 좋게도 저는 3시에 런던으로 떠나는 비행기를 탈 수 있었습니다.

I was luckily able to get on the flight going to London at 3:00.

● 출장 경험 이외에 기억에 남는 여행 경험으로도 응용이 가능합니다.

공항에서 비행기 연착 문제 해결 – 롤플레이 [모의 07-10]

166

When you go to the airport for a flight, you see that your flight's departure will be two hours late. Please ask several questions about the problem at the airport's service center.

비행기를 타러 공항에 가서 탑승이 두 시간 늦어질 것을 알았습니다. 이 문제에 대한 질문을 몇 가지 해보세요.

01	여보세요. 김수현입니다.	Hello, this is Kim Suhyun.
02	아시아나 항공으로 서울에서 런던으로 가는 3시 항공편을 예약했습니다.	I booked a flight with your company going to London from Seoul, this afternoon at 3:00 p.m., on Asiana Airlines.
03	그런데 제 비행기가 3시 정각에 출발하지 못한다고 들었습니다.	But I heard my flight wouldn't leave at 3.
04	항공사에서는 아무런 설명이 없었습니다. 어떻게 해야 할까요?	The airline did not give an explanation. So, what should I do?
05	이것은 아주 중요한 출장이고 제 시간에 회의에 참석해야 해요.	This is a very important business trip, and I have to attend the conference on time.
06	몇 시에 탑승할 수 있는지 알려주시겠어요?	Would you let me know what time I can get on the flight?
07	두어 시간 이상 늦어지거나 취소될 가능성도 있나요?	Is there a possibility to be delayed for over a couple of hours or to be canceled?
08	그렇다면 저희 회사에 연락해서 이 문제를 알리고 이곳에 책임 있는 매니저와 이 문제를 어떻게 처리할지 의논해야 할 것 같습니다.	If so, I think I need to contact my company to inform them of this matter and discuss with your manager in charge how to handle this matter.
09	다시 한번, 서둘러서 알려주시겠어요?	Once again, would you hurry up and let me know?
10	도와주셔서 감사합니다.	Thanks for your help.

Topic 6_*Random Topics*

돌발 주제

OPIc 시험에는 응시자가 배경 설문조사에서 선택하는 항목에 따라 출제되는 질문 이외의 문제가 출제된다. 이를 돌발 문제라고 한다. 돌발 주제들은 개인적인 선호와는 특별히 상관이 없는 내용들이다. 예를 들면, 식당, 병원, 명절, 은행, 경찰, 가구, 날씨, 교통수단, 가전제품 등에 대한 질문이다. 보통 사람들은 경찰이나 은행에 대해 특별한 관심이 없으니 그것을 주제로 말해볼 기회도 드물 것이다. 당연히 이런 돌발 주제가 나오면 당황하게 된다. 이렇게 OPIc에서는 돌발 상황에 대한 대응력을 평가한다. 경우에 따라서는 돌발 문제가 상당 부분 출제되기도 하므로 결코 무시할 수 없는 영역이다. 그런데 어떤 문제가 나올지 예상할 수 없으므로 준비하기 힘든 것도 사실이다. 일반적으로 많이 다루는 내용을 중심으로 준비해보면, 가구, 식당, 은행, 명절 등이 되겠다. IH 등급을 노리고 있다면, 돌발 주제도 철저히 대비를 해두어야 한다. 물론, 앞에서 준비한 주제 영역과 연계해서 준비할 수 있는 주제가 있는지 먼저 살펴보거나 돌발 주제끼리 묶을수 있는 것이 있는지 정리해보자. 예를 들면, 좋아하는 음식 메뉴를 중심으로 요리와 식당을 연계할 수 있다. 공통으로 사용할 수 있는 문장 위주로 답변을 준비하면 수월하다.

💬 훈련북 활용 TIP

각 문장은 낱낱의 파일로 되어 있습니다. 하나의 답변을 온전히 암기하기가 벅찰 경우 답변 문장 중 꼭 필요한 것만 선택할 수 있습니다.

1. 먼저 답변 문장을 골라 표시하세요.
2. 문제마다 답변 폴더를 만들어 선택한 파일을 모으면 나만의 답변이 완성됩니다.
3. 반복해서 들으면서 따라 말하기 연습하세요.

건강한 사람 묘사 [모의 05-11]

167 What kind of people do you think are healthy people? What do they usually do for their health?

어떤 사람들이 건강한 사람들이라고 생각하십니까? 그들은 건강을 위해 보통 무엇을 하나요?

01 제 생각에 건강한 사람은 규칙적인 생활을 하는 사람들입니다.

I think healthy people are the ones who live well-regulated lives.

02 그런 사람들은 과로해서 병이 나는 일을 피하기 때문에 건강합니다.

Those people are healthy because they avoid overworking and getting sick.

03 보통 일반적인 사람들은 건강에 나쁘다는 것을 알면서도 과음하기 일쑤입니다.

Usually, average people drink too much though they know it is bad for their health.

04 하지만 건강한 사람들은 건강과 관련해 모든 종류의 문제를 야기할 수 있기 때문에 과음을 피합니다.

But healthy people avoid drinking heavily because it can cause all sorts of trouble regarding health.

05 건강을 위해서 운동을 할 때도 절대로 무리하지 않는 것 또한 중요합니다.

For their health, it is also important never to overdo exercise.

06 그들은 무리한 운동이 역효과를 가져와 몸을 해칠 수 있다는 것을 압니다.

They know excessive exercising may produce a negative effect and harm their bodies.

07 그리고 그들은 과식해서 후회하는 법이 없습니다.

And they never regret eating too much.

08 정리하면, 건강한 사람이 되는 데 있어 열쇠는 적당한 음식 섭취, 규칙적인 운동, 그리고 가장 중요하게는 모든 것에 있어 절제하는 태도입니다.

All in all, the key to being a healthy person is proper food intake, regular exercise, and most importantly the attitude to be moderate in everything.

168

Some people quit smoking and some people exercise to stay healthy. What do you do to keep yourself healthy? Tell me the things you do for your health in detail.

건강을 지키기 위해 어떤 사람들은 금연을 하고 어떤 사람들은 운동을 합니다. 당신은 당신의 건강을 지키기 위해 무엇을 합니까? 건강을 위해 하는 일들을 자세히 얘기해주세요.

01 건강을 유지하는 데 가장 중요한 것은 음식이기 때문에 저는 건강식을 하려고 노력합니다.

I try to eat healthy food because food is the most important thing for keeping me healthy.

02 저는 튀김이나 햄버거 같은 기름진 음시을 머지 않으려고 노력합니다.

I try not to eat greasy foods like fries and hamburgers as much as possible.

03 또한 설탕과 크림 대신 커피에 우유를 넣습니다.

Also, I put milk instead of white sugar and cream in my coffee.

04 저는 식사 사이에 간식을 먹지 않으려고 노력합니다.

I try not to have snacks between meals.

05 저는 또한 체육관에서 정기적으로 운동하려고 노력합니다.

I also try to exercise at a gym regularly.

06 보통 한두 시간 달리거나 요가를 합니다.

I usually spend 1-2 hours running or doing yoga.

07 덧붙여, 일주일 동안 매일 걸으려고 노력합니다.

In addition to that, I also try to walk almost every day of the week.

08 담배는 피우지 않지만, 밤에 잠이 들기 전에 레드 와인을 한 잔 마십니다.

I don't smoke, but I do have a glass of red wine in the evening before I go to sleep.

건강을 위한 활동 설명 [모의 04-15]

169 What do you do to keep yourself healthy? Tell me the things you do for your health in detail.

당신은 당신의 건강을 지키기 위해 무엇을 합니까? 건강을 위해 하는 일들을 자세히 얘기해주세요.

01 저는 건강에 대해 꽤 염려가 됐습니다.

I was worried about my health quite a bit.

02 살도 빼고 더 건강해지기를 바랐습니다.

I hoped to lose some weight and also become healthier.

03 의사 선생님께서 적어도 일주일에 하루는 체육관에서 운동을 하라고 권하셨습니다.

My doctor suggested exercise at the gym at least once a week.

04 그래서 저는 건강을 유지하기 위해 하는 활동이 몇 가지 있습니다.

So there are several activities I do for keeping my health.

05 먼저 저는 건강을 유지하기 위해 매일 런닝머신에서 걷기를 합니다.

First, I walk on the treadmill every day so that I can stay healthy.

06 걷기와 조깅은 건강에 좋은 활동입니다.

Walking and jogging are healthy activities.

07 저는 체격을 유지하기 위해 건강 사우나, 헬스 클럽에 매년 많은 돈을 지출합니다.

I spend a lot of money each year on health spas and fitness clubs to stay fit.

08 둘째로, 금연이 건강에 도움이 됐습니다.

Second, when I stopped smoking, it had a beneficial effect on my health.

09 또한 숙면과 좋은 음식은 건강에 필수입니다.

In addition, good sleep and good food are essential to health.

10 적당한 영양 섭취도 건강 유지에 필수입니다.

Proper nutrition is also essential to maintain my health.

건강 관련 과거 경험 1 [모의 04-14]

170 Have you ever had a health problem? What caused your health to deteriorate? What were the symptoms of your illness? How did you overcome it? Please describe it in detail.

건강상의 문제가 있었던 적이 있나요? 무엇 때문에 건강이 악화되었나요? 어떤 증상이 있었나요? 그 문제를 어떻게 극복했나요? 그것에 관해 자세히 묘사해주세요.

01 지나친 음주는 건강에 나쁘다는 것을 알고 있습니다.

I know that excessive drinking is bad for my health.

02 그렇지만 술을 끊는 것은 어렵습니다.

But quitting drinking is not easy for me.

03 방탕한 생활 습관으로 건강을 해친 것 같습니다.

It seems that my dissipated lifestyle has destroyed my health.

04 술을 한 번에 많이 마셨던 것이 건강에 좋지 않았겠지요.

Maybe it was not good for my health to drink a lot of alcohol at a time.

05 그래서 제 건강이 나빠졌습니다.

That's why my health grew worse.

06 의사 선생님께서 과음으로 인해 위출혈과 위궤양이 생길 수도 있다고 말씀하시며 술을 끊으라고 권하셨습니다.

My doctor said it may cause gastric bleeding and stomach ulcers and suggested quitting drinking alcohol.

07 그래서 올해 저는 새해 결심을 했습니다. "술을 마시지 않는다." 였습니다.

So this year, I made a New Year's resolution. "I will not drink alcohol."

08 그렇지만 새해 결심이 사흘도 못 갔습니다. 제 결심이 흔들렸습니다. "지나치게 술을 마시지 않는다."로 바꿨습니다.

But my New Year's resolution didn't last three days and it weakened. I changed it; "I will not drink alcohol to excess."

09 그렇지만 어쨌든 저는 전보다 술을 덜 마십니다.

But, anyway I drink less than before.

10 이런 방식으로 저는 건강 문제를 극복할 수 있었습니다.

I was able to overcome my health problem this way.

건강 관련 과거 경험 2 [모의 05-13]

171

Have you ever had a health problem? What caused your health to deteriorate? What were the symptoms of your illness? How did you overcome it? Please describe it in detail.

건강상의 문제가 있었던 적이 있나요? 무엇 때문에 건강이 악화되었나요? 어떤 증상이 있었나요? 그 문제를 어떻게 극복했나요? 그것에 관해 자세히 묘사해주세요.

01 저는 일을 지나치게 해서 스트레스가 쌓여 건강을 해쳤습니다.
I worked too hard; I built up stress and ruined my health.

02 전 아침 일찍부터 밤까지 일을 해서 움직일 시간이 없었습니다.
I worked in an office from early in the morning until night, so I didn't have time to keep myself active.

03 하루 종일 책상 앞에 앉아서 거의 움직이지도 않았죠.
I sat down at the desk and hardly moved all day.

04 그 당시 온몸이 아팠고 머리가 터질 듯이 아팠습니다.
At that time, I hurt all over and I had a splitting headache.

05 때로는 다리나 허리가 아팠는데 아마도 자세가 좋지 않아서 그랬을 겁니다.
Sometimes my legs or lower back hurt, probably because I was not in good shape.

06 이 병은 과로 때문에 생긴 것이었습니다.
This disease was caused by overwork.

07 의사 선생님이 스트레스를 줄이고, 심장 기능을 강화하기 위해 근무 시작 전 체육관 또는 야외에서 오랜 시간 운동을 하도록 권하셨습니다.
My doctor suggested prolonged exercise at the gym or outside before work in order to reduce stress and strengthen my heart.

08 그때 이후로, 저는 스스로 건강을 유지하려고 의식적으로 노력했습니다.
Since then, I've made a conscious effort to keep myself healthy.

09 제 건강의 비결은 간단했어요.
The secret to my health was very simple.

10 규칙적으로 운동하고 과로하지 않음으로써 건강 문제를 극복할 수 있었습니다.
I was able to overcome my health problem by exercising regularly and not overworking myself.

439

가구 묘사 [모의 01-14]

172 Describe the furniture in your house. What are they? What do they look like? Tell me in as much detail as possible.

집에 있는 가구에 대해 묘사해주세요. 무엇이 있습니까? 어떻게 생겼습니까? 가구들에 대해 자세히 얘기해주세요.

01 우리 집에는 가구가 많이 없습니다.

We don't have much furniture in the house.

02 서재에는 책상과 의자 그리고 책장이, 침실에는 침대와 책상과 의자가, 거실에는 소파가 있습니다.

We have a desk, chair, and bookshelf in the study, a bed and a desk and chair in the bedroom, and a couch in the living room.

03 저희 가족은 식사를 할 때면 언제나 여덟 개의 의자가 있는 큰 식탁에서 먹습니다.

Whenever our family eats, we always eat at the big table, which has eight chairs.

04 음식도 많이 놓을 수 있고 식탁에 우리 일곱, 여덟 명이 편하게 앉을 수 있을 정도로 충분한 공간이 있습니다.

The table holds a lot of food, and there is enough space around the table where seven or eight of us can sit comfortably.

05 침실에 있는 책상에는 위에 유리가 있습니다.

The desk in the bedroom has a glass top.

06 그리고 그 책상과 같이 있는 의자는 정말 멋집니다.

And the chair that it's with is really nice.

07 이 의자는 비싼 의자는 아닌데 이상하게도 매우 편안합니다.

It is not an expensive chair, which is kind of strange, because it's really comfortable.

좋아하는 가구 설명 [모의 01-15]

173 Identify your favorite piece of furniture in your house. What is it and why do you like that particular piece?

집에서 가장 좋아하는 가구를 말해보세요. 가장 좋아하는 가구는 무엇이고 왜 그 가구를 좋아합니까?

01 저는 거실에 있는 소파를 정말 좋아합니다.

I love the couch in the living room.

02 소파는 길고 오랜지 색인데 자거나 앉아 있기 정말 좋습니다.

It's long and orange and really great to sit in and sleep on.

03 저는 아현동에 있는 가구점에서 이 소파를 싸게 구입했습니다.

I bought this couch real cheap at a furniture store in Ahyundong.

04 질이 좋지는 않지만 괜찮은 편입니다.

It's not very good quality, but it's okay.

05 친구들이 오면 자주 그 소파에서 잡니다.

When my friends come over, they very often go to sleep on that couch.

06 비싼 제품은 아닌데 이상하게도 매우 편안합니다.

It is not an expensive couch, which is kind of strange, because it's really comfortable.

좋아하는 식당 1

174

Tell me about a place you especially like to go to to eat out. Who do you usually go with? Tell me what you normally eat there.

특별히 외식하러 가기 좋아하는 곳에 대해서 말씀해주세요. 보통 누구와 함께 가나요? 보통 그곳에서 무엇을 먹는지 말씀해주세요.

01 제가 가장 즐겨 찾는 음식점은 서울 삼겹살이라는 곳입니다.

My favorite restaurant is called Seoul Samgyeopsal.

02 한국 사람들은 삼겹살을 정말 좋아하는데, 그것은 돼지고기의 한 부위입니다.

Koreans really like samgyeopsal, which is pork belly.

03 이 식당은 돼지고기가 주 메뉴입니다.

This restaurant specializes in pork.

04 사람들은 테이블에 앉아 삼겹살을 불판에 바로 구워 먹죠.

People roast pork belly over a hot grill right at the table.

05 제 동료들과 저는 자주 삼겹살을 먹으러 그곳에 갑니다.

My coworkers and I often go to eat samgyeopsal there.

06 이 식당은 상업 지구에 있어서, 항상 많은 직장인들이 큰소리로 이야기를 하면서 소주라는 한국 술을 마십니다.

It is located in the commercial district, and there are always many office workers talking loudly and drinking Korean alcohol, soju.

07 그곳에서 저희는 목소릴 높여 어떤 것이든 얘기할 수 있습니다.

We can say anything, and raise our voices if we want.

08 그리고 다양한 것에 대해 몇 시간 동안 얘기를 나눠요.

And we chat about various things for hours.

09 무엇보다도, 고기의 질을 고려해 보면 저는 그 식당을 가장 좋아합니다.

Most of all, considering the quality of their meat, I like the restaurant the best.

좋아하는 식당 2 [모의 02-13]

175 Tell me about a place you especially like to go to to eat out. Who do you usually go with? Tell me what you normally eat there.

특별히 외식하러 가기 좋아하는 곳에 대해서 말씀해주세요. 보통 누구와 함께 가나요? 보통 그곳에서 무엇을 먹는지 말씀해주세요.

01	제가 가장 즐겨 찾는 음식점은 서울 패밀리 레스토랑이라는 곳입니다.	My favorite restaurant is called Seoul Family Restaurant.
02	그곳에서는 옥외 테라스에서 음식을 먹을 수 있습니다.	We can enjoy the food on the outside patio there.
03	그래서 로맨틱한 분위기에서 저녁식사를 할 수 있습니다.	So we can have dinner in a romantic atmosphere.
04	다양한 서양 요리를 즐길 수 있습니다.	We can enjoy a variety of Western dishes.
05	서비스가 좋아서 샐러드나 반찬을 부담 없이 더 시킬 수 있습니다.	Their service is good and we can feel free to refill salad or side dishes.
06	또한, 주방장 특별 요리를 서비스 받을 수 있습니다.	In addition, we can be served the chef's special.
07	채식주의자가 선택할 수 있는 음식과 아이들을 위한 특별 음식이 있다는 점이 특별합니다.	The special thing is that they have a vegetarian alternative and a special meal for children.
08	그래서 이 식당은 제가 가족을 데리고 가는 가장 좋아하는 장소입니다.	So, this restaurant is my favorite place to take my family.

🟣 좋아하는 식당의 특징 표현

분위기 atmosphere   음식 가격 price of food   다양한 메뉴 extensive menu
좋은 서비스 great service   좋은 음식 great food

176

Please tell me about your most memorable experience when you went to a restaurant. What happened? Why was it so memorable to you?

식당에 갔을 때 일어난 가장 기억에 남는 일을 이야기해주세요. 어떤 일이었나요? 왜 기억에 남나요?

01 저는 제가 자주 가는 식당 '서울 삼겹살'에서 옛 동창들과 그날 저녁 시간을 보냈습니다.

I spent the evening with my old school friends at the restaurant called "Seoul Samgyeopsal," which I often go to.

02 우리들은 테이블에 앉아 삼겹살을 불판에 바로 구워 먹었죠.

We roasted pork belly over a hot grill right at the table.

03 우리는 저녁에 술을 마시기 시작했고 다음 날 이른 아침까지도 술자리를 끝내지 않았습니다.

We began drinking in the evening and did not stop until early next morning.

04 자정 무렵이 되자 다들 술에 취해 뻗어버렸습니다.

All of us were under the table by midnight.

05 제 친구 중 한 명인 준일은 술에 취하여 계속해서 같은 말을 했기 때문에 저는 짜증이 났습니다.

One of my friends, Joonil, kept on saying the same thing ass-backwards and that made me crazy.

06 저는 식당에서 술에 취해 매우 공격적으로 행동했고 그와 말다툼을 했습니다.

I was intoxicated and acted very aggressive, so I had an argument with him there.

07 그렇게 심각한 상황은 아니었지만 식당 주인에게 정말 미안했습니다.

It was not too serious a situation, but I was very sorry for the restaurant owner.

식당 물품 구입 전화 – 롤플레이 [모의 02-15]

177

Pretend that you want to get some information before you buy some kitchen supplies for your restaurant. Call the shop and ask some questions to get information about the products you want to buy.

당신의 식당을 위한 수방용품을 사려고 한다고 가정해보세요. 그 가게에 전화를 걸어 사려고 하는 제품에 관한 정보를 얻기 위한 몇 가지 질문을 하세요.

01 안녕하세요. 엘리스 스토어죠? 저는 다음 달에 이탈리안 식당을 새로 열 계획입니다.

Hi, is this Alice Store? I'm planning to open a new Italian restaurant next month.

02 저는 당신이 우리 가게에 적당한 새 업소용 오븐을 가지고 있다고 들었습니다. 그래서 그 가게에 있는 제품에 대해서 말해줄 수 있는지 궁금합니다.

I heard you have new commercial ovens for my store and I'm wondering if you can tell me about the products you have.

03 아, 바이킹 사에서 나온 전기 오븐과 증류기가 함께 결합된 종합 오븐을 가지고 계시는군요.

Oh, you have the Viking's combination oven which combines a convection oven with a steamer.

04 고객들은 그것의 성능과 다기능에 만족해하나요?

Are the customers satisfied with its performance and versatility?

05 무료 체험을 제공하시나요?

Are you offering a free trial for their products?

06 구매를 결정하기 전에 테스트를 해볼 수 있나요?

Can I test it out before making a purchase decision?

07 그거 좋네요. 이게 정말로 조리 시간을 단축시키는 데 도움이 된다고 생각하세요?

That sounds good. Do you believe it actually helps to shorten cooking time?

08 저희 식당은 점심시간에 매우 바쁠 거라서 정말 좋은 것이 필요해요. 도움 주셔서 감사합니다.

My restaurant will be busy during the lunch hour, so I really need a good one. Thank you for your help.

178

Tell me about holidays in your country. What kinds of holidays are there? Which holiday is the biggest? What do people do on that day? Is there any special food for the day?

당신이 살고 있는 나라의 명절에 대해 말해주세요. 어떤 종류의 명절이 있나요? 가장 큰 명절은 무엇인가요? 사람들은 그날 무엇을 하나요? 그날에 먹는 특별한 음식이 있나요?

01 두 가지 명절에 대해 설명하겠습니다: 설날과 추석입니다.

I will explain two traditional holidays: New Year's Day and Chuseok.

02 1월 1일인 설날은 매우 중요한 날입니다.

New Year's Day, on the 1st of January, is a very important day.

03 음력 설날 우리는 전통적으로 부모님과 어른들께 세배를 드린 후에 세뱃돈을 받아요.

On the day of Lunar New Year, we receive money after traditionally greeting our parents or elders.

04 아버지가 장남이라 저희 집에서 제사를 모십니다.

Our household hosts ancestral rites because my father is the eldest son.

05 그것은 죽은 사람을 위한 제사를 지낼 때에만 하는 행위입니다.

This is done only at memorial rites for the dead.

06 추석은 미국의 추수감사절과 같습니다.

Chuseok is like Thanksgiving Day in the United States.

07 한 가지 추석과 추수감사절의 유사점은 수확에 대한 감사입니다.

One similarity between Chuseok and Thanksgiving is giving thanks for the harvest.

08 가족들은 추석 명절에 즈음하여 조상의 묘를 찾아 성묘를 합니다.

Families visit tombs to pay their respects to ancestors on the occasion of Chuseok.

09 송편은 한국인들이 추석에 먹는 특별한 음식이에요.

Songpyun is the special food that Koreans eat on Chuseok, Korea's Thanksgiving Day.

명절 중 하나 – 설 [모의 01-12]

179 Just pick one of the holidays, and describe it to me in detail. What activities do you usually do with your family during the holiday? Please tell me about all the activities from the beginning to the end.

명절을 하나 골라서 자세히 설명해주세요. 명절에 가족들과 함께 주로 어떤 활동을 하나요? 명절에 하는 모든 활동들을 처음부터 끝까지 이야기해주세요.

---

01 1월 1일인 설날은 매우 중요한 날입니다.

New Year's Day on the 1st of January is a very important day.

02 무엇보다도 설날에는 새 출발을 할 수 있잖아요!

Most importantly, I can start anew on New Year's Day!

03 설날을 맞이하기 위해 하는 가장 첫 번째 일 중의 하나는 제사라고 불리는 의식에서 조상들에게 절을 하는 것입니다.

One of the first things to do to welcome in the New Year is to bow to one's ancestors in a ceremony called 'chesa.'

04 음식 장만하는 데 많은 시간을 보내야 합니다.

I have to spend many hours preparing food.

05 저희는 설날에 떡국을 끓여 먹습니다. 떡국은 매우 맛이 있습니다!

We feast on rice cake soup on New Year's Day. Rice cake soup is very delicious!

06 저는 맛있는 음식을 많이 먹을 수 있고, 친척들을 만날 수 있어서 설날이 좋습니다.

I like New Year's Day because I can eat many delicious foods and get together with my relatives.

07 설날에, 많은 어린이들은 한국의 전통 옷인, 한복을 입습니다.

On New Year's Day, many children wear Hanbok, the traditional dress of Korea.

08 할머니와 할아버지께서는 아이들에게 덕담을 해주십니다.

Grandma and Grandpa give words of blessing to the children.

180

Just pick one of the holidays, and describe it to me in detail. What activities do you usually do with your family during the holiday? Please tell me about all the activities from the beginning to the end.

명절을 하나 골라서 자세히 설명해주세요. 명절에 가족들과 함께 주로 어떤 활동을 하나요? 명절에 하는 모든 활동들을 처음부터 끝까지 이야기해주세요.

01 한국에는 4개의 명절이 있습니다: 설날, 한식, 단오 그리고 추석입니다.

In Korea, there are four traditional holidays: New Year's Day, Hansik, Dano, and Chuseok.

02 그 중에서 추석은 미국의 추수감사절과 같습니다.

Of them, Chuseok is like Thanksgiving Day in the United States.

03 한 가지 추석과 추수감사절의 유사점은 수확에 대한 감사입니다.

One similarity between Chuseok and Thanksgiving Day is giving thanks for the harvest.

04 미국의 추수감사절과 마찬가지로, 한국의 추석 역시 가족들이 모두 한자리에 모이는 명절입니다.

Chuseok in Korea, like Thanksgiving Day in America, is a time for families to get together.

05 추석은 한국의 전통적인 달맞이 명절 중의 하나입니다.

Chuseok is one of the traditional Korean moon festivals.

06 추석에, 우리는 음식을 장만하는 데 많은 시간을 보내야 합니다.

On Chuseok, we have to spend many hours preparing food.

07 송편은 한국인들이 추석에 먹는 특별한 음식이에요.

Songpyeon is the special food that Koreans eat on Chuseok, Korea's Thanksgiving Day.

08 가족들은 추석 명절에 즈음하여 조상의 묘를 찾아 성묘를 합니다.

Families visit tombs to pay their respects to ancestors on the occasion of Chuseok.

09 밤에는 보름달에 소원을 빌고 강강술래 춤을 춥니다.

We make a wish on the full moon and dance Gang-gang-sul-rae at night.

명절 과거 경험 1

181 Tell me about one of the most memorable holidays that you've had. Also tell me why it was so memorable to you.

인상 깊었던 명절에 대해서 이야기해보세요. 그리고 왜 기억에 남는지 그 이유도 말해보세요.

01 어렸을 때 1월 1일인 설날은 저희 가족에게 매우 중요한 날이었습니다.

When I was young, New Year's Day, on the 1st of January, was a very important day for my family.

02 저는 맛있는 음식을 많이 먹을 수 있고, 친척들을 만날 수 있어서 설날이 좋았습니다.

I liked New Year's Day because I could eat many delicious foods and get together with my relatives.

03 음력 설날 날짜는 해마다 달라지는데, 그날은 일요일이었습니다.

The date of Lunar New Year is different every year, and it was on Sunday.

04 설날을 맞이하기 위해 하는 가장 첫 번째 일 중의 하나는 제사라고 불리는 의식에서 조상들에게 절을 하는 것이었습니다.

One of the first things to do to welcome in the New Year was to bow to one's ancestors in a ceremony called 'chesa.'

05 제사가 끝나고 저희는 설날에 떡국을 끓여 먹었습니다.

After finishing chesa, we feasted on rice cake soup on New Year's Day.

06 떡국은 매우 맛이 있었고 저는 세 그릇이나 더 먹었습니다!

Rice cake soup was very delicious and I had three more bowls!

07 그런데 너무 많이 먹어 배탈이 나서 응급실에 실려 갔습니다.

Then I got a stomachache from eating too much food, so I was taken to the emergency room.

08 그것이 설날에 대한 가장 기억에 남는 경험이었습니다.

That was the most memorable experience I've had on New Year's Day.

182

Tell me in detail about the last holiday that you had. Tell me when it was, who you were with, and everything that happened on that holiday.

가장 최근에 있었던 명절 경험에 대해 자세히 말해주세요. 언제였고, 누구와 함께 있었는지, 그리고 그날 무슨 일이 있었는지 모두 말해주세요.

01 추석은 한국의 전통적인 달맞이 명절 중의 하나입니다.

Chuseok is one of the traditional Korean moon festivals.

02 어렸을 때 추석은 저희 가족에게 매우 중요한 날이었습니다.

When I was young, Chuseok was a very important day for my family.

03 지난 해 가족들은 추석 명절에 즈음하여 조상의 묘를 찾아 성묘를 했습니다.

Last year, families visited tombs to pay their respects to ancestors on the occasion of Chuseok.

04 저는 친척들을 만날 수 있고 그들과 같이 할 일이 많아서 추석이 좋았습니다.

I liked Chuseok because I could get together with my relatives and had a lot of things to do with them.

05 지난 추석에는 저와 사촌들이 송편 많이 먹기 게임을 했는데 제가 이겼어요.

Last Chuseok, my cousins and I had an eating songpyun contest and I was the winner.

06 송편은 한국인들이 추석에 먹는 특별한 음식이에요.

Songpyun is the special food that Koreans eat on Chuseok, Korea's Thanksgiving Day.

07 밤에, 우리는 보름달에 소원을 빌었습니다.

At night, we made a wish on the full moon.

08 밖에 나가서 강강술래 춤을 추기도 했습니다.

We also went outside and danced Gang-gang-sul-rae.

09 그것이 추석에 대한 가장 최근 경험이었습니다.

That was the most recent experience of Chuseok.

명절 과거 경험 3 [모의 03~04]

183 Tell me about one of the most memorable holidays that you've had. Also tell me why it was so memorable to you.

인상 깊었던 명절에 대해서 이야기해보세요. 그리고 왜 기억에 남는지 그 이유도 말해보세요.

01 제가 겪은 가장 기억에 남는 경험은 제가 10살 때 사촌과 보낸 것입니다.

The most memorable experience I have is spending time with my cousins when I was ten years old.

02 큰아버지의 자녀들인 사촌들은 제주도에 살고 저희 가족은 서울에 살았습니다.

My cousins, whose father was my father's older brother, lived on Jeju Island and my family lived in Seoul.

03 그래서 저희는 오직 일 년에 한 번 설날에만 서로 볼 수 있었습니다.

So we only could see each other once a year on New Year's Day.

04 저희는 서울의 동물원에 갈 계획이었습니다.

We planned to tour the zoo in Seoul.

05 불행하게도 그날 눈이 엄청나게 많이 와서 부모님들은 저희가 나가는 것을 허락하지 않으셨습니다.

Unfortunately, it snowed a lot on that day, so our parents didn't allow us to go out.

06 너무 실망한 나머지 저희는 울고불고 난리를 치면서 데려가 달라고 졸랐습니다. 그러나 소용이 없었죠.

To our terrible disappointment, we made a scene by crying and asking our parents to take us there, but it was useless.

07 대신에 어머니가 맛있는 음식도 만들어주고 보드놀이를 가르쳐주셨습니다.

Instead, my mother made us delicious food and taught us the rules of a board game.

08 저희는 동물원 따위는 까맣게 잊고 금방 게임에 빠져들었습니다.

Forgetting the zoo, we fell into the game in a short time.

09 결국 하루종일 신나게 먹고 놀아서 아무도 불평을 하지 않았습니다.

At the end of the day, we ate a lot of food and played the whole day, so no one complained.

10 그날은 저희 꼬마들에게는 너무나 좋은 날이었습니다.

That day was too good to be true for us little kids.

451

184 Pick one of your ID cards and describe it in detail. What is it for? What does it look like? When and where do you use it?

신분증을 하나 골라 자세히 묘사해보세요. 어떤 신분증인가요? 어떻게 생겼나요? 그것을 언제, 어디서 사용하나요?

01 저는 주민등록증과 운전면허증, 그리고 학생증을 가지고 있습니다.

I have a resident identity card, a driver's license, and my student card.

02 학생증에 대해 말씀 드리겠습니다.

Let me tell you about my student card.

03 제 학생증은 네모 모양이고 딱딱한 플라스틱으로 만들어져 있습니다.

My student card is a rectangle and it is made of hard plastic.

04 사진은 왼편에 있고 학생증의 1/3을 차지하고 있습니다.

My picture is on the left hand side and it takes up about one-third of the card.

05 위에는 대학 이름이 한글과 영어로 적혀 있습니다.

At the top are the name of the university written in Korean and English.

06 사진 옆에는 저의 개인 정보가 있습니다.

Next to the picture is my personal information.

07 그 외의 모든 것은 한글로 적혀 있습니다.

Everything else on the card is written in Korean.

08 아래에는 제 이름과 신분증 번호가 있습니다.

At the bottom is my name and ID card number.

신분증 묘사 2 – 학생증 [모의 10-14]

185 Pick one of your ID cards and describe it in detail. What is it for? What does it look like? When and where do you use it?

신분증을 하나 골라 자세히 묘사해보세요. 어떤 신분증인가요? 어떻게 생겼나요? 그것을 언세, 어디서 사용하나요?

01 주민등록증과 운전면허증, 그리고 학생증을 가지고 있습니다.

I have a resident identity card, a driver's license, and my student card.

02 학생증에 대해 말씀 드리겠습니다.

Let me tell you about my student card.

03 제 학생증은 네모 모양이고 딱딱한 플라스틱으로 만들어져 있습니다.

My student card is a rectangle and it is made of hard plastic.

04 사진은 왼편에 있고 사진 옆에는 저의 개인 정보가 있습니다.

My picture is on the left hand side and next to the picture is my personal information.

05 신분 증명으로 학생증을 사용할 수 있습니다.

I can use my student ID for identification.

06 이 신분증은 또한 출입구와 출입문 열쇠의 기능도 합니다.

This card also functions as the door and gate key.

07 학생들은 학생증을 이용하여 자료를 열람할 수 있습니다.

Students may use their student cards to access materials.

08 학생증을 보여줘서 도서관에 들어갈 수 있습니다.

I can get access to the library by showing my student card.

09 이 카드 없이는 출입이 허용되지 않습니다.

There is no admittance without this card.

453

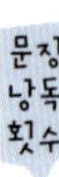

186 Please tell me about the identification card you have. What does it look like? When and where do you use it?

당신이 갖고 있는 신분증에 대해 말해주세요. 어떻게 생겼나요? 그것을 언제, 어디서 사용하나요?

01 주민등록증과 운전면허증을 가지고 있습니다.

I have a resident identity card and a driver's license.

02 신분증 중에서 운전면허증에 대해 말씀 드리겠습니다.

Let me tell you about my driver's license.

03 면허증이 있어야 차를 운전할 수 있고 이것은 신분증 대용으로도 사용될 수 있습니다.

I can drive a car with my driver's license and it can be used as an ID card.

04 제 운전면허증은 네모 모양이고 딱딱한 플라스틱으로 만들어져 있습니다.

My driver's license is a rectangle and it is made of hard plastic.

05 사진은 왼편에 있고 사진 옆에는 저의 개인 정보가 있습니다.

My picture is on the left hand side and next to the picture is my personal information.

06 위에는 '운전면허증'이라고 한글로 적혀 있습니다.

At the top are the words "Driver's License" written in Korean.

07 '운전면허증'이라는 단어 아래에는 운전면허증 번호가 적혀 있습니다.

Under the words "Driver's License" is my driver's license number.

신분증 발급 과정 [모의 03-15, 10-15 응용]

187

What steps are required in order to acquire an identification card? What particular procedures do you need to follow? Do you need other items such as a birth certificate, etc. in order to get the card?

신분증을 받기 위해 어떤 설차가 요구되나요? 어떤 특정 절차를 따라야 하나요? 신분증을 받기 위해 출생 증명서와 같은 다른 것들이 필요한가요?

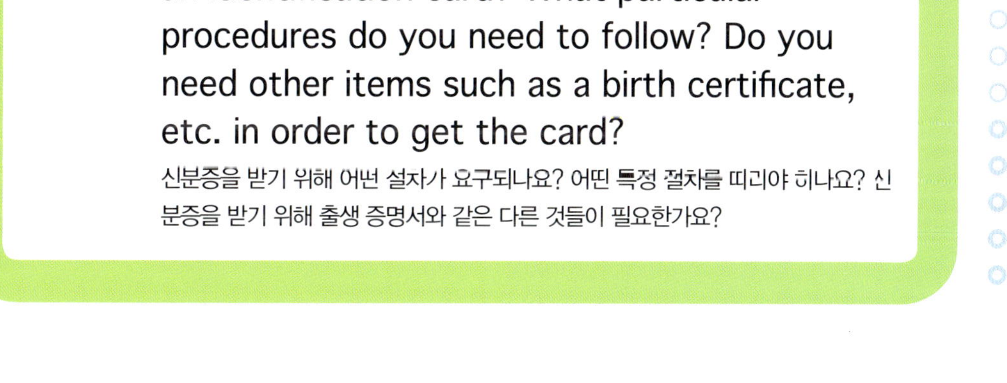

01 신분증은 주민센터에서 발급 받습니다.

You get your card made at the community center.

02 만드는 방법은 이렇습니다.

This is how it's done.

03 우선, 사진과 출생증명서나 여권과 같은 다른 신분증명서가 필요합니다.

First, you need a picture and another piece of identification, like a birth certificate or passport.

04 그래서 주민센터로 가서 등록하는 사무실로 갑니다.

So you go to the community center and go to the registration office.

05 번호표를 받고 기다립니다.

You take a number and wait.

06 차례가 와서 직원에게 가면 직원이 지문을 찍어가고 사진과 서류를 가지고 갑니다.

When it's your turn, you go to the clerk, and she takes your fingerprints, and collects your picture and forms.

07 신분증 발급은 신청서를 제출하는 즉시 처리되지 않습니다.

An identification order is not processed immediately upon submission of application.

08 2주 이내로 사무실에서 신분증을 발급해줍니다.

The office will send you a card within two weeks.

09 본인이 와서 가져가거나 자택으로 우편 송부하기도 합니다.

You can pick it up at the office or the office will mail it to your house.

은행 업무 – 통장 만드는 과정 [모의 02-02]

188

Tell me what you normally do at a bank. What steps are required in order to open a savings account? What particular procedures do you need to follow? Please tell me the procedures in detail.

은행에 가면 주로 하는 일을 설명하세요. 예금 통장을 만들기 위해 어떤 절차가 요구되나요? 어떤 특정 절차를 따라야 하나요? 그 과정을 자세히 설명해주세요.

01 은행에서 ATM을 이용하거나 은행 직원을 통해 간단한 거래를 할 수 있습니다.

At a bank, you can make quick transactions by using the bank's ATM or seeing the teller.

02 하지만 이런 거래를 하기 위해서는 먼저 은행 계정을 만들어야 합니다.

But you have to open a bank account first so that you can make these transactions.

03 예금 통장을 만들 때는 은행원의 서비스를 받아야 합니다.

When you want to open a savings account, you need to get service from tellers.

04 은행에서 번호표를 받고 기다립니다.

At a bank, you take a number and wait.

05 차례가 와서 직원에게 가면, 서류를 작성하고 직원이 신분증과 서류를 가지고 갑니다.

When it's your turn, you go to the teller and you fill out the form and then she collects your identification and form.

06 구좌에 온라인으로 접속하려면 온라인 사용자 ID와 암호를 만들어야 합니다.

You should create your user ID and password to access your account online.

07 그런 후에는 예금할 수도 있고 인출할 수도 있고 계좌를 가지고 개인 수표를 작성할 수도 있고 또는 ATM 카드를 사용할 수도 있습니다.

After that, you can make a deposit, make a withdrawal, write personal checks on the account, or use the ATM card with it.

08 은행에 있는 현금자동인출기(ATM)를 이용하면 창구에서 하는 것보다 거래를 훨씬 빠르게 처리할 수 있습니다.

When you use the ATM at a bank, it can be a lot quicker to make a transaction than doing it with a teller.

은행 업무 – 대출 받는 방법 [모의 02-03]

189

What steps are required in order to take out a mortgage? What particular procedures do you need to follow? Please tell me the procedures in detail.

은행 대출을 받기 위해 어떤 절차가 요구되나요? 어떤 특정 절차를 따라야 하나요? 그 과정을 자세히 설명해주세요.

☐01 저는 은행에서 ATM을 이용하거나 은행 직원을 통해 간단한 거래를 할 수 있습니다.

At a bank, I can make quick transactions by using the bank's ATM or seeing the teller.

☐02 물론 요즈음에는 스마트폰으로 폰뱅킹이나 인터넷 뱅킹 시스템을 이용해 거래를 할 수 있지요.

Of course, I can make them by using the phone banking or the Internet banking system through my smartphone these days.

☐03 하지만 담보 대출을 받을 때는 은행원의 서비스를 받아야 합니다.

But when you want to take out a mortgage, you need to get service from tellers.

☐04 필요한 서류를 지참하고 은행에 가서 번호표를 받고 기다립니다.

You go to a bank with all the necessary documents and take a number and wait.

☐05 차례가 와서 직원에게 가면, 서류를 작성하고 직원이 신분증과 서류를 가지고 갑니다.

When it's your turn, you go to the teller and you fill out the form and then she collects your identification and form.

☐06 은행원은 신용등급과 기타 사항을 확인한 후 받을 수 있는 최대 대출 금액을 알려줍니다.

The teller checks your credit rating and other things and then she tells you the maximum mortgage you can get.

☐07 물론 현재 연이율과 대출 금액을 확인해야겠지요.

Of course, you should check the current interest rate and the amount of mortgage.

☐08 모든 서류에 사인을 끝내면 대출 업무가 완료됩니다.

After you sign all the forms, the loan service is processed.

457

190 Tell me about the last experience you had at a bank. Tell me when it was and who you went with and everything that happened at the bank that day.

은행에서 있었던 가장 최근의 경험에 대해 말해주세요. 언제 누구와 은행에 갔었는지 말해주시고, 그날 은행에서 있었던 일을 모두 말씀해주세요.

□ 01 저는 통장을 개설하려고 은행에 갔습니다.

I went to the bank to open a savings account.

□ 02 (발급) 절차가 필요 이상으로 너무 복잡했습니다.

The procedure was far more complicated than it needed to be.

□ 03 은행 직원은 그녀에게 사진이 있는 신분증을 보여달라고 저에게 요청했습니다.

The teller asked me to show her my photo ID.

□ 04 저는 주민등록증이나 운전면허증을 포함해 신분증이 아무것도 없었습니다.

I didn't have any ID including national registration card or driver's license.

□ 05 하지만 유효한 신분증을 다시 가지고 와야 신청서를 작성할 수 있다고 직원이 말해주었습니다.

But she told me I had to come back with valid ID to fill out the application form.

□ 06 다행히 저는 서류가방에서 여권을 찾아냈습니다.

Fortunately, I found my passport in my briefcase.

□ 07 저는 양식을 작성해 그녀에게 가져다주었습니다.

I filled out the form and brought it to her.

● 신분증을 찾지 못한 경우 마무리 문장

So I had to return to my office empty-handed. It was a total waste of my time.
그래서 저는 빈손으로 사무실로 돌아와야 했어요. 완전히 시간 낭비였습니다.

은행 경험 2

191

Tell me about the most memorable experience you had at a bank. Tell me when it was and who you went with and everything that happened at the bank that day.

은행에서 있었던 가장 기억에 남는 경험에 대해 말해주세요. 언제 누구와 은행에 갔었는지 말해주시고, 그날 은행에서 있었던 일을 모두 말씀해주세요.

01 저는 이틀 전에 송금을 하려고 은행에 갔습니다.

I went to the bank two days ago to make a transfer.

02 먼저 ATM을 사용해 돈을 제 계좌로 입금해야 했는데 입금이 되지 않았습니다.

First, I had to put some money into my account using the ATM, but it didn't go through.

03 돈을 ATM의 투입구에 넣을 때마다 오류 메시지가 화면에 나왔습니다.

I got an error message on the screen every time I put my money into the slot.

04 저는 기계가 제대로 작동하지 않는 이유를 몰랐습니다.

I didn't know why this machine wasn't working properly.

05 말도 못한 채 그 자리에 얼마간 서 있다가 직원의 도움을 받으러 갔습니다.

I went to get some help from a bank staff member, after several seconds of just standing there mute.

06 창구에 있는 직원이 친절하게 이유를 설명해주었습니다.

The bank teller at the counter kindly explained the reason.

07 그녀는 ATM 기계가 손상된 지폐를 인식하지 못하는 것이라고 말했습니다.

She said the ATM could not recognize damaged bills.

08 저는 바보가 되어버린 것 같았습니다. 사실 이건 아무 것도 아니었잖아요!

I felt like an idiot. Actually, it was nothing!

09 그녀는 저에게 빳빳한 새 지폐를 주었고 입금이 되었습니다!

She gave me crisp new bills and it worked!

10 드디어 그 일이 해결되고 나니 마음이 가뿐했습니다.

I felt a load off my mind once the matter was settled.

쇼핑 단순 설명 [모의 12–02]

192

When you go shopping, where do you usually go? How do you get there? What do you buy the most? How much money do you usually spend? Who do you shop with? Tell me all the details.

쇼핑하러 갈 때 보통 어디로 가나요? 그곳에는 어떻게 가나요? 무엇을 많이 사나요? 돈은 얼마 정도 쓰나요? 누구랑 같이 가나요? 모든 자세한 사항에 대해 얘기해주세요.

01 쇼핑할 때, 저는 서울의 중심가인 명동에 가는 것을 좋아합니다.

When I go shopping, I like to go to Myeong-dong, one of the central districts of Seoul.

02 보통 친구랑 같이 지하철을 타고 갑니다.

I usually go there by subway with my friends.

03 명동에는 큰 쇼핑몰이 많이 있습니다.

There are a lot of big shopping malls there.

04 명동 주변의 쇼핑몰은 전부 다 가봤어요.

I've tried all the shopping malls around there.

05 전 쇼핑몰에서 구경하며 친구들과 어울려 다니는 것을 좋아합니다.

I enjoy looking around and hanging out with my friends in the shopping mall.

06 저는 쇼핑할 때 보통 옷을 보는 것을 좋아합니다.

When I shop, I usually like to look at clothes.

07 캐주얼한 옷들을 좋아하는데 화려한 옷들도 좋아합니다.

I like casual style, but I also like dressy clothes.

08 제 친구들은 블라우스나 스커트, 신발 등을 착용해보는 것을 좋아합니다. 저는 가끔 가방이나 보석을 봅니다.

My friends like to try on blouses, shirts, shoes, etc. Sometimes I look at bags and jewelry.

09 돈은 보통 10만원 정도 씁니다. 하지만 가끔은 돈을 아예 쓰지 않습니다.

As far as money, I usually spend about 100,000 won, but sometimes I don't spend anything.

10 가끔은 그냥 구경만 합니다.

Sometimes I only go window shopping.

쇼핑 경험 1 [모의 01–05]

193 Please tell me about your most memorable experience when you went shopping. What happened? Why was it so memorable to you?

쇼핑할 때 일어난 가장 기억에 남는 일을 이야기해주세요. 어떤 일이었나요? 왜 기억에 남나요?

01 지난주에 새로 산 옷이 첫 세탁 후 심하게 변색되었습니다.

The new clothes I bought last week had a considerable color change after the first wash.

02 뿐만 아니라, 그 옷은 세탁한 후에 소매 단이 늘어지고 변형되었습니다.

Moreover, the clothes' cuffs sagged and lost their shape after washing.

03 제조사에서는 그것이 세탁 가능한 것이라 했기 때문에 저는 이것을 믿을 수 없었습니다.

I couldn't believe it because the manufacturer said it is machine washable.

04 저는 당연히 제조사에서 손상에 대해 책임을 져야 한다고 생각했습니다.

I thought they should be responsible for any damages, of course.

05 저는 상점에 전화해서 이 상황을 설명하고 불만을 이야기했습니다.

I called the store and I explained the situation and complained about it.

06 가게 주인은 제가 다른 것으로 바꾸면 더 좋은 가격으로 주겠다고 말했어요.

The store owner said he would have given me a better deal if I had changed it for another one.

07 하지만 저는 그것을 반품하고 싶었고 그가 받아들였습니다.

But I wanted to return it, and he accepted it.

08 서비스에 큰 문제는 없어서 분명 그 가게를 다시 이용할 겁니다.

There were no major problems with the service, so I will certainly do business with the store again.

● 문장을 변형하여 쇼핑 문제 상황을 해결하기 위한 롤플레이 답변으로도 활용이 가능합니다.

194 Please tell me about your most memorable experience when you went shopping. What happened? Why was it so memorable to you?

쇼핑할 때 일어난 가장 기억에 남는 일을 이야기해주세요. 어떤 일이었나요? 왜 기억에 남나요?

01 저는 지난주에 명동에 갔습니다. 명동에는 큰 쇼핑몰이 많아서요.

Last weekend, I went to Myeong-dong because there are a lot of big shopping malls there.

02 거기서 제가 찾던 물건을 발견했습니다.

I found the item that I was looking for there.

03 하지만 너무 비쌌습니다. 저는 거의 예산 초과였어요.

But it was too much. It almost busted my budget.

04 가게 직원은 제가 현금으로 사면 더 좋은 가격으로 주겠다고 말했어요.

The staff member of the store said that he would give me a better deal if I paid in cash.

05 그런데 집에 와서 보니 뭔가 계산이 안 맞는 것 같았습니다.

But when I returned home, I found that there was something wrong with the accounts.

06 최종 총계가 맞지 않았습니다.

That final total didn't add up.

07 저는 당연히 상점에서 이 상황에 대해 책임을 져야 한다고 생각했습니다.

I thought the store should be responsible for this situation, of course.

08 저는 상점에 전화해서 이 상황을 설명하고 불만을 이야기했습니다.

I called the store and I explained the situation and complained about it.

09 가게 주인은 쿠폰을 주겠다고 말했어요.

The store owner said that he would give me a coupon.

10 그들이 그 문제에 대해 사과했기 때문에, 저는 분명 그 상점을 다시 이용할 겁니다.

They apologized for the problem, so I will certainly do business with the store again.

쇼핑 경험 3

195 Please tell me about the last experience you had when you went shopping. What happened? Tell me when it was and who you were with and everything that happened that day.

쇼핑 갔던 가장 최근의 경험에 대해 말해주세요. 어떤 일이 있었나요? 언제였고, 누구와 함께 있었으며, 그날 있었던 일을 모두 말씀해주세요.

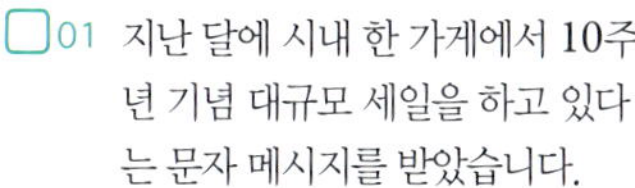

01 지난 달에 시내 한 가게에서 10주년 기념 대규모 세일을 하고 있다는 문자 메시지를 받았습니다.

I got a text message saying one of the stores downtown was having a big ten-year anniversary sale last month.

02 저는 문자를 받자마자 가게로 갔습니다.

I went to the store right after getting the message.

03 사실 그때 새 TV를 사려고 계획하고 있었는데 세일을 제때 하고 있었지요.

I was actually planning on buying a new television at that time and the sale was happening at the right time.

04 저는 집에서 TV로 스포츠 보는 것을 좋아했고, 영국 프리미어 리그 시즌이라 주말에 축구를 꼭 봐야 했습니다.

I loved to watch sports on television at home and the English Premier League was beginning, so I needed to watch a soccer game that weekend.

05 그 가게에서 많은 제품들을 국내 최저가로 판매한다고 들었습니다.

I heard they were selling many products at the lowest price in the nation.

06 더구나 최신 TV도 세일 품목으로 판매하고 있었습니다.

Moreover, they were selling up-to-the minute TVs as part of the sale.

07 최신형 TV를 구매할 절호의 기회였습니다.

That was the time for me to buy a brand new TV.

08 저는 컴퓨터에 있는 비디오를 화면을 통해 볼 수 있는 텔레비전을 샀습니다.

I bought a television that allowed me to view videos from a computer on the television screen.

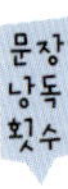

196 You got invited to a sale from your favorite shop. Call the shop and leave a message asking some questions to get information about the sale.

당신이 좋아하는 가게의 세일에 초대받았습니다. 그 가게에 전화를 걸어 세일에 관한 정보를 얻기 위한 몇 가지 질문을 하는 메시지를 남기세요.

01 안녕하세요. 거기서 10주년 기념 대규모 세일을 하고 있다는 메시지를 받았습니다.

Hello. I got a message saying you're having a big ten-year anniversary sale.

02 저는 사실 이번 달에 셔츠를 사려고 계획하고 있었는데 세일을 제때 하네요.

I was actually planning on buying a shirt this month and your sale is happening at the right time.

03 저는 정말 관심이 있는데 몇 가지 질문을 하고 싶습니다.

I'm really interested, but I'd like to ask you some questions.

04 제가 주로 궁금한 것은 어떤 유명 브랜드를 파는지, 그리고 그 제품들을 세일하는지입니다.

I guess the main thing I'm wondering is what popular brands you carry, and if the brands are on sale.

05 원래 가격에서 얼마나 할인이 되나요?

How much of a discount is it off the regular price?

06 마지막으로 세일이 얼마 동안 지속되나요? 감사합니다!

One last thing, how long does the sale last? Thanks!

쇼핑 정보 요청 2 – 롤플레이 [모의 12-04]

197

You decided to purchase a new electrical appliance for your house. Call the shop and ask some questions to get information about the products you want to buy.

당신이 집에서 사용할 전자제품을 구입하기로 결정했습니다. 그 가게에 전화를 걸어 사려고 하는 제품에 관한 정보를 얻기 위한 몇 가지 질문을 하세요.

01 새 컴퓨터를 찾고 있습니다.
I'm looking for a new computer.

02 컴퓨터가 나와 있는 카탈로그를 받아볼 수 있을까요?
Can I get your catalog of computers?

03 가장 잘 팔리는 모델은 어떤 건가요?
Which is your best-selling model?

04 이 가게에 가지고 계신 것을 보여주실 수 있습니까?
Can you please show me what you have at this store?

05 지금 제가 가지고 있는 것은 7년 전에 샀기 때문에 모니터의 화질이 좋지 않아요.
What I have now, its monitor doesn't have very good picture quality because I bought it about seven years ago.

06 최신 휴대용 컴퓨터도 세일을 하나요?
Do you have any up-to-the-minute laptop computers as part of your sale?

07 에너지 효율이 좋고 중간 가격대인 컴퓨터가 있나요?
Do you have computers that are energy efficient, in the mid price range?

08 아, 그거 좋네요. 가격은 얼마입니까?
Ah... That's good. What is the price of it?

09 제가 듣기로 많은 제품들을 국내 최저가로 판매한다고 했는데요.
I heard you sell many products at the lowest price in the nation.

10 그렇다면 원래 가격에서 얼마나 할인이 되나요?
And if so, how much of a discount is it off the regular price?

11 아주 좋네요. 그걸로 할게요.
It's perfect. I'll take it.

12 언제 배달해주실 수 있는지 알고 싶습니다.
I would like to know when it can be delivered.

쇼핑 정보 요청 3 – 롤플레이 [모의 21-12]

198 You got invited to a sale from your favorite shop. Call the shop and leave a message asking some questions to get information about the sale.

당신이 좋아하는 가게의 세일에 초대를 받았습니다. 그 가게에 전화를 걸어 세일에 관한 정보를 얻기 위한 몇 가지 질문을 하는 메시지를 남기세요.

01 안녕하세요. 거기서 10주년 기념 대규모 세일을 하고 있다는 메시지를 받았습니다.

Hello. I got a message saying you're having a big ten-year anniversary sale.

02 저는 사실 이번 달에 재킷을 사려고 계획하고 있었는데 세일을 제때 하네요.

I was actually planning on buying a jacket this month and your sale is happening at the right time.

03 저는 정말 관심이 있는데 몇 가지 질문을 하고 싶습니다.

I'm really interested, but I'd like to ask you some questions.

04 제가 주로 궁금한 것은 어떤 유명 브랜드를 파는지, 그리고 그 제품들도 세일을 궁금합니다.

I guess the main thing I'm wondering is what popular brands you carry, and if those brands are on sale, too.

05 원래 가격에서 얼마나 할인이 되나요?

How much of a discount is it off the regular price?

06 가장 잘 팔리는 재킷은 어떤 건가요?

Which is your best-selling jacket?

07 KJC에서 나온 빨간색 가죽 재킷이 있나요?

Do you have a red jacket from KJC?

08 마지막으로 세일이 얼마 동안 지속되나요? 감사합니다!

One last thing, how long does the sale last? Thanks!

문장
낭독
횟수

199

You bought a shirt and when you got home you found out that there was a stain on the shirt. Call the clothing store and describe the problem and suggest other alternatives to the problem.

당신이 셔츠를 사서 집에 왔는데 셔츠에 얼룩이 있는 것을 발견했습니다. 옷 가게에 전화해서 문제를 설명하고 문제에 대한 다른 대안을 제시하세요.

---

01 안녕하세요. 어제 거기서 셔츠를 하나 샀는데요. 집에 와서 셔츠에 얼룩을 발견했어요.

Hi. I bought a shirt at your store yesterday, but I realized there's a stain on the shirt after I got home.

02 공교롭게도 이게 저한테 잘 맞아서 정말 마음에 드는 옷이었는데요.

Unfortunately, this is the shirt I really like because it fits me well.

03 어떻게 하면 좋을까요?

So what should I do?

04 이런 결함 있는 제품을 제게 팔 의도가 아니었다고 믿습니다.

I believe you didn't mean to sell this defective product to me.

05 자, 저한테 몇 가지 생각이 있어요.

Listen, I have a couple of suggestions.

06 먼저 제고를 확인해주실래요?

Can you check your stock first?

07 재고가 있으면 이것을 새것으로 교환해주시겠어요?

If you have it in stock, can I exchange this for a new one?

08 그게 제일 좋을 것 같습니다.

I think it's for the best.

09 택배 회사를 통해 익일 배달로 보내주셔도 좋고요. 혹은 제가 오늘 오후에 가지러 가도 됩니다.

You can send it by courier service, for overnight delivery, or I can pick it up this afternoon.

10 아니면 제 돈을 돌려주시거나. 드라이클리닝 비용을 지불해주시는 건 어때요?

Otherwise, either you can give me my money back, or you can pay for dry cleaning.

200 You bought a jacket and when you got home, you found out that there was a small rip on the jacket. Call the clothing store and describe the problem and suggest other alternatives to the problem.

당신이 재킷을 사서 집에 왔는데 재킷이 찢어져 있는 것을 발견했습니다. 옷 가게에 전화해서 문제를 설명하고 문제에 대한 다른 대안을 제시하세요.

01 당신 가게에서 산 재킷 때문에 전화 드렸습니다.

I'm calling because of the jacket I bought from your store.

02 저는 재킷 소매가 약간 찢어져 있는 것을 발견했습니다.

I've just found out that the jacket has a small rip on the sleeve.

03 다른 것으로 바꾸고 싶습니다.

I'd like to exchange it for another one.

04 제품 코드 좀 말해드릴까요?

Do I have to tell you the product number code?

05 잠시만요. 상품 번호는 898786입니다.

Hold on please. Um... The item number is 898786.

06 이건 제 사촌을 위한 선물인데 이번 주 금요일 그의 생일 파티에 그것을 가져갈 것입니다.

It's a gift for my cousin and I'll take it to his birthday party this Friday.

07 재고가 있나요? 그렇다면 같은 색깔로 새것으로 교체하고 싶어요.

Do you have it in stock? If so, I'd like to exchange it for a new one in the same color.

08 그리고 언제든지 그것을 가져갈 수 있도록 따로 보관해주시겠어요?

And would you put one aside right away for me to pick it up at any time?

OPIc 문장 조합 답변 공식

LTS 영어연구소 저 | 320쪽 | 4X6배판 | 14,800원 | MP3 CD 1

출제자가 원하고 내가 원하는
답변이 꼬리에 꼬리를 무는
OPIc 문장 조합 답변 공식 45

〈OPIc 문장 조합 답변 공식〉은 우선 순위 필수 문장을 조합해서 블록을 쌓듯 완성 답변을 만들고, 그 답변을 다시 다양한 상황에 맞게 무한 확장할 수 있도록 하여 실전 시험에서 자신의 상황에 맞는 답변을 쉽게 만들 수 있는 힘을 길러 준다. OPIc 시험을 처음 준비하는 학습자가 우선 순위로 공략해야 하는 〈1단계: 기본 유형별 필수 문장〉과 IM 상위 등급을 목표로 하는 학습자가 공략해야 하는 〈2단계: 심화 유형별 답변 프레임〉으로 구성되어 있어 단계적으로 목표를 달성할 수 있도록 하였다.